Johannes Beste, Dr. Hans Hahn, Thomas Wolf

Rechnungswesen Medienberufe

Finanzbuchhaltung

3. Auflage

Bestellnummer 32501

Bildungsverlag EINS

Haben Sie Anregungen oder Kritikpunkte zu diesem Produkt?
Dann senden Sie eine E-Mail an 32501_003@bv-1.de
Autoren und Verlag freuen sich auf Ihre Rückmeldung.

www.bildungsverlag1.de

Bildungsverlag EINS GmbH
Sieglarer Straße 2, 53842 Troisdorf

ISBN 978-3-427-**32501**-7

Vorwort

Dieser **Band** zum **Rechnungswesen** erfüllt die gemeinsamen Anforderungen der Ausbildungsordnungen und Rahmenlehrpläne der kaufmännischen Medienberufe zur kaufmännischen Buchführung und zum einfachen Jahresabschluss:

- Kaufmann/Kauffrau für audiovisuelle Medien
- Fachangestellte für Medien- und Informationsdienste
- Veranstaltungskaufmann/Veranstaltungskauffrau
- Kaufmann/-frau für Marketingkommunikation
- Buchhändler/Buchhändlerin
- Medienkaufmann/-frau Digital und Print

Ein **weiterer Band** ist der **Kosten- und Leistungsrechnung** und dem **Controlling** vorbehalten.

Die Autoren haben sich dabei für eine Beschränkung auf die gemeinsamen Fachinhalte und -strukturen des Rechnungswesens in den einzelnen Lernfeldern entschieden.
Inhalte und Gliederung orientieren sich an den Richtlinien. Inhalte werden an betrieblichen Handlungssituationen, die sich auf das Modellunternehmen **Medi@ AG** beziehen, mit abschließenden Arbeitsaufträgen erschlossen. Ziel ist es somit, Handlungskompetenzen zu vermitteln und ökonomisches Denken und Handeln zu verbinden. Die Medi@ AG ist ein Medienkonzern, der im Stammunternehmen und über eine Beteiligungs-GmbH die typischen Medienunternehmen abdeckt. Im Vergleich mit diesem Modellunternehmen erkennen die Auszubildenden die Besonderheiten ihres Ausbildungsbetriebes.

Dieser Band gliedert sich in folgende Schwerpunkte:

1. Geschäftsprozesse erfassen und auswerten
2. Besonderheiten in den einzelnen Funktionsbereichen der Medienunternehmen
3. Erstellung, Analyse und Auswertung des Jahresabschlusses

Die Kapitel innerhalb dieser Schwerpunkte sind in sachlogisch strukturierte Unterrichtseinheiten gegliedert. Jede Unterrichtseinheit ist nach folgendem Schema aufgebaut:

- Handlungssituation mit Arbeitsaufträgen
- Sachinhalt mit beispielbezogenen Erläuterungen
- strukturierte Zusammenfassung
- Aufgaben zur Erfolgssicherung

Zu jeder Unterrichtseinheit werden Aufgaben mit unterschiedlichem Schwierigkeitsgrad und Umfang einerseits zur Sicherung und Anwendung von Fachinhalten, andererseits zur Auswertung und entscheidungs- und handlungsorientierten Durchdringung der Ergebnisse gestellt.

Die 3. Auflage wurde um zahlreiche medienspezifische Inhalte ergänzt, um das Kapitel „Periodengerechte Erfolgsermittlung“ erweitert und vollkommen neu gestaltet.

Im **Unterrichtsbegleitmaterial** sind alle Aufgaben ausführlich gelöst.

Die Autoren

Legende der im Buch verwendeten Icons:

Handlungssituation zur Herstellung von Bezügen zum Modellunternehmen.

Übung zur praxisnahen Anwendung des Gelernten.

Merke: Definition und Erläuterung wichtiger Fachbegriffe und Formeln.

Zusammenfassung wichtiger Inhalte.

Beispiel: zur Verdeutlichung der Sachinformationen.

Vergleiche hierzu Kapitel 6.2

Verweis auf erforderliches Wissen aus anderen Kapiteln unter dem Symbol und/oder im Text.

Vergleiche hierzu www.bildungsverlag1.de

Link zu hilfreichen Internetseiten.

Alle Abschnitte, in denen die konkrete **Handlungssituation** im Zusammenhang mit dem Modellunternehmen weiterentwickelt wird, sind jeweils grün hinterlegt.
In **Zusammenfassungen** werden am Ende eines jeden Kapitels die wichtigsten Begriffe und Formeln nochmals kurz und übersichtlich dargestellt.
In **Übungsaufgaben** finden sich zudem noch weitere Bezüge zu Betrieben und Leistungserstellungsprozessen, die im Text aufgrund der Vielfältigkeit der Branche nicht in aller Ausführlichkeit berücksichtigt werden konnten.

Inhaltsverzeichnis

Die Medi@ AG: Ein Unternehmen stellt sich vor

● Der Standort

Die Büroräume der Medi@ AG liegen in der Hugo-Eckener-Straße 1 in 50829 Köln. Hier hat das Unternehmen Büros, Lager- und Produktionsräume errichtet. Die Büroräume befinden sich im Hauptgebäude. Die Grundstücke und Gebäude sind Eigentum der Medi@ AG. Die Medi@ AG unterhält in der Schildergasse in Köln eine Buchhandlung, die Medi@Point GmbH & Co KG.

Die Medi@ AG betreibt in ihrem Verwaltungsgebäude eine Geschäftsstelle, in der gewerbliche Kunden und Endverbraucher Anzeigen aufgeben und Abonnements für die Zeitung und die Zeitschriften des Unternehmens bestellen können. Die Geschäftsstelle wird überwiegend von den Auszubildenden der Medi@ AG geleitet und verwaltet.

Arbeitnehmerinnen und Arbeitnehmer können mit den Bus- und Straßenbahnlinien fast bis vor den Eingang des Unternehmens fahren. Auf dem Werksgelände befinden sich nur wenige Parkplätze für Mitarbeiter und Kunden, da die Geschäftsleitung der Medi@ AG die Mitarbeiter durch die Ausgabe von Jobtickets für die öffentlichen Verkehrsmittel zu umweltbewusstem Verhalten anhalten möchte.

Telefon und Telefax, Internetadresse

Telefon: 0221 445 36 90 E-Mail: info@mediaag.de
Telefax: 0221 445 36 98 Internet: http://www.mediaag.de

Die Bankverbindungen

Geldinstitut	Bankleitzahl	Kontonummer
Sparkasse KölnBonn	370 501 98	360 058 796
Postbank Köln	370 100 50	286 778-431
Deutsche Bank Köln	370 700 60	44 830 021

Steuer-, Betriebs-Nr. für Sozialversicherung und Handelsregistereintragung

Finanzamt: Köln-West; Steuer-Nr.: 223/335/5342
Betriebs-Nr. für die Sozialversicherung: 43641271
Handelsregistereintragung: Amtsgericht Köln HRB 467-0301

Die Verbände

Gemäß § 1 IHK-Gesetz ist die Medi@ AG Mitglied in der Industrie- und Handelskammer zu Köln. Mehrere Mitarbeiter der Medi@ AG sind Mitglieder in Prüfungsausschüssen der IHK. Das Unternehmen ist im Börsenverein des Deutschen Buchhandels – Landesverband Nordrhein-Westfalen e. V. – organisiert. Die organisierten Arbeitnehmer sind Mitglieder in der Gewerkschaft ver.di (Vereinte Dienstleistungsgewerkschaft).

Der Betriebsrat und die Jugend- und Auszubildendenvertretung

Vorsitzender des Betriebsrates der Medi@ AG ist Marc Cremer, sein Stellvertreter ist Sven Fischer. Jugend- und Auszubildendenvertreterin ist Petra Jäger, Stellvertreter ist Andreas Dick.

Der Aufsichtsrat

Dem **Aufsichtsrat** der Medi@ AG gehören neun Mitglieder an: Vier Vertreter der Arbeitnehmer und vier Vertreter der Anteilseigner. **Aufsichtsratsvorsitzende** ist Dr. Stein.

Arbeitnehmervertreter	Anteilseignervertreter
Karl Wolf	Dr. Hans Koch
Jens Effer	Helga Neu
Christine Eder	Markus Runkel (Sparkasse KölnBonn)
Thomas Müller	Dr. Elke Stein (Deutsche Bank)

Die Unternehmensgeschichte

In der Kölner Südstadt gründeten Dr. phil. Hans Koch und Dipl.-Volkswirtin Helga Neu 1985 den Skriptenverlag **Koch & Neu GbR**, der Vorlesungsmitschriften der Kölner Universität produzierte und vertrieb. In allen Fällen konnten die Professoren für eine Revision der Mitschriften gewonnen werden, sodass die Skripten eine hohe Qualität aufwiesen. Im Jahre 1992 trat die Pädagogikstudentin Anne Miller in das bestehende Unternehmen als Mitgesellschafterin ein, wobei das Unternehmen seitdem als **Medi@ GmbH** firmierte. In den Jahren 1993 bis 1996 expandierte das Unternehmen: Es gründete Verlage für Periodika, erwarb eine Buchhandlung und beteiligte sich an Mediendienstleistungsunternehmen. 1997 wandelten die beiden Gründer und Anne Miller das Unternehmen in die **Medi@ AG** um, wobei das Unternehmen von der Kölner Südstadt in den Norden von Köln umzog. Damit begann der eigentliche Aufstieg des Unternehmens zu einem der führenden Medienunternehmen in Deutschland. Das Unternehmen hat den Ruf eines Pioniers der Cross-Media-Vermarktung erlangt.

Wesentliche **Grundmaximen** des Unternehmens sind die **Forderung nach hoher Qualität der Produkte und die Absage an verschwenderischen Verbrauch von Ressourcen**. So war die Medi@ AG eines der ersten Unternehmen in der Branche, das sich einem Öko-Audit unterzog und eine Umwelterklärung herausgab.

Mit der Unternehmensphilosophie bildete sich bei der Media@ AG auch ein **neues Verständnis für die Wertigkeit der Kundenbeziehungen** und **für das soziale Verhalten** im Unternehmen aus, das auf gegenseitiges Vertrauen gegründet ist. Der **Führungsstil** ist kooperativ und durch die Regel „Keine Anweisung ohne Begründung“ charakterisiert.

Seit dem 1. Januar 1992 waren die Mitarbeiterinnen und Mitarbeiter mit 50 % am Betriebsergebnis (nach Steuern) vermögensbildend beteiligt und hielten als **stille Gesellschafter** 28 % des Kapitals. Mit der Umwandlung des Unternehmens in eine **Aktiengesellschaft** wurden die Mitarbeiteranteile in Vorzugsaktien umgewandelt.

Es ist naheliegend, dass ein Unternehmen, das in der Produktentwicklung ebenso wie in seiner Haltung als Arbeitgeber neue Wege geht, sich in seiner Umweltverantwortung nicht abwartend verhält, sondern bestrebt ist, die Entwicklung aktiv mit voranzutreiben. Hierbei wird folgender Satz aus der Unternehmensphilosophie zugrunde gelegt: **„In diesem Jahrtausend werden nur die Unternehmen überleben, die zwei Voraussetzungen haben: hohe Qualität der Produkte und die Zustimmung der Menschen.“**

Auszug aus der Satzung der Medi@ AG

§

I. Allgemeine Bestimmungen

§ 1 Firma, Sitz und Geschäftsjahr

(1) Die Gesellschaft führt die Firma Medi@ AG.
(2) Sie hat ihren Sitz in 50829 Köln.
(3) Geschäftsjahr ist das Kalenderjahr.

§ 2 Gegenstand des Unternehmens

(1) Gegenstand des Unternehmens ist die Herstellung, Vermarktung und Verbreitung von Medienprodukten und -dienstleistungen aller Art. Es betreibt keine erlaubnispflichtigen Geschäfte.

§ 3 Bekanntmachungen

Die Bekanntmachungen der Gesellschaft erfolgen ausschließlich im Bundesanzeiger.

II. Grundkapital und Aktien

§ 4 Höhe und Einteilung des Grundkapitals

(1) Die Gesellschaft hat ein Grundkapital von 50 000,00 EUR. Es ist eingeteilt in 50 000 Stückaktien.
(2) Die Form der Aktienurkunden und der Gewinnanteils- und Erneuerungsscheine bestimmt der Vorstand. Über mehrere Aktien eines Aktionärs kann eine Urkunde ausgestellt werden.

III. Der Vorstand

§ 6 Zusammensetzung und Geschäftsordnung

(1) Der Vorstand besteht aus einer oder mehreren Personen. Die Gesellschaft wird durch zwei Vorstandsmitglieder oder durch ein Vorstandsmitglied zusammen mit einem Prokuristen vertreten. Ist nur ein Vorstandsmitglied bestellt, so vertritt dieses die Gesellschaft allein. Der Aufsichtsrat kann bestimmen, dass Vorstandsmitglieder für Geschäfte von den Beschränkungen des § 181 2. Alt. BGB befreit sind. Im Übrigen bestimmt der Aufsichtsrat die Zahl der Mitglieder des Vorstands.

IV. Der Aufsichtsrat

§ 7 Zusammensetzung, Amtsdauer

(1) Der Aufsichtsrat besteht aus neun Mitgliedern.

V. Hauptversammlung

§ 8 Ort und Einberufung

(1) Die Hauptversammlung findet am Sitz der Gesellschaft statt. Sie wird durch den Vorstand einberufen.

§ 9 Vorsitz in der Hauptversammlung

In der Hauptversammlung führt der Vorsitzende des Aufsichtsrats den Vorsitz, im Falle seiner Verhinderung sein Stellvertreter.

§ 10 Beschlussfähigkeit und Mehrheit

(1) Die Hauptversammlung ist beschlussfähig, wenn mehr als die Hälfte des Grundkapitals vertreten ist.
(2) Jede Aktie gewährt in der Hauptversammlung eine Stimme.
(3) Beschlüsse der Hauptversammlung über die Auflösung der Gesellschaft, über die Verschmelzung mit einer anderen Gesellschaft, über die Übertragung des Gesellschaftsvermögens oder über eine Gewinnabführung werden mit einer Mehrheit von 75 % des gesamten stimmberechtigten Grundkapitals der Gesellschaft gefasst.
(4) Im Übrigen bestimmt sich die für eine Beschlussfassung erforderliche Mehrheit nach den Vorschriften des Aktiengesetzes.

VI. Jahresabschluss

§ 11 Jahresabschluss

(1) Der Vorstand hat innerhalb der gesetzlichen Frist den Jahresabschluss sowie den Lagebericht für das vergangene Geschäftsjahr aufzustellen und dem Aufsichtsrat vorzulegen. Zugleich hat der Vorstand dem Aufsichtsrat den Vorschlag vorzulegen, den er der Hauptversammlung für die Verwendung des Bilanzgewinnes machen will. Der Aufsichtsrat hat den Jahresabschluss, den Lagebericht und den Vorschlag für die Verwendung des Bilanzgewinnes zu prüfen.

Die Medi@ AG, ihre Geschäftsfelder und die Medi@ Beteiligungs GmbH

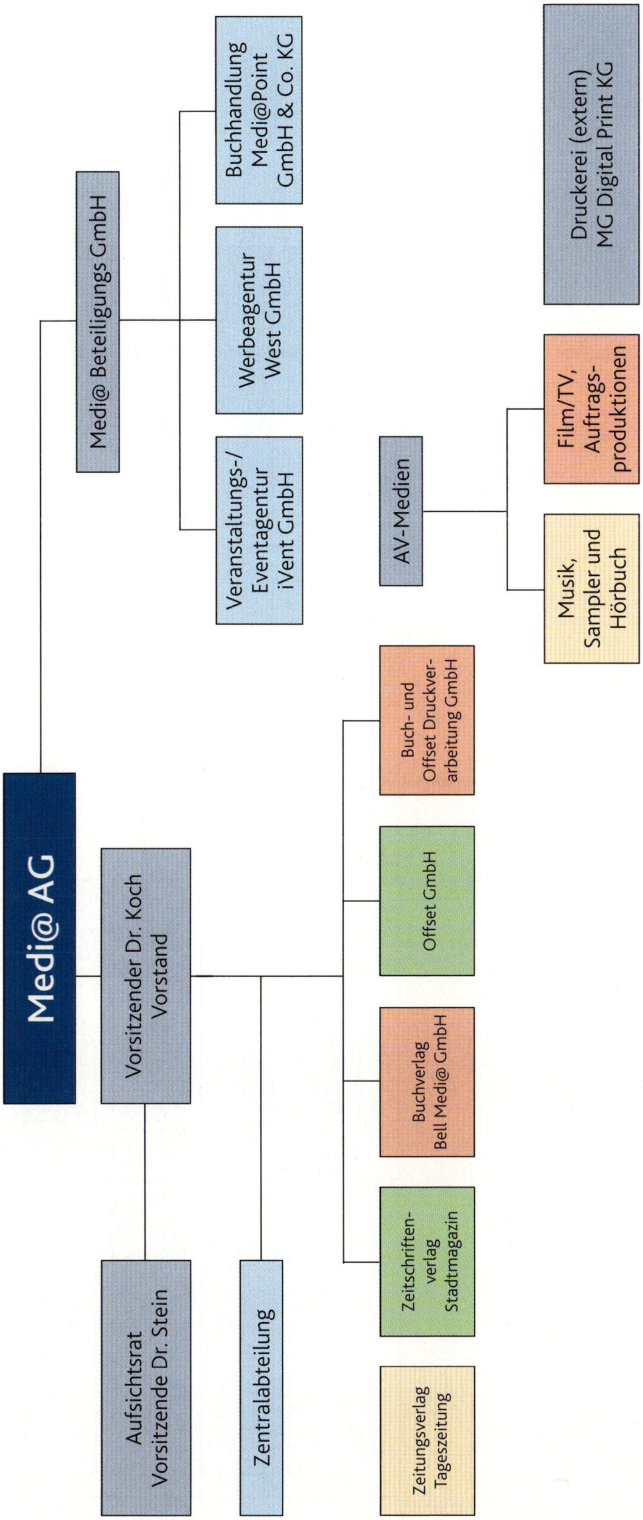

Zentralabteilung Medi@ AG

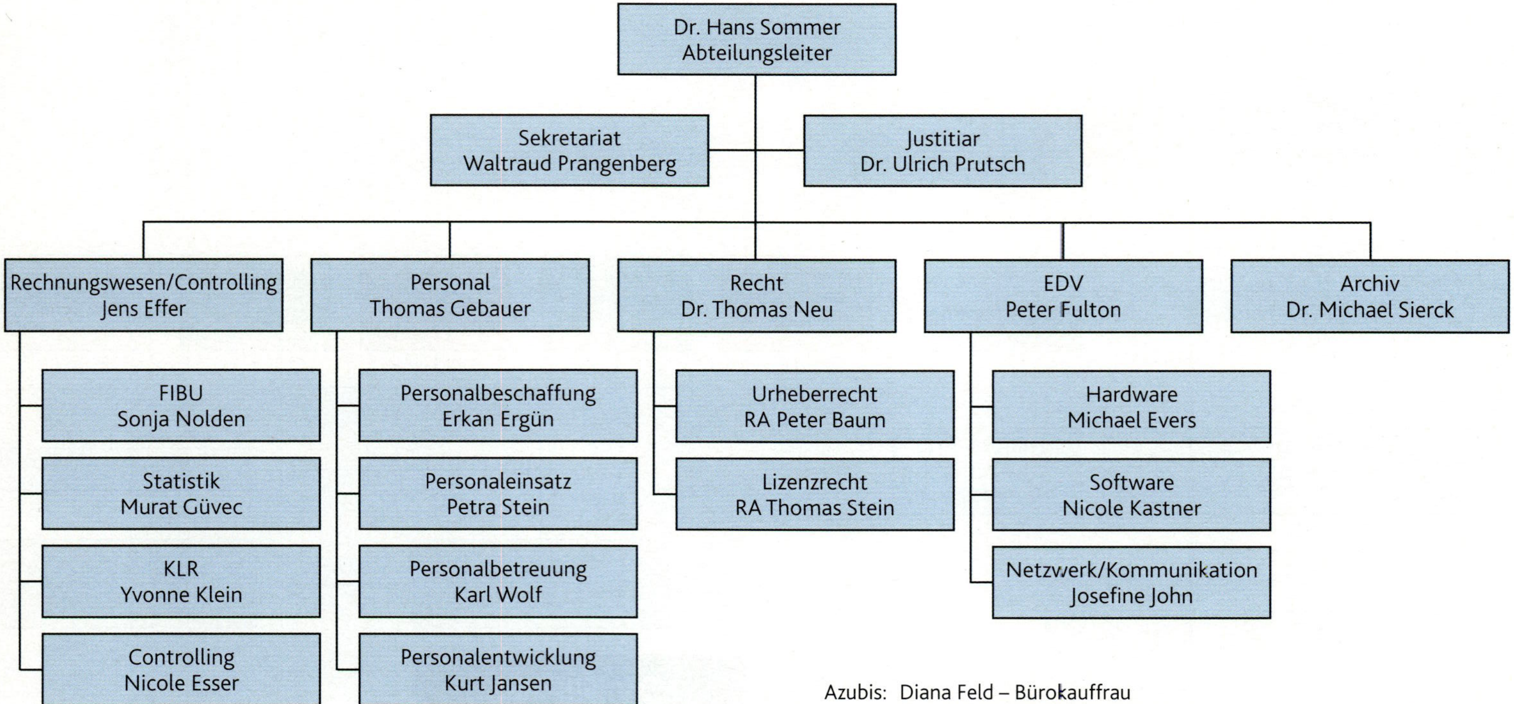

Azubis: Diana Feld – Bürokauffrau
Rudolf Heller – Bürokaufmann
Emilio Lanzetti – Informatikkaufmann
Nicole Sommer – Rechtsanwaltsfachgehilfin
Daniela Schaub – Industriekauffrau
Sven Peters – Fachangestellter für Medien- und Informationsdienste

Geschäftsfeld Zeitungsverlag

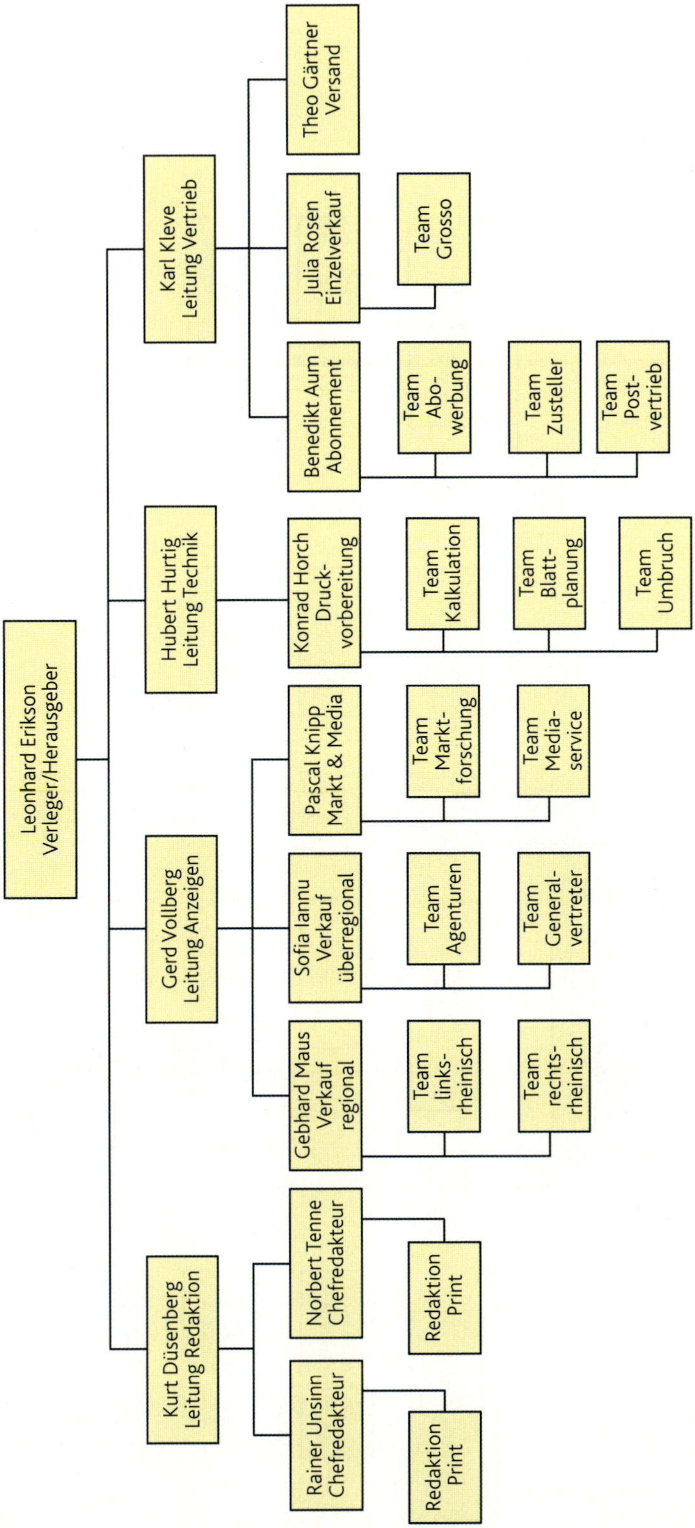

Geschäftsfeld Zeitschriftenverlag

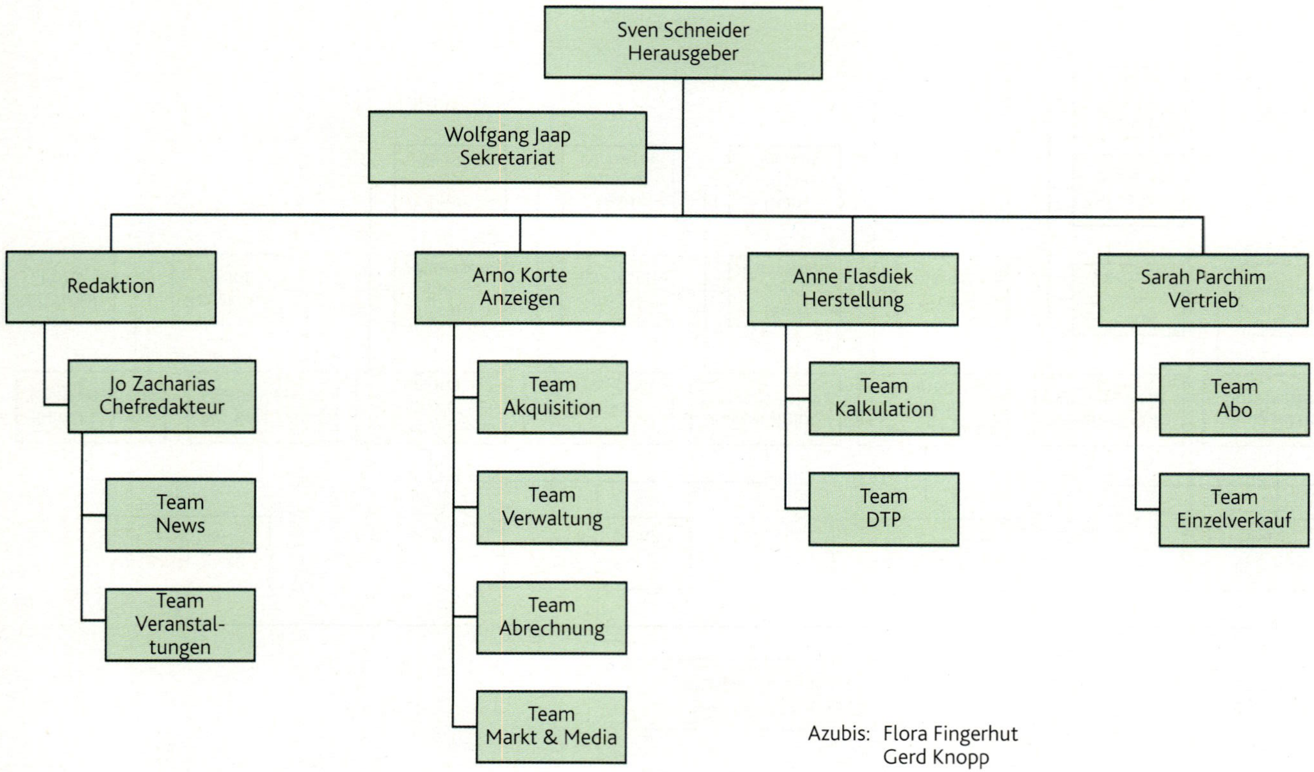

Geschäftsfeld Buchverlag Bell Medi@ GmbH

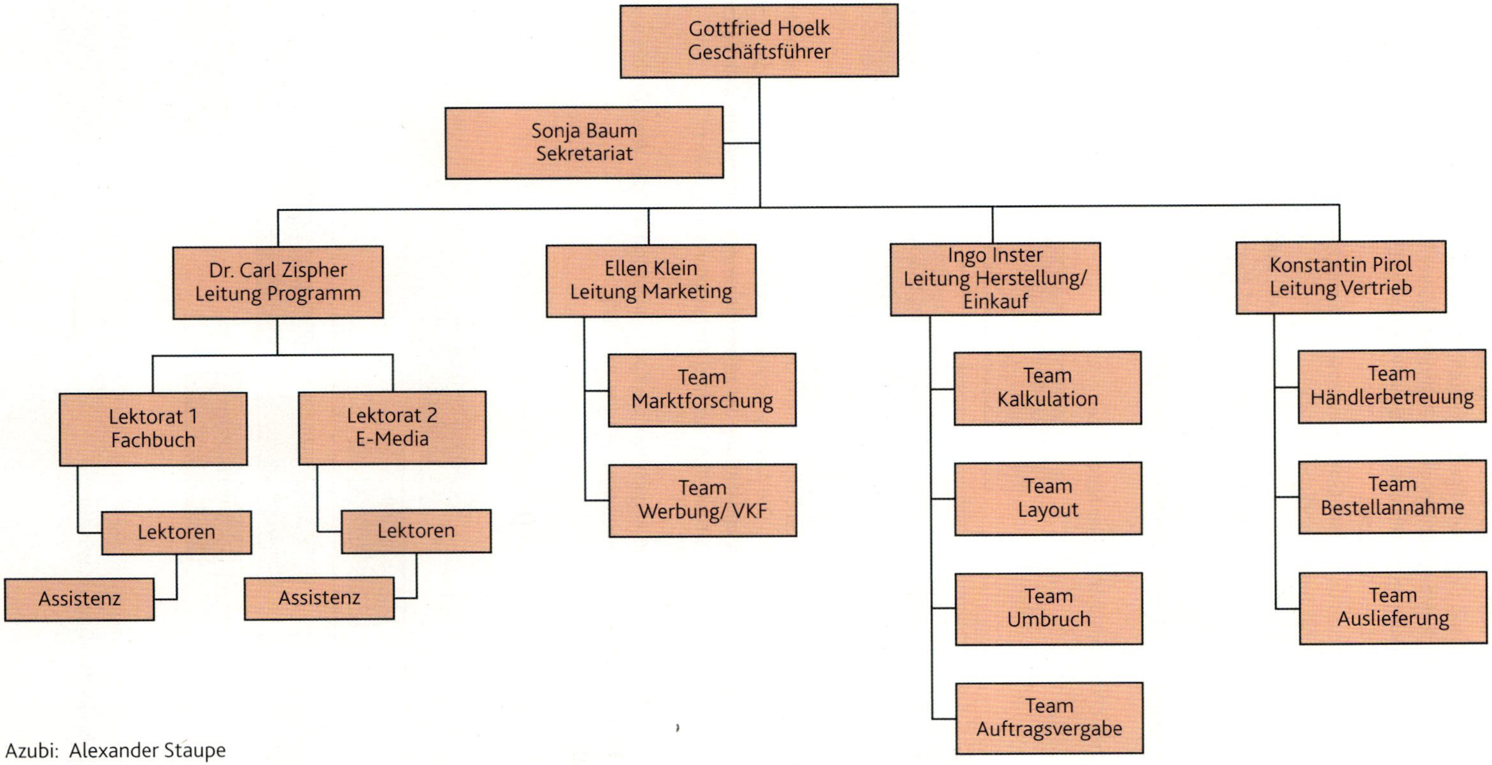

Azubi: Alexander Staupe

Die Medi@ AG hat, um die gesamte Wertschöpfungskette im Druckbereich zu vergrößern, die **Offset GmbH** und die **Buch- und Offset Druckverarbeitung GmbH** gegründet.
Die **Offset GmbH** soll Druckaufträge bearbeiten, die sie von der West GmbH erhält. So kann die Erstellung von Druck-Werbemitteln, die im Rahmen größerer Werbestrategien erstellt werden sollen, „im eigenen Hause" gehalten werden. Bisher wurden die Druckaufträge an die externe Druckerei „MG Digital Print KG" vergeben.
Das Leistungsspektrum der **Offset GmbH** umfasst den Bereich des Drucks, also den Prozess von der Bogenmontage bis hin zum eigentlichen Druck.
Für die Verarbeitung (Schneiden, Falzen, Verpacken) ist die **Buch- und Offset Druckverarbeitung GmbH** zuständig. Sie wird als eigenes Unternehmen mit eigener Rechtsform geführt, weil sie sowohl die Weiterverarbeitung im Buchdruck für die Bell Medi@ GmbH als auch im Offset-Druck für die Offset GmbH leisten soll. Zudem ist sie noch als externes Unternehmen für andere Druckereien tätig.

Die Offset GmbH beschäftigt vier Mitarbeiter:

Die Druckmaschinen, der Plattenbelichter und der Arbeitsplatz der Bogenmontage sind keinem Mitarbeiter explizit zugeordnet. Die Arbeitseinteilung und die Personalbelegung der Arbeitsplätze erfolgt in Abhängigkeit von Art und Umfang der zu bearbeitenden Aufträge. Die Kalkulation und alle weiteren Verwaltungstätigkeiten werden von Frau Kretschmann ausgeführt.

Herr Kuhnert ist primär für die Akquisition, die Kommunikation mit der West GmbH sowie für die Arbeitsvorbereitung und die technische Leitung zuständig.

Geschäftsfeld AV-Medien (Musik, Sampler und Hörbuch)

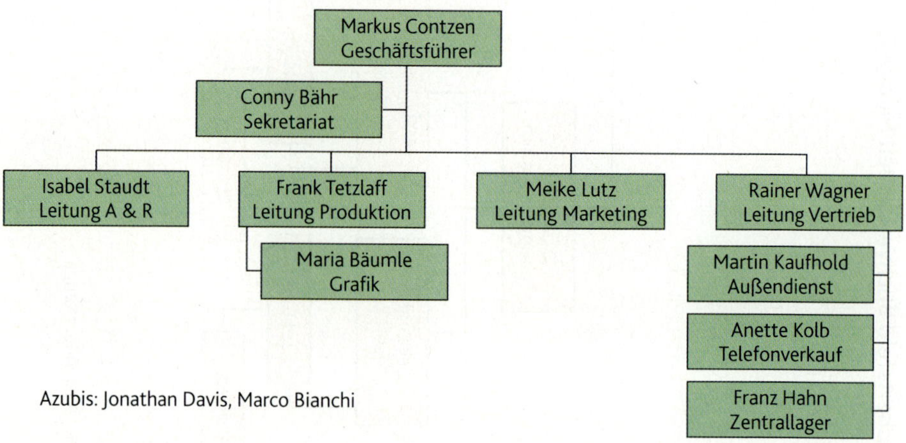

Azubis: Jonathan Davis, Marco Bianchi

Geschäftsfeld AV-Medien (Film/TV, Auftragsproduktionen)

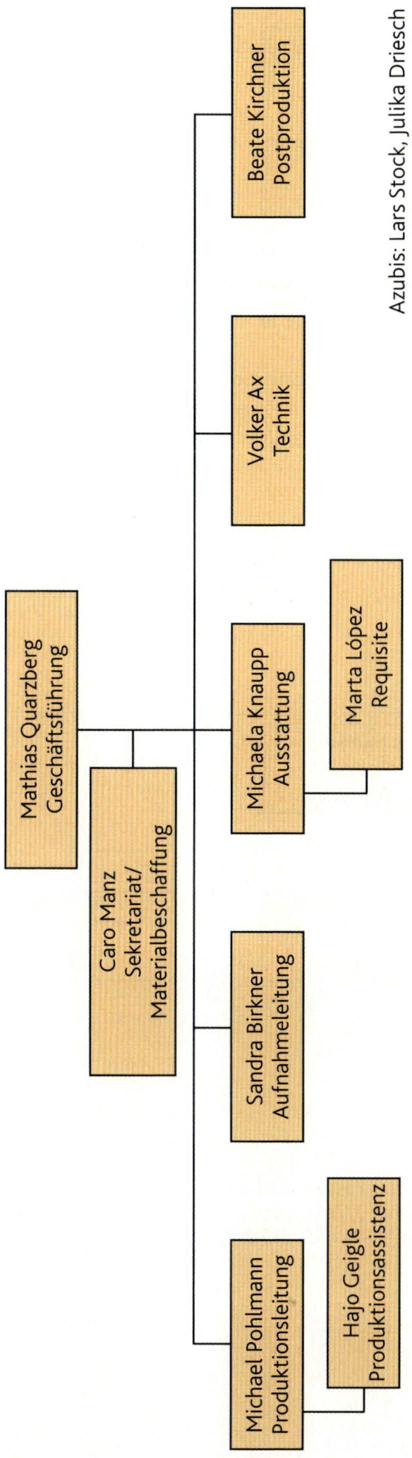

Azubis: Lars Stock, Julika Driesch

(Medi@ Beteiligungs GmbH) Werbeagentur West GmbH

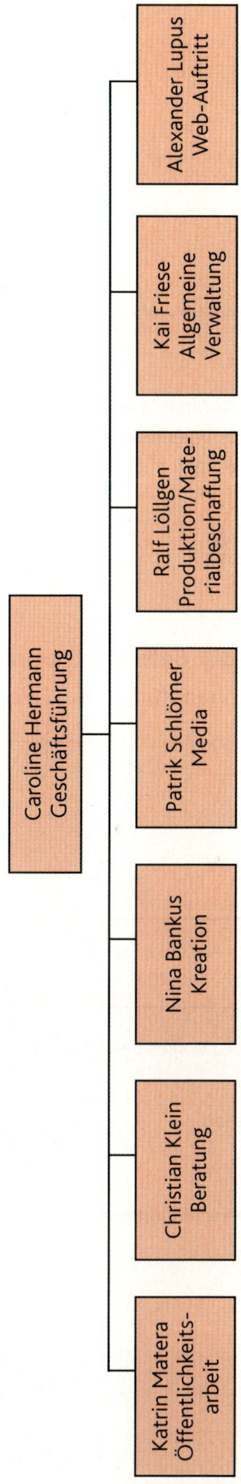

Azubis: Thorsten Warthofer, Caroline Zander

(Medi@ Beteiligungs GmbH)
Veranstaltungs-/Eventagentur iVent GmbH

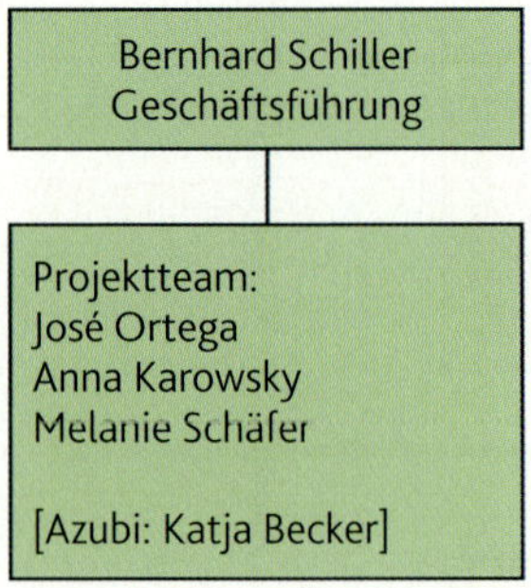

NB: Ähnlich wie im Buchhandel ist auch hier eine organisatorische Struktur unüblich. Bei kleinen Agenturen gibt es meist einen Geschäftsführer und mehrere Angestellte, die keine fest zugewiesenen Aufgaben haben, sondern flexibel und projektbezogen eingesetzt werden.

(Medi@ Beteiligungs GmbH)
Buchhandlung Medi@Point GmbH & Co. KG

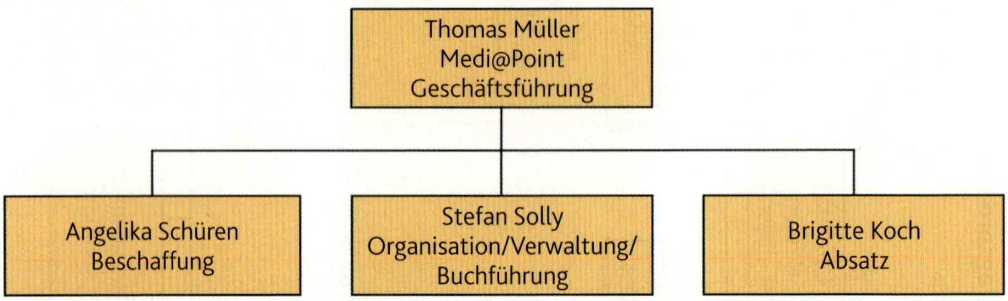

Azubis: Volker Bernhards, Barbara Wolf

Adresse:	Buchhandlung Medi@Point GmbH & Co. KG Schildergasse 46 50667 Köln	
Bankverbindungen:	Deutsche Bank Köln BLZ 370 700 60 Kto.-Nr.: 446 632 140	Sparkasse KölnBonn BLZ 370 501 98 Kto.-Nr.: 85 213 948

Auszug aus der Liefererdatei der AV-Medien der Medi@ AG

Firma	Kreditoren-Nr.	Adresse	Ansprech-partner	Tel./Fax	Kreditinstitut	Produkte	Liefer-bedingungen	Zahlungs-bedingungen	Umsatz lfd. Jahr in EUR
DeeHaan Filmprodukte	44 001 K 70 001	Ilmstr. 42 51371 Leverkusen	Frau de Mijt	0214 843120 843129	SEB Leverkusen BLZ: 370 101 11 Kto.-Nr.: 320873111	Produktion von Soaps, Shows und Serien	frachtfrei	Ziel: 20 Tage Skonto: 7 Tage/3 %	2 290 000,00
Soundvision GmbH	44 002 K 70 002	Volksgartenstr. 12-20 50677 Köln	Frau Jansen	0221 443228 0221 443217	Deutsche Bank Köln BLZ: 370 700 60 Kto.-Nr.: 40830122	Vermietung von Licht- und Tontechnik	4 % vom Warenwert, maximal 200,00 EUR	Ziel: 14 Tage Skonto: –	120 000,00
Bürotec GmbH Handel für Bürobedarf	44 009 K 70 009	Koblenzer Str. 98 53177 Bonn	Herr Winkler	0228 4453690 0228 44536984	Sparkasse KölnBonn BLZ: 370 501 98 Kto.-Nr.: 380600928	Bürobedarf aller Art	ab Auftragswert 500,00 EUR porto- und frachtfrei	Ziel: 30 Tage Skonto: 10 Tage/2 %	220 000,00
Bürodesign GmbH	44 020 K 70 020	Stolberger Str. 188 50933 Köln	Herr Stam	0221 6683550 0221 888357	Deutsche Bank Köln BLZ: 370 700 60 Kto.-Nr.: 25203488	Büromöbel	unfrei	Ziel: 30 Tage Skonto: 8 Tage/2 %	160 000,00
Wagner e.K.	44 008 K 70 008	Johanniterstr. 6 51065 Köln	Herr Kern	0221 334231 0221 334232	Dresdner Bank Köln BLZ: 370 800 40 Kto.-Nr.: 674563870	Softgetränke, Wasser, Bier	frei Haus	Ziel: 30 Tage Skonto: 10 Tage/3 %	80 000,00

Auszug aus der Kundendatei der AV-Medien der Medi@ AG

Firma	Kunden-/ Debitoren-Nr.	Adresse	Ansprechpartner	Tel./Fax	Kreditinstitut	Umsatz lfd. Jahr in EUR	Offene Rechnungen	Rabattsätze
Jupiter Musik GmbH	D 24 001	Hansaring 29 50670 Köln	Herr Baum	0221 667531 0221 667538	Sparkasse KölnBonn BLZ 370 501 98 Kto.-Nr.: 111222870	1 500 000,00	0	25
ProSiebenSat. 1 Media AG	D 24 002	Medienallee 7 85774 Unterföhring	Frau Schneider	089 896532 089 896533	Deutsche Bank München BLZ: 700 700 10 Kto.-Nr.: 97658891	15 800 000,00	2	5
ZDF	D 24 003	ZDF-Str. 55127 Mainz	Herr Ortloff	06131 704972 06131 704979	Sparda Bank Süd-West BLZ: 550 905 00 Kto.-Nr.: 4652228	5 260 000,00	0	
RTL Television GmbH	D 24 004	Aachener Str. 1 044 50858 Köln	Herr Manstetten	0221 456-0 0221 1690	Sparkasse KölnBonn BLZ: 370 501 98 Kto.-Nr.: 8659741	11 356 000,00	1	10
Decaux GmbH	D 24 020	Austr. 6 53179 Bonn	Herr Richter	0228 643028 0228 643030	Volksbank Bonn Rhein-Sieg BLZ: 380 601 86 Kto.-Nr.: 453214379	500 000,00	5	10

Auszug aus der Kundendatei der Werbeagentur West GmbH

Firma	Kunden-Nr.	Adresse	Ansprechpartner	Tel./Fax	Kreditinstitut	Umsatz lfd. Jahr in EUR	Offene Rechnungen	Rabattsätze
Interne Kunden								
Medi@ AG	W 000i D24010	Hugo-Eckener-Str. 1 50829 Köln	Dr. Hans Sommer	0221 4453690 0221 4453698	Postbank Köln BLZ: 370 100 50 Kto.-Nr.: 286778-431 Sparkasse KölnBonn BLZ 370 501 98 Kto.-Nr.: 360058796	2 900 000,00	0	28
Buchhandlung Medi@Point GmbH & Co. KG	W 001i D24011	Schildergasse 46 50667 Köln	Herr Müller	0221 9846130 0221 9846139	Deutsche Bank Köln BLZ: 370 700 60 Kto.-Nr.: 446632140 Sparkasse KölnBonn BLZ 370 501 98 Kto.-Nr.: 85213948	50 000,00	0	20
Externe Kunden								
Campus financial consulting, Finanzdienst-leistungen	W 001e D24012	Bonner Str. 324 50968 Köln	Herr Ort	0221 667536 0221 667539	Volksbank Köln-Nord BLZ: 370 694 29 Kto.-Nr.: 526222870	500 000,00	0	25
Pro Öko Einrich-tungshaus GmbH	W 002e D24013	Vogelsanger Str. 16–34 50823 Köln	Frau Potdevin	0221 96222 0221 96223	Deutsche Bank Köln BLZ: 370 700 60 Kto.-Nr.: 43978623	250 000,00	1	15
Krankenhaus Einrichtungs-haus-GmbH	W 003e D24014	Bachstr. 3 53721 Siegburg	Frau Breiden	02241 556476 02241 556479	Dresdner Bank Siegburg BLZ: 370 800 40 Kto.-Nr.: 89366223	105 000,00	1	5
Konrad Adenauer Flughafen Köln/ Bonn GmbH	W 004e D24015	Flughafen 1–30 51147 Köln	Frau Limbach	0221 89438 0221 89431	Deutsche Bank Köln BLZ: 370 700 60 Kto.-Nr. 674563870	2 400 000,00	2	15
Decaux B.V.	W 005e D24016	Vinckenhofstraat 45 NL 5913 EC Venlo	Frau van den Bosch	003177 341769 003177 341760	LCL (Le Credit Lyonnais) Nederland Kto.-Nr.: 65663212	1 450 000,00	0	15
Bürofachhandel Schneider GmbH	W 003e D24017	Brunostr. 45 50333 Köln	Herr Schneider	0221 5649967 0221 5649969	Postbank Köln BLZ: 370 100 50 Kto.-Nr.: 432056-204	50 000,00	1	15

Auszug aus der Liefererdatei der Werbeagentur West GmbH

Firma	Kreditoren-Nr.	Adresse	Ansprech-partner	Tel./Fax	Kreditinstitut	Leistung	Liefer-bedingungen	Zahlungs-bedingungen	Umsatz lfd. Jahr in EUR
Freelancer[1]	K 70 001	Deichtorstr. 38 51371 Leverkusen	Felix Steinebach	0214 492310 0214 492311	SEB Leverkusen BLZ: 370 101 11 Kto.-Nr.: 471393200	Fotografie	–	Bezahlung erfolgt auf Honorarbasis	5 000,00
Freelancer[1]	K 70 002	Steinweg 42 50667 Köln	Abo Öztütk	0221 2244669 0221 2244664	Bank für Sozialwirt-schaft Köln BLZ: 370 205 00 Kto.-Nr.: 671190870	Illustration	–	Bezahlung erfolgt auf Honorarbasis	8 000,00
Freelancer[1]	K 70 003	Baststr. 188 44265 Dortmund	Jens Siebert	0231 6683550 0231 668357	Postbank Dortmund BLZ: 440 100 46 Kto.-Nr.: 324066-506	Text	–	Bezahlung erfolgt auf Honorarbasis	3 500,00
MG Digital & Print KG	K 70 004	Keplerstr. 8 53177 Bonn	Emilie Naus	0228 866350 0228 866401	Sparkasse KölnBonn BLZ: 370 501 98 Kto.-Nr.: 92233723	Druck	unfrei, Fracht: 100,00 EUR pauschal, Rollgeld 40,00 EUR	Ziel: 30 Tage Skonto: –	1 330 000,00
Lithoanstalt Hagen und Dorn OHG	K 70 005	Neckarstr. 89-121 12053 Berlin	Fredy Dorn	030 445546 030 445548	Citibank Berlin BLZ: 300 209 48 Kto.-Nr.: 98453223	Lithografie	frachtfrei	Ziel: 60 Tage Skonto: 14 Tage/3 %	2 150 000,00
Prisma Messebau GmbH	K 70 006	Eupener Str. 50 50933 Köln	Josef Alt	0221 5164555 0221 5164590	Sparkasse KölnBonn BLZ: 370 501 98 Kto.-Nr.: 987654258	Messebau: Gestaltung und Umsetzung	bis Auftragswert 1 000,00 EUR: 50,00 EUR sonst frei Haus	Ziel: 30 Tage Skonto: –	50 500,00

Freelancer: freiberufliche Spezialisten

Auszug aus der Kundendatei der Medi@Point GmbH & Co. KG Buchhandlung

Kunde	Kunden-/ Debitoren-Nr.	Adresse	Ansprechpartner	Tel./Fax	Kreditinstitut	Umsatz lfd. Jahr in EUR	Offene Rechnungen
Universitäts- und Stadtbibliothek Köln	D 24 001	Kerpener Str. 102 50937 Köln	Herr Dessing	0221 1470-2351 0221 1470-5166	Sparkasse KölnBonn BLZ: 370 501 98 Kto.-Nr.: 875438	54 000,00	9
Astrid-Lindgren-Schule Gemeinschaftsgrundschule	D 24 002	Albrecht-Dürer-Allee 9 50126 Bergheim Erft	Frau Nales	02271 767590 02271 767591	Volksbank Erft BLZ: 370 692 52 Kto.-Nr.: 532301	13 000,00	2
Katholisches Krankenhaus e. V. Schleierthal	D 24 003	Schleidener Str. 5 50937 Köln	Frau Meder	0221 876-4535-13 0221 876-4535-97	Sparkasse KölnBonn BLZ: 370 501 98 Kto.-Nr.: 9008076	4 000,00	0
Steuerberaterpraxis Scholl OHG	D 24 004	Händelstr. 17 22761 Hamburg	Herr Zander	040 614832 040 614833	Deutsche Bank Hamburg BLZ: 200 700 00 Kto.-Nr.: 634621130	6 800,00	3
Kanzlei Behrens und Partner	D 24 005	Im Mediapark 12 50670 Köln	Herr Schott	0221 639877 0221 639878	Sparkasse KölnBonn BLZ: 370 501 98 Kto.-Nr.: 6566422	8 600,00	2
Zahnarztpraxis Dr. Peter Hartleben	D 24 006	Roonstraße 16 50674 Köln	Frau Schmitter	0221 555444 0221 555549	Commerzbank Köln BLZ: 370 400 44 Kto.-Nr.: 06325418	7 000,00	4
Rechtsanwaltspraxis Bülling und Partner	D 24 007	Herzogen-rather Str. 14 50933 Köln	Frau Leander	0221 422675 0221 422679	Sparkasse KölnBonn BLZ: 370 501 98 Kto.-Nr.: 4933073	5 000,00	5
Frau Nicole Bauer	D 24 008	Zwirnerstr. 4 50678 Köln	Frau Bauer	0221 5509065 0221 5504281	Sparkasse KölnBonn BLZ: 370 501 98 Kto.-Nr.: 2195832	1 700,00	0

Auszug aus der Lieferdatei der Buchhandlung Medi@Point GmbH & Co. KG

Firma	Lieferer-/ Kreditoren-Nr.	Adresse	Ansprechpartner	Tel./Fax	Kreditinstitut	Produkte/ Leistung	Liefer- und Zahlungsbedingungen	Umsatz lfd. Jahr in EUR
Barsortiment Könemann GmbH & Co. KG	44 001 K 70 001	Delsterner Str. 134 58091 Hagen	Herr Rybak	02331 789-0 02331 789130	Sparkasse Hagen BLZ: 450 50001 Kto.-Nr.: 7430216	Medien aller Art, Buchhandelszubehör, IT-Support	Prozentual vom Lieferscheinwert Bezugsgröße Vorjahresumsatz Belastung zusammen mit Barsortimentsware/skontoabzugsfähig, Dekadenrechnung	180 000,00
Barsortiment Koehler & Volckmar GmbH	44 002 K 70 002	Edsel-Ford-Str. 26 50769 Köln	Frau Geissler	0221 7025-0 0221 7025-323	Deutsche Bank Köln BLZ: 370 700 60 Kto.-Nr.: 400375	Medien aller Art, Buchhandelszubehör, IT-Support	Prozentual vom Lieferscheinwert Bezugsgröße Vorjahresumsatz Belastung zusammen mit Barsortimentsware/skontoabzugsfähig, Dekadenrechnung	210 000,00
Georg Lingenbrinck GmbH & Co. KG (Barsortiment)	44 003 K 70 003	August-Schanz-Str. 33 60433 Frankfurt	Frau Beurich	069 85398212 069 95422300	Postbank Frankfurt BLZ: 500 100 60 Kto.-Nr.: 3111977	Medien aller Art, Buchhandelszubehör, IT-Support	Prozentual vom Lieferscheinwert Bezugsgröße Vorjahresumsatz Belastung zusammen mit Barsortimentsware/skontoabzugsfähig, Dekadenrechnung	95 000,00
HERA BSV GmbH & Co. KG Büchersammelverkehr	44 004 K 70 004	Postfach 680146 50704 Köln	Herr Berns	0221 7121058 0221 711092	Postbank Köln BLZ: 370 100 50 Kto.-Nr.: 852892	Büchersammelverkehr Kommissionsgeschäft	Monatliche Kommissionsgebühr zzgl. monatl. Gewicht für Verlegerbeischlüsse und Remittenden gemäß aktueller Staffelliste	9 800,00
Koehler & Volckmar GmbH/ Abteilung Bücherwagendienst	44 005 K 70 005	Postfach 102142 50461 Köln	Herr Börne	0221 7025-100 0221 7025-323	Deutsche Bank Köln BLZ: 370 700 60 Kto.-Nr.: 900362	Büchersammelverkehr Kommissionsgeschäft	Monatliche Kommissionsgebühr zzgl. monatl. Gewicht für Verlegerbeischlüsse und Remittenden gemäß aktueller Staffelliste	6 400,00
Koch, Neff & Oetinger & Co. GmbH	44 006 K 70 006	Schockenriedstr. 37 70565 Stuttgart	Frau Kehr	0711 899-0 0711 899-1010	Postbank Stuttgart BLZ: 600 100 70 Kto.-Nr.: 242878	Verlagsauslieferung	Verlegerkommissionär Je nach Verlag unterschiedliche Liefer-/Zahlungsbedingungen	42 000,00
Primus GmbH Großhandel für Bürobedarf	44 007 K 70 007	Koloniestr. 2–4 47057 Duisburg	Herr Winkler	0203 4453690 0203 44536984	Sparkasse Duisburg BLZ: 350 500 00 Kto.-Nr.: 360058796	Bürobedarf aller Art	ab Auftragswert 500,00 EUR porto- und frachtfrei Ziel: 30 Tage Skonto: 10 Tage/2 %	220 000,00

Auszug aus der Liefererdatei der Verlage der Medi@ AG

Firma	Lieferer-/ Kreditoren-Nr.	Adresse	Ansprech-partner	Tel./Fax	Kreditinstitut	Produkte	Lieferbedingungen	Zahlungs-bedingungen	Umsatz lfd. Jahr in EUR
Papierwerk Wilhelm Weil AG	44 001 K 70 001	Eifelstr. 10 51371 Leverkusen	Frau Gentgen	0214 332910 0214 332915	Dresdner Bank Leverkusen BLZ: 370 800 40 Kto.-Nr.: 88831320	Druckerpapiere	Auftragswert bis 1 000,00 EUR: 50,00 EUR, über 1 000,00 EUR: 42,00 EUR – Verpackungspauschale: 30,00 EUR	Ziel: 20 Tage Skonto: 7 Tage/2 %	290 000,00
Druckerei Bauer & Söhne OHG	44 002 K 70 002	Hacheneyer Str. 25 44265 Dortmund	Frau Siebert	0231 881222 0231 881226	Postbank Dortmund BLZ: 440 100 46 Kto.-Nr.: 380228112	Tiefdruck	Lieferpauschale: 40,00 EUR	Ziel: 50 Tage Skonto: 14 Tage/2 %	5 420 000,00
Andreas Schneider Rotationsdruck KG	44 003 K 70 003	Palzstr. 16 59073 Hamm	Frau Sydow	02381 417118 02381 985410	Volksbank Hamm BLZ: 410 601 20 Kto.-Nr.: 98789723	Offsetdruck	ab Bestellwert von 2 000,00 EUR frei Haus, sonst 3 % vom Warenwert, mindestens jedoch 60,00 EUR	Ziel: 14 Tage Skonto: –	3 200 000,00
Wollux GmbH Peter Findeisen	44 004 K 70 004	Zinckestr. 19 39122 Magdeburg	Herr Kern	0391 334231 0391 334232	Dresdner Bank Magdeburg BLZ: 810 800 00 Kto.-Nr.: 674563870	Bezugs-materialien für Buchdecken	frei Haus	Ziel: 30 Tage Skonto: 10 Tage/3 %	800 000,00
Primus GmbH Großhandel für Bürobedarf	44 005 K 70 005	Koloniestr. 2–4 47057 Duisburg	Herr Winkler	0203 4453690 0203 44536984	Sparkasse Duisburg BLZ: 350 500 00 Kto.-Nr.: 360058796	Bürobedarf aller Art	ab Auftragswert 500,00 EUR porto- und frachtfrei	Ziel: 30 Tage Skonto: 10 Tage/2 %	220 000,00
Wellpappe GmbH & Co. KG Alfred Weigelt	44 006 K 70 006	Volksparkstr. 12–20 22525 Hamburg	Herr Ötztütk	040 2244669 040 2244664	Jyske Bank Hamburg BLZ: 200 205 00 Kto.-Nr.: 671190870	Produkt- und Transportverpackungen	bis 100 kg: 31,00 EUR, bis 250 kg: 60,00 EUR, bis 500 kg: 100,00 EUR, bis 1 000 kg: 175,00 EUR, über 1 000 kg: nach Vereinbarung	Ziel: 14 Tage Skonto: –	120 000,00

1 Geschäftsprozesse erfassen und auswerten

1 Geschäftsprozesse erfassen und auswerten

1.1 Geschäftsprozesse im Unternehmen und damit zusammenhängende Werteströme

Während ihres ersten Rundgangs durch den Betrieb mit Frau Schüren wird Barbara Wolf, die Auszubildende zur Buchhändlerin, auch dem Leiter des Rechnungswesens, Herrn Solly, vorgestellt. Dieser schildert Barbara Wolf die besondere Bedeutung des Rechnungswesens für das Unternehmen: „Ich habe das Gefühl, dass diese Abteilung das Nachrichtenzentrum für die Unternehmensleitung und die anderen betrieblichen Abteilungen ist. Noch vor wenigen Minuten wollte Frau Koch im Verkauf den Kontenstand der Medi@Point wissen. Und eine halbe Stunde vorher hatte sie nach dem Umsatz der Warengruppe „Reise“ im ersten Quartal gefragt. Wir sind eigentlich das große Gedächtnis der Buchhandlung, ohne uns würde manches drunter und drüber gehen.“
Da sich die Medi@Point in einem komplexen Zusammenspiel von Kunden und Lieferern befindet und eine Vielzahl von Werteströmen „durch das Unternehmen fließen“, ist es notwendig, diese Werteströme zu dokumentieren. Hierfür ist die Einrichtung eines Rechnungswesens notwendig.
In der nächsten Zeit verschafft sich Barbara Wolf einen Überblick über die verschiedenen Aufgabenbereiche des Rechnungswesens ihres Ausbildungsbetriebes.

Aufgaben der Handels- und Industriebetriebe

Täglich kauft die Buchhandlung Waren bei Verlagen und anderen Lieferern ein, um sie dann unmittelbar oder nach einer Zeit der Lagerung an die Kunden weiterzuveräußern. Ihre Kunden können beispielsweise Privatpersonen, öffentliche oder wissenschaftliche Bibliotheken, Schulen, Institute oder Gewerbetreibende sein.
Im Unterschied zu den Verlagen verkauft die Buchhandlung die eingekauften Waren unverändert an ihre Kunden.

Einsatz von Gütern und Dienstleistungen im Leistungsprozess der Handelsbetriebe

Um Waren verkaufen zu können, benötigt der Buchhändler **menschliche Arbeitsleistungen** durch Angestellte, Buchhändler und Aushilfen, **Betriebsmittel** wie Grundstücke, Geschäftsgebäude, Fahrzeuge, Lager- und Büroeinrichtungen, **Werkstoffe** wie Waren und Verpackungsmaterial.
Die **menschlichen Arbeitsleistungen** und die **Betriebsmittel** werden vom Buchhändler eingesetzt, um Waren von Lieferern (Hersteller, Großhändler) einzukaufen und unverändert an Kunden

Produktionsfaktoren

menschliche Arbeitsleistung
- **leitende** Arbeiten des Unternehmers
- **ausführende** Arbeiten der Angestellten und Arbeiter

Betriebsmittel
- Grundstücke
- Geschäftsgebäude
- Regale
- Büromöbel, -maschinen
- Pkw und Lkw

Waren
- Bücher, Nonbookartikel
- Verpackungsmaterial
- Prospektmaterial

weiterzuverkaufen. Neben der Ware muss er Verpackungs- und Prospektmaterial bereithalten. Die vom Buchhändler eingesetzten Arbeitsleistungen, Betriebsmittel und Waren werden als **Produktionsfaktoren** bezeichnet.

Sachziele der Handelsbetriebe sind Dienstleistungen in der Form von Warenverkäufen und damit verbundenen Leistungen wie Kundenberatung, Bibliographieren usw.

Sachziel der Medi@Point ist der Verkauf von Büchern und Nonbookartikeln sowie Kundenberatung.

Im Unterschied zum Handelsbetrieb stellt der **Industriebetrieb** für seine Kunden Erzeugnisse her. Dazu kauft er täglich Werkstoffe wie Roh-, Hilfs- und Betriebsstoffe bei seinen Lieferern ein. Sofort oder nach einer Zeit der Lagerung werden diese Werkstoffe im Produktionsprozess auftragsgemäß be- oder verarbeitet. Die neuen Erzeugnisse sind neben Dienstleistungen die typische Leistung des Industrieunternehmens.

Die Buch- und Offset Druckverarbeitung GmbH führt die Weiterverarbeitung und Druckveredelung im Rahmen der Herstellung von Büchern, Zeitungen, Zeitschriften, Prospekten, Flyern und anderen Druckprodukten durch. Hierfür benötigt sie entsprechende Betriebsmittel wie Falz- und Schneidemaschinen, Werkstoffe wie Papier und entsprechendes Fachpersonal.

Sachziel des Industriebetriebes sind die Produktion und der Vertrieb von Erzeugnissen und damit verbundene Leistungen, wie z. B. Kundenberatung.

Güter- und Geldströme im Handels- und Industrieunternehmen

Vom **Beschaffungsmarkt**, auf dem Lieferer anbieten, fließt ein **Strom von Gütern und Dienstleistungen** in die Unternehmen. **Beim Verkauf strömen Güter und Dienstleistungen zu den Kunden am Absatzmarkt.** Diesen Güter- und Dienstleistungsströmen stehen andererseits **Geldströme** gegenüber.

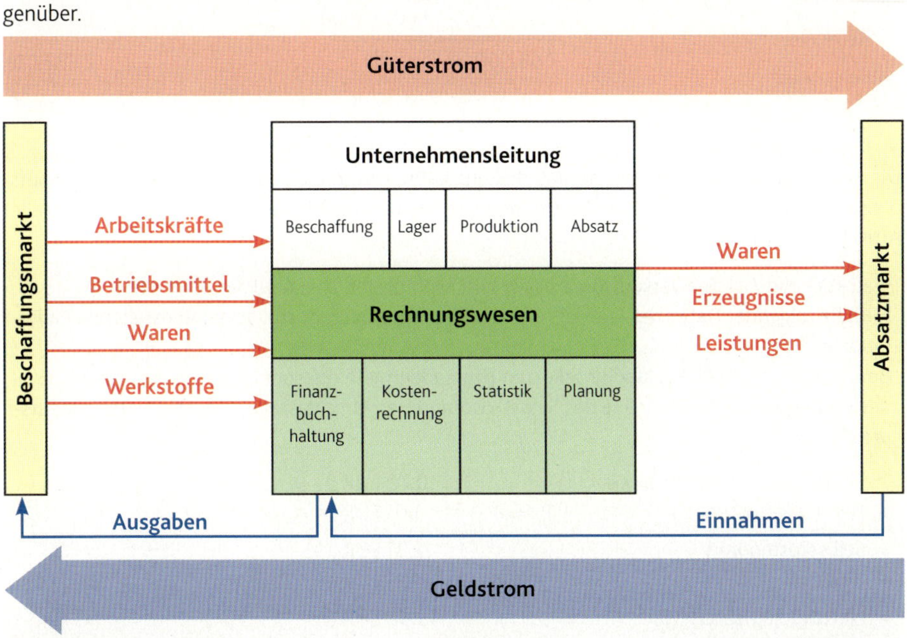

Um die Produktionsfaktoren beschaffen und einsetzen zu können, benötigen die Unternehmen **finanzielle Mittel**. Diese besorgt die Abteilung **Finanzierung** von verschiedenen Geldgebern, wie dem Unternehmer, den Banken, Lieferern und Gesellschaftern.

Die **Beschaffung** der Produktionsfaktoren führt zu **Ausgaben**. Über die Erlöse aus dem **Verkauf der Waren** bzw. Erzeugnisse **(Umsatzerlöse)** an die Kunden werden **Einnahmen** erzielt. Damit fließen ursprünglich ausgegebene finanzielle Mittel wieder in das Unternehmen zurück. Es ist im Allgemeinen das Ziel des Unternehmers in der Marktwirtschaft, einen **Überschuss** der Einnahmen gegenüber den Ausgaben zu erzielen. Das ist sein **positiver Erfolg**, sein **Gewinn**. Der Unternehmer setzt sich jedoch auch dem Risiko aus, einen **negativen Erfolg**, einen **Verlust**, zu erleiden.

Aufgabenbereiche des Rechnungswesens

♦ Finanzbuchhaltung

Die Finanzbuchhaltung

- erfasst die **Einnahmen** und **Ausgaben** zwischen Betrieb und Außenwelt (Kunden, Lieferer, Arbeitnehmer, Kreditinstitute, Versicherungen, Behörden) und damit **die Veränderungen des Vermögens und der Schulden**,
- erfasst den **Werteeinsatz (Aufwendungen)** durch Dokumentation der Ausgaben für Waren, Personal und Dienstleistungen. Sie erfasst den **Wertezuwachs (Erträge)** durch Einnahmen aus dem Verkauf von Waren, Erzeugnissen und Dienstleistungen,
- ermittelt das Ergebnis (Gewinn oder Verlust) als Besteuerungsgrundlage durch Gegenüberstellung der Aufwendungen und Erträge.

Im Rechnungswesen erfasst Stefan Solly die Kassenbelege, wie z. B. Barkäufe von Briefmarken, Barzahlung von Fracht, Benzin, Bareinkauf von Büromaterial, Barverkäufe von Waren auf dem Kassenkonto, indem er Einnahmen und Ausgaben gegenüberstellt:

Einzahlungen	Kasse		Auszahlungen
Anfangsbestand	2 270,00	Porto	28,00
Tageslosung 06.05	195,00	Benzin	104,00
Tageslosung 07.05	217,00	Büromaterial	196,00
		Endbestand	2 354,00
	2 682,00		2 682,00

♦ Kostenrechnung

Die Hauptaufgabe der Kostenrechnung besteht darin, Unterlagen zur Berechnung der Verkaufspreise von Waren mit nicht gebundenem Ladenpreis zu beschaffen und die Verkaufskalkulation aller Artikel durchzuführen.

Frau Koch möchte den Verkaufspreis des englischsprachigen Titels „All about Internet" festlegen. Mithilfe folgender Daten des Einkaufs und des Rechnungswesens stellt sie untenstehende Kalkulation auf:
Bezugspreis: 10,70 EUR, Handlungskosten (für Ladenmiete, Personalkosten, Bürokosten): 15 % des Bezugspreises, Gewinn: 9 % des Selbstkostenpreises, Umsatzsteuer: 7 % des Nettoverkaufspreises.

	Bezugspreis = Einstandspreis		10,70 EUR
+	Handlungskosten	15 %	1,61 EUR
=	Selbstkostenpreis		12,31 EUR
+	Gewinn	9 %	1,11 EUR
=	Nettoverkaufspreis		13,42 EUR
+	Umsatzsteuer	7 %	0,94 EUR
=	Barverkaufspreis		14,36 EUR

Die Kostenrechnung hat außerdem die Aufgabe, die **Wirtschaftlichkeit** jedes Artikels oder jeder Warengruppe festzustellen, indem sie den **Umsatzerlösen** die entsprechenden **Kosten** im Monat, Quartal oder Jahr gegenübergestellt.

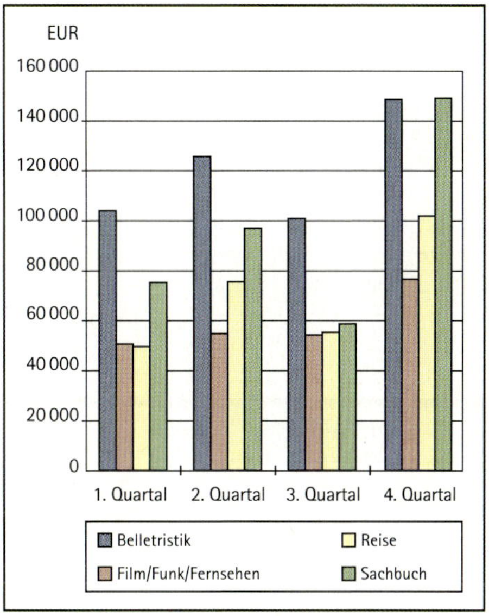

♦ Statistik

Die Statistik ermittelt für die Unternehmensleitung beispielsweise den Anteil einzelner Warengruppen am Gesamtumsatz (vgl. Diagramm), die Ausgaben des Unternehmens in verschiedenen Zeiträumen für den Einsatz des Personals und anderer Produktionsfaktoren. Die Statistik sammelt betriebliches und außerbetriebliches **Zahlenmaterial**. Sie ordnet diese Daten übersichtlich in **Tabellen** und bemüht sich um eine **Darstellung in Schaubildern**.

Herr Müller erwartet als Geschäftsführer der Medi@Point eine grafische Darstellung der Quartalumsatzerlöse in den Sortimentsbereichen Belletristik, Film/Funk/Fernsehen, Reise und Sachbuch. Mit einem Blick übersieht er so die Bedeutung der einzelnen Warengruppen und deren Entwicklung im Laufe des Geschäftsjahres.

♦ Planung und Controlling

Die in der Finanzbuchhaltung, in der Statistik und auch teilweise in der Kostenrechnung ermittelten **Istwerte der Vergangenheit** bilden die Grundlage für zukünftige Planungen. Für solche Planungen werden **Sollwerte für die kommende Rechnungsperiode** geschätzt und in Plänen festgehalten. So entstehen Absatz-, Beschaffungs-, Personal-, Finanz- und Investitionspläne. Die einzelnen Pläne werden dann am Ende der Rechnungsperiode mit den tatsächlich erreichten **Istwerten** verglichen. Anschließend werden die **Abweichungen** festgestellt und analysiert.

Festlegung der Sollwerte für die kommende Rechnungsperiode → Ermittlung der erreichten Istwerte am Ende der Rechnungsperiode → Ermittlung und Analyse der Abweichungen

Umsatzplanung des Artikels „DVD, Herr der Ringe"

Planungsperiode	Sollumsätze in EUR	Istumsätze in EUR	Abweichungen in EUR
Oktober	10 480,40	8 274,00	– 2 206,40
November	11 032,00	11 445,70	+ 413,70
Dezember	13 790,00	15 996,40	+ 2 206,40

Das Rechnungswesen ist vergleichbar mit einer **Datenbank**, in der Daten von allen Funktionsbereichen gesammelt und von allen Bereichen für die unterschiedlichsten Zwecke abgerufen werden.

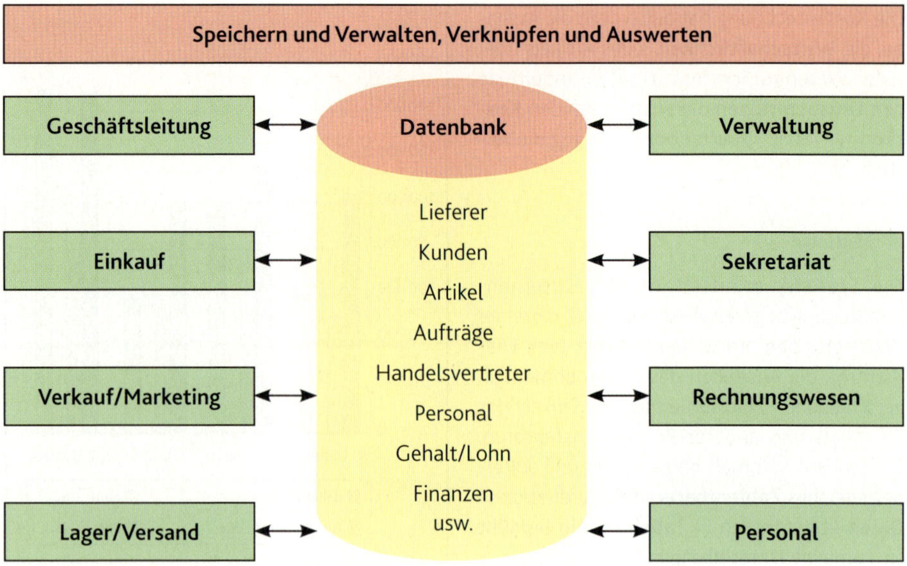

Rechnungswesen als Informations-, Kontroll- und Steuerungssystem

- ***Informationssystem:*** *Das Rechnungswesen erteilt Auskunft über Einnahmen, Ausgaben, Gewinne sowie Veränderungen der Bestände an Gütern.*
- ***Kontrollsystem:*** *Das Rechnungswesen prüft das Verhältnis zwischen Einnahmen und Ausgaben, um festzustellen, mit welchem Erfolg gewirtschaftet wurde.*
- ***Steuerungssystem:*** *Das Rechnungswesen liefert Daten, die zur Erstellung von Plänen genutzt werden, nach denen sich die künftige Steuerung richtet.*

Aufgaben und Aufgabenbereiche des Rechnungswesens

- *Das Rechnungswesen*
  - *erfasst die Güter- und Geldströme zwischen dem Unternehmen und dem Beschaffungs- und Absatzmarkt,*
  - *ermittelt regelmäßig den Stand an Vermögen und Schulden und erfasst laufend deren Veränderungen,*
  - *stellt den Erfolg (Gewinn oder Verlust) des Geschäftsjahres fest,*
  - *stellt Daten für die Preisberechnung und für zahlreiche betriebliche Entscheidungen bereit.*
- *Das Rechnungswesen ist in die Aufgabenbereiche Finanzbuchhaltung, Kosten- und Leistungsrechnung, Statistik und Planung gegliedert.*

1 Erläutern Sie anhand des Schaubildes auf S. 27 die Aufgabenbereiche des Rechnungswesens der Buchhandlung.

2 Nennen Sie die Produktionsfaktoren und erläutern Sie deren Bedeutung für das Unternehmen
a) für die Buchhandlung,
b) für die Druckerei.

3 Ordnen Sie den betrieblichen Produktionsfaktoren die folgenden Wirtschaftsgüter einer Buchhandlung zu.
(1) Fahrzeuge
(2) Leistungen der Unternehmensleitung
(3) Computer
(4) Grundstück und Gebäude

(5) Leistungen des Lagerpersonals
(6) Regale im Lager
(7) Bücher
(8) Frankiermaschine
(9) Computersoftware
(10) Dienstleistungen des Verkaufspersonals
(11) Paketband im Versand
(12) Dienstleistungen des Lkw-Fahrers

4 Die Buchhandlung hat Beziehungen zum Beschaffungs- und Absatzmarkt.
Erläutern Sie je zwei Tätigkeiten, die
a) sich auf den Beschaffungsmarkt beziehen,
b) im Unternehmen mit eingekauften Waren durchzuführen sind,
c) sich auf den Absatzmarkt beziehen.

5 Ordnen Sie die folgenden Tätigkeiten einer Buchhandlung den Aufgabenbereichen des Rechnungswesens zu. Kennzeichnen Sie die jeweilige Aussage mit
(1) wenn sie der Finanzbuchhaltung,
(2) wenn sie der Kostenrechnung,
(3) wenn sie der Statistik,
(4) wenn sie der Planung und
(5) wenn sie keinem der Aufgabenbereiche zugeordnet werden kann.

Tätigkeiten
a) Die Buchhändlerin ermittelt am Abend eines Arbeitstages den Kassenbestand an Bargeld.
b) Der Geschäftsführer lässt sich von seinen Buchhändlerinnen Informationen über die mögliche Marktentwicklung für das kommende Halbjahr geben.
c) Ein Angestellter ermittelt aufgrund zahlreicher Unterlagen den Verkaufspreis für englisch-deutsche Wörterbücher.
d) Eine Angestellte erstellt ein Kreisdiagramm, aus dem sich die Anteile der verschiedenen Warengruppen am Gesamtumsatz ergeben.
e) Der Geschäftsführer will in drei Monaten eine Filiale in Dresden eröffnen. Daher stellt er in einer Übersicht alle zukünftig zu erwartenden einmaligen Ausgaben (Investitionen) zusammen.
f) Der Geschäftsführer verlangt vom Buchhalter die Unterlagen zur Erstellung der Steuererklärung.

6 Nennen Sie die wesentlichen Aufgaben der Finanzbuchhaltung.

7 Erläutern Sie den Güter- und Geldstrom zwischen Buchhandlung und Beschaffungs- und Absatzmarkt.

8 Begründen Sie, warum sich
a) die Sparkasse KölnBonn,
b) das Finanzamt Köln
für die Buchführung der Medi@Point GmbH interessieren.

9 Erläutern Sie die Bedeutung des betrieblichen Rechnungswesens als Informations-, Kontroll- und Steuerungssystem.

10 Grenzen Sie die Aufgaben der Geschäfts- oder Finanzbuchhaltung von denen der Kosten- und Leistungsrechnung ab.

11 „Was hast du mit den 400,00 EUR gemacht, die ich dir erst vorige Woche gegeben habe?", reagiert Herr Klein auf die Bitte seiner Frau um Haushaltsgeld. „Du weißt doch, dass ich wirklich nur das Notwendigste für den Haushalt kaufe", antwortet Frau Klein. Ähnliche Gespräche haben Sie sicher auch schon in Ihrer Familie miterlebt.
a) Erarbeiten Sie in Gruppen ein Haushaltsbuch zur übersichtlichen Aufzeichnung aller Einnahmen und Ausgaben und vergleichen Sie die Ergebnisse.
b) Begründen Sie jeweils den Aufbau Ihres Haushaltsbuchs.
c) Stellen Sie einen Katalog von Gründen zusammen, die für ein solches Haushaltsbuch sprechen.

1.2 Bestandsrechnung

1.2.1 Inventur, Inventar, Bilanz

1.2.1.1 Inventur

Die Medi@Point setzte mit Beginn ihrer Handelstätigkeit Wirtschaftsgüter wie z. B. Waren, Pkw, Gebäude, Computer u. a. ein. Zur Beschaffung dieser Wirtschaftsgüter musste Herr Müller Eigenkapital in die Medi@Point einbringen. Teilweise mussten solche Wirtschaftsgüter mit Fremdkapital finanziert werden. Von Zeit zu Zeit will der geschäftsführende Gesellschafter feststellen, wie sich der Wert dieser Wirtschaftsgüter entwickelt hat. Dazu verpflichtet ihn auch der Gesetzgeber.

Aufgrund dieser gesetzlichen Verpflichtung muss Herr Solly eine Inventurliste für die Wirtschaftsgüter der Medi@Point erstellen.

Der Kaufmann ist nach den gesetzlichen Bestimmungen (§ 240 HGB, § 140 AO) verpflichtet,
- zu **Beginn der Geschäftstätigkeit**,
- am **Ende jeden Geschäftsjahres** und
- bei **Verkauf** oder **Aufgabe des Geschäftes**

ein **genaues Verzeichnis (Inventar)** seines Vermögens und seiner Schulden aufzustellen.

Dazu muss der Kaufmann sein Bargeld und seine Waren zählen, alle Anlagen des Unternehmens (Maschinen, Fuhrpark, Computer u. a.) erfassen und noch nicht bezahlte Rechnungen zusammenstellen. Dieses Aufnehmen aller Wirtschaftsgüter nach Art, Menge und Wert wird als **Inventur** bezeichnet.

§

§ 240 HGB Abs. 1: Jeder Kaufmann hat zu Beginn seines Handelsgewerbes seine Grundstücke, seine Forderungen und Schulden, den Betrag seines baren Geldes sowie seine sonstigen Vermögensgegenstände genau zu verzeichnen und dabei den Wert der einzelnen Vermögensgegenstände und Schulden anzugeben.
Abs. 2: Er hat [...] für den Schluss eines jeden Geschäftsjahres ein solches Inventar aufzustellen [...].

Arten der Inventur

Unterscheidung der Inventurarten nach der Art der Aufnahme

Körperliche Inventur: Um die gesetzliche Verpflichtung zu erfüllen, sind die **Vermögensgegenstände** (Waren, Bargeld) **„körperlich" aufzunehmen**. Zu einem bestimmten Zeitpunkt sind also alle Vermögensgegenstände, die im Unternehmen vorzufinden sind (lat.: invenire = finden, vorfinden), **zu zählen, zu messen, zu wiegen** oder **zu schätzen** und **zu bewerten**.

In der Medi@Point werden am Aufnahmestichtag 120 Videokassetten gezählt und mit dem Bezugspreis von 19,80 EUR je Stück bewertet. Damit ergibt sich ein Inventurbestand von 2 376,00 EUR.

Buchinventur: Wird der mengen- und wertmäßige Bestand der Wirtschaftsgüter nur **anhand** von **schriftlichen Unterlagen oder Daten in der Datenbank ermittelt**, liegt eine **Buchinventur** vor. Sie ersetzt die körperliche Inventur, wenn aufgrund von Aufzeichnungen eine ordnungsmäßige buchmäßige Erfassung sichergestellt ist.

Wirtschaftsgüter	Buchinventur anhand
• Grundstücke und Gebäude	• von Grundbuchauszügen und der Anlagendatei
• Maschinen und Fuhrpark	• der Anlagendatei der einzelnen Maschinen und Fahrzeuge
• Forderungen bzw. Verbindlichkeiten	• von noch nicht bezahlten Ausgangs- und Eingangsrechnungen
• Darlehensforderungen und -schulden	• der Kontenauszüge der Gläubiger
• Bankguthaben	• der entsprechenden Tagesauszüge der Banken

♦ Inventurarten nach dem Zeitpunkt der Bestandsaufnahme

Stichtaginventur und zeitnahe Inventur: Der Gesetzgeber fordert die Inventur für den Schluss des Geschäftsjahres. Die Finanzverwaltung legte den Gesetzestext früher recht eng aus und verlangte den Ablauf der Bestandsaufnahme **genau am Schluss des Geschäftsjahres**, z. B. genau am Stichtag 31. Dezember. Eine solche Inventur wird als **Stichtaginventur** bezeichnet.

Das Aufnahmeverfahren lässt sich in vielen Fällen nicht am Schluss des Geschäftsjahres durchführen, da der Arbeitsaufwand, z. B. wegen breiter oder tiefer Sortimente aufgrund dadurch bedingter hoher Lagerbestände, zu umfangreich ist.

Lebensmittelgroßhandelsunternehmen haben nicht selten zwischen 40 000 und 120 000 verschiedene Artikel auf Lager.

Daher brachte die Finanzverwaltung die unumgängliche Erleichterung, dass die Bestände nur **zeitnah**, d. h. in der Regel innerhalb einer Frist von 10 Tagen vor oder nach dem Bilanzstichtag aufzunehmen sind: **zeitnahe Inventur**. Dabei muss sichergestellt werden, dass die **Bestandsveränderungen** zwischen dem Bilanzstichtag und dem früher oder später liegenden Aufnahmetag anhand von Belegen ordnungsmäßig **mengen- und wertmäßig berücksichtigt werden**.

Permanente Inventur: Das Unternehmen erfasst alle Wareneingänge und Warenausgänge mengenmäßig mittels Warenwirtschaftssystem bzw. Computerkasse. Dadurch ist es in der Lage, den Warenbestand jederzeit ausdrucken zu lassen. Das ist **eine** Voraussetzung der permanenten Inventur. Der am Bilanzstichtag vorliegende **buchmäßige Bestand (Sollbestand)** darf als **tatsächlicher Bestand (Istbestand)** angesetzt werden.

Diese Vorgehensweise setzt Folgendes voraus:
- In Lagerdateien müssen täglich mit Angabe des Datums, der Art und Menge alle **Zu- und Abgänge** auf der Grundlage nachprüfbarer Belege eingetragen werden.
- Mindestens einmal im Jahr muss durch körperliche Inventur (vgl. S. 32, 34) geprüft werden, ob der zu diesem Inventurstichtag ausgewiesene buchmäßige Bestand **(Sollbestand)** mit dem durch körperliche Inventur ermittelten Bestand **(Istbestand)** übereinstimmt. Der buchmäßige Bestand ist zu berichtigen, falls der durch körperliche Inventur ermittelte Bestand von ihm abweicht. Das **Datum dieser körperlichen Inventur** ist in der Lagerdatei für das betreffende Wirtschaftsgut zu vermerken.

Vergleiche hierzu Kapitel 1.2.2.5

Mit der Kombination von Buchinventur und körperlicher Inventur erzielt die permanente Inventur folgende Vorteile:
- Die **Inventurarbeiten** können bei den einzelnen Artikeln **zu unterschiedlichen Terminen** während des Geschäftsjahres erfolgen.
- Die personal- und zeitaufwendigen Inventurarbeiten können in Zeiten durchgeführt werden, in denen Arbeitskräfte ohne erhebliche Schwierigkeiten von anderen Arbeiten freigestellt werden können.

- Anhand der Lagerbuchhaltung kann zu **jedem Termin der Buchbestand (Sollbestand)** als **Inventurbestand (Istbestand)** ausgedruckt werden.

In der Buchhandlung werden alle Wareneingänge und -ausgänge mengenmäßig mittels Computer erfasst. Dadurch kann der Warenbestand jederzeit ausgedruckt werden.

			Medi@Point GmbH & Co. KG
Artikelkarte	**Lager**		
Artikelnummer 0 3 0 0	**Artikelbezeichnung** Stadtplan Köln	**Meldebestand** 1	**Höchstbestand** 10

Datum	Beleg-Nr.	Vorgang	Artikelbewegung		Lagerbestand		Bedarf gemeldet		Anmerkung
			Zugang	Abgang	aktueller Istbestand	davon reserviert	Menge	Datum	
..-08-01	Inventurliste	Bestand lt. Inventur			6				
..-08-20	BA 144/..	Bestellung				5			
..-08-20		Bedarfsmeldung				9	..-08-20		
..-08-21	LS 144/..	Lieferung an X		5	1				körperliche Aufnahme B. Koch

Ablaufplanung der Inventur

Damit die Inventurarbeiten zügig ablaufen, sind **Inventuranweisungen** auszuarbeiten, in denen für alle Bereiche des Unternehmens Aufnahmevorschriften enthalten sind. Ein zusätzlicher **Ablaufplan** enthält Angaben darüber,

- **wer** die Inventur an den verschiedenen Orten im Unternehmen durchzuführen hat,
- **wo** im Unternehmen die Bestände zu erfassen sind und
- **wann** die Bestandsaufnahme an den verschiedenen Orten abzulaufen hat.

Vergleiche hierzu Kapitel 1.5.1

Damit die Inventur den Grundsätzen ordnungsmäßiger Buchführung entsprechen kann, sollten die **Inventurlisten** zur Aufzeichnung der aufgenommenen Bestände die folgenden Angaben enthalten:

- genaue Mengen, nach Zahl, Maßen, Volumen (z. B. Liter) und Gewichten,
- fachgerechte (handelsübliche) Bezeichnungen der Gegenstände nach Art und Größe,
- übersichtliche Gruppierungen der aufgenommenen Wirtschaftsgüter nach Standorten, Lagerstellen oder Abteilungen,
- den Wert je Einheit und den Gesamtwert des jeweiligen Postens,
- das Datum der Bestandsaufnahme und die Unterschriften der mit der Inventur beauftragten Personen,
- wenn keine pauschale Abschreibung, dann Bezugspreis des Titels.

Bei EDV-gestützter Lagerbuchhaltung können die **Inventurlisten** bereits mit den **Sollbeständen** ausgedruckt werden. Durch Eintragung der Istbestände laut Inventur werden die Abweichungen sofort erkannt.

Sollbestand ↔ **Istbestand** ↔ **Abweichungen**

Inventur

- ***Ziele der Inventur:***
  - *Kontrolle der Sollbestände durch Aufnahme der Istbestände*
  - *Feststellung, Klärung und Erfassung von Bestandsdifferenzen*
  - *vorsichtige Bewertung der Vermögensteile und Schulden zur Darstellung der tatsächlichen Vermögenslage für alle Interessierten*
- ***Zeitpunkte der Inventur:***
  - *bei Beginn oder Übernahme des Betriebes*
  - *zum Schluss jedes Geschäftsjahres*
  - *bei Auflösung oder Veräußerung des Betriebes*
- ***Inventurarten nach der Art der Bestandsaufnahme:***

Körperliche Inventur	Buchinventur
Die Vermögensteile werden gezählt, gemessen, gewogen oder geschätzt.	Vermögensteile und Schulden werden anhand schriftlicher Unterlagen ermittelt.

- ***Inventurarten nach dem Zeitpunkt der Bestandsaufnahme:***

Stichtagsinventur	Zeitnahe Inventur	Permanente Inventur
Aufnahme aller Vermögensteile und Schulden am Inventurstichtag	Aufnahme innerhalb einer Frist von 10 Tagen vor bis 10 Tagen nach dem Stichtag	• Erfassung der Zu- und Abgänge mittels Lagerdatei • Ermittlung von Sollbeständen anhand dieser Datei • körperliche Inventur mindestens einmal im Jahr • Übernahme der Sollbestände zum Stichtag als Ist- oder Inventurbestände

- ***Ablaufplanung der Inventur:** Aufnahmevorschriften, Bestimmung, **wer, wo** und **wann** aufzunehmen hat, Vorbereitung von Inventurlisten*

1 Nach der Art der Inventurdurchführung sind „Buchinventur" und „körperliche Inventur" zu unterscheiden. Nennen Sie jeweils die zweckmäßige Inventurart für folgende Wirtschaftsgüter: Kassenbestand, Bankguthaben, Forderungen a. LL, Warenbestand, Verbindlichkeiten a. LL.

2 a) Vergleichen Sie die Stichtagsinventur mit der permanenten Inventur.
b) Erläutern Sie, welche Angaben ein Ablaufplan zur Durchführung der Inventur in einem Einzelhandelsunternehmen Ihrer Meinung nach enthalten müsste.
c) Viele Betriebe werden zur Durchführung der Inventur geschlossen. Beurteilen Sie diese Maßnahme und zeigen Sie Alternativen auf.

3 Führen Sie nach den Angaben auf S. 34 eine Inventurliste des Papierlagers der Offset Druckverarbeitung GmbH, deren Geschäftsjahr mit dem Kalenderjahr übereinstimmt.
Aufnahmedatum: 21. Dezember
Lagerort: Papierlager
Handelsübliche Bezeichnung: Papierbogen PRESTIGE-OPAK 61 x 86 halbmatt gestrichen fein holzhaltig weiß
Artikelnummer: 357 70 50
Einstandspreis: 120,00 EUR für 500 Bogen
Beschaffenheit: keine Mängel
Menge/Anzahl: 12 500 Bogen
Sollbestand: 12 500 Bogen
Aufgenommen durch Frau Kretschmann und Herrn Hoffmann

a) Tragen Sie die Daten in die Inventurliste ein und berechnen Sie den Inventurpreis.
b) Um welche Inventurart handelt es sich?
c) Welcher Bestand ergibt sich zum 31.12., wenn noch folgende Vorgänge zu berücksichtigen sind:

22.12.: Eingangsrechnung über Papierlieferung, Artikelnummer 357 70 50	25 000 Bogen à 120,00 EUR/500 Bogen
23.12.: Materialentnahmeschein:	15 000 Bogen à 120,00 EUR/500 Bogen
28.12.: Materialentnahmeschein:	12 000 Bogen à 120,00 EUR/500 Bogen

4 a) Geben Sie den Zeitraum zur Durchführung einer zeitnahen Inventur an, wenn das Geschäftsjahr vom 01.01.20.. bis zum 31.12.20.. dauert.
b) Berechnen Sie den Inventurbestand zum 31.12.20.. im Wege der Rückrechnung für die Rohstoffart: Recycling-Karton ENVIROCARD, weiß, hergestellt aus 100 % Altpapier Einstandspreis: 343,00 EUR/500 Bogen à 63 x 88 cm und aufgrund folgender Angaben:

09.01.20..: Bestand bei Aufnahme	6 000 Bogen à 343,00 EUR/500 Bogen
05.01.20..: Einkäufe	5 500 Bogen à 343,00 EUR/500 Bogen
03.01.20..: Abgang laut Materialentnahmeschein	1 500 Bogen à 343,00 EUR/500 Bogen
07.01.20..: Abgang laut Materialentnahmeschein	300 Bogen à 343,00 EUR/500 Bogen

1.2.1.2 Inventar

Herr Müller hat nach Durchführung der Inventur sämtliche Inventurlisten eingesammelt. Die vielen Inventurlisten mit Waren des Lager- und Verkaufsraums enthalten handelsübliche Artikel- und Mengenangaben. Zur Vereinfachung werden nur die Inventurlisten aufgeführt:

Warenvorräte laut Verzeichnis	95 000,00
Verbindlichkeiten aus Lieferungen und Leistungen laut Verzeichnis	50 000,00
Grundstück und Gebäude:	
Grundstück Schildergasse 46, 50667 Köln	100 000,00
Gebäude Schildergasse 46, 50667 Köln	175 000,00
Bankguthaben laut Bankauszügen:	
Deutsche Bank Köln	10 000,00
Sparkasse KölnBonn	40 000,00
Verbindlichkeit gegenüber der Sparkasse KölnBonn laut Darlehensvertrag und Bankauszug, Laufzeit 8 Jahre	150 000,00
Forderungen aus Lieferungen und Leistungen laut Verzeichnis	27 300,00
Fuhrpark:	
Pkw A 100, Kombi, Kennzeichen K-RA-187	8 750,00
Pkw, Golf-Variant, Kennzeichen K-DU-183	11 250,00
Kasse	2 700,00

Herr Solly muss nun die Vermögensteile und Schulden ordnen und gliedern.

Gliederung des Inventars

Die Ergebnisse der Inventur werden in einem Bestandsverzeichnis, dem **Inventar**, festgehalten (lat.: inventarium = Verzeichnis des Vorgefundenen). Das Inventar enthält Art, Menge und Wert der Vermögensteile und Schulden. Eine klare Trennung von Vermögen und Schulden ermöglicht die Berechnung des Reinvermögens. Daraus ergibt sich folgende Dreiteilung des Inventars:

♦ Vermögen

Der Gesetzgeber fordert vom Kaufmann die Gliederung seines Vermögens in **Anlage-** und **Umlaufvermögen:**

Anlagevermögen: Hierzu zählen die Vermögensteile, die dem Unternehmen längere Zeit (**dauernd** bzw. **mehrmals**) dienen (vgl. § 247 Abs. 2 HGB): Grundstücke (Parkplätze) und Gebäude, Geräte, Maschinen (Druck-, Falz-, Schneidemaschinen und Belichter, Video-Audio-Schnittplätze, Kameras sowie Präsentationsequipment), Transporteinrichtungen, Betriebs- und Geschäftsausstattung (Einrichtung des Ladens, Büros und Lagers wie Regale, Computer, Computernetz, Registrierkassen usw.).

In Medienunternehmen tauchen neben diesen gegenständlichen Vermögensteilen häufig immaterielle Güter des Anlagevermögens, wie gewerbliche Schutzrechte (z. B. Urheber- und Verlagsrechte) und Lizenzen unter der Bezeichnung „Firmenrechte" auf. Zu dem immateriellen Anlagevermögen wird auch die erworbene und betrieblich genutzte Software gezählt.

Das Anlagevermögen bildet die **Grundlage des Betriebes**. Mit seiner Hilfe können die eigentlichen Aufgaben des Betriebes, wie Einkauf, Lagerung, Produktion und Verkauf, erst durchgeführt werden.

Umlaufvermögen: Zum Umlaufvermögen rechnen die Vermögensgegenstände, die am Abschlussstichtag dazu bestimmt sind,
- **verarbeitet** (Roh-, Hilfs- und Betriebsstoffe),
- **veräußert** (Waren, Erzeugnisse) oder
- nur **einmalig genutzt** (Bargeld, Bankguthaben, Forderungen)

zu werden.

Das Umlaufvermögen wird in der Regel in einem einmaligen Vorgang verbraucht (z. B. Zahlung einer Rechnung mit Bargeld oder Verkauf einer Ware, eines Erzeugnisses). Es wird folgendermaßen gegliedert:

Vorräte		Forderungen	Liquide Mittel
Handel Waren	**Industrie** • Roh-, Hilfs- und Betriebsstoffe • unfertige und fertige Erzeugnisse • unfertige Leistungen • Bestand weiterberechenbarer Fremdleistungen	Forderungen aus Lieferungen und Leistungen	Kassenbestand Bankguthaben

Im Gegensatz zum Anlagevermögen wird das **Umlaufvermögen** durch die betrieblichen Tätigkeiten **ständig verändert und umgewandelt**.

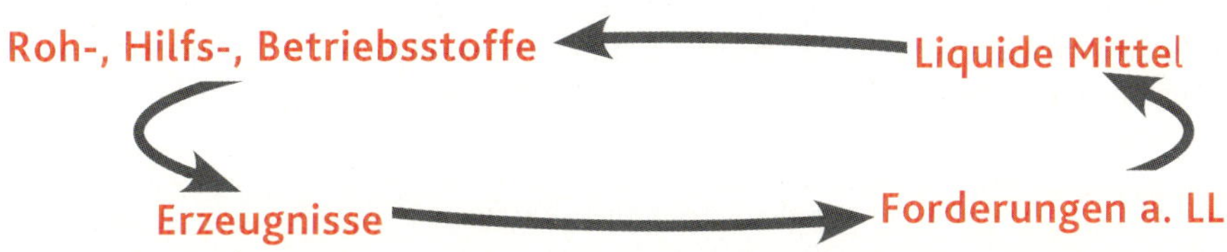

Das Umlaufvermögen bildet den eigentlichen **Gewinnträger**.

Anordnung der Vermögensteile: Die Gegenstände des Vermögens werden nach **zunehmender Geldnähe (Liquidität)** geordnet:

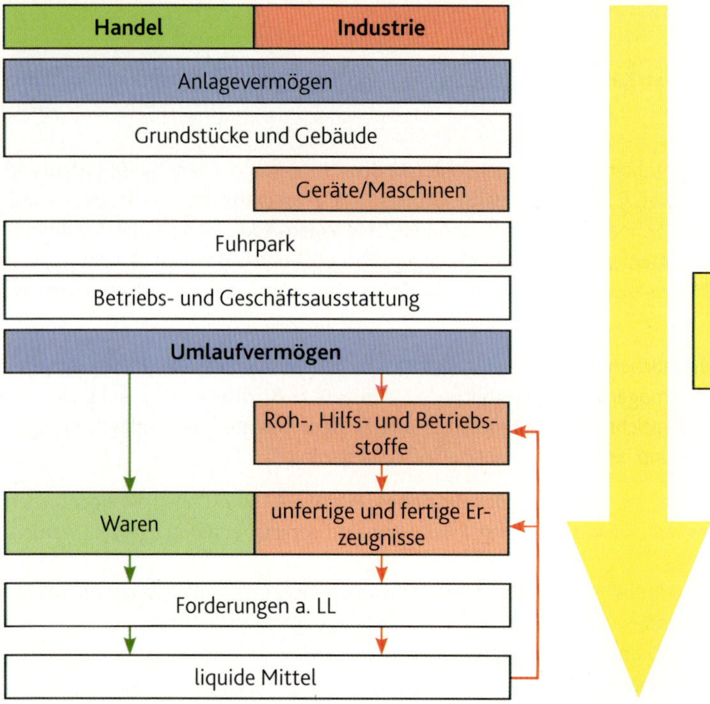

♦ Schulden

Schulden sind Zahlungsverpflichtungen aufgrund von **Darlehensverträgen** (Verbindlichkeiten gegenüber Banken) oder aufgrund von **Kaufverträgen** (Verbindlichkeiten aus Lieferungen und Leistungen), die der Vertragspartner bereits erfüllt hat. Die verschiedenen Verbindlichkeiten unterscheiden sich durch ihre **Fälligkeit** oder **Restlaufzeit** und die gegebene Sicherheit.

Schulden	Fälligkeit	Restlaufzeit von ...
Hypothekenschuld Darlehensschuld	**langfristig**	mehr als fünf Jahren
Verbindlichkeiten geg. Kreditinst.	**mittelfristig**	ein bis fünf Jahren
Verbindlichkeiten a. LL sonstige Verbindlichkeiten (z. B. Steuerschulden)	**kurzfristig**	bis zu einem Jahr

● Errechnung des Reinvermögens (Eigenkapital)

Vergleicht der Kaufmann die Summe des Wertes der Vermögensteile mit der Summe des Wertes der betrieblichen Schulden, so kann er den Schluss ziehen, dass der verbleibende Rest vom Gesamtwert der Vermögensteile sein **Reinvermögen (Eigenkapital)** ausdrückt.

	Summe der Vermögensteile
–	Summe der Schulden
=	**Reinvermögen (Eigenkapital)**

Das Reinvermögen zeigt den Wert der Vermögensteile, die mit eigenen Mitteln **(Eigenkapital)** beschafft worden sind.

Inventar der Medi@Point GmbH & Co. KG, Schildergasse 46, 50667 Köln

Art, Menge, Einzelwert	**EUR**	**EUR**
A. Vermögen		
I. Anlagevermögen		
1. **Grundstück und Gebäude**		
Grundstück	100 000,00	
Gebäude	175 000,00	275 000,00
2. **Fuhrpark**		
Pkw A 100, Kombi, Kennzeichen K-RA-187	8 750,00	
Pkw, VW-Golf Variant, Kennzeichen K-DU-183	11 250,00	20 000,00
3. **Betriebs- und Geschäftsausstattung**		30 000,00
(lt. Verzeichnis 1)		
II. Umlaufvermögen		
1. **Warenvorräte** (lt. Verzeichnis 2)		95 000,00
2. **Forderungen a. LL** (lt. Verzeichnis 3)		27 300,00
3. **Bankguthaben**		
Sparkasse KölnBonn	40 000,00	
Deutsche Bank Köln	10 000,00	50 000,00
4. **Kasse**		2 700,00
Gesamtvermögen		500 000,00
B. Schulden		
I. Langfristige Schulden		
Darlehen der Sparkasse KölnBonn		150 000,00
II. kurzfristige Schulden		
Verbindlichkeiten a. LL		50 000,00
Gesamtschulden		200 000,00
C. Errechnung des Eigenkapitals		
Gesamtvermögen		500 000,00
– Gesamtschulden		200 000,00
Eigenkapital = Reinvermögen		300 000,00

Das Inventar mit allen zu seinem Verständnis erforderlichen Unterlagen darf auch auf **Bildträgern** (Mikrokopien) oder auf **anderen Datenträgern** (z. B. CD) angefertigt bzw. aufbewahrt werden, wenn sie bei Bedarf innerhalb angemessener Frist lesbar gemacht werden können (§§ 239 HGB, 147 Abs. 2 AO). Daher ist es auch verständlich, dass das Inventar nicht vom Kaufmann unterzeichnet werden muss.

● Bewertung der Vermögensteile und Schulden

Für alle Vermögensteile und Schulden sind im Inventar Werte (EUR) anzugeben. Damit alle Unternehmen bei der Bewertung einheitlich verfahren, hat der Gesetzgeber zahlreiche Bewertungsvorschriften erlassen.

Vergleiche hierzu Kapitel 3.1

● Erfolgsermittlung durch Eigenkapitalvergleich

Das Inventar gibt dem Kaufmann einen Überblick über den **Stand seines Vermögens und seiner Schulden zu einem bestimmten Stichtag**.

Durch Vergleich der Inventare zweier aufeinanderfolgender Jahre wird die Entwicklung der Bestände an Vermögen und Schulden erkennbar. Die Veränderung des Eigenkapitalbestands, der sich erhöht oder vermindert haben kann, verdeutlicht, mit welchem Erfolg ein Unternehmen gearbeitet hat.

Erfolg

Eigenkapitalmehrung (positiver Erfolg) **Gewinn** (im Berichtsjahr)		**Eigenkapitalminderung** (negativer Erfolg) **Verlust** (im Vorjahr)
900 000,00	31.12.... - Eigenkapital - 31.12. d. l. J.	702 500,00
– 725 000,00	31.12.... - Eigenkapital - 31.12. d. Vorjahres	– 725 000,00
175 000,00		– 22 500,00

In **Einzelunternehmen** und **Personengesellschaften** kann das Eigenkapital des Unternehmens sich durch private Entnahmen oder private Einlagen verändern. In **Kapitalgesellschaften** kann sich das Eigenkapital des Unternehmens durch Kapitalerhöhungen oder Kapitalherabsetzungen verändern. Dies müsste bei der Erfolgsermittlung berücksichtigt werden.

Inventare sind **10 Jahre aufzubewahren**.

Inventar

- *Verzeichnis aller Vermögensteile (Art, Menge, Einzelwerte) und Schulden zum Abschlussstichtag*
- *Errechnung des Reinvermögens*
- *Erfolgsermittlung durch Vergleich des Eigenkapitals zweier Jahre*

A. Vermögen	Ordnung nach zunehmender Liquidität
I. Anlagevermögen	• Vermögensgegenstände, die dazu bestimmt sind, dauernd dem Geschäftsbetrieb zu dienen • Grundlage der Betriebs- und Absatzbereitschaft
II. Umlaufvermögen	• Vermögensgegenstände, die veräußert und nur einmalig genutzt werden • Gewinnträger des Unternehmens

B. Schulden	Ordnung nach abnehmenden Restlaufzeiten
1. Verbindlichkeiten gegenüber Kreditinstituten (Darlehensschulden) 2. Verbindlichkeiten aus Lieferungen und Leistungen Sonstige Verbindlichkeiten	• Fremdkapital • Es ist nach **Restlaufzeiten** zu gliedern: – **langfristige** Schulden mit mehr als fünf Jahren – **mittelfristige** von einem bis fünf Jahre – **kurzfristige** bis zu einem Jahr

C. Errechnung des Reinvermögens	
Vermögen – Schulden = Reinvermögen	• Gegenüberstellung von Vermögen und Schulden • Differenz ist das Reinvermögen, das dem Betrieb nach Abzug aller Schulden verbleibt (Betriebsvermögen)

- *Inventare sind zehn Jahre aufzubewahren.*

1 Die Buchhandlung Felix Roth e. K., Köln, machte am 31.12.20.. Inventur und stellte folgende Werte fest:

	EUR	EUR
Gebäude		75 000,00
Fuhrpark laut Verzeichnis		30 000,00
Geschäftsausstattung laut Verzeichnis		12 000,00
Waren laut Warenverzeichnis		75 000,00
Forderungen laut Verzeichnis		
Alois Hausmann e. K., Köln	2 100,00	
Ludwig Sommer e. K., Siegburg	1 950,00	
Peter Dick e. K., Euskirchen	3 270,00	
Bankguthaben		
bei Handelsbank, Köln	3 185,00	
bei der Sparkasse KölnBonn	7 430,00	
bei der Postbank Köln	2 865,00	
Bargeld		2 487,00
Verbindlichkeiten gegenüber der Bank für Handel und Gewerbe		18 000,00
Verbindlichkeiten a. LL		
Schmitz & Co. KG, Aachen	4 600,00	
König AG, Stuttgart	3 200,00	
Werner Lind e. K., Hamburg	5 100,00	

Stellen Sie das Inventar auf.

2 Welche der folgenden Begriffe ergänzen die unten stehenden Satzteile zu einer richtigen Aussage?

(1) das Anlagevermögen (3) das Vermögen (5) das Reinvermögen
(2) das Umlaufvermögen (4) die Schulden (das Fremdkapital)

Aussagen:

a) Grundlage der Betriebsbereitschaft bildet ...
b) Eigentlicher Gewinnträger des Unternehmens ist ...
c) ... ist der dem Unternehmer verbleibende Teil des Vermögens, nachdem ... abgezogen wurden.
d) Kapital, das dem Unternehmen nur befristet überlassen wurde, bezeichnet man als ... des Unternehmens.
e) ... ist dazu bestimmt, dem Unternehmen dauernd oder mehrmals zu dienen.
f) ... können als Fremdkapital bezeichnet werden.
g) ... wird nach zunehmender Liquidität geordnet.

3 Welche der folgenden Aussagen treffen auf das Inventar zu?

a) Es ist die Aufnahme aller Vermögens- und Schuldenteile durch Zählen, Messen, Wiegen oder Schätzen.
b) Es ist nur das Verzeichnis der Warenbestände zum Inventurstichtag.
c) Reinvermögen = Vermögen - Schulden.
d) Es ist zehn Jahre aufzubewahren.
e) Die Waren werden mit ihren Verkaufspreisen bewertet.

4 Ordnen Sie die unten angegebenen Posten einer Buchhandlung in eine Tabelle mit folgender Gliederung ein:

Anlage-vermögen	Umlauf-vermögen	Eigenkapital	Langfristige Schulden	Kurzfristige Schulden

Posten:

1. Bücher im Ladenlokal	10. Nonbookartikel im Laden
2. EDV-Anlage	11. Kassenbestand
3. Verbindlichkeiten gegenüber einem Lieferer	12. Regale im Ladenbereich
4. Bankguthaben	13. Scannerkasse
5. Darlehensschulden mit 6 Jahren Laufzeit	14. Reinvermögen
6. Packtisch im Lager	15. Darlehensschulden mit 1 Jahr Laufzeit
7. Geschäftshaus	16. Geschäfts-Pkw
8. Guthaben bei einem Kunden	17. Geschäftsparkplatz
9. Bücher im Ersatzlager	18. Computer

5 Die Offset GmbH, Köln, stellte zum 31. Dezember 20.. **5a**) zum 31. Dezember 20.. des Vorjahres und **5b**) des Berichtsjahres folgende Werte fest:

	5a) EUR	**5b)** EUR
Roh-, Hilfs- und Betriebsstoffe laut Verzeichnis	115 000,00	121 000,00
Maschinen laut Verzeichnis	160 000,00	159 000,00
Darlehensschulden bei der Sparkasse KölnBonn	170 000,00	160 000,00
Guthaben bei der Deutsche Bank AG Köln	116 740,00	185 280,00
Forderungen a. LL		
Wilhelm Bauer e. K., Köln	40 000,00	30 500,00
Alois Michels e. K., Bonn	20 800,00	50 000,00
Klaus Lohmar e. K., Siegburg	30 100,00	30 800,00
Verbindlichkeiten a. LL		
V. Missel & Co. KG, Heidenheim	60 000,00	80 000,00
P. Schulte e. K., Berlin	80 000,00	40 000,00
F. Schmitz e. K., Krefeld	30 300,00	20 600,00
H. Meyer e. K., Augsburg	30 400,00	30 700,00
Fuhrpark laut Verzeichnis	440 000,00	430 000,00
Bargeld	8 100,00	9 900,00
Unfertige Erzeugnisse laut Verzeichnis	35 000,00	42 000,00
Fertige Erzeugnisse laut Verzeichnis	165 000,00	168 000,00

a) Stellen Sie die Inventare zu den beiden Zeitpunkten auf.
b) Vergleichen Sie die Inventare der beiden Jahre miteinander.
c) Worauf führen Sie die Veränderungen des Anlage- und Umlaufvermögens und der Schulden zurück?
d) Um welchen Betrag hat sich das Eigenkapital verändert?

6 a) Erläutern Sie den Zusammenhang von Inventur und Inventar.
b) Erklären Sie die Begriffe „körperliche" und „buchmäßige" Bestandsaufnahme.
c) Grenzen Sie Anlage- und Umlaufvermögen voneinander ab.
d) Stellen Sie gegenüber
- Forderungen a. LL und Verbindlichkeiten a. LL,
- Eigenkapital und Schulden.

1.2.1.3 Bilanz

Herr Solly hat das Inventarverzeichnis fertiggestellt und Herrn Müller vorgelegt. Zur Vorlage bei der Hausbank, beispielsweise als Informations- und Entscheidungsgrundlage zur Verlängerung der Kreditlinien, ist dieses jedoch zu unübersichtlich. Außerdem reicht das Inventarverzeichnis zur Vorlage beim Finanzamt aufgrund gesetzlicher Vorgaben nicht aus. Dafür muss Herr Solly eine sogenannte Bilanz aufstellen. Erst diese **Bilanz** entspricht den Anforderungen des Handelsgesetzbuches (HGB).

Inhalt und Struktur der Bilanz

Aus dem Inventar ersieht der Kaufmann die **genaue Zusammensetzung** der einzelnen Vermögensteile und Schulden. Dadurch wird das Inventar jedoch unübersichtlich. Eine bessere **Übersicht** als das Inventar vermittelt die Bilanz.

§ 242 Abs. 1 Satz 1 HGB: Der Kaufmann hat zu Beginn seines Handelsgewerbes und für den Schluss eines jeden Geschäftsjahres einen das Verhältnis seines Vermögens und seiner Schulden darstellenden Abschluss (Eröffnungsbilanz, Bilanz) aufzustellen.

In der Bilanz wird auf jede mengenmäßige Darstellung des Vermögens und der Schulden verzichtet. Sie enthält lediglich die **Gesamtwerte gleichartiger Posten. Vermögen und Kapital** werden in Kontenform gegenübergestellt.

Gegenüberstellung in T-Kontenform von Vermögen und Kapital in der Bilanz zum Inventar auf S. 39

Aktiva — **Bilanz der Medi@Point GmbH & Co. KG zum 31. Dezember 20..** — **Passiva**

Aktiva		Passiva	
A. Vermögen		A. Eigenkapital	300 000,00
I. Anlagevermögen		B. Schulden	
1. Grundstücke und Gebäude	275 000,00	I. Langfristige Schulden	
2. Fuhrpark	20 000,00	Darlehensschulden	150 000,00
3. Betriebs- und Geschäftsausstattung	30 000,00	II. Kurzfristige Schulden	
		Verbindlichkeiten a. LL	50 000,00
II. Umlaufvermögen			
1. Warenvorräte	95 000,00		
2. Forderungen a. LL	27 300,00		
3. Bankguthaben	50 000,00		
4. Kasse	2 700,00		
	500 000,00		500 000,00

Köln, den 18. Januar 20.. *Thomas Müller*

Diese Bilanzdarstellung entspricht den Mindestgliederungsvorschriften des § 247 HGB.[1]

Der **Jahresabschluss** – dazu gehört neben der **Bilanz** auch eine **Gewinn- und Verlustrechnung** – ist unter Angabe des Datums vom Kaufmann zu **unterzeichnen** (§ 245 HGB).

Vergleiche hierzu Kapitel 3.3

Die Bilanz eines Unternehmens zeigt in übersichtlicher Form, woher das Kapital stammt und wie es angelegt wurde:

Die Summe des Vermögens ist gleich der Summe des Kapitals **(Bilanzgleichung)**.

[1] vgl. Erläuterungen zum Vermögen S. 37 f., insbesondere zu dem immateriellen Anlagevermögen.

Vermögen oder Aktiva	Bilanz Kapital oder Passiva
Anlagevermögen + Umlaufvermögen = Vermögen des Unternehmens Diese Seite erfasst **die Formen des Vermögens,** d. h. die Mittelverwendung **(Investition).** = **Rechte des Unternehmens** ↓ Eigentumsrechte, Verfügungsrechte und Verwertungsrechte über Anlage- und Vorratsvermögen sowie Forderungsrechte und ggf. Recht auf Zinszahlung gegenüber der kontoführenden Bank und den Kunden.	Eigenkapital + Schulden (Fremdkapital) = Kapital des Unternehmens Diese Seite erfasst **die Quellen des Kapitals,** d. h. die Mittelherkunft **(Finanzierung).** = **Rechte Dritter am Unternehmen** ↓ Mitspracherechte, Recht auf Gewinnanteil und Recht auf Liquidationserlös der Eigenkapitalgeber sowie Forderungsrecht und ggf. Recht auf Zinszahlung der Kreditgeber und Lieferanten.

Inventar und Bilanz – ein Vergleich

Das Inventar und die Bilanz sind Übersichten über das Vermögen und das Kapital eines Unternehmens. Sie unterscheiden sich nur in der Art der Darstellung. Die Unterschiede zeigt folgende Übersicht:

Inventar	→ Das Inventar ist die Grundlage zur Aufstellung der Bilanz. →	Bilanz
• ausführlich, aber unübersichtlich • Angabe der Art, Menge, Einzelpreise und Gesamtwerte • Vermögen, Schulden und Reinvermögen untereinander • dient der innerbetrieblichen Kontrolle • keine gesetzlichen Gliederungsvorschriften		• kurz, aber übersichtlich • nur Angabe der Gesamtwerte gleichartiger Vermögensteile oder Schulden • Vermögen und Kapital in Kontenform • vom Inhaber zu unterschreiben • bietet Einblick in die Vermögens-, Finanz- und Ertragslage • unterliegt gesetzlichen Gliederungsvorschriften (§§ 243, 247 und 266 HGB)

Inventare und Bilanzen müssen **zehn Jahre aufgehoben** werden.

Bilanz

Aktiva (Vermögen)		**Passiva (Kapital)**
I. Anlagevermögen II. Umlaufvermögen	← **Gegenüberstellung in T-Kontenform** →	I. Eigenkapital II. Schulden
Mittelverwendung = **Investition**	← **Aussagen** →	Mittelherkunft = **Finanzierung**
Liquidierbarkeit oder **Kapitalbindungsfrist**	← **Ordnungskriterien** →	**Fälligkeit** oder **Kapitalüberlassungsfrist**

Inventare und Bilanzen müssen zehn Jahre aufbewahrt werden (§ 257 Abs. 1 HGB).

1 Aus dem Inventar zum 31. Dezember 20.. der Buchhandlung Franz Klein e. K., Siegburg, gehen folgende Gesamtwerte in EUR hervor:

Bankguthaben	57 000,00	Betriebs- und Geschäftsausstattung	6 000,00
Bebaute Grundstücke	87 000,00	Kasse	700,00
Darlehensschulden,		Gebäude	80 000,00
Restlaufzeit 4 Jahre	50 000,00	Hypothekenschulden,	
Forderungen a. LL	90 000,00	Restlaufzeit 8 Jahre	60 000,00
Waren	160 000,00	Fuhrpark	70 000,00
Verbindlichkeiten a. LL	117 000,00		

Stellen Sie eine ordnungsgemäße Bilanz zum 31. Dezember 20.. auf.
Tag der Fertigstellung: 14. Januar 20..

2 Die Bilanz eines Unternehmens weist am Ende des Geschäftsjahres folgende Werte in EUR aus.

Anlagevermögen	4 800 000,00	Eigenkapital	5 600 000,00
Umlaufvermögen	3 200 000,00	Schulden	2 400 000,00

Wie viel Prozent der Bilanzsumme beträgt
a) das Anlagevermögen, b) das Umlaufvermögen, c) das Eigenkapital, d) das Fremdkapital (Schulden)?

3 Aus dem Inventar zum 31. Dezember des Verlags Franz Leinen, e. K., Essen, gehen folgende Gesamtwerte in EUR hervor.

Grundstücke und Gebäude	33 840,00	Bankguthaben	43 428,00
Forderungen a. LL	25 380,00	Fuhrpark	56 400,00
Kasse	4 230,00	Waren	112 622,00
Geschäftsausstattung	14 100,00	Darlehensschulden	72 000,00
Verbindlichkeiten a. LL	108 000,00	Eigenkapital	110 000,00

a) Erstellen Sie die ordnungsgemäße Bilanz zum 31. Dezember 20.. – Fertigstellungsdatum: 15. Februar 20..
b) Berechnen Sie den Quotienten aus dem Verhältnis:
   - Anlagevermögen und Umlaufvermögen,
   - Eigenkapital und Fremdkapital,
   - Eigenkapital und Anlagevermögen,
   - flüssige Mittel und kurzfristige Verbindlichkeiten.

4 Aus dem Inventar zum 31.12.20.. des Buchverlags Bell Medi@ GmbH, Köln, gehen folgende Gesamtwerte in EUR hervor:

Bankguthaben	570 000,00	Verbindlichkeiten a. LL	1 170 000,00
Bebaute Grundstücke	870 000,00	Betriebs- und Geschäftsausstattung	60 000,00
Darlehensschulden		Kasse	7 000,00
Restlaufzeit 4 Jahre	500 000,00	Gebäude	800 000,00
Forderungen a. LL	900 000,00	Hypothekenschulden	
Maschinen	550 000,00	Restlaufzeit 8 Jahre	600 000,00
Rohstoffe	1 600 000,00	Fuhrpark	300 000,00

Stellen Sie eine ordnungsmäßige Bilanz zum 31. Dezember 20.. auf.
Tag der Fertigstellung: 14. Januar

5 Untersuchen Sie folgende Aussagen über die Bilanz und stellen Sie eventuelle Fehler heraus:
a) Die Aktivseite der Bilanz gibt Auskunft über die Verwendung des Kapitals.
b) Die Passivseite wird nach zunehmender Fälligkeit der Kapitalien geordnet.
c) Zum Anlagevermögen zählen beispielsweise Grundstücke, Gebäude, Fuhrpark, Forderungen a. LL, Geschäftsausstattung.
d) Das Anlagevermögen ist das Haftungskapital des Unternehmens.
e) Das Umlaufvermögen ist stärkeren Veränderungen unterworfen als das Anlagevermögen.

f) Das Eigenkapital in der Bilanz stimmt wertmäßig mit dem Reinvermögen im Inventar zum Schluss des Geschäftsjahres überein.
g) Die Bilanz ist eine Gegenüberstellung von Vermögen und Schulden in Kontenform.
h) Die Bilanz wird jeweils zu Beginn des Geschäftsjahres aufgestellt.

6 Welche der folgenden Aussagen treffen zu auf
(1) die Aktivseite,
(2) die Passivseite?
a) Sie zeigt, wie groß das Betriebsvermögen des Unternehmers ist.
b) Sie zeigt, wie das Kapital verwendet wurde.
c) Sie zeigt, wie viel Kapital Dritte in das Unternehmen eingebracht haben.
d) Sie zeigt die Finanzierungsquellen des Unternehmens.
e) Sie wird nach zunehmender Fälligkeit geordnet.
f) Sie zeigt, wie viel Kapital das Unternehmen zurückzahlen muss.

7 Prüfen Sie die nachstehenden Aussagen über Inventar und Bilanz auf ihre Richtigkeit:
a) Das Inventar enthält Mengen- und Wertangaben, die Bilanz dagegen nur Wertangaben.
b) Inventar und Bilanz eines Unternehmens können wertmäßig voneinander abweichen.
c) Die Bilanz ist eine kurz gefasste Gegenüberstellung von Kapitalherkunft und -verwendung.
d) Die Bilanz eines Geschäftsjahres ist die Grundlage für die Buchführung des folgenden Geschäftsjahres.
e) Inventar und Bilanz können nur vom Prokuristen oder vom Inhaber unterschrieben werden.

8 a) Erstellen Sie die Bilanz einer kleinen OHG in der Medienbranche zum 31. 12.
Die Bilanzpositionen sind nach Liquidität und Fälligkeit von Ihnen zu ordnen. Nicht aufgeführtes Equipment wird geleast und ist kein Firmenvermögen.
b) Erstellen Sie die Bilanzgleichung.

	EUR		EUR
2 Firmenwagen zu je	27 000,00	unabgeschlossene Projekte	58 000,00
Firmenrechte	30 000,00	Computernetz	30 000,00
Büromöbel	60 000,00	Software	20 000,00
Büroausstattung	23 000,00	Kundenforderungen	46 000,00
Bankguthaben	80 000,00	Liefererverbindlichkeiten	54 000,00
Bankdarlehen	180 000,00	Präsentationsequipment	14 000,00
Telefonanlage	2 000,00	Videoanlage	16 000,00
Kassenbestand	12 000,00		

c) Zusatzinformation:
Am Jahresanfang betrug das Eigenkapital 125 000,00 EUR. Es hat seitens der Gesellschafter keine Eigenkapitaleinlage und -entnahme gegeben. Welche Schlussfolgerung ziehen Sie bezüglich des Firmenerfolgs für das abgelaufene Geschäftsjahr?

1.2.2 Buchung auf Bestandskonten

1.2.2.1 Auswirkungen von Wertveränderungen auf die Bilanz

Da sich im Rahmen des Geschäftsbetriebs der Medi@Point das Vermögen und die Schulden verändern, verändert sich auch die Bilanz. Diese Veränderungen müssen von der Buchhaltung entsprechend dokumentiert werden.

Aktiva	Bilanz zum Beginn des Geschäftsjahres		Passiva
I. Anlagevermögen		**I. Eigenkapital**	70 000,00
Geschäftsausstattung	30 000,00	**II. Schulden**	
II. Umlaufvermögen		Darlehensschulden	40 000,00
Bank	90 000,00	Verbindlichkeiten a. LL	20 000,00
Kasse	10 000,00		
	130 000,00		130 000,00

Geschäftsfälle: EUR

1. **Eingangsrechnung, Bankauszug:** Einkauf eines Laserfarbdruckers gegen Bankscheck 2 000,00
2. **Vertrag:** Eine kurzfristige Verbindlichkeit wird in eine langfristige Darlehensschuld umgewandelt 10 000,00
3. **Eingangsrechnung:** Kauf eines Personalcomputers für die Verwaltung auf Ziel .. 1 000,00
4. **Bankauszug:** Ausgleich einer fälligen Liefererrechnung 8 000,00

Geschäftsfälle, Belege

Die Bilanz ist eine Aufstellung des Vermögens und der Schulden zu einem bestimmten Zeitpunkt. Durch die Geschäftstätigkeit werden die Vermögens- und Kapitalbestände aber laufend verändert. Damit ändern sich die Bestände einzelner Positionen.
Alle Vorgänge, die zu Änderungen einzelner Bilanzposten führen, werden als **Geschäftsfälle** bezeichnet. Der Buchhaltung werden diese Geschäftsfälle, wie Waren- und Anlagekäufe und -verkäufe, Banküberweisungen zum Ausgleich fälliger Rechnungen, Kreditaufnahmen und -tilgungen, Lohn- und Gehaltszahlungen usw., durch **Belege** angezeigt.
Aus den Belegen gehen unentbehrliche Angaben für die Buchungen hervor: Zeitpunkt, Art, Ursache und Höhe der Wertveränderungen.
Die Buchhaltung muss alle in den Belegen verbrieften Vermögensänderungen lückenlos und zeitnah erfassen. Umgekehrt sind die Belege lückenlos und geordnet aufzubewahren. Nur mit Belegen kann die Ordnungsmäßigkeit der Buchführung nachgewiesen werden (z. B. gegenüber dem Kapitaleigner oder gegenüber dem Finanzamt). **„Keine Buchung ohne Beleg"** ist daher ein wichtiger Grundsatz der Buchführung. Alle Änderungen werden durch **Belege**[1] angezeigt und nachgewiesen.

Arten der Wertbewegungen in der Bilanz

Folgende vier Wertbewegungen in der Bilanz sind zu unterscheiden:

Aktivtausch: Der Geschäftsfall betrifft nur die Aktivseite der Bilanz. Die Bilanzsumme bleibt unverändert. Es werden flüssige Mittel in weniger liquide umgewandelt oder umgekehrt.

Geschäftsfall 1: Eingangsrechnung/Bankauszug: Einkauf eines Farblaserdruckers gegen Bankscheck 2 000,00 EUR

Geschäftsausstattung: + 2 000,00 EUR
Bank: – 2 000,00 EUR

Aktiva	Bilanz		Passiva
I. Anlagevermögen		**I. Eigenkapital**	70 000,00
Geschäftsausstattung	32 000,00	**II. Schulden**	
II. Umlaufvermögen		Darlehensschulden	40 000,00
Bank	88 000,00	Verbindlichkeiten a. LL	20 000,00
Kasse	10 000,00		
	130 000,00		130 000,00

[1] AR = Ausgangsrechnung, BA = Bankkontoauszug, ER = Eingangsrechnung, KB = Kassenbeleg/Quittung

Passivtausch: Der Geschäftsfall betrifft nur die Passivseite der Bilanz. Die Bilanzsumme bleibt unverändert. Inhaltlich werden kurzfristige in längerfristige Verbindlichkeiten umgewandelt oder umgekehrt.

Geschäftsfall 2: Vertrag: Eine kurzfristige Verbindlichkeit wird in eine längerfristige Darlehensschuld umgewandelt 10 000,00 EUR
Verbindlichkeiten a. LL: – 10 000,00 EUR
Darlehensschulden: + 10 000,00 EUR

Aktiva	Bilanz		Passiva
I. Anlagevermögen		**I. Eigenkapital**	70 000,00
Geschäftsausstattung	32 000,00	**II. Schulden**	
II. Umlaufvermögen		Darlehensschulden	50 000,00
Bank	88 000,00	Verbindlichkeiten a. LL	10 000,00
Kasse	10 000,00		
	130 000,00		130 000,00

Aktiv-Passiv-Mehrung (Bilanzverlängerung): Der Geschäftsfall betrifft die Aktiv- und Passivseite der Bilanz. Ein Posten der Aktiv- und ein Posten der Passivseite erhöhen sich um den gleichen Betrag. Die Bilanzsummen nehmen um den gleichen Betrag zu. Die Bilanzgleichung bleibt erhalten. Inhaltlich zeigt die Passivseite eine Mehrung des Kapitals und die Herkunft dieses Kapitals auf. Die Veränderung auf der Aktivseite zeigt die Verwendung des neuen Kapitals an.

Geschäftsfall 3: ER: Kauf eines PC für die Verwaltung auf Ziel 1 000,00 EUR
Geschäftsausstattung: + 1 000,00 EUR
Verbindlichkeiten a. LL: + 1 000,00 EUR

Aktiva	Bilanz		Passiva
I. Anlagevermögen		**I. Eigenkapital**	70 000,00
Geschäftsausstattung	33 000,00	**II. Schulden**	
II. Umlaufvermögen		Darlehensschulden	50 000,00
Bank	88 000,00	Verbindlichkeiten a. LL	11 000,00
Kasse	10 000,00		
	131 000,00		131 000,00

Aktiv-Passiv-Minderung (Bilanzverkürzung): Ein Posten der Aktiv- und ein Posten der Passivseite werden um den gleichen Betrag vermindert. Die Bilanzsummen verringern sich um den gleichen Betrag. Die Gleichung der Bilanz bleibt erhalten. Inhaltlich wurde befristet überlassenes Kapital zurückgezahlt. Die Änderung auf der Passivseite zeigt, welches Kapital zurückgezahlt wurde, die Änderung auf der Aktivseite zeigt, mit welchen Mitteln die Tilgung erfolgte.

Geschäftsfall 4: BA: Ausgleich einer Liefererrechnung 8 000,00 EUR
Verbindlichkeiten a. LL: – 8 000,00 EUR
Bank: – 8 000,00 EUR

Aktiva	Bilanz		Passiva
I. Anlagevermögen		**I. Eigenkapital**	70 000,00
Geschäftsausstattung	33 000,00	**II. Schulden**	
II. Umlaufvermögen		Darlehensschulden	50 000,00
Bank	80 000,00	Verbindlichkeiten a. LL	3 000,00
Kasse	10 000,00		
	123 000,00		123 000,00

Auswirkungen von Wertveränderungen auf die Bilanz

Arten der Bilanzveränderungen

Aktivtausch	Passivtausch	Aktiv-Passiv-Mehrung	Aktiv-Passiv-Minderung
• Umschichtung auf der Aktivseite der Bilanz • Liquide Mittel werden in weniger liquide umgewandelt oder umgekehrt.	• Umschichtung auf der Passivseite der Bilanz • Kurzfristiges Kapital wird in längerfristiges umgewandelt oder umgekehrt.	• Dem Unternehmen wurde neues Kapital zugeführt (Passivmehrung). • Seine Verwendung wird auf der Aktivseite sichtbar (Aktivmehrung).	• Es wird vom Unternehmen Kapital zurückgezahlt (Passivminderung). • Hierfür verwendete Mittel zeigt die Aktivseite (Aktivminderung).

1 **Bestände** laut Inventur:

	EUR		EUR
Geschäftsausstattung	100 000,00	Eigenkapital	50 000,00
Bank	200 000,00	Darlehensschulden	210 000,00
Kasse	15 000,00	Verbindlichkeiten a. LL	90 000,00
Forderungen a. LL	35 000,00		

Geschäftsfälle:

	EUR
1. **Quittungsdurchschlag:** Kunde bezahlt fällige Ausgangsrechnung bar	2 000,00
2. **Bankauszug:** Kauf eines Warenwirtschaftssystems	50 000,00
3. **Vertragskopie:** Lieferer stundet Rechnungsbetrag auf sechs Jahre	20 000,00
4. **Ausgangsrechnung:** Zielverkauf eines gebrauchten Computers	2 000,00
5. **Bankauszug:** Überweisung der Tilgungsrate für unser Darlehen	10 000,00

Stellen Sie bei jedem Geschäftsfall die Auswirkungen auf die Bilanz fest. Kennzeichnen Sie die Wertveränderungen mit dem zutreffenden Begriff und erstellen Sie nach jedem Geschäftsfall die veränderte Bilanz.

2 **Bestände** laut Inventur:

	EUR		EUR
Grundstücke und Gebäude ...	300 000,00	Eigenkapital	160 000,00
Fuhrpark	50 000,00	Darlehensschulden	30 000,00
Bankguthaben	42 000,00	Verbindlichkeiten a. LL	250 000,00
Kasse	10 000,00	Forderungen a. LL	38 000,00

Geschäftsfälle:

	EUR
1. **Bankauszug, Kaufvertrag:** Grundstückskauf gegen Bankscheck	10 000,00
2. **Bankauszug:** Bareinzahlung auf das Bankkonto	1 000,00
3. **Bankauszug:** Banküberweisung einer fälligen Verlagsrechnung	20 000,00
4. **Eingangsrechnung:** Zielkauf eines Pkw	30 000,00
5. **Bankauszug:** Kunde zahlt fällige AR mit Banküberweisung	8 000,00

Stellen Sie bei jedem Geschäftsfall die Auswirkungen auf die Bilanz fest. Kennzeichnen Sie die Wertveränderungen mit dem zutreffenden Begriff und erstellen Sie nach jedem Geschäftsfall die veränderte Bilanz.

3 Beantworten Sie zu den Geschäftsfällen folgende Fragen:

a) Welche Posten der Bilanz werden berührt?
b) Handelt es sich um Posten der Aktiv- oder Passivseite der Bilanz?
c) Wie wirkt sich der Geschäftsfall auf die Posten aus?
d) Um welche der vier Bilanzveränderungen handelt es sich?

Geschäftsfälle:	EUR
1. **Eingangsrechnung:** Barkauf eines PC	1 000,00
2. **Vertragskopie:** Umwandlung einer Verbindlichkeit in ein Darlehen	6 000,00
3. **Eingangsrechnung:** Zielkauf eines Computers für das Lager	1 500,00
4. **Quittungsdurchschlag:** Kunde bezahlt fällige Ausgangsrechnung bar	2 000,00
5. **Bankauszug:** Barabhebung vom Postbankkonto	5 000,00
6. **Ausgangsrechnung/Quittung:** Barverkauf eines gebrauchten PC	150,00
7. **Bankauszug:** Tilgungsrate für unsere Darlehensschuld	10 000,00
8. **Bankauszug:** Ausgleich einer Barsortimentsrechnung	20 000,00
9. **Bankauszug:** Bareinzahlung auf das Bankkonto	8 000,00
10. **Eingangsrechnung:** Bareinkauf eines Druckers	950,00

4 Untersuchen Sie, welche der unten stehenden Auswirkungen durch die Geschäftsfälle 1 bis 4 hervorgerufen werden:

Geschäftsfälle:	EUR
1. **Eingangsrechnung/Bankauszug:** Kauf eines PC gegen Bankscheck	1 000,00
2. **Bankauszug:** Tilgungsrate einer Darlehensschuld	5 000,00
3. **Bankauszug:** Ein Kunde begleicht eine fällige Rechnung	9 200,00
4. **Eingangsrechnung:** Zielkauf einer Falzmaschine	18 500,00

Auswirkungen:

a) Dem Unternehmen wird neues Fremdkapital zugeführt.
b) Er ruft einen Aktivtausch hervor.
c) Die Bilanzsumme wird vergrößert.
d) Er ruft eine Aktiv-Passiv-Minderung hervor.
e) Die Bilanzsumme wird verkleinert.
f) Es handelt sich um eine Aktiv-Passiv-Mehrung.
g) Schulden des Unternehmens werden getilgt.
h) Es findet ein Tausch innerhalb des Umlaufvermögens statt.

5 Erläutern Sie, welche Bilanzveränderungen folgende Geschäftsfälle hervorrufen:

	EUR
1. Barabhebung vom Bankkonto für die Geschäftskasse	1 500,00
2. Ausgleich einer Verlagsrechnung durch Banküberweisung	92 000,00
3. Aufnahme eines Darlehens, das auf dem Bankkonto gutgeschrieben wird	70 000,00
4. Ein Kunde begleicht eine fällige Rechnung durch Banküberweisung	5 750,00
5. Barkauf eines Lagerregals	1 250,00
6. Ein Lieferer stundet einen Rechnungsbetrag auf fünf Jahre	50 000,00
7. Verkauf eines gebrauchten Lkw gegen Bankscheck	4 500,00
8. Einkauf eines Computers auf Ziel	1 720,00

1.2.2.2 Erfassung von Wertveränderungen auf Bestandskonten

Die Bestände an Vermögen und Schulden der Medi@Point verändern sich in der Regel täglich. Dieses liegt an der Vielzahl von Geschäftsfällen, beispielsweise in Form von Warenkäufen und -verkäufen. Es wäre jedoch zu aufwendig und zu unübersichtlich, wenn alle diese Veränderungen direkt in der Bilanz dokumentiert würden. Deshalb müssen die einzelnen Geschäftsfälle von Herrn Solly zunächst auf sogenannten Konten gebucht werden.

Die Geschäftsfälle in der Handlungssituation auf Seite 46 f. sollen von Herrn Bernhards gebucht werden.

Konto

Um eine genaue Übersicht über Art, Ursache und Höhe der Bilanzpositionen zu erzielen, wird für jeden Bilanzposten ein Konto eingerichtet. Das Konto (ital. conto = Rechnung) ist eine zweiseitige Rechnung in T- oder Reihenform (vgl. S. 119 f.) zur übersichtlichen Aufzeichnung von Geschäftsfällen. Das Führen eines Kontos, d. h. das Eintragen der Veränderungen, nennt man **„buchen"**.

Buchungen auf dem Bankkonto in T-Form:

S	**Bank**		**H**
Anfangsbestand	80 000,00	04.01. Mietzahlung	4 600,00
03.01. Zahlung von Stadtbibliothek	12 500,00	05.01. Zahlung an Könemann GmbH & Co. KG	7 800,00
10.01. Rückzahlung des Finanzamtes	9 000,00	31.01. Gehaltsvorschuss	2 500,00
		Endbestand (= Saldo)	86 600,00
	101 500,00		101 500,00

Aus den Buchungen unter dem **Anfangsbestand** erkennt der Kaufmann die **Zugänge** und deren **Ursachen**. Die Buchungen auf der gegenüberliegenden Seite des Anfangsbestandes geben **Minderungen** des Bestandes und deren Ursachen an.

Kontenarten

Den Seiten der Bilanz entsprechend werden Aktiv- und Passivkonten unterschieden. Ihre Seiten tragen die Bezeichnung **„Soll" (links)** und **„Haben" (rechts)**. Aus der Bilanz am Anfang eines Abrechnungszeitraumes, der **Eröffnungsbilanz**, übernehmen die Konten die Anfangsbestände (AB). Deshalb werden die Aktiv- und Passivkonten auch als **Bestandskonten** bezeichnet.

(siehe Handlungssituation auf S. 46 f.)

Aktiva	**Eröffnungsbilanz**		**Passiva**
I. Anlagevermögen		**I. Eigenkapital**	70 000,00
Geschäftsausstattung	30 000,00	**II. Schulden**	
II. Umlaufvermögen		Darlehensschulden	40 000,00
Bank	90 000,00	Verbindlichkeiten a. LL	20 000,00
Kasse	10 000,00		
	130 000,00		130 000,00

AKTIVKONTEN		**PASSIVKONTEN**	
S Geschäftsausstattung	**H**	**S Eigenkapital**	**H**
AB 30 000,00			AB 70 000,00
S Bank	**H**	**S Darlehensschulden**	**H**
AB 90 000,00			AB 40 000,00
S Kasse	**H**	**S Verbindlichkeiten a. LL**	**H**
AB 10 000,00			AB 20 000,00

Die **Aktivkonten** werden durch Auflösung der Aktiv- oder Vermögensseite der Bilanz gebildet. Bei ihnen wird der **Anfangsbestand auf der Sollseite** gebucht, weil er in der Bilanz auch auf der linken Seite steht.

Die **Passivkonten** werden durch Auflösung der Passiv- oder Kapitalseite der Bilanz gebildet. Bei ihnen wird der **Anfangsbestand auf der Habenseite** gebucht, weil er in der Bilanz auch auf der rechten Seite steht.

Buchung auf Bestandskonten

Jeder Geschäftsfall ruft Veränderungen auf mindestens zwei Konten hervor.
Vor jeder Buchung sind folgende Überlegungen anzustellen:

- Welche **Konten** werden berührt?
- Um welche **Kontenart** handelt es sich?
- Wie wirkt sich der Geschäftsfall auf den Bestand der Konten aus?
- Auf welcher **Kontenseite** wird gebucht?

Es muss genau überlegt werden, ob es sich um ein Aktiv- oder Passivkonto handelt, da auf beiden Kontenarten unterschiedlich gebucht wird.

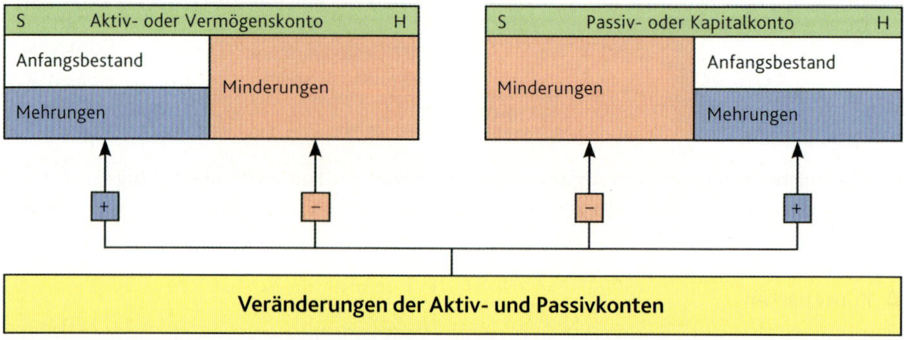

Bei **Aktivkonten** werden **Mehrungen zum Anfangsbestand** auf der **Sollseite, Minderungen** auf der **Habenseite** gebucht.

Bei **Passivkonten** ist es folglich umgekehrt: **Mehrungen** stehen auf der **Habenseite, Minderungen** auf der **Sollseite**.

1. Kassenbeleg: Bareinkauf eines Monitors für die Buchhaltung .... 900,00 EUR

Auswirkung	Buchung	
Mehrung der Geschäftsausstattung	Geschäftsausstattung (Aktivkonto): Soll	900,00
Minderung des Kassenbestandes	Kasse (Aktivkonto): Haben	900,00

2. Vertrag: Umwandlung einer Verbindlichkeit in ein Darlehen .... 5 000,00 EUR

Auswirkung	Buchung	
Minderung der Verbindlichkeiten a. LL	Verbindlichkeiten a. LL (Passivkonto): Soll	5 000,00
Mehrung der Darlehensschulden	Darlehensschulden (Passivkonto): Haben	5 000,00

3. Eingangsrechnung: Zieleinkauf einer Schreibtischkombination für das Geschäftsführungsbüro .... 1200,00 EUR

Auswirkung	Buchung	
Mehrung der Geschäftsausstattung	Geschäftsausstattung (Aktivkonto): Soll	1200,00
Mehrung der Verbindlichkeiten a. LL	Verbindlichkeiten a. LL (Passivkonto): Haben	1200,00

4. Bankkontoauszug: Banküberweisung einer fälligen Rechnung .... 7000,00 EUR

Auswirkung	Buchung	
Minderung der Verbindlichkeiten a. LL	Verbindlichkeiten a. LL (Passivkonto): Soll	7000,00
Minderung des Bankguthabens	Bank (Aktivkonto): Haben	7000,00

Damit die Ursachen der Veränderung der Anfangsbestände erkennbar sind, schreibt Herr Solly, der Buchhalter, vor die Beträge das **Gegenkonto**.

Aus dem Konto „Betriebs- und Geschäftsausstattung" geht durch Angabe des Gegenkontos „Kasse" hervor, dass der Monitor bar bezahlt wurde. Auf dem Konto „Kasse" wird durch die Angabe des Gegenkontos „Betriebs- und Geschäftsausstattung" erkennbar, wofür die Ausgabe entstand.

Eröffnungsbilanz

Aktiva		Passiva	
I. Anlagevermögen		**I. Eigenkapital**	70000,00
Geschäftsausstattung	30000,00	**II. Schulden**	
II. Umlaufvermögen		Darlehensschulden	40000,00
Bank	90000,00	Verbindlichkeiten a. LL	20000,00
Kasse	10000,00		
	130000,00		130000,00

S	Geschäftsausstattung (+ / −)		H
AB	30000,00		
(1) Kasse	900,00		
(3) Verb.	1200,00		

S	Eigenkapital (− / +)		H
		AB	70000,00

S	Bank		H
AB	90000,00	(4) Verb.	7000,00

S	Darlehen		H
		AB	40000,00
		(2) Verb.	5000,00

S	Kasse		H
AB	10000,00	(1) GA	900,00

S	Verbindlichkeiten a. LL		H
(2) Darlehen	5000,00	AB	20000,00
(4) Bank	7000,00	(3) GA	1200,00

Erfassung von Wertveränderungen auf Bestandskonten

Bestandskonten

Aktivkonten

- Sie werden durch Auflösung der Aktivseite der Bilanz gebildet.
- Der Anfangsbestand wird im Soll eingetragen.
- Mehrungen werden im Soll unter dem Anfangsbestand, Minderungen im Haben gebucht.

Passivkonten

- Sie werden durch Auflösung der Passivseite der Bilanz gebildet.
- Der Anfangsbestand wird im Haben eingetragen.
- Mehrungen werden im Haben unter dem Anfangsbestand, Minderungen im Soll gebucht.

S Aktivkonten	H
Anfangsbestand Mehrungen	Minderungen

S Passivkonten	H
Minderungen	Anfangsbestand Mehrungen

1 Stellen Sie die Bilanz auf.
Richten Sie die Bestandskonten ein und übernehmen Sie die Anfangsbestände.
Buchen Sie die Geschäftsfälle auf den Konten bei Angabe der Nummer des Buchungsfalles und des Gegenkontos.

Anfangsbestände:	EUR		EUR
Fuhrpark	430 000,00	Eigenkapital	540 000,00
Forderungen a. LL	115 000,00	Verbindlichkeiten a. LL	140 000,00
Bank	225 000,00	Darlehensschulden	100 000,00
Kasse	10 000,00		

Geschäftsfälle:	EUR
1. **Bankauszug:** Kunde bezahlt fällige Ausgangsrechnung durch Banküberweisung	15 000,00
2. **Eingangsrechnung:** Zielkauf eines Pkw	30 000,00
3. **Bankauszug:** Banküberweisung an Lieferer für fällige Eingangsrechnung	37 000,00
4. **Bankauszug:** Bareinzahlung auf das Bankkonto	4 000,00
5. **Ausgangsrechnung:** Verkauf eines gebrauchten Lkw auf Ziel	28 000,00
6. **Kassenbeleg:** Barzahlung einer Tilgungsrate für die Darlehensschuld	2 000,00

2 Stellen Sie die Bilanz auf.
Richten Sie die Bestandskonten ein und übernehmen Sie die Anfangsbestände.
Buchen Sie die Geschäftsfälle auf den Konten bei Angabe der Nummer des Buchungsfalles und des Gegenkontos.

Anfangsbestände:	EUR		EUR
Grundstücke und Gebäude	800 000,00	Bank	450 000,00
Maschinen	600 000,00	Kasse	15 000,00
Geschäftsausstattung	270 000,00	Eigenkapital	2 240 000,00
Fuhrpark	430 000,00	Darlehensschulden	320 000,00
Forderung a. LL	275 000,00	Verbindlichkeiten a. LL	280 000,00

Geschäftsfälle:	EUR
1. **Bankauszug:** Banküberweisung der Tilgungsrate für die Darlehensschuld	25 000,00
2. **Bankauszug:** Kunde bezahlt fällige AR mit Banküberweisung	20 000,00

3. **Ausgangsrechnung:** Zielverkauf eines gebrauchten Pkw 12 000,00
4. **Bankauszug:** Aus der Geschäftskasse werden auf das Bankkonto bar eingezahlt 8 000,00
5. **Vertrag:** Lieferer stundet eine fällige ER auf sechs Jahre 20 000,00
6. **Vertrag, Bankauszug:** Kauf eines Lagers gegen Bankscheck 120 000,00
7. **Eingangsrechnung:** Zielkauf einer Schneidemaschine 45 000,00
8. **Bankauszug:** Banküberweisung an Verlag für fällige ER 14 000,00
9. **Ausgangsrechnung:** Verkauf eines gebrauchten Plotters auf Ziel 10 000,00

3 Erläutern Sie zu folgenden Buchungen den Geschäftsfall:

			EUR				EUR
1.	Bank	Soll	600,00	5.	Betriebs- und		
	Forderungen a. LL	Haben	600,00		Geschäftsausstattung	Soll	900,00
2.	Betriebs- und				Kasse	Haben	900,00
	Geschäftsausstattung	Soll	900,00	6.	Verbindlichkeiten a. LL	Soll	750,00
	Verbindlichkeiten a. LL	Haben	900,00		Bank	Haben	750,00
3.	Kasse	Soll	1 500,00	7.	Kasse	Soll	450,00
	Bank	Haben	1 500,00		Forderungen a. LL	Haben	450,00
4.	Darlehensschulden	Soll	2 000,00	8.	Bank	Soll	1 200,00
	Bank	Haben	2 000,00		Kasse	Haben	1 200,00

4 Buchen Sie folgende Geschäftsfälle, indem Sie

a) zu jedem Geschäftsfall die entsprechenden Konten einrichten,
b) auf dem ersten Konto die Sollbuchung, auf dem zweiten die Habenbuchung vornehmen und das jeweilige Gegenkonto angeben.

Geschäftsfälle: EUR

1. Kunde bezahlt fällige Ausgangsrechnung bar 800,00
2. Banküberweisung durch einen Kunden 430,00
3. Banküberweisung an einen Lieferer 1 940,00
4. Bareinzahlung auf das Bankkonto 1 200,00
5. Kauf einer Büromaschine gegen Bankscheck 3 600,00
6. Kauf eines Druckers auf Ziel 500,00
7. Rückzahlung eines Darlehens durch Banküberweisung 3 000,00
8. Verkauf eines gebrauchten Pkw bar 1 500,00
9. Barabhebung vom Bankkonto 2 000,00

5 **Anfangsbestände:**

	EUR		EUR
Geschäftsausstattung	36 500,00	Eigenkapital	?
Forderungen a. LL	6 400,00	Darlehensschulden	12 000,00
Bankguthaben	5 200,00	Verbindlichkeiten a. LL	3 000,00
Kasse	1 840,00		

Geschäftsfälle: EUR

1. Einkauf eines Drehstuhls auf Ziel 1 300,00
2. Ein Kunde zahlt durch Banküberweisung für AR 101 750,00
3. Barkauf eines Computerbildschirms, ER 186 680,00
4. Ausgleich der Liefererrechnung ER 179 durch Banküberweisung, BA 127 .... 1 320,00
5. Rückzahlung eines Darlehens durch Banküberweisung, BA 128 .... 1 000,00

Aufgaben: Eröffnen Sie die Bestandskonten und buchen Sie die Geschäftsfälle.

1.2.2.3 Buchungssatz

Ein Buchhalter muss für jeden Geschäftsfall auf dem entsprechenden Buchungsbeleg notieren, auf welchen Konten dieser gebucht werden soll. Herr Solly muss nun diese Buchungsanweisung für den unten stehenden Bankkontoauszug geben.

Konto	Kontoauszug		Auszug	Blatt
446632140	DEUTSCHE BANK KÖLN	BLZ 370 700 60	89	1

Buch.-Tag	Wert	PN	Erläuterung/Verwendungszweck	Umsätze
10.06.	10.06.	5040	PRIMUS GMBH, DUISBURG KD-NR 20344, RG-NR 2534 v. 30.05...	9 280,00 S

KREDITZUSAGE EUR 40 000,00

IHR AKTUELLER KONTOSTAND UM 10.30 UHR EUR 271 366,00 H

BS	Letzter Auszug	Auszugsdatum	Alter Kontostand	Neuer Kontostand
44	09.06.20..	11.06.20..	EUR 280 646,00 H	EUR 271 366,00 H

BUCHHANDLUNG MEDI@POINT GmbH & Co. KG, SCHILDERGASSE 46, 50667 KÖLN

Einfacher Buchungssatz

Der Buchhalter erteilt mithilfe eines **Buchungsstempels** auf den Belegen Anweisungen, wie die Geschäftsfälle zu buchen sind. Für diese Anweisungen hat sich eine feste Form herausgeprägt, der **Buchungssatz**.

Der Buchungssatz ist eine kurze Anweisung für die Durchführung der Buchung aufgrund des Beleges. Er gibt die Konten an, auf denen gebucht werden muss. Er nennt zuerst das Konto, bei dem im Soll, dann das Konto, bei dem im Haben gebucht wird.

Sollbuchung **vor** **Habenbuchung**

Banküberweisung der Medi@Point zum Ausgleich der ER Nr. 2534 vom 30. Mai 20.. über 9280,00 EUR (vgl. BA oben)

Die ausführliche Buchungsanweisung aufgrund dieses Beleges müsste lauten:
Im Konto „Verbindlichkeiten a. LL" sind auf der Sollseite 9280,00 EUR und
im Konto „Bank" sind auf der Habenseite 9280,00 EUR zu buchen.

Der Buchungssatz fasst diesen Sachverhalt zusammen, indem er die betroffenen Konten in der Reihenfolge **„erst Soll, dann Haben"** nennt und durch das Wort **„an"** verbindet.

Verbindlichkeiten a. LL	9280,00 an Bank	9280,00

- Im **Buchungsstempel** wird der Buchungssatz eingetragen **(Vorkontierung)**. Diese ist die Grundlage der späteren Buchung auf den Konten.

- Der **Buchungsvermerk** ist der Beweis, dass die Buchung ausgeführt worden ist.
- Der Buchungsvermerk verhindert Doppelbuchungen und zeigt durch Angabe der Seite und Zeilen im Grundbuch an, wo gebucht wurde.

Konto	Kontoauszug		Auszug	Blatt
446632140	DEUTSCHE BANK KÖLN	BLZ 370 700 60	89	1

Buch.-Tag	Wert	PN	Erläuterung/Verwendungszweck	Umsätze
10.06.	10.06.	5040	PRIMUS GMBH, DUISBURG KD-NR 20344, RG-NR 2534 v. 30.05...	9 280,00 S

Konto	Soll	Haben
Verb.	9 280,00	
Bank		9 280,00

Gebucht: S. 97/4,5 Müller

KREDITZUSAGE EUR 40 000,00

IHR AKTUELLER KONTOSTAND UM 10.30 UHR EUR 271 366,00 H

BS	Letzter Auszug	Auszugsdatum	Alter Kontostand	Neuer Kontostand
44	09.06.20..	11.06.20..	EUR 280 646,00 H	EUR 271 366,00 H

BUCHHANDLUNG MEDI@POINT GmbH & Co. KG, SCHILDERGASSE 46, 50667 KÖLN

Zusammengesetzter Buchungssatz

Beim zusammengesetzten Buchungssatz werden mehr als zwei Konten berührt.

	EUR	EUR
Ausgleich einer Verlagsrechnung		
durch Banküberweisung	1100,00	
bar	400,00	1500,00

Buchungssatz:	**Soll**	**Haben**
Verbindlichkeiten a. LL	1500,00	
an Bank		1100,00
an Kasse		400,00

Buchung:

S	Bank (Ba)		H
AB	4000,00	Vb	1100,00

S	Verbindlichkeiten a. LL (Vb)		H
Ba, Ka	1500,00	AB	8000,00

S	Kasse (Ka)		H
AB	2500,00	Vb	400,00

Sollbuchung auf dem Konto Verbindlichkeiten a. LL = **Habenbuchung** auf den Konten Bank und Kasse

	EUR	EUR
Ein Kunde begleicht eine Rechnung über	650,00	
durch Banküberweisung		450,00
bar		200,00

Buchungssatz:	**Soll**	**Haben**
Bank	450,00	
Kasse	200,00	
an Forderungen a. LL		650,00

Sollbuchung auf den Konten Bank und Kasse = **Habenbuchung** auf dem Konto Forderungen a. LL

- Der Buchungssatz nennt die Konten, die durch einen Geschäftsfall berührt werden.
- Zuerst werden die Konten genannt, auf denen im Soll, dann die Konten, auf denen im Haben gebucht wird.

Nach der Buchung werden die Belege abgelegt und aufbewahrt. Häufig müssen Belege für Prüfungen und Vergleiche aus der Registratur hervorgeholt werden. Eine Ordnung nach Belegart und Belegnummer schließt zeitraubendes Suchen aus. Alle Belege müssen aufbewahrt werden.

Vergleiche hierzu Kapitel 1.5.1

Buchungssatz

- *Der Buchungssatz ist eine kurz gefasste Anweisung, wie ein Geschäftsfall zu buchen ist.*
- *Er nennt die Konten, auf denen zu buchen ist, und zwar zuerst das Konto, auf dem die Sollbuchung, dann das Konto, auf dem die Habenbuchung erfolgt.*
- *Einfache Buchungssätze nennen nur je ein Konto im Soll und im Haben.*
- *Zusammengesetzte Buchungssätze nennen mehrere Konten im Soll und/oder Haben.*
- *Grundlage aller Buchungen sind Belege. Nur mit Belegen kann die Ordnungsmäßigkeit der Buchungen nachgewiesen werden.*
- *Jeder Beleg wird zwecks Buchung vorkontiert.*
- *„Vorkontieren" heißt Angeben des Buchungssatzes auf dem Beleg.*
- *Bei Erstellung von Belegen durch WWS kann die Buchung durch Nutzung von Schnittstellen ohne Vorkontierung erfolgen.*

1 Bilden Sie die Buchungssätze zu folgenden Geschäftsfällen

		EUR
1.	Bareinzahlung auf das Bankkonto	1 300,00
2.	Barabhebung vom Bankkonto	600,00
3.	Ein Kunde begleicht eine Rechnung durch Banküberweisung	350,00
4.	Kauf eines PC bar	760,00
5.	Zieleinkauf eines Schreibtisches	830,00
6.	Tilgung einer Darlehensschuld durch Banküberweisung	900,00
7.	Ausgleich einer Liefererrechnung durch Banküberweisung	850,00
8.	Einkauf eines Pkw gegen Bankscheck	20 000,00
9.	Aufnahme eines Darlehens bei unserer Hausbank, das auf unser Bankkonto gutgeschrieben wird	1 500,00
10.	Zahlung an einen Lieferer durch Banküberweisung	950,00
11.	Bareinzahlung auf unser Bankkonto	800,00
12.	Verkauf eines gebrauchten Pkw bar	450,00
13.	Kauf eines Plattenbelichters gegen Bankscheck (Buchung auf Maschinen)	198 000,00

2 Welche Geschäftsfälle liegen folgenden Buchungssätzen zugrunde?

1. Fuhrpark an Verbindlichkeiten a. LL
2. Kasse an Bank
3. Bank an Forderungen a. LL
4. Verbindlichkeiten a. LL an Bank
5. Darlehen an Bank
6. Bank an Kasse
7. Bank an Darlehensschulden
8. Geschäftsausstattung an Kasse
9. Bank an Unbebaute Grundstücke
10. Kasse an Darlehen

3 Bilden Sie die Geschäftsfälle zu den Buchungen im Kassenkonto.

Soll		Kasse	Haben
Anfangsbestand	3 000,00	(1) Darlehen	500,00
(3) Forderungen a. LL	250,00	(2) Verbindlichkeiten a. LL	300,00
(5) Bank	310,00	(4) Geschäftsausstattung	270,00
(6) Geschäftsausstattung	1 160,00	(7) Bank	1 000,00
		Schlussbestand	2 650,00
	4 720,00		4 720,00

4 Formulieren Sie zu folgenden Geschäftsfällen die Buchungssätze:

Geschäftsfälle	EUR	EUR
1. Einkauf eines Aktenschranks		
bar	200,00	
auf Ziel	750,00	950,00
2. Ausgleich einer Liefererrechnung		
bar	180,00	
durch Banküberweisung	1 020,00	1 200,00
3. Rechnungsausgleich des Kunden		
bar	80,00	
durch Banküberweisung	700,00	780,00
4. Einkauf eines Druckers		
bar	250,00	
gegen Barscheck	430,00	680,00
5. Tilgung einer Darlehensschuld		
durch Banküberweisung	800,00	
bar	200,00	1 000,00

5 Welche Geschäftsfälle liegen folgenden Buchungssätzen zugrunde?

Geschäftsfälle	Soll EUR	Haben EUR
1. Darlehen	2 000,00	
an Bank		1 500,00
an Kasse		500,00
2. Kasse	200,00	
Bank	900,00	
an Forderungen a. L L		1 100,00
3. Fuhrpark	40 000,00	
an Verbindlichkeiten a. LL		30 000,00
an Bank		10 000,00
4. Verbindlichkeiten a. LL	1 280,00	
an Bank		900,00
an Kasse		380,00
5. Geschäftsausstattung	800,00	
an Kasse		300,00
an Bank		500,00
6. Unbebaute Grundstücke	70 000,00	
an Bank		45 000,00
an Verbindlichkeiten a. LL		25 000,00

1.2.2.4 Grund- und Hauptbuch

Neben der Buchung auf den Konten muss von jedem Unternehmen, also auch von der Medi@ Point, ein zweites Buch zur Kontrolle geführt werden. In diesem sogenannten Grundbuch sind alle Buchungsvorgänge nochmals dokumentiert. Das Finanzamt kann so bei einer Betriebsprüfung alle Vorgänge nachvollziehen.

Sind die Belege vorkontiert, kann gebucht werden. Nach der Ordnung der Buchungen sind Grundbuch und Hauptbuch zu unterscheiden.

● Grundbuch

Im **Grundbuch**, auch **Journal** genannt, werden alle Buchungssätze in zeitlicher Reihenfolge festgehalten. Daneben werden zur besseren Kontrolle Buchungsdatum, Eingangs- bzw. Ausstellungsdatum des Belegs, Belegnummer, Buchungstext u. a. festgehalten.

Grundbuchgestaltung

					Media@Point GmbH & Co. KG
			Grundbuch	**Seite 014**	
Lfd. Nr.	Buchungs- datum	Beleg	Buchungssatz	Soll	Haben
00342	11.06.20..	BA 60	Verbindlichkeiten a. LL an Bank	9280,00	 9280,00

Da in diesem Buch alle Geschäftsfälle fortlaufend und lückenlos gebucht werden, bildet es die **Grundlage bei Prüfungen durch die Behörden** (z. B. Finanzamt). Gleichzeitig liefert das Grundbuch alle **Unterlagen für die Buchung der Geschäftsfälle auf den Konten**.

● Hauptbuch

Die chronologische Aufzeichnung im Grundbuch vermittelt keinen Überblick über die Veränderungen der einzelnen Vermögens- und Kapitalposten. Daher werden alle Geschäftsfälle auf den Konten gebucht. **Die Konten befinden sich im Hauptbuch.**

Hauptbuch

Media@Point GmbH & Co. KG

Hauptbuch **Seite 014**

S	Bank (BA)		H	S	Verbindlichkeiten a. LL (VB)		H
AB	28000,00	VB	9280,00	BA	9280,00	AB	34500,00

Gegenkonto

Die Eintragung des Gegenkontos lässt auf den zugrunde liegenden Geschäftsfall und damit auf die Ursache der Änderung schließen.

Aus dem Konto „Bank" geht durch die Angabe des Gegenkontos „Verbindlichkeiten a. LL" hervor, dass Warenschulden beglichen worden sind. Das Konto „Verbindlichkeiten a. LL" zeigt durch die Gegenbuchung Bank, dass die Verbindlichkeiten über Bank beglichen wurden.

Die Angabe der **Belegnummer** und des **Datums** vor der Gegenbuchung ermöglichen ein schnelles Wiederfinden des Belegs, der der Buchung zugrunde liegt, weil die Belegnummer gleichzeitig Ordnungsnummer für die Ablage der Belege in der Registratur ist. Belegnummern in der Buchung und auf dem Beleg machen einerseits die Buchung nachvollziehbar und beweisen andererseits, dass der Geschäftsfall gebucht wurde.

An die Stelle **gebundener Bücher** können **Loseblattsammlungen** in Form von Ausdrucken oder auf **Datenträgern** (Magnetplatten, CD-ROM, DVD) gespeicherte Journale und Konten treten (§ 239 HGB; vgl. auch S. 107 ff.).

Grund- und Hauptbuch

- *Im **Grundbuch** werden alle Geschäftsfälle in Form von **Buchungssätzen in zeitlicher Reihenfolge** (chronologisch) eingetragen.*
- *Weil alle Geschäftsfälle hier in zeitlicher Reihenfolge lückenlos erfasst werden, bildet das Grundbuch die Grundlage für Kontrollen durch die Finanzverwaltung.*
- *Es bildet die Grundlage für die Buchungen im Hauptbuch.*
- *Im **Hauptbuch** werden alle **Geschäftsfälle nach sachlichen Gesichtspunkten**, also welches Konto jeweils berührt wird, verteilt.*
- *Die Konten des Hauptbuchs liefern dem Unternehmer Informationen über Art, Ursache und Höhe der Veränderungen der einzelnen Bilanzposten.*
- *Die **Ursache jeder Buchung** wird durch die Angabe des Gegenkontos und der Belegnummer zum Ausdruck gebracht.*
- *Folgendes Schaubild zeigt die Zusammenhänge:*

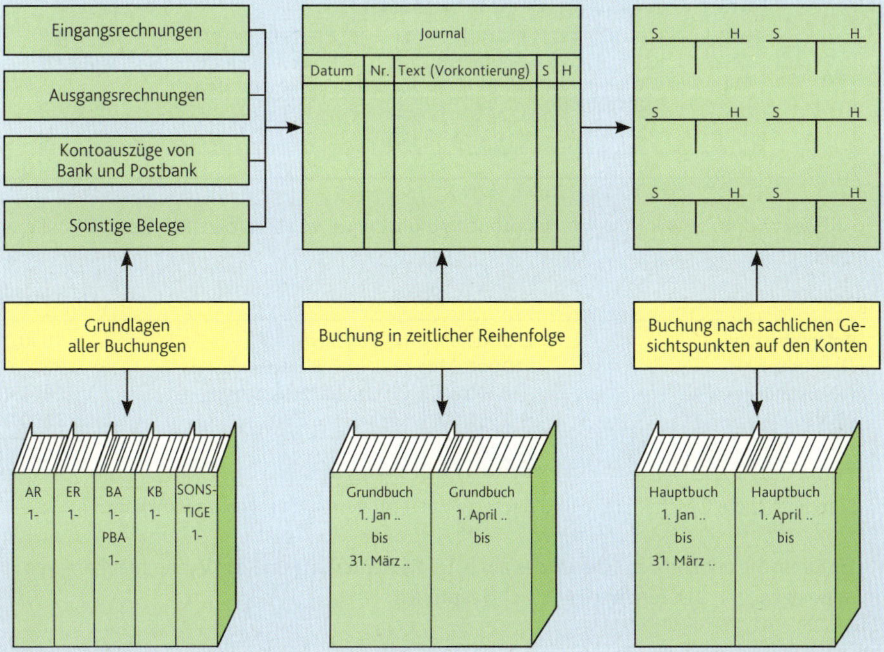

1 Richten Sie ein Grundbuch nach dem Beispiel auf S. 60 ein und erfassen Sie dann folgende Geschäftsfälle:

Geschäftsfälle		EUR
1. **ER 250 vom 25.07.:**	Einkauf eines Computers auf Ziel	1800,00
2. **BA 110 vom 27.07.:**	Ausgleich der AR 406	8000,00
3. **ER 251 vom 28.07.:**	Kauf eines Pkw auf Ziel	45000,00
4. **BA 111 vom 30.07.:**	Tilgungsrate eines aufgenommenen Darlehens	15000,00
5. **BA 112 vom 03.08.:**	Ausgleich der ER 251 (Geschäftsfall 3)	45000,00
6. **AR 507** **BA 113 vom 07.08.:**	Verkauf eines gebrauchten Pkw gegen Bankscheck	7500,00
7. **AR 508** **BA 114 vom 09.08.:**	Kauf eines Regals für das Ladenlokal gegen Bankscheck	1200,00
8. **BA 115 vom 10.08.:**	Ausgleich der ER 250 (Geschäftsfall 1)	1800,00

2 Tragen Sie die Buchungen, die sich aus nachstehendem Kontoauszug der Medi@Point GmbH & Co. KG ergeben, ein:
a) in das Grundbuch (vgl. S. 60) b) in das Konto „Bank“ des Hauptbuchs

Konto	Kontoauszug		Auszug	Blatt
446632140	DEUTSCHE BANK KÖLN	BLZ 370 700 60	61	1

Buch.-Tag	Wert	PN	Erläuterung/Verwendungszweck	Umsätze
13.06.	13.06.	0840	PRIMUS GMBH, DUISBURG KD-NR 20344, RG-NR 2732 v. 05.06.20..	15 400,00 S
13.06.	13.06.	0250	KANZLEI BEHRENS & PARTNER, KÖLN, KD-NR 24005 RG-NR 00404 v. 01.06.20..	10 200,00 H

KREDITZUSAGE EUR 40 000,00

IHR AKTUELLER KONTOSTAND UM 10.30 UHR EUR 377 558,20 H

BS	Letzter Auszug	Auszugsdatum	EUR Alter Kontostand	EUR Neuer Kontostand
44	11.06.20..	14.06.20..	382 758,20 H	377 558,20 H

BUCHHANDLUNG MEDI@POINT GmbH & Co. KG, SCHILDERGASSE 46, 50667 KÖLN

3 Auf dem Konto „Bank“, das im Hauptbuch geführt wird, wurden folgende Geschäftsfälle erfasst:

Soll	**Bank**		**Haben**
Anfangsbestand	270000,00	(2) Darlehen	5000,00
(1) Fuhrpark	10000,00	(3) Verbindlichkeiten a. LL	9200,00
(4) Forderungen a. LL	8100,00	(5) Geschäftsausstattung	2800,00
(6) Kasse	2500,00	Endbestand (Saldo)	273600,00
	290600,00		290600,00

Nennen Sie die Geschäftsfälle und Buchungssätze zu den Buchungen im Bankkonto.

4 Erläutern Sie anhand des Schaubildes auf S. 61 die Bedeutung und den Zusammenhang von
a) Belegen, b) Grundbuch, c) Hauptbuch.

1.2.2.5 Abschluss der Bestandskonten

Zum Ende des Geschäftsjahres müssen für das Finanzamt das Vermögen und die Schulden ermittelt werden. Dafür werden Inventurbestände ermittelt und mit den Buchbeständen der einzelnen Bestandskonten abgeglichen. Danach können die Konten abgeschlossen werden. Hierzu muss Herr Solly allerdings zunächst die Endbestände der einzelnen Konten berechnen.

Zur Ermittlung der vorhandenen Bestände (in der Praxis monatlich, quartalsmäßig, jährlich) werden die Konten abgeschlossen. Dabei wird der **Saldo = Schlussbestand (SB)** auf jedem Konto errechnet. Die so festgestellten Schlussbestände **(Sollbestände)** müssen mit den durch Inventur (vgl. S. 32 ff.) ermittelten Beständen **(Istbestände)** der Bilanz am Ende des Jahres **(= Schlussbilanz)** übereinstimmen.
Daher muss vor dem Kontenabschluss ein **Abgleich** der Sollbestände mit den Istbeständen laut Inventur erfolgen.

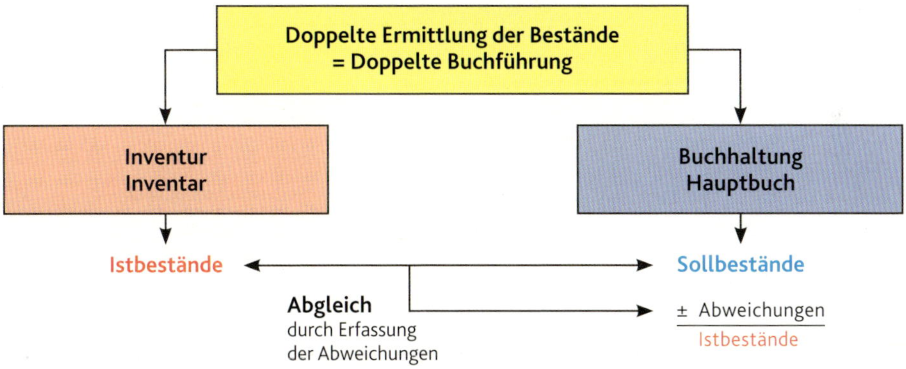

In den Konten werden die Schlussbestände folgendermaßen berechnet:
(1) Addition der wertmäßig größeren Seite
(2) Übertragung der Summe auf die wertmäßig kleinere Seite
(3) Subtraktion der wertmäßig kleineren Seite und Eintragung der Differenz (Schlussbestand, Saldo) auf der wertmäßig kleineren Seite

(Fortsetzung des Beispiels von S. 53)

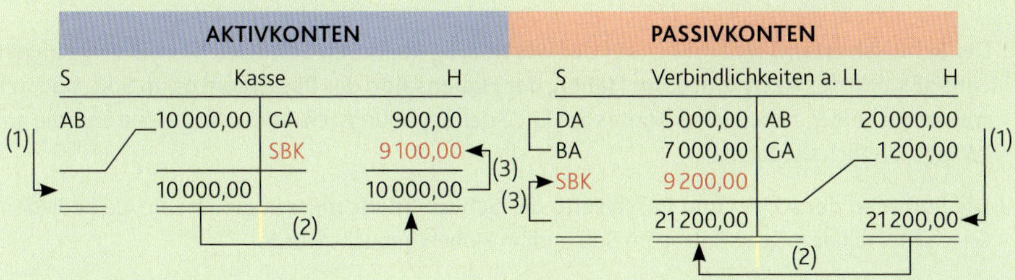

Aktivkonto „Kasse"		Berechnung des Schlussbestandes	Passivkonto „Verbindlichkeiten a. LL"	
+ Sollbeträge	10 000,00 EUR	Anfangsbestand + Mehrungen	+ Habenbeträge	21 200,00 EUR
– Habenbeträge	900,00 EUR	– Minderungen	– Sollbeträge	12 000,00 EUR
= Sollsaldo	9 100,00 EUR	= Schlussbestand (Saldo)	= Habensaldo	9 200,00 EUR

Vergleiche hierzu Kapitel 1.2.2.2

(vgl. Beispiele auf S. 52 f.)

Eröffnungsbilanz

Aktiva		**Passiva**	
I. Anlagevermögen		**I. Eigenkapital**	70 000,00
Geschäftsausstattung	30 000,00	**II. Schulden**	
II. Umlaufvermögen		Darlehensschulden	40 000,00
Bank	90 000,00	Verbindlichkeiten a. LL	20 000,00
Kasse	10 000,00		
	130 000,00		130 000,00

S Geschäftsausstattung H

S		H	
AB	30 000,00	SBK	32 100,00
(1) Kasse	900,00		
(1) Verb.	1 200,00		
	32 100,00		32 100,00

S Eigenkapital H

S		H	
SBK	70 000,00	AB	70 000,00

S Bank H

S		H	
AB	90 000,00	(4) Verb.	7 000,00
		SBK	83 000,00
	90 000,00		90 000,00

S Darlehen H

S		H	
SBK	45 000,00	AB	40 000,00
		(3) Verb.	5 000,00
	45 000,00		45 000,00

S Kasse H

S		H	
AB	10 000,00	(1) GA	900,00
		SBK	9 100,00
	10 000,00		10 000,00

S Verbindlichkeiten a. LL H

S		H	
(2) Darlehen	5 000,00	AB	20 000,00
(4) Bank	7 000,00	(3) GA	1 200,00
SBK	9 200,00		
	21 200,00		21 200,00

Schlussbilanzkonto

Aktiva		**Passiva**	
I. Anlagevermögen		**I. Eigenkapital**	70 000,00
Geschäftsausstattung	32 100,00	**II. Schulden**	
II. Umlaufvermögen		Darlehensschulden	45 000,00
Bank	83 000,00	Verbindlichkeiten a. LL	9 200,00
Kasse	9 100,00		
	124 200,00		124 200,00

- Der **Schlussbestand** wird immer **auf der wertmäßig kleineren Seite des Kontos** eingetragen: der **Sollsaldo des Aktivkontos im Haben, der Habensaldo des Passivkontos im Soll**. Dadurch weisen die beiden Seiten jedes Kontos am Ende des Rechnungszeitraums die gleiche Summe aus (Waage, ähnlich der Bilanz).
- **Die Summen der Aktiv- und Passivseite der Schlussbilanz** müssen **gleich** sein, da bei jedem Geschäftsfall der gleiche Betrag im Soll und im Haben gebucht wurde.

Abschluss der Bestandskonten

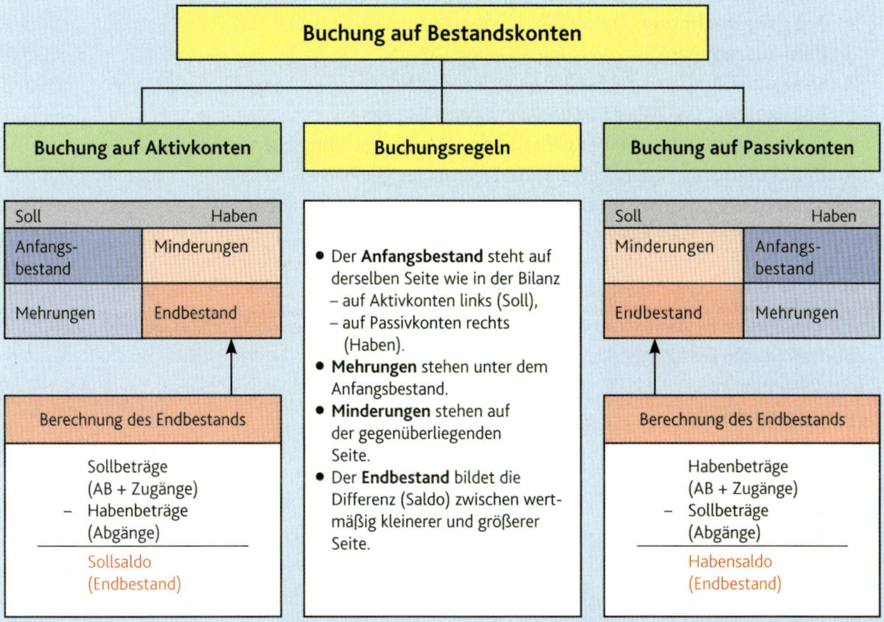

- *Alle Geschäftsfälle werden im Grundbuch in zeitlicher Reihenfolge erfasst.*
- *Im Hauptbuch werden alle Geschäftsfälle nach sachlichen Gesichtspunkten auf die Konten verteilt.*
- *Die Ursache jeder Buchung wird durch die Angabe des Gegenkontos und der Belegnummer nachvollziehbar.*
- *Die Salden der Bestandskonten werden zum Jahresende auf dem Schlussbilanzkonto gesammelt bzw. gegengebucht.*
- ***Lösungsweg von der Eröffnungs- zur Schlussbilanz:***
  1. *Übernahme der Schlussbilanz des Vorjahres als Eröffnungsbilanz*
  2. *Einrichtung von Konten für die Bilanzposten*
  3. *Übertragung der Anfangsbestände aus der Bilanz auf die Konten*
  4. *Buchung der Geschäftsfälle im Grundbuch*
  5. *Buchung in den Konten des Hauptbuchs*
  6. *Aufstellung der Schlussbilanz aufgrund der Inventurwerte*
  7. *Abschluss der Konten*

1 Eröffnen Sie die Bestandskonten; tragen Sie die Buchungssätze zu den Geschäftsfällen im Grundbuch ein.
Buchen Sie die Geschäftsfälle auf den Konten und stellen Sie die Schlussbilanz auf.

Anfangsbestände:	EUR		EUR
Grundstücke und Gebäude ...	150 000,00	Bank ...	150 000,00
Maschinen ...	330 000,00	Kasse ...	5 000,00
Fuhrpark ...	40 000,00	Eigenkapital ...	600 000,00
Geschäftsausstattung ...	24 000,00	Darlehensschulden ...	120 000,00
Forderungen a. LL ...	36 000,00	Verbindlichkeiten a. LL ...	15 000,00

Geschäftsfälle:	EUR
1. **Eingangsrechnung:** Zielkauf eines Pkw	40 000,00
2. **Ausgangsrechnung:** Zielverkauf eines gebrauchten Plotters	1 500,00
3. **Bankauszug:** Banküberweisung an einen Lieferer	35 000,00
4. **Kassenbeleg:** Bareinzahlung auf das Bankkonto	2 000,00
5. **Bankauszug:** Banküberweisung von einem Kunden	17 400,00
6. **Bankauszug:** Verkauf einer gebrauchten Druckmaschine gegen Bankscheck	6 000,00
7. **Bankauszug:** Banküberweisung zur Tilgung des Darlehens	20 000,00
8. **Kassenbeleg:** Kunde bezahlt fällige Rechnung bar	140,00
9. **Kassenbeleg:** Barkauf eines Büroregals	250,00

2 Stellen Sie die Eröffnungsbilanz auf.
Richten Sie die Bestandskonten ein und übernehmen Sie die Anfangsbestände.
Buchen Sie die Geschäftsfälle auf den Konten bei Angabe der Nummer des Geschäftsfalls und des Gegenkontos.

Anfangsbestände:	EUR		EUR
Geschäftsausstattung	420 000,00	Eigenkapital	488 000,00
Forderungen a. LL	115 000,00	Verbindlichkeiten gegenüber	
Bank	226 000,00	Banken	200 000,00
Kasse	11 000,00	Verbindlichkeiten a. LL	84 000,00

Geschäftsfälle:	EUR
1. **Bankauszug:** Kunde bezahlt fällige AR durch Banküberweisung	35 000,00
2. **Eingangsrechnung:** Zielkauf eines Druckers für das Lager	600,00
3. **Bankauszug:** Banküberweisung an Lieferer für fällige ER	36 000,00
4. **Bankauszug:** Bareinzahlung auf das Bankkonto	5 000,00
5. **Ausgangsrechnung:** Verkauf eines gebrauchten Personalcomputers	250,00
6. **Bankauszug:** Banküberweisung einer Tilgungsrate der Darlehensschuld	20 000,00

3 Stellen Sie die Eröffnungsbilanz auf. Richten Sie die Bestandskonten ein und übernehmen Sie die Anfangsbestände. Buchen Sie die Geschäftsfälle auf den Konten bei Angabe der Nummer des Geschäftsfalls und des Gegenkontos.

Anfangsbestände:	EUR		EUR
Grundstücke und Gebäude	600 000,00	Kasse	13 000,00
Geschäftsausstattung	90 000,00	Eigenkapital	694 000,00
Fuhrpark	130 000,00	Darlehensschulden	312 000,00
Forderungen a. LL	85 000,00	Verbindlichkeiten a. LL	92 000,00
Banken	180 000,00		

Geschäftsfälle:	EUR
1. **Eingangsrechnung:** Zielkauf eines Pkw	15 000,00
2. **Bankauszug:** Banküberweisung der Tilgungsrate für die Darlehensschuld	25 000,00
3. **Bankauszug:** Kunde bezahlt fällige AR mit Banküberweisung	17 000,00
4. **Ausgangsrechnung:** Zielverkauf eines gebrauchten Pkw	9 000,00
5. **Bankauszug:** Einzahlung auf das Bankkonto bar	10 000,00
6. **Vertrag:** Lieferer stundet eine fällige ER auf sechs Jahre	25 000,00
7. **Vertrag, Bankauszug:** Kauf einer Lagerhalle gegen Banküberweisung lt. Notarvertrag	80 000,00
8. **Eingangsrechnung:** Zielkauf eines Kopierers	2 000,00
9. **Bankauszug:** Banküberweisung an Verlag für fällige ER	13 000,00
10. **Ausgangsrechnung, Quittung:** Barverkauf eines gebrauchten PC	200,00

4 a) Beschreiben Sie mögliche Ursachen für Abweichungen der Istbestände lt. Inventur von den Sollbeständen lt. Buchhaltung.

b) Durch Inventur wurden

	EUR
– ein Kassenmanko (Kassenfehlbetrag) von	100,00
– ein Warenfehlbetrag von	2 500,00

festgestellt.
Nennen Sie Gründe hierfür.

1.2.2.6 Eröffnungs- und Schlussbilanzkonto

Der Finanzbuchhalter der Buchhandlung Medi@Point GmbH & Co. KG, Herr Solly, eröffnet die Bestandskonten zu Beginn des Geschäftsjahres. Bisher übernahm er die Eröffnungsbestände aus der Bilanz zum Schluss des letzten Geschäftsjahres und übertrug sie auf die Konten.

Aktiva — **Eröffnungsbilanz** — **Passiva**

Aktiva		Passiva	
I. Anlagevermögen		**I. Eigenkapital**	70 000,00
Geschäftsausstattung	30 000,00	**II. Schulden**	
II. Umlaufvermögen		Darlehensschulden	40 000,00
Bank	90 000,00	Verbindlichkeiten a. LL	20 000,00
Kasse	10 000,00		
	130 000,00		130 000,00

Dabei ist ihm ein Übertragungsfehler unterlaufen. Um solche Fehler künftig zu vermeiden, verlangt Herr Müller eine Gegenbuchung der Eröffnungsbuchungen auf einem Eröffnungsbilanzkonto.

Eröffnungsbilanz und Eröffnungsbilanzkonto

Die Bilanz am Ende eines Jahres ist identisch mit der Eröffnungsbilanz des neuen Geschäftsjahres (**Grundsatz der Bilanzgleichheit, Bilanzidentität**, vgl. § 252 (1) HGB). Um die Geschäftsfälle des neuen Jahres zu buchen, werden Konten für die einzelnen Bilanzposten eingerichtet.

Die Anfangsbestände wurden bisher in folgender Weise vorgetragen:

- von der **Aktivseite der Eröffnungsbilanz** auf die **Sollseite der Aktivkonten**,
- von der **Passivseite der Eröffnungsbilanz** auf die **Habenseite der Passivkonten** (vgl. S. 51).

Die Anfangsbestände wurden also in den Konten auf der gleichen Seite eingetragen, auf der sie in der Bilanz stehen. Ein Grundsatz der doppelten Buchführung wird dadurch durchbrochen. Dieser verlangt, dass jeder Buchung im Soll einer Buchung im Haben entspricht.

Soll ständig nach diesem Grundsatz verfahren werden, muss ein Konto im Hauptbuch eingerichtet werden, das bei der Buchung der Anfangsbestände der Konten die Gegenbuchung aufnimmt. Diese Aufgabe übernimmt das **Eröffnungsbilanzkonto (EBK)**. Die Buchungen zur Eröffnung der Bestandskonten heißen **Eröffnungsbuchungen**.

Eröffnungsbuchungen

Aktive Bestandskonten	**Passive Bestandskonten**
Aktivkonten an EBK	EBK an Passivkonten

Vergleiche hierzu Kapitel 1.2.2.2

Eröffnung der Konten Kasse und Verbindlichkeiten a. LL laut Beispiel S. 51

Grundbuch

Datum	Vorgang	EUR	Buchungssatz	Soll	Haben
	A. Eröffnungsbuchungen				
01.01	Eröffnung des Kontos Kasse	10 000,00	Kasse	10 000,00	
			an EBK		10 000,00
01.01.	Eröffnung des Kontos Verbindlichkeiten a. LL	20 000,00	EBK	20 000,00	
			an Verbindlichkeiten a. LL		20 000,00

Hauptbuch

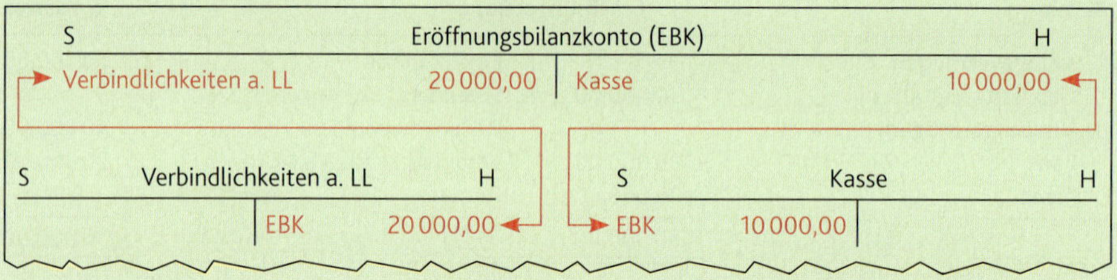

Schlussbilanz und Schlussbilanzkonto

Am Ende des Geschäftsjahres werden die Konten abgeschlossen. Der Endbestand wird errechnet und auf der kleineren Seite eines jeden Kontos zum Ausgleich eingetragen. Zur Aufnahme der Gegenbuchung ist wiederum ein Konto erforderlich: **das Schlussbilanzkonto (SBK)**. Es ist ein Hilfskonto zur Sammlung aller Endbestände der Bestandskonten. Hierzu werden **Abschlussbuchungen** gebildet.

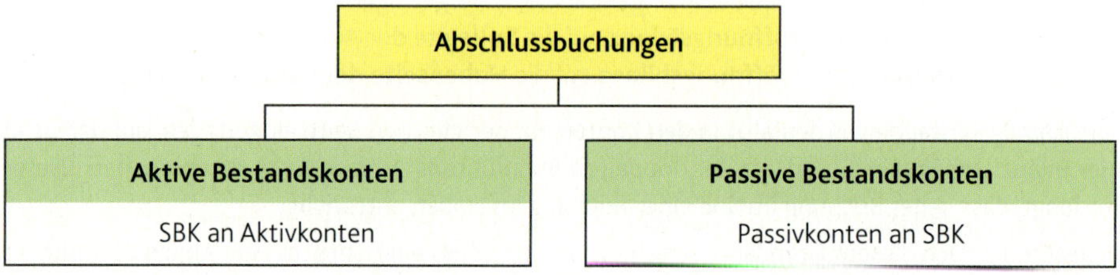

Vorgeschrieben ist die Aufstellung der Bilanz aus dem Inventarverzeichnis (Schlussbilanz). Die durch Inventur ermittelten Bestände **(Istbestände)** müssen mit den auf den Konten errechneten Beständen **(Sollbestände)** übereinstimmen.

Eröffnungs- und Abschlussbuchungen im Grund- und Hauptbuch erfassen

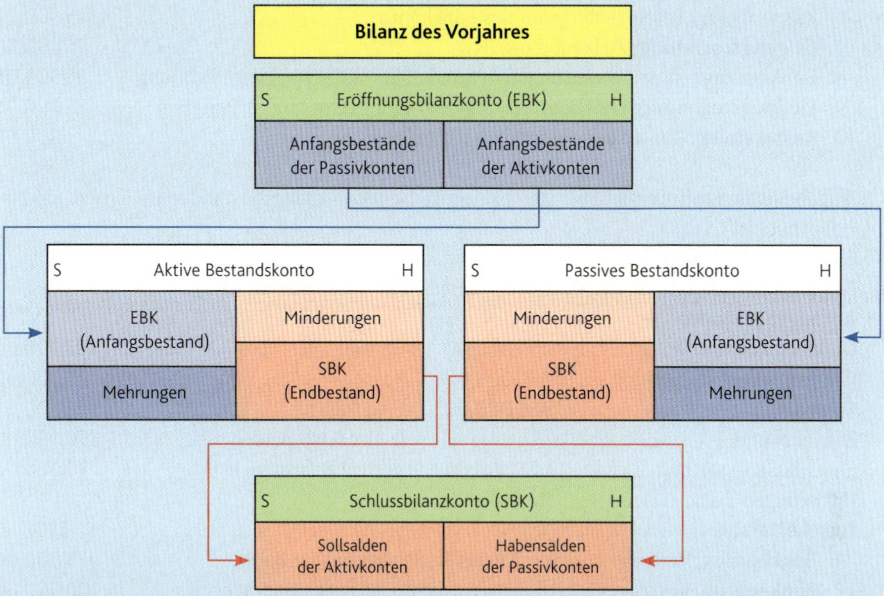

- *Das **Eröffnungsbilanzkonto** ist das **Gegenkonto für die Eröffnungsbuchungen in den Bestandskonten**.*
- *Das **Schlussbilanzkonto** ist das **Gegenkonto für die Abschlussbuchungen in den Bestandskonten**.*
- *Eröffnungs- und Abschlussbuchungen sind sowohl im Grundbuch als auch im Hauptbuch zu erfassen.*
- ***Arbeitsschritte vom EBK zum SBK:***
  1. *Tragen Sie die Eröffnungsbuchungen aufgrund der Bilanz des Vorjahres und die Geschäftsfälle mit Buchungssätzen im Grundbuch ein.*
  2. *Buchen Sie die Eröffnungsbuchungen und die Geschäftsfälle auf den Konten im Hauptbuch.*
  3. *Schließen Sie die Konten über das Schlussbilanzkonto ab. Die Abschlussbuchungen sind auch im Grundbuch einzutragen.*

1 Tragen Sie die Eröffnungsbuchungen zu nachstehenden Anfangsbeständen im Grundbuch und im Hauptbuch ein.
Buchen Sie die Geschäftsfälle auf den Konten im Hauptbuch.
Führen Sie den Abschluss der Konten im Grund- und Hauptbuch durch.

Anfangsbestände:	EUR		EUR
Fuhrpark	430 000,00	Kasse	8 000,00
Betriebs- und Geschäftsausstattung	120 000,00	Eigenkapital	452 000,00
		Darlehensschuld	300 000,00
Forderungen a. LL	146 000,00	Verbindlichkeiten a. LL	157 000,00
Bank	205 000,00		

Geschäftsfälle:	EUR
1. **Ausgangsrechnung:** Zielverkauf eines gebrauchten Pkw	5 000,00
2. **Vertrag:** Umwandlung einer Lieferverbindlichkeit in ein Darlehen	50 000,00
3. **Bankauszug:** Kauf von vier PC für den Laden gegen Bankscheck	4 800,00

4. **Bankauszug:** Banküberweisung an Lieferer für fällige Eingangsrechnung ... 17 000,00
5. **Kassenbeleg:** Kunde bezahlt fällige Ausgangsrechnung bar 500,00
6. **Kassenbeleg:** Bareinzahlung auf das Bankkonto 5 000,00
7. **Eingangsrechnung:** Zielkauf eines Pkw 35 000,00
8. **Bankauszug:** Banküberweisung vom Kunden für fällige Ausgangsrechnung 26 500,00
9. **Eingangsrechnung:** Banküberweisung der Tilgungsrate für das Darlehen .. 25 000,00
10. **Kassenbeleg:** Barverkauf eines gebrauchten Regals 800,00

2 Tragen Sie die Eröffnungsbuchungen zu nachstehenden Anfangsbeständen im Grund- und im Hauptbuch ein.
Buchen Sie die Geschäftsfälle auf den Konten im Hauptbuch.
Führen Sie den Abschluss der Konten im Grund- und Hauptbuch durch.

Anfangsbestände:	EUR		EUR
Darlehensforderung	50 000,00	Banken	257 800,00
Grundstücke und Gebäude ...	730 000,00	Kasse	5 100,00
Fuhrpark	885 000,00	Eigenkapital	1 325 500,00
Betriebs- und		Darlehensschulden	650 000,00
Geschäftsausstattung	175 000,00	Verbindlichkeiten a. LL	250 000,00
Forderungen a. LL	122 600,00		

Geschäftsfälle: EUR

1. **Bankauszug, Vertrag:** Aufnahme eines Darlehens bei der Bank 75 000,00
2. **Bankauszug, Vertrag:** Verkauf eines Grundstücks gegen Bankscheck 100 000,00
3. **Bankauszug:** Ausgleich einer fälligen Rechnung durch einen Kunden 36 000,00
4. **Kassenbeleg:** Kunde bezahlt fällige AR 600,00
5. **Bankauszug:** Banküberweisung eines Darlehensnehmers (Kunde) zur Darlehenstilgung 20 000,00
6. **Bankauszug:** Banküberweisung an Lieferer für fällige ER 32 100,00
7. **Ausgangsrechnung:** Zielverkauf eines gebrauchten Pkw 10 700,00
8. **Kassenbeleg:** Bareinkauf eines Schreibtisches 950,00
9. **Ausgangsrechnung:** Verkauf eines gebrauchten Computers auf Ziel (30 Tage)... 140,00
10. **Eingangsrechnung:** Kauf eines Pkw auf Ziel 45 800,00
11. **Bankauszug:** Zahlungen vom Kunden für fällige AR 19 100,00
12. **Vertrag:** Lieferer stundet fällige Eingangsrechnungen auf 8 Jahre 30 000,00
13. **Eingangsrechnung, Bankauszug:** Kauf einer Computeranlage gegen
    a) Bankscheck (Anzahlung beim Kauf) 5 000,00
    b) Zielgewährung von 90 Tagen 8 000,00 13 000,00

3 Welche der folgenden Aussagen treffen

a) nur auf die Aktivkonten,
b) nur auf die Passivkonten,
c) auf alle Bestandskonten,
d) weder auf die Aktiv- noch auf die Passivkonten zu?

Aussagen:

1. Der Anfangsbestand steht im Soll.
2. Die Minderungen stehen im Soll.
3. Die Mehrungen stehen unter dem Anfangsbestand.
4. Der Anfangsbestand steht im Haben, die Zugänge stehen im Soll.
5. Der Saldo steht auf der wertmäßig kleineren Seite.
6. Sie stellen Art, Ursache und Höhe der Vermögensveränderungen dar.
7. Sie stehen im Hauptbuch.

4 Buchen Sie die aus folgendem Kontoauszug der Medi@Point hervorgehenden Geschäftsfälle:

Konto	Kontoauszug			Auszug	Blatt
446632140	DEUTSCHE BANK KÖLN	BLZ 370 700 60		62	1

Buch.-Tag	Wert	PN	Erläuterung/Verwendungszweck	Umsätze
15.06.	15.06.	0840	PRIMUS GMBH, DUISBURG KD-NR 20344, RG-NR 3948 v. 20..-05-30	23 320,00 S
15.06.	15.06.	0250	KANZLEI BEHRENS & PARTNER, KÖLN, KD-NR 24005 RG-NR 01598 v. 20..-05-30	10 264,06 H

KREDITZUSAGE EUR 40 000,00

IHR AKTUELLER KONTOSTAND UM 10.30 UHR EUR 364 502,26 H

BS	Letzter Auszug	Auszugsdatum	Alter Kontostand	Neuer Kontostand
44	14.06.20..	15.06.20..	EUR 377 558,20 H	EUR 364 502,26 H

BUCHHANDLUNG MEDI@POINT GmbH & Co. KG, SCHILDERGASSE 46, 50667 KÖLN

5 Untersuchen Sie, ob mit unten stehenden Buchungssätzen
a) ein Aktiv-Tausch, c) eine Aktiv-Passiv-Mehrung,
b) ein Passiv-Tausch, d) eine Aktiv-Passiv-Minderung
erfasst wird.

Buchungssätze:

1.	Verbindlichkeiten a. LL ...	4 000,00	an Bank	4 000,00
2.	Bank	2 000,00	an Kasse	2 000,00
3.	Bank	5 000,00	an Forderungen a. LL	5 000,00
4.	Geschäftsausstattung....	8 000,00	an Verbindlichkeiten a. LL	8 000,00
5.	Verbindlichkeiten a. LL ...	6 000,00	an Darlehen	6 000,00
6.	Forderungen a. LL........	3 000,00	an Fuhrpark	3 000,00

6 Unten stehende Satzteile sind zu einer richtigen Aussage zu ergänzen, indem Sie einsetzen
(1) das Inventar (2) die Schlussbilanz (3) das Schlussbilanzkonto

Satzteile:

a) (?) nimmt die Salden der Bestandskonten beim Jahresabschluss auf.
b) (?) ist eine Gegenüberstellung von Vermögen und Kapital lt. Inventur.
c) (?) enthält neben Mengen- auch Wertangaben.
d) (?) ist eine Auflistung der Vermögensteile und Schulden sowie eine Gegenüberstellung von Vermögen und Schulden.
e) (?) steht im Hauptbuch.
f) (?) wird aus dem Inventar abgeleitet.

7 Welche der folgenden Aussagen treffen
a) nur auf Aktivkonten, b) nur auf Passivkonten, c) auf alle Bestandskonten zu?
Begründen Sie jeweils Ihre Entscheidung.

Aussagen:

1. Der Anfangsbestand steht im Soll.
2. Sie erteilen Auskunft über die Veränderungen des Kapitals des Unternehmens.
3. Ihr Endbestand steht auf der rechten Seite des Schlussbilanzkontos.
4. Sie erteilen Auskunft über Art, Ursache und Höhe der Veränderung einer Bilanzposition.

5. Abgänge stehen im Soll.
6. Ihr Endbestand ist ein Sollsaldo, der im Haben steht.
7. Zugänge stehen im Haben.
8. Sie geben Auskunft über die Anlage des Kapitals.
9. Ihr Saldo steht auf der wertmäßig kleineren Seite.
10. Ihr Anfangsbestand ist gleich dem Endbestand lt. Inventur des Vorjahres.

1.3 Erfolgsrechnung

Tag für Tag erhält die Medi@Point von unterschiedlichen Verlagen eine Vielzahl von Büchern, die dann wieder an Kunden verkauft werden. Die Aufgabe des Rechnungswesens ist in diesem Zusammenhang zu ermitteln, ob dieser Handel für das Unternehmen rentabel ist.
Um dieses für den letzten Monat zu überprüfen, muss Herr Solly die folgenden Geschäftsfälle dokumentieren und auswerten.

	EUR
1. Einkauf von Büchern auf Ziel	81 600,00
2. Gehaltszahlung an die Buchhändler/-innen	17 200,00
3. Zahlung von Heizungs- und Stromkosten durch Banküberweisung	1 450,00
4. Zahlung für Reinigung durch Banküberweisung	1 350,00
5. Kauf von Büromaterial bar	400,00
6. Verkauf dieser Bücher laut Kassenberichten (Fall 1)	118 320,00

Veränderungen des Eigenkapitals durch Aufwendungen und Erträge im Handelsbetrieb

Die bisher gebuchten Geschäftsfälle veränderten Bestände der Bilanz. Eine Bilanzposition wurde nicht berührt, das **Eigenkapital**. Dieses wird jedoch durch die eigentliche Unternehmenstätigkeit (Kauf und Verkauf von Waren) laufend verändert. Mit dieser Tätigkeit will das Unternehmen das eingesetzte **Kapital vermehren**, also **Gewinn erzielen**. Das Unternehmen setzt sich aber dadurch auch dem **Risiko** aus, durch **Verluste** das **Eigenkapital zu verlieren**.

Minderungen des Eigenkapitals durch Aufwendungen: Um Waren verkaufen zu können, muss das Unternehmen eingekaufte **Waren**, menschliche **Arbeitsleistung** und **Betriebsmittel** einsetzen **(= Verzehr von Produktionsfaktoren)**. Alle Ausgaben für die eingesetzten Produktionsfaktoren, wie

- **Ausgaben für Waren** (Wareneinkäufe),
- **Mietzahlungen für Betriebsmittel**,
- **Lohn- und Gehaltszahlungen für die Arbeitsleistungen**

mindern letztlich das Vermögen und zugleich das Eigenkapital. Solche **Werteverzehre an Produktionsfaktoren** werden als **Aufwendungen** bezeichnet.

Aufwendungen mindern das Eigenkapital. Sie könnten somit direkt auf der Sollseite des Eigenkapitalkontos erfasst werden. Um jedoch eine Übersicht über einzelne Aufwandsarten zu ermöglichen, werden für die einzelnen Aufwandsarten Unterkonten des Eigenkapitalkontos eingerichtet, die **stellvertretend** für das Eigenkapitalkonto den Aufwand aufnehmen.

Beim Eingang der Waren wird unterstellt, dass sie sofort verkauft und somit eingesetzt werden, also das Lager nicht berühren. Sie werden daher sofort beim Eingang als Aufwand für Waren erfasst.

Mehrungen des Eigenkapitals durch Erträge: Das Unternehmen versucht, die Aufwendungen, die mit dem Verkauf von Waren und Dienstleistungen verbunden sind, auf die Kunden abzuwälzen und somit über die Umsatzerlöse eine Erstattung des Aufwands zu erreichen. Auf diese Weise soll dem Unternehmen die Erzielung eines **Gewinns** ermöglicht werden. Damit dieses Ziel erreicht wird, müssen die Umsatzerlöse größer als der gesamte Einsatz an Produktionsfaktoren sein:

Im Folgenden wird die Auswirkung des Wareneinkaufs, der Lohn- und Gehaltszahlungen, Heizungs-, Strom-, Reinigungs- und Büromaterialkosten einerseits und des Verkaufs von Waren andererseits auf Bilanzpositionen der Medi@Point verdeutlicht.

			EUR	EUR
Bewerteter Verzehr (in EUR) von Produktionsfaktoren	Wareneinsatz	• Aufwand für Waren	81 600,00	
	Personaleinsatz	• Gehälter	17 200,00	
	sonstiger Einsatz	• Heizung, Strom, Reinigung, Büromaterial	3 200,00	
	Gesamteinsatz in der Rechnungsperiode = **Aufwand**			102 000,00
bewerteter Zuwachs (in EUR) an Vermögen	Warenverkauf	• Umsatzerlöse	118 320,00	
	Gesamtzuwachs in der Rechnungsperiode = **Ertrag**			118 320,00
Differenz von Wertezuwachs und Werteverzehr in EUR				
	Aufwand < Ertrag = **Gewinn**			16 320,00

Durch die Umsatzerlöse der Buchhandlung wird ein Wertzuwachs des Vermögens (liquide Mittel, Forderungen) erzielt, der gleichzeitig eine Mehrung des Eigenkapitals darstellt. Diese Eigenkapitalmehrungen werden als „Erträge" bezeichnet. Erträge mehren das Eigenkapital. Sie könnten daher im Haben des Eigenkapitalkontos gebucht werden.

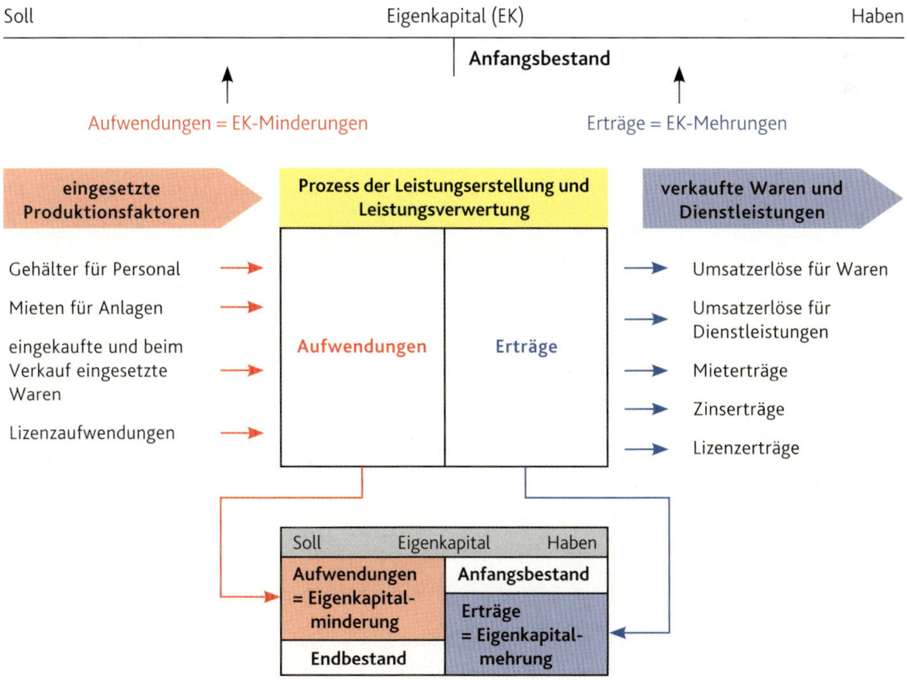

Buchungen der Aufwendungen und Erträge auf Unterkonten des Eigenkapitalkontos

Buchungen der Aufwendungen und Erträge: Eine **unmittelbare Buchung** der Aufwendungen und Erträge **auf dem Eigenkapitalkonto** hat folgende **Nachteile**:
- Das Eigenkapitalkonto wird **unübersichtlich**.
- Aus den Buchungen geht nicht hervor, **wodurch** das Eigenkapital verändert wurde.
- Die **Höhe einzelner Aufwendungen und Erträge** ist nur mit zusätzlichem Arbeitsaufwand zu ermitteln.

Daher werden die Aufwendungen und Erträge auf **Unterkonten des Eigenkapitalkontos** gebucht, den **Aufwands- und Ertragskonten**. Weil die Aufwendungen und Erträge den Erfolg eines Unternehmens bestimmen, werden die Aufwands- und Ertragskonten als **Erfolgskonten** bezeichnet. Durch die getrennte Erfassung der einzelnen Erfolgsarten werden dem Unternehmer Ursachen und Höhe der Eigenkapitalveränderungen verdeutlicht.

Durch die Einrichtung der Aufwandskonten „Aufwendungen für Waren", „Gehälter", „Energie" verschafft sich der Unternehmer einen genauen Überblick über die genannten Aufwandsarten und deren Höhe. Durch Vergleich von Jahr zu Jahr stellt er so die Entwicklung dieser Aufwandsarten fest.

Die **Erfolgskonten** sind also ein bedeutendes **Informations-** und **Kontrollinstrument** über die einzelnen Aufwands- und Ertragsarten. Daher empfiehlt sich für jede Aufwands- und Ertragsart ein besonderes Unterkonto.

Durch Vergleich der Aufwendungen und Erträge von Jahr zu Jahr **(Zeitvergleich)** erkennt der Unternehmer positive oder negative Entwicklungen. Durch Vergleich mit Konkurrenzbetrieben **(Betriebsvergleich)** werden Stärken oder Schwächen sichtbar (vgl. S. 79).

Soll — Eigenkapital (EK) — Haben

Soll	Haben
Eigenkapitalminderungen **Endbestand**	**Anfangsbestand** Eigenkapitalmehrungen

Werteverzehr durch Einsatz von Produktionsfaktoren	Wertezuwachs durch erbrachte Leistungen für den Absatzmarkt
Aufwandsarten	**Ertragsarten**
♦ Aufwendungen für Waren ♦ Energie (Strom, Heizung, Benzin) ♦ Mietaufwand ♦ Löhne (Aushilfen) ♦ Gehälter (Angestellte, Buchhändler/-innen) ♦ Aufwendungen für Kommunikation (Büromaterial, Postwertzeichen, Telefon, Werbung) ♦ Versicherungsbeiträge ♦ Betriebliche Steuern (Gewerbesteuer) ♦ Zinsaufwendungen ♦ Lizenzaufwendungen	♦ Umsatzerlöse für Waren ♦ Umsatzerlöse für Dienstleistungen ♦ Mieterträge ♦ Zinserträge ♦ Linzenzerträge

Buchungsregeln für Aufwands- und Ertragskonten: Für die Buchungen der Aufwendungen als Eigenkapitalminderungen auf den Aufwandskonten und für die Buchungen der Erträge als Eigenkapitalmehrungen auf den Ertragskonten gelten die **Buchungsregeln für passive Bestandskonten**, weil Aufwands- und Ertragskonten Unterkonten des Eigenkapitals sind.

- **Aufwendungen sind auf Aufwandskonten als Eigenkapitalminderungen im Soll,**
- **Erträge auf Ertragskonten als Mehrungen des Eigenkapitals im Haben zu buchen.**

Soll	Eigenkapital	Haben
		Anfangsbestand

Eigenkapitalminderung ← **Buchung der Eigenkapitalveränderungen** → Eigenkapitalmehrung

S	Aufwandskonten	H
Eigenkapital-minderung		

S	Ertragskonten	H
		Eigenkapital-mehrung

1. Banküberweisung der Löhne und Gehälter .... 17 200,00 EUR
2. Verkauf von Waren laut Kassenberichten .... 118 320,00 EUR

Aufwandskonto

S	Gehälter	H
1. Bank	17 200,00	

↓ Minderung des Eigenkapitals

Ertragskonto

S	Umsatzerlöse	H
	2. Kasse	118 320,00

↓ Mehrung des Eigenkapitals

♦ Abschluss der Erfolgskonten über das Gewinn- und Verlustkonto

Am Ende des Geschäftsjahres werden die Konten abgeschlossen. Aufwendungen und Erträge werden gesammelt und gegenübergestellt, um den **Erfolg** (Gewinn oder Verlust) festzustellen.

Aufwendungen und Erträge werden auf dem Gewinn- und Verlustkonto (GuV) gegenübergestellt (§ 242 HGB).

Abschluss der Konten Gehälter und Umsatzerlöse

Gewinn und Verlust	an Gehälter
Umsatzerlöse	an Gewinn und Verlust

Unternehmenserfolg

positiver Erfolg	**negativer Erfolg**
Aufwendungen < Erträge	Aufwendungen > Erträge
= Gewinn des Unternehmens	= Verlust des Unternehmens

	Beispiel 1	**Beispiel 2**
Eigenkapital Anfangsbestand	1 000 000,00	700 000,00
Aufwendungen des Geschäftsjahres	750 000,00	720 000,00
Erträge des Geschäftsjahres	900 000,00	670 000,00

Durch Saldieren der Aufwendungen und Erträge wird der Erfolg des Unternehmens, der **Gewinn** oder der **Verlust,** ermittelt. Das **Ergebnis** wird als endgültige Eigenkapitalveränderung auf das Eigenkapitalkonto übertragen.

Beispiel 1

S	GuV (bei Gewinn) H
Aufwendungen 750 000,00	Erträge 900 000,00
Gewinn 150 000,00	

S	Eigenkapital H
	Anfangsbestand 1 000 000,00
	GuV (Gewinn) 150 000,00

Beispiel 2

S	Kasse H
Aufwendungen 720 000,00	Erträge 670 000,00
	Verlust 50 000,00

S	Eigenkapital H
GuV (Verlust) 50 000,00	Anfangsbestand 700 000,00

Abschlussbuchungssatz bei Gewinn:
GuV an Eigenkapital 150 000,00

Abschlussbuchungssatz bei Verlust:
Eigenkapital an GuV 50 000,00

Darstellung des zusammenfassenden Beispiels laut Handlungssituation S. 72 f.

Aktiva — Bilanz der Media@Point GmbH & Co. KG zum 31. Dezember 20.. — Passiva

Aktiva		Passiva	
A. Vermögen		**A. Eigenkapital**	300 000,00
I. Anlagevermögen		**B. Schulden**	
1. Grundstücke und Gebäude	275 000,00	**I. Langfristige Schulden**	150 000,00
2. Fuhrpark	20 000,00	**II. Kurzfristige Schulden**	50 000,00
3. Betriebs- und Geschäftsausstattung	30 000,00		
II. Umlaufvermögen			
1. Forderungen a. LL	30 000,00		
2. Bankguthaben	140 000,00		
3. Kasse	5 000,00		
	500 000,00		500 000,00

Köln, den 18. Januar 20.. *Thomas Müller*

Buchung der Fälle 1 bis 5 auf Aufwandskonten:

1.	Aufw. für Waren	an Verb. a. LL	81 600,00
2.	Gehälter	an Bank	17 200,00
3.	Energie	an Bank	1 450,00
4.	Fremdinstandh.	an Bank	1 350,00
5.	Büromaterial	an Kasse	400,00

Buchung des Falles 6 auf dem Ertragskonto:

6. Kasse
an Warenverkauf
(Umsatzerlöse) 118 320,00

Abschlussbuchungen: Aufwandskonten

GuV	an Aufw. für Waren	81 600,00
GuV	an Gehälter	17 200,00
GuV	an Energie	1 450,00
GuV	an Fremdinstandh.	1 350,00
GuV	an Büromaterial	400,00

Abschlussbuchung: Ertragskonto

Warenverkauf an GuV 118 320,00

Abschlussbuchung: GuV-Konto (bei Gewinn)

GuV an Eigenkapital (Gewinn) 16 320,00

Alle Aufwands- und Ertragskonten werden über das Konto „Gewinn und Verlust" abgeschlossen.
Das Konto „Gewinn und Verlust" wird über das Konto „Eigenkapital" abgeschlossen.
Danach können alle Bestandskonten über das Schlussbilanzkonto abgeschlossen werden:

Abschlussbuchungen:
aktive Bestandskonten

SBK	an Grund/Geb.	275 000,00
SBK	an Fuhrpark	20 000,00
SBK	an BuG	30 000,00
SBK	an Forderungen	30 000,00
SBK	an Bank	120 000,00
SBK	an Kasse	122 920,00

Abschlussbuchungen:
passive Bestandskonten

Eigenkapital	an SBK	316 320,00
langfristige Schulden	an SBK	150 000,00
Verbindlichkeiten a. LL	an SBK	131 600,00

Bestandskonten

Aktive Bestandskonten

Grundstück und Gebäude

S		H	
EBK	275 000,00	SBK	275 000,00

Fuhrpark

S		H	
EBK	20 000,00	SBK	20 000,00

Betriebs- und Geschäftsausstattung

S		H	
EBK	30 000,00	SBK	30 000,00

Forderungen a. LL

S		H	
EBK	30 000,00	SBK	30 000,00

Bank

S		H	
EBK	140 000,00	Gehälter	17 200,00
		Energie	1 450,00
		Fremdinst.	1 350,00
		SBK	120 000,00
	140 000,00		140 000,00

Kasse

S		H	
EBK	5 000,00	Büromaterial	400,00
Umsatzerl.	118 320,00	SBK	122 920,00
	123 320,00		123 320,00

Passive Bestandskonten

Eigenkapital

S		H	
SBK	316 320,00	EBK	300 000,00
		GuV	16 320,00
	316 320,00		316 320,00

Langfristige Schulden

S		H	
SBK	150 000,00	EBK	150 000,00

Verbindlichkeiten a. LL

S		H	
SBK	131 600,00	EBK	50 000,00
		Aufw./Wa	81 600,00
	131 600,00		131 600,00

Erfolgskonten

Aufwandskonten | **Ertragskonten**

S	Aufwendungen für Waren		H
Vb	81 600,00	GuV	81 600,00

S	Gehälter		H
Ba	17 200,00	GuV	17 200,00

S	Energie		H
Ba	1 450,00	GuV	1 450,00

S	Instandhaltung		H
Ba	1 350,00	GuV	1 350,00

S	Büromaterial		H
Ka	400,00	GuV	400,00

S	Umsatzerlöse für Waren		H
GuV	118 320,00	Kasse	118 320,00

S	Gewinn und Verlust		H
Aufwendungen für Waren	81 600,00	Umsatzerlöse/WV	118 320,00
Gehälter	17 200,00		
Energie	1 450,00		
Instandhaltung	1 350,00		
Büromaterial	400,00		
Eigenkapital	16 320,00		
	118 320,00		118 320,00

Aktiva	Bilanz der Media@Point GmbH & Co. KG zum 31. Dezember 20..		Passiva
A. Vermögen		**A. Eigenkapital**	316 320,00
I. Anlagevermögen		**B. Schulden**	
1. Grundstücke und Gebäude	275 000,00	**I. Langfristige Schulden**	150 000,00
2. Fuhrpark	20 000,00	**II. Kurzfristige Schulden**	131 600,00
3. Betriebs- und Geschäftsausstattung	30 000,00		
II. Umlaufvermögen			
1. Forderungen a. LL	30 000,00		
2. Bankguthaben	120 000,00		
3. Kasse	122 920,00		
	597 920,00		597 920,00

Die **Buchung** der Aufwendungen und Erträge **auf den Erfolgskonten** hat **Vorteile**:

1. Aufwendungen und Erträge werden **klar** und **übersichtlich** nach ihrer Entstehungsursache getrennt.

2. Es wird ersichtlich, **welche Aufwendungen** und **Erträge den Erfolg** des Unternehmens besonders **bestimmen** (Aufwands- und Ertragskonten).
3. Der Kaufmann kann die Entwicklung der Aufwendungen und Erträge feststellen, indem er die Werte der **Erfolgskonten mehrerer Jahre** miteinander **vergleicht** (Zeitvergleich).
4. Durch **Vergleich** der betrieblichen **Aufwendungen mit denen anderer Betriebe** können die Ursachen zu hoher Aufwendungen entdeckt werden (Betriebsvergleich).
5. Aufgrund der gewonnenen Erkenntnisse können **Maßnahmen zur Kostensenkung** oder Ertragssteigerung getroffen werden (Rationalisierung, Planung).

Gewinn und Verlust

	EUR	%		EUR	%
Aufwendungen für Waren	81600,00	69,0	Umsatzerlöse		
Gehälter	17200,00	14,6	für Waren	118320,00	100,0
Energie	1450,00	1,2			
Instandhaltung	1350,00	1,1			
Büromaterial	400,00	0,3			
Gewinn	16320,00	13,8			
	118320,00	100,0		118320,00	100,0

Besondere Erfolgs- oder Ergebniskonten im Industriebetrieb

Abgrenzung von Handels- und Industrieunternehmen

Im **Buchhandel** werden gekaufte Waren unverändert weiterverkauft. Die Leistung, die den Mehrpreis von Verkauf gegenüber dem Einkauf begründet, besteht vorwiegend in der Sortimentsgestaltung, der Lagerhaltung und der Kundenberatung. In Industriebetrieben werden eingekaufte **Werkstoffe** zu neuen **Erzeugnissen** verarbeitet:

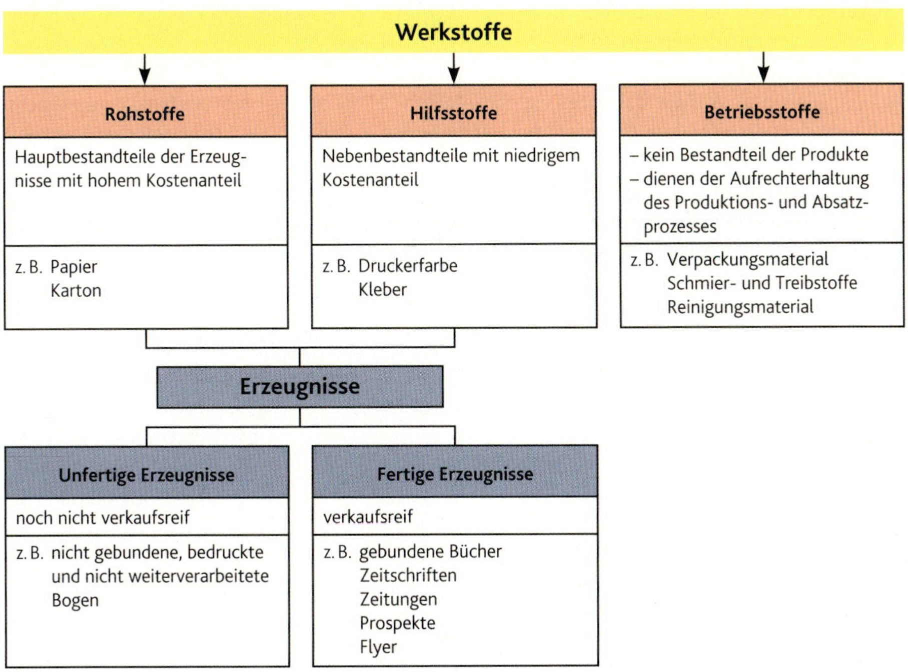

Im **Industriebetrieb** (wie z. B. in Druckereien und Verlagen) besteht die typische Leistung in der Produktion und dem Verkauf von Erzeugnissen. Dazu werden **Werkstoffe** wie Roh-, Hilfs- und Betriebsstoffe gekauft und mithilfe von **Betriebsmitteln** (Produktionsfaktor Kapital, wie beispielsweise Maschinen) und **Arbeitskräften** (Produktionsfaktor Arbeit) zu neuen Erzeugnissen verarbeitet.

Das Ergebnis des Produktionsprozesses wird somit einerseits geprägt von den eingesetzten Roh-, Hilfs- und Betriebsstoffen, andererseits von den Umsatzerlösen für eigene Erzeugnisse.

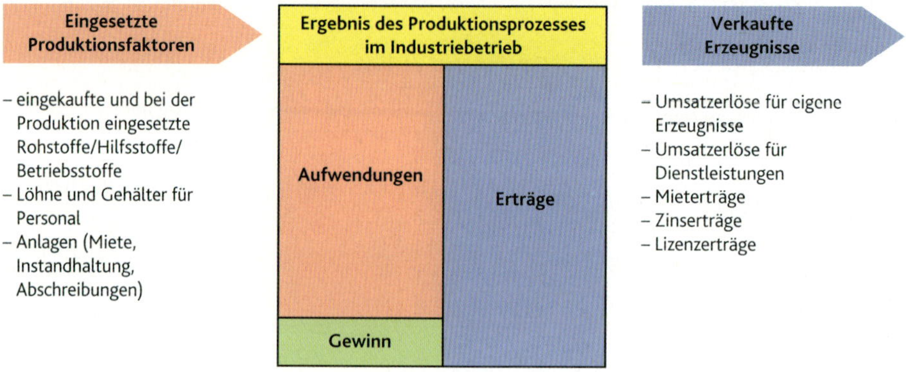

♦ Buchung der industrietypischen Aufwendungen und Erträge

Zur Buchung und Kontrolle der typischen Aufwendungen und Erträge werden **in Industriebetrieben** folgende Ergebniskonten zusätzlich zu den Ergebniskonten im Handel geführt:

Aufwandskonten	Ertragskonto
– Aufwendungen für Rohstoffe – Aufwendungen für Hilfsstoffe – Aufwendungen für Betriebsstoffe	Umsatzerlöse für eigene Erzeugnisse

Auf den genannten **Aufwandskonten** werden alle Roh-, Hilfs- und Betriebsstoffeingänge gebucht. Dabei wird unterstellt, dass sie sofort zur Herstellung von Erzeugnissen eingesetzt und verzehrt werden, also das Lager nicht berühren.
Auf den **Ertragskonten** werden die typischen Erträge des Industrieunternehmens, wie Umsatzerlöse für eigene Erzeugnissse, Umsatzerlöse für Dienstleistungen, neben anderen Erträgen (Umsatzerlöse für Handelswaren, Miet-, Zins- und Lizenzerträge) erfasst.

Beispiel
Für den Druckauftrag eines Buches zum Angebotspreis von 80 000,00 EUR, die der Kunde vier Wochen nach Auslieferung der gedruckten Bücher ohne Abzug bezahlen soll, entstehen folgende Aufwendungen laut Eingangsrechnungen und Bankbelegen:

Einkauf von Papier	25 400,00 EUR
Einkauf von Druckplatten und Druckfarbe	1 600,00 EUR
Personalkosten	18 000,00 EUR
Sonstige Kosten	5 000,00 EUR

Darstellung auf Ergebniskonten

S	Aufwendungen für Rohstoffe		H
Bank	25 400,00	GuV	25 400,00

S	Umsatzerlöse für eigene Erzeugnisse		H
GuV	80 000,00	Ford.	80 000,00

S	Aufwendungen für Hilfsstoffe		H
Bank	1 600,00	GuV	1 600,00

S	Personalkosten		H
Bank	18 000,00	GuV	18 000,00

S	Sonstige verschiedene Kosten		H
Bank	5 000,00	GuV	5 000,00

S	Gewinn und Verlust		H
Aufwendungen für Rohstoffe	25 400,00	Umsatzerlöse für eigene Erzeugnisse	80 000,00
Aufwendungen für Hilfsstoffe	1 600,00		
Personalkosten	18 000,00		
Sonstige verschiedene Kosten	5 000,00		
Eigenkapital	30 000,00		
	80 000,00		80 000,00

Buchungen auf Erfolgskonten

- *Kaufmännische Unternehmen verkaufen Waren, Erzeugnisse, Dienstleistungen.*
- *Der dabei eingesetzte Werteverzehr wird als Aufwand bezeichnet, der das Eigenkapital des Unternehmens mindert.*
- *Typische Aufwendungen der Industriebetriebe sind neben den handelstypischen Aufwendungen die Aufwendungen für Roh-, Hilfs- und Betriebsstoffe.*
- *Über die Umsatzerlöse versuchen die Unternehmen, den Werteverzehr und einen Gewinn hereinzuholen und das eingesetzte Eigenkapital zu vermehren.*
- *Damit die Unternehmensleitung, Controlling, Gesellschafter, Banken die Ursachen der Eigenkapitalveränderungen erkennen, werden Aufwendungen und Erträge artmäßig getrennt auf Unterkonten des Eigenkapitalkontos gebucht (Erfolgskonten).*
- *Zur Ermittlung des Erfolges (Gewinn oder Verlust) werden die Aufwands- und Ertragskonten über das GuV-Konto abgeschlossen.*
- *Der **Saldo** (Gewinn oder Verlust) wird auf das **Eigenkapitalkonto** übertragen.*
- *Die Bezeichnung **„Gewinn- und Verlustkonto"** erklärt sich, weil ein Habensaldo **(Gewinn)** zum Ausgleich **im Soll** und ein Sollsaldo **(Verlust)** im **Haben** eingetragen wird.*
- *Die **Gewinn- und Verlustrechnung** bildet **zusammen mit** der **Bilanz** den **Jahresabschluss**, der vom Kaufmann unter Angabe des Datums zu unterzeichnen ist (§ 245 HGB).*

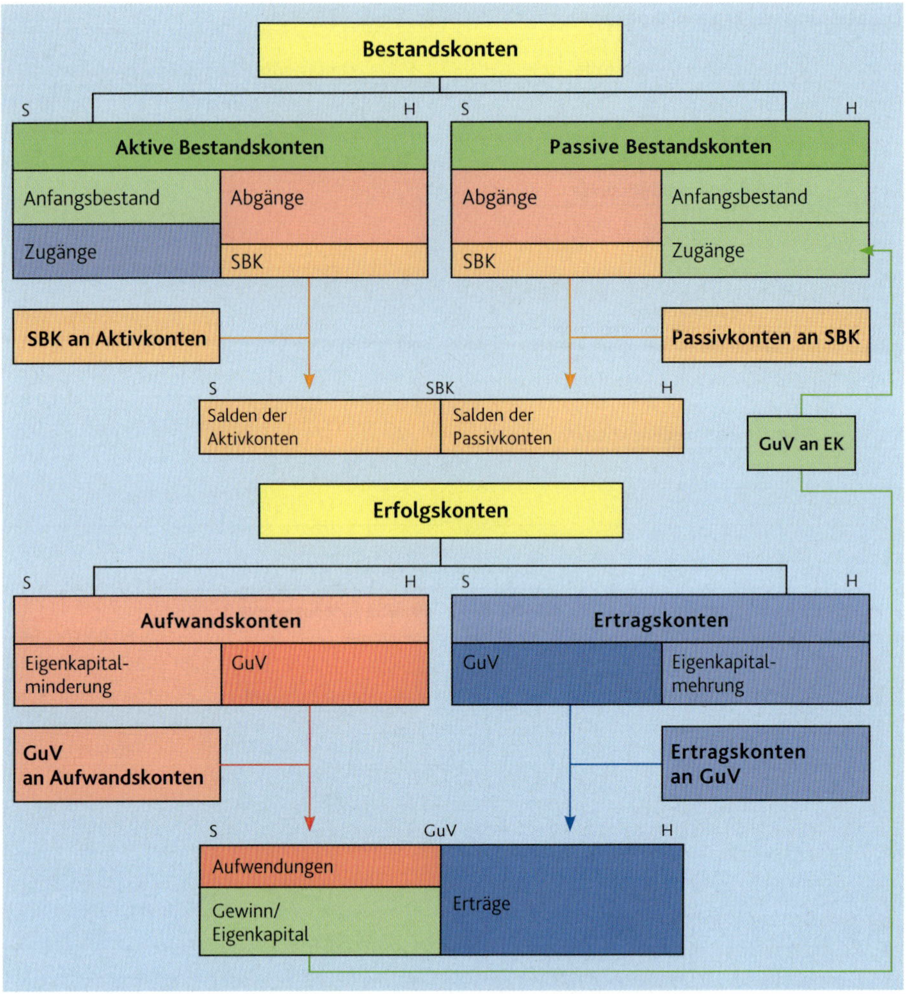

1 Konten: EBK, Fuhrpark, Geschäftsausstattung, Forderungen a. LL, Bank, Kasse, Eigenkapital, Darlehensschulden, Verbindlichkeiten a. LL, Umsatzerlöse für Waren, Aufwendungen für Waren, Aufwendungen für Energie, Gehälter, Mieten, Postentgelte/Telefon, Werbung, Gewerbesteuer, GuV, SBK

Anfangsbestände:	EUR		EUR
Fuhrpark	45 000,00	Kasse	5 400,00
Geschäftsausstattung	355 000,00	Eigenkapital	430 780,00
Forderungen a. LL	30 000,00	Darlehensschulden	150 000,00
Bank	180 000,00	Verbindlichkeiten a. LL	34 620,00

Geschäftsfälle:	EUR
1. **BA:** Banküberweisung der Miete für gemietete Gebäude	25 000,00
2. **ER:** Zieleinkauf von Büchern	151 200,00
3. **ER, BA:** Einkauf eines Schreibtisches gegen Bankscheck	940,00
4. **BA, Vertrag:** Darlehensaufnahme bei der Bank	200 000,00
5. **BA:** Banküberweisung der Gewerbesteuer	8 400,00
6. **AR, KB:** Verkäufe von Büchern laut Kassenberichten	545 000,00
7. **BA:** Banküberweisung der Gehälter	294 000,00

8.	**ER:** Zieleinkauf von Büchern	33 600,00
9.	**BA:** Abbuchung der betrieblichen Telefongebühren	2 060,00
10.	**BA, ER:** Banküberweisung für den Strom- und Gasverbrauch	16 800,00
11.	**AR, KB:** Verkäufe von Büchern laut Kassenberichten	394 000,00
12.	**BA:** Einzahlung auf Bankkonto	932 000,00
13.	**BA:** Banküberweisung für Werbemaßnahmen	140 000,00
14.	**BA, ER:** Einkauf von Büchern gegen Bankscheck	168 940,00
15.	**AR, BA:** Verkäufe von Büchern gegen Bankkarte	5 000,00

Führen Sie die Finanzbuchhaltung zur Ermittlung des Jahresabschlusses durch:

a) Richten Sie die Konten ein.
b) Tragen Sie die Eröffnungsbuchungen in Grund- und Hauptbuch ein.
c) Buchen Sie die Geschäftsfälle in Grund- und Hauptbuch.
d) Führen Sie den Abschluss durch.

2 **Konten:** EBK, Geschäftsausstattung, Forderungen a. LL, Banken, Kasse, Eigenkapital, Verbindlichkeiten a. LL, Umsatzerlöse für Waren, Aufwendungen für Waren, Aufwendungen für Energie, Gehälter, Mieten, Gewerbesteuer, GuV, SBK

Anfangsbestände:	EUR		EUR
Geschäftsausstattung	250 000,00	Kasse	5 000,00
Forderungen a. LL	50 000,00	Eigenkapital	500 000,00
Bank	320 000,00	Verbindlichkeiten a. LL	125 000,00

Geschäftsfälle:

		EUR
1.	**ER:** Zieleinkauf von Büchern	75 000,00
2.	**BA:** Banküberweisung für fällige AR von Kunden	15 000,00
3.	**AR, KB:** Verkäufe von Büchern laut Kassenberichten	325 000,00
4.	**BA:** Einzahlung auf Bankkonto	328 000,00
5.	**BA:** Gehaltszahlungen durch Banküberweisung an Angestellte	325 000,00
6.	**BA:** Banküberweisung der Miete für gemietete Gebäude	50 000,00
7.	**AR, KB:** Verkäufe von Büchern laut Kassenberichten	295 000,00
8.	**BA:** Banküberweisung der Gewerbesteuer	30 000,00
9.	**AR, BA:** Verkäufe von Büchern gegen Bankkarte	5 000,00
10.	**BA:** Banküberweisung für den Strom- und Gasverbrauch	20 000,00
11.	**BA:** Banküberweisung an Lieferer für fällige ER	82 000,00

Führen Sie die Finanzbuchhaltung zur Ermittlung des Jahresabschlusses durch (siehe **Aufgabe 1**).

3 **Konten:** EBK, Grundstücke und Gebäude, Geschäftsausstattung, Forderungen a. LL, Bank, Kasse, Eigenkapital, Verbindlichkeiten a. LL, Umsatzerlöse für eigene Erzeugnisse, Aufwendungen für Energie, Aufwendungen für Rohstoffe, Gehälter, GuV, SBK

Anfangsbestände:	EUR		EUR
Grundstücke und Gebäude	280 000,00	Bank	143 000,00
Maschinen	250 000,00	Kasse	2 000,00
Geschäftsausstattung	120 000,00	Eigenkapital	502 000,00
Forderungen a. LL	57 000,00	Verbindlichkeiten a. LL	350 000,00

Geschäftsfälle	EUR	EUR
1. **ER:** Zieleinkauf von Papier		50 875,00
2. **BA:** Verkauf einer gebrauchten Schneidemaschine gegen Bankscheck		2 400,00
3. **BA:** Banküberweisung der Gehälter		77 175,00
4. **ER; BA:** Einkäufe von Papier gegen		
Zielgewährung von 30 Tagen	15 000,00	
Bankscheck	5 000,00	20 000,00

5. **BA:** Abbuchung für Strom und Gas		9 450,00
6. **AR, BA:** Verkäufe von Büchern		
Zielgewährung von 30 Tagen	150 000,00	
Bankscheck	39 000,00	189 000,00
7. **BA, Vertrag:** Grundstücksverkauf gegen Bankscheck		20 000,00

Führen Sie die Finanzbuchhaltung zur Ermittlung des Jahresabschlusses durch (siehe **Aufgabe 1**).

4 **Konten:** EBK, Grundstücke und Gebäude, Geschäftsausstattung, Forderungen a. LL, Bank, Kasse, Eigenkapital, Verbindlichkeiten a. LL, Umsatzerlöse für eigene Erzeugnisse, Mieterträge, Aufwendungen für Rohstoffe, Gehälter, Büromaterial, Versicherungsbeiträge, GuV, SBK

Anfangsbestände:	EUR		EUR
Grundstücke und Gebäude	300 000,00	Bank	150 000,00
Maschinen	400 000,00	Kasse	10 000,00
Geschäftsausstattung	140 000,00	Eigenkapital	?
Forderungen a. LL	60 000,00	Verbindlichkeiten a. LL	60 000,00

Geschäftsfälle	EUR	EUR
1. **BA:** Kunden bezahlen fällige Ausgangsrechnungen durch Banküberweisung		41 200,00
2. **BA, ER:** Einkäufe von Papier gegen Bankscheck	48 000,00	
Zielgewährung von 50 Tagen	15 200,00	63 200,00
3. **BA:** Banküberweisung der Miete für ein vermietetes Lagergebäude		2 500,00
4. **BA:** Banküberweisungen an Angestellte wegen Gehaltszahlung		40 000,00
Schreibwarenhandlung wegen Büromaterialien	3 500,00	
Computerhandel GmbH wegen PC-Kauf für die Verwaltung	4 500,00	
Versicherungs-AG wegen Gebäudeversicherung	1 300,00	49 300,00
5. **AR:** Verkäufe von Büchern gegen Zielgewährung von 30 Tagen		132 500,00

Führen Sie die Finanzbuchhaltung zur Ermittlung des Jahresabschlusses durch (siehe **Aufgabe 1**).

5
6

Saldenzusammenstellung	Aufgabe 5		Aufgabe 6	
Konten	Soll EUR	Haben EUR	Soll EUR	Haben EUR
Geschäftsausstattung	225 000,00		1 320 000,00	
Forderungen a. LL	35 000,00		180 000,00	
Bank	155 000,00		457 200,00	
Kasse	6 400,00		12 000,00	
Eigenkapital		84 000,00		1 248 000,00
Darlehensschuld		240 000,00		409 000,00
Verbindlichkeiten a. LL		76 400,00		125 000,00
Aufwendungen für Waren	64 400,00		331 200,00	
Aufwendungen für Energie	7 000,00		43 200,00	
Gehälter	56 000,00		288 000,00	
Steuern	1 400,00		7 200,00	
Büromaterial	11 200,00		50 400,00	
Umsatzerlöse für Waren		161 000,00		907 200,00

a) Ermitteln Sie den Unternehmensgewinn oder den Unternehmensverlust im GuV.
b) Geben Sie den Endbestand des Eigenkapitals an.
c) Stellen Sie die Schlussbilanz auf.

7 Durch welche der unten stehenden Geschäftsfälle wird
(1) ein Aktiv-Tausch, (3) eine Aktiv-Passiv-Mehrung,
(2) ein Passiv-Tausch, (4) eine Aktiv-Passiv-Minderung
hervorgerufen?

Geschäftsfälle:

a) Barzahlung von Löhnen
b) Barverkauf eines gebrauchten Pkw
c) Banküberweisung für eine fällige ER an einen Lieferer
d) Banküberweisung für eine fällige AR durch einen Kunden
e) Warenverkauf auf Ziel
f) Umwandlung einer Verbindlichkeit in ein Darlehen
g) Banküberweisung der Tilgungsrate für eine Darlehensschuld
h) Zinsgutschrift der Bank
i) Mieter überweist fällige Miete für gemietete Garage auf das Bankkonto

8 Durch welche der unten stehenden Geschäftsfälle wird
(1) ein Aktiv-Tausch, (3) eine Aktiv-Passiv-Mehrung,
(2) ein Passiv-Tausch, (4) eine Aktiv-Passiv-Minderung
hervorgerufen?

Geschäftsfälle:

a) Wareneinkauf auf Ziel
b) Zahlung von Gehältern durch Banküberweisung
c) Banküberweisung an einen Verlag zum Ausgleich einer fälligen Rechnung
d) Banküberweisung eines Kunden zum Ausgleich einer fälligen Rechnung
e) Hausbank belastet uns mit Darlehenszinsen
f) Wareneinkauf bar
g) Warenverkauf auf Ziel
h) Bareinkauf von Büromaterial
i) Kauf von Heizöl für die Heizungsanlage der Buchhandlung gegen Bankscheck

9 Welche der folgenden Aussagen treffen
(1) nur auf Aktivkonten, (4) nur auf Aufwandskonten,
(2) nur auf Passivkonten, (5) nur auf Ertragskonten,
(3) auf alle Bestandskonten, (6) auf alle Erfolgskonten zu?

Aussagen:

a) Sie haben keinen Anfangsbestand.
b) Der Saldo steht im Haben und wird auf das GuV-Konto übertragen.
c) Auf diesen Konten werden Eigenkapitalmehrungen gebucht.
d) Der Anfangsbestand steht im Haben.
e) Es sind Unterkonten des Eigenkapitals.
f) Auf diesen Konten werden Eigenkapitalminderungen gebucht.
g) Der Saldo wird auf die Sollseite des SBK eingetragen.
h) Sie erteilen Auskunft über die Vermögensänderungen.
i) Sie haben einen Endbestand.
j) Ihre Salden werden im Haben des GuV-Kontos gesammelt.

10 Das Vermögen einer Buchhandelskette beträgt am Ende des Geschäftsjahres 7 200 TEUR (Tausend EUR), die Schulden betragen 3 700 TEUR. Im Laufe des Jahres sind 9 000 TEUR Aufwendungen und 9 150 TEUR Erträge entstanden.

a) Wie viel TEUR beträgt das Eigenkapital am Ende des Geschäftsjahres?
b) Wie viel TEUR betrug das Eigenkapital am Anfang des Geschäftsjahres?

11 a) Tragen Sie nachstehende Werte in die Konten ein.
b) Schließen Sie die Konten ab.

	EUR
Geschäftsausstattung	112 000,00
Grundstück mit Gebäuden	839 000,00
Forderungen a. LL	126 500,00
Bank	362 000,00
Eigenkapital	840 800,00
Verbindlichkeiten a. LL	227 700,00
Aufwendungen für Waren	2 007 000,00
Aufwendungen für Energie	284 000,00
Löhne/Gehälter	1 540 000,00
Steuern	275 000,00
Büromaterial	88 000,00
Mieten	127 000,00
Umsatzerlöse für Waren	4 692 000,00

12 a) Entwickeln Sie eine Übersicht über Bestands- und Erfolgskonten, deren Inhalte und Abschluss.
b) Stellen Sie Ihre Übersicht in der Klasse vor.
c) Erläutern Sie die Buchführung als Informationssystem am Beispiel
ca) eines aktiven und eines passiven Bestandskontos,
cb) des SBK,
cc) eines Aufwands- und eines Ertragskontos,
cd) des GuV-Kontos
und stellen Sie die Informationen in einem Schaubild dar.

1.4 Umsatzsteuersystem und Umsatzsteuerbuchungen

Barbara Wolf soll folgende Belege buchen:

Könemann GmbH & Co. KG

Könemann GmbH & Co. KG, Delsterner Str. 134, 58091 Hagen

Medi@Point GmbH & Co.KG
Schildergasse 46
50667 Köln

Delsterner Str. 134
58091 Hagen
Tel.: 02331 789-0
Fax: 02331 789 130

Ihr Auftrag vom:	Kunden-Nr.	Rg.-Nr.	Datum
15.05.20..	53402	64200	18.05.20..

Art.-Nr.	Menge	Artikelbezeichnung	Einzelpreis EUR	Gesamtpreis EUR
3234	100	DVD Harry Potter	9,40	940,00
3258	25	DVD Peter Pan	11,30	282,50
3299	50	DVD Computerspiel-Bärchen	11,30	565,00

Warenwert, netto, EUR	Entgelt, netto EUR	19 % USt EUR	Gesamtbetrag EUR
1 787,50	1 787,50	339,63	2127,13

Zahlung binnen 10 Tagen nach Rechnungsdatum netto

Bankverbindung: Sparkasse Hagen BLZ 450 500 01 Kto.-Nr.: 743 021 6
Steuernummer: 322/854/1020
USt-ID-Nr.: DE-956332096

Medi@Point GmbH & Co. KG
BUCHHANDLUNG

Medi@Point GmbH & Co. KG, Schildergasse 46, 50667 Köln

Universitäts- und Stadtbibliothek
Kerpener Straße 102
50937 Köln

Schildergasse 46
50667 Köln
Telefon: 0221 9846130
Telefax: 0221 9846139

KOPIE

RECHNUNG/AUFTRAGSBESBESTÄTIGUNG		
Bei Zahlung/Rücksendung/Gutschrift unbedingt angeben		
Kunden-Nr. 24001	Rechnungs-Nr. 12396	Datum 12.05.20..

Artikel-Nr.	Artikelbezeichnung	Menge	Einzelpreis EUR	Gesamtpreis EUR
7356101287653	DVD Harry Potter	100	19,04	1 904,00
7356101288846	DVD Peter Pan	25	21,42	535,50
7356101291244	DVD Computerspiel-Bärchen	50	21,42	1 071,00
				3 510,50

Im Rechnungsbetrag sind 19 % Umsatzsteuer = 560,50 EUR enthalten.
Zahlbar innerhalb **30 Tagen netto**

Bankverbindung:
Sparkasse KölnBonn BLZ: 370 501 98 Kto.-Nr.: 85 213 948
Deutsche Bank Köln BLZ: 370 700 60 Kto.-Nr.: 446 632 140
Steuernummer: 215/335/5342 **USt-ID-Nr.:** DE-956349786

Sie muss nun die Umsatzsteuer buchen. Um die richtigen Konten auszuwählen, fragt sie sich hierbei, ob die an das Finanzamt abzuführende Umsatzsatzsteuer den Gewinn der Medi@Point beeinflusst.

Umsatz und Umsatzsteuer

Der Gesetzgeber erhebt auf die **Umsätze der Unternehmen** Umsatzsteuer. **Umsätze** im Sinne des **Umsatzsteuergesetzes** sind **Lieferungen** und **sonstige Leistungen**.

- Umsätze der Medi@Point: Verkauf von Büchern, Nonbook-Artikeln, gebrauchten Anlagen.
- Umsätze der Offset GmbH: Aufträge für Druckverarbeitung (Bücher, Zeitschriften, Zeitungen, Werbeprospekte, Flyer), Verkauf von gebrauchten Druck-, Schneide-, Falzmaschinen und Belichtern.

Die Höhe des Umsatzes bemisst sich nach dem **vereinbarten Entgelt (= Bemessungsgrundlage)**. Entgelt ist alles, was der Unternehmer als Gegenleistung für seine Lieferungen oder sonstigen Leistungen mit seinem Vertragspartner laut Vertrag vereinbart hat.

Der Regelsteuersatz beträgt zz. 19 % des Umsatzes, also der Bemessungsgrundlage für die Berechnung der Umsatzsteuer. Für verschiedene Umsätze an Endverbraucher, z. B. Grundnahrungsmittel (wie Milch, Milcherzeugnisse, Mehl, Brot u. a.), Bücher, Zeitungen, Blumen und Kunstgegenstände sowie Lizenzen und Rechte gilt der ermäßigte Satz von 7 %.

§

UStG 1980 § 12 Steuersätze

(1) Die Steuer beträgt für jeden steuerpflichtigen Umsatz 19 Prozent der Bemessungsgrundlage (§§ 10, 11, 25 Abs. 3 und § 25a Abs. 3 und 4).

(2) Die Steuer ermäßigt sich auf sieben Prozent für die folgenden Umsätze:

...

Ziffer 7.

a) die Eintrittsberechtigung für Theater, Konzerte und Museen sowie die den Theatervorführungen und Konzerten vergleichbaren Darbietungen ausübender Künstler

b) die Überlassung von Filmen zur Auswertung und Vorführung sowie die Filmvorführungen, soweit die Filme nach § 6 Abs. 3 Nr. 1 bis 5 des Gesetzes zum Schutze der Jugend in der Öffentlichkeit oder nach § 14 Abs. 2 Nr. 1 bis 5 des Jugendschutzgesetzes vom 23. Juli 2002 (BGBl. I S. 2730, 2003 I S. 476) in der jeweils geltenden Fassung gekennzeichnet sind oder vor dem 1. Januar 1970 erstaufgeführt wurden,

c) die Einräumung, Übertragung und Wahrnehmung von Rechten, die sich aus dem Urheberrechtsgesetz ergeben,

UStG 1980 Anlage 2 (zu § 12 Abs. 2 Nr. 1 und 2) Liste der dem ermäßigtem Steuersatz unterliegenden Gegenstände

...

Ziffer 49

Bücher, Zeitungen und andere Erzeugnisse des grafischen Gewerbes

– mit Ausnahme der Erzeugnisse, für die Beschränkungen als jugendgefährdende Trägermedien bzw. Hinweispflichten nach § 15 Abs. 1 bis 3 und 6 des Jugendschutzgesetzes in der jeweils geltenden Fassung bestehen, sowie der Veröffentlichungen, die überwiegend Werbezwecken (einschließlich Reisewerbung) dienen –,

und zwar

a) Bücher, Broschüren und ähnliche Drucke, auch in Teilheften, losen Bögen oder Blättern, zum Broschieren, Kartonieren oder Binden bestimmt, sowie Zeitungen und andere periodische Druckschriften kartoniert, gebunden oder in Sammlungen mit mehr als einer Nummer in gemeinsamem Umschlag (ausgenommen solche, die überwiegend Werbung enthalten),

b) Zeitungen und andere periodische Druckschriften, auch mit Bildern oder Werbung enthaltend (ausgenommen Anzeigenblätter, Annoncen-Zeitungen und dergleichen, die überwiegend Werbung enthalten),

c) Bilderalben, Bilderbücher und Zeichen- oder Malbücher, für Kinder,

d) Noten, handgeschrieben oder gedruckt, auch mit Bildern, auch gebunden,

e) kartografische Erzeugnisse aller Art, einschließlich Wandkarten, topografischer Pläne und Globen, gedruckt.

Die Medi@Point GmbH & Co. KG schuldet dem Finanzamt aufgrund der ausgeführten Lieferung an den Kunden Universitäts- und Stadtbibliothek Köln laut AR 12396 19 % = 560,50 EUR Umsatzsteuer.

Zusammensetzung des Gesamtbetrages der Ausgangsrechnung

vereinbartes Entgelt	2 950,00	100 %	Gegenwert für die erbrachte Lieferung/Leistung des Einzelhandelsunternehmens
+ Umsatzsteuer	+ 560,50	19 %/7 %	Schuld gegenüber dem Finanzamt
Gesamtbetrag der Ausgangsrechnung	3 510,50	119 %/107 %	Forderung an den Kunden

Die **Umsatzsteuer laut Ausgangsrechnung** ist somit eine **Verbindlichkeit gegenüber dem Finanzamt**. Jeder Unternehmer wälzt die abzuführende Umsatzsteuer auf den Kunden ab. Daher schreibt der Gesetzgeber vor, dass die **Umsatzsteuer** offen in der **Ausgangsrechnung** ausgewiesen werden muss.

● Vorumsatz und Vorsteuer

Um den Umsatz erbringen zu können, muss die Buchhandlung Lieferungen und Leistungen anderer Unternehmen in Anspruch nehmen, die für den Lieferer Umsatz sind.

Die Medi@Point GmbH & Co. KG kauft Bücher, Nonbook-Artikel, Artikel des Verbrauchs oder nimmt Dienstleistungen anderer Unternehmen in Anspruch (Fremdinstandsetzung, Strom, Transport durch Bücherwagendienste). Laut Eingangsrechnung vonseiten der Könemann GmbH & Co. KG kauft die Medi@Point GmbH & Co. KG Bücher zum Warenwert von 1787,50 EUR ein.
Typische Einkäufe der Offset GmbH sind Papier, Karton, Druck-, Schneide-, Falzmaschinen, Plattenbelichter und Rechner.

Die Eingangsrechnungen weisen neben dem vereinbarten Entgelt für die Waren oder Dienstleistungen die Umsatzsteuer aus. Aus der Sicht des beschaffenden Unternehmens wird die **Umsatzsteuer auf Eingangsbelegen** als **Vorsteuer** bezeichnet.

§

UStG § 14 Ausstellung von Rechnungen
(4) Eine Rechnung muss folgende Angaben enthalten:
1. den vollständigen Namen und die vollständige Anschrift des leistenden Unternehmers und des Leistungsempfängers,
2. die dem leistenden Unternehmer vom Finanzamt erteilte Steuernummer oder die ihm vom Bundeszentralamt für Steuern erteilte Umsatzsteuer-Identifikationsnummer,
3. das Ausstellungsdatum,
4. eine fortlaufende Nummer mit einer oder mehreren Zahlenreihen, die zur Identifizierung der Rechnung vom Rechnungsaussteller einmalig vergeben wird (Rechnungsnummer),
5. die Menge und die Art (handelsübliche Bezeichnung) der gelieferten Gegenstände oder den Umfang und die Art der sonstigen Leistung,
6. den Zeitpunkt der Lieferung oder sonstigen Leistung; in den Fällen des Absatzes 5 Satz 1 den Zeitpunkt der Vereinnahmung des Entgelts oder eines Teils des Entgelts, sofern der Zeitpunkt der Vereinnahmung feststeht und nicht mit dem Ausstellungsdatum der Rechnung übereinstimmt,
7. das nach Steuersätzen und einzelnen Steuerbefreiungen aufgeschlüsselte Entgelt für die Lieferung oder sonstige Leistung (§ 10) sowie jede im Voraus vereinbarte Minderung des Entgelts, sofern sie nicht bereits im Entgelt berücksichtigt ist,
8. den anzuwendenden Steuersatz sowie den auf das Entgelt entfallenden Steuerbetrag oder im Fall einer Steuerbefreiung einen Hinweis darauf, dass für die Lieferung oder sonstige Leistung eine Steuerbefreiung gilt und
9. in den Fällen des § 14b Abs. 1 Satz 5 einen Hinweis auf die Aufbewahrungspflicht des Leistungsempfängers.

Die Vorsteuer ist eine **Forderung gegenüber dem Finanzamt**, weil sie eine Vorleistung auf die zu zahlende Umsatzsteuer darstellt. Sie kann bei der Umsatzsteuervoranmeldung mit der geschuldeten Umsatzsteuer verrechnet werden.

Zusammensetzung des Gesamtbetrages der Eingangsrechnung

vereinbartes Entgelt	1787,50	100 %	Gegenwert für die empfangene Lieferung/Leistung
Vorsteuer	339,63	19 %/7 %	Forderung gegenüber dem Finanzamt
Gesamtbetrag der Eingangsrechnung	2127,13	119 %/107 %	Verbindlichkeit gegenüber dem Lieferer

Aufgrund der ER 64200 der Könemann GmbH & Co. KG (vgl. S. 87) hat die Medi@Point GmbH & Co. KG eine Forderung von 339,63 EUR gegenüber dem Finanzamt, die sie mit der Umsatzsteuerschuld von 560,50 EUR verrechnen kann.

Vergleiche hierzu Kapitel 1.5.1

Die **Erstattung der Vorsteuer** ist an **zwei Voraussetzungen** gebunden: Das Unternehmen muss

- eine Lieferung oder sonstige Leistung empfangen und
- eine vorschriftsmäßige Rechnung mit gesondertem Ausweis der Umsatzsteuer erhalten haben.

Mehrwert und Steuer vom Mehrwert (Umsatzsteuerzahllast)

Der wertmäßige Unterschied zwischen dem Umsatz mit den Kunden und der Summe der Vorumsätze mit den Lieferern stellt den **Mehrwert** oder die **Wertschöpfung** dar, die das Einzelhandelsunternehmen zum Wert der verkauften Waren oder Dienstleistungen selbst beigetragen hat.

Mehrwert oder Wertschöpfung aufgrund der Belege S. 87.			
Umsatz	Ausgangsrechnung Nr. 12396 DVD	2 950,00 EUR	Lieferung an eine Bibliothek
Vorumsatz	Eingangsrechnung Nr. 64200: DVD	1 787,50 EUR	Lieferung von einem Lieferer
Mehrwert		1 162,50 EUR	Wertschöpfung der Buchhandlung

Die Unternehmen der einzelnen Wirtschaftsstufen erzeugen einen Mehrwert, der mit 19 % bzw. 7 % besteuert wird. Dies wird dadurch erreicht, dass die einzelnen Unternehmen von der geschuldeten Umsatzsteuer die zu fordernde Vorsteuer abziehen.

Die zu zahlende Restschuld wird als **Umsatzsteuerzahllast** bezeichnet.

Wirtschaftsstufen	Umsatz (Entgelt)	Vorumsatz	Mehrwert	Umsatzsteuer = Vb. geg. Finanzamt	Vorsteuer = Fo. geg. Finanzamt	Zahllast
I. Hersteller DVD	1100,00	–	1100,00	209,00	–	209,00
II. Handel DVD (Könemann)	1787,50	1100,00	687,50	339,63	209,00	130,63
III. Buchhandlung	2950,00	1787,50	1162,50	560,50	339,63	220,87
private Haushalte (Konsumenten)	2950,00 ←→		2950,00	←→ 19 % des privaten Verbrauchs		560,50

Wie die Tabelle zeigt, wird dem Verbraucher vom letzten Unternehmen der Handelskette die Summe aller Mehrwerte und die gesamte Umsatzsteuer aller Wirtschaftsstufen in Rechnung gestellt. Er trägt also die gesamte Umsatzsteuer. Dies ist vom Gesetzgeber so gewollt, weil die Umsatzsteuer eine Verbrauchsteuer ist.

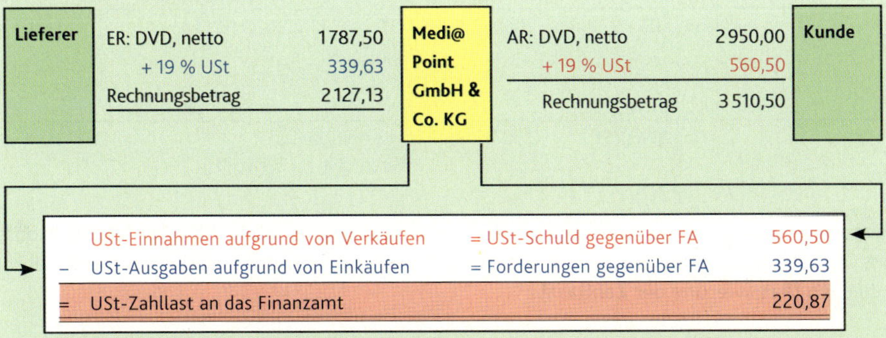

Diese Rechnung und die obige Darstellung zeigen, dass die **Umsatzsteuer keinen Einfluss auf den Erfolg** des Unternehmens hat. **Vorsteuer** und **Umsatzsteuer** sind **durchlaufende Posten**. Die Umsatzsteuer beeinflusst also nicht, wie zunächst von Barbara Wolf vermutet, den Gewinn der Medi@Point.

● Umsatzsteuerbuchungen

Buchung der Umsatzsteuer: Die **Umsatzsteuer laut Ausgangsrechnung** stellt eine **Verbindlichkeit gegenüber dem Finanzamt** dar. Sie wird deshalb auf dem **passiven Bestandskonto „Umsatzsteuer"** gebucht.

Buchung der Ausgangsrechnung

Forderungen a. LL	3510,50	an Umsatzerlöse für Waren	2950,00
		an Umsatzsteuer	560,50

Buchung der Vorsteuer: Die bei Beschaffungsvorgängen zu zahlende **Vorsteuer laut Eingangsrechnung** ist **eine Forderung an das Finanzamt**. Sie wird auf dem **aktiven Bestandskonto „Vorsteuer"** gebucht.

Buchung der Eingangsrechnung

Aufwendungen für Waren	1787,50		
Vorsteuer	339,63	an Verbindlichkeiten a. LL	2127,13

● Ermittlung und Zahlung der Umsatzsteuerzahllast

Um die **Umsatzsteuerzahllast** zu ermitteln, muss der **Saldo des Kontos „Vorsteuer" mit der Umsatzsteuer verrechnet werden**. Buchungstechnisch wird diese Verrechnung durch Übertragung **oder Umbuchung** der Vorsteuer auf das Konto **„Umsatzsteuer"** durchgeführt. Die für den vergangenen Monat ermittelte Umsatzsteuerzahllast ist jeweils bis zum 10. eines Monats an das Finanzamt zu überweisen.

Umbuchung der Vorsteuer zum Monatsende:

Umsatzsteuer	339,63	an Vorsteuer	339,63

Buchung der Banküberweisung der USt-Zahllast am 10. des folgenden Monats:

Umsatzsteuer	220,87	an Bank	220,87

Darstellung auf Konten:

S	Aufwendungen für Waren		H
Vb	1787,50		

S	Umsatzerlöse für Waren		H
		Fo	2950,00

S	Vorsteuer		H
Vb	339,63	USt	339,63 →

S	Umsatzsteuer		H
VST	339,63	Fo	560,50
Ba	220,87		

S	Verbindlichkeiten a. LL		H
		AfW/VSt	2127,13

S	Forderungen a. LL		H
Umsatzerlöse für Waren/USt	3510,50		

Passivierung der Umsatzsteuerzahllast: Wird die **Umsatzsteuerzahllast für den letzten Monat** des Geschäftsjahres ermittelt, dann ist die ermittelte Zahllast über das „Schlussbilanzkonto" abzuschließen **(Passivierung der Zahllast)**.

Darstellung auf Konten:

S	Vorsteuer		H
Vb	339,63	USt	339,63 →

S	Umsatzsteuer		H
VST	339,63	Fo	560,50
SBK	220,87		

S	SBK		H
		USt	220,87

Vorsteuerüberhang

Ein Vorsteuerüberhang entsteht, wenn die **Vorsteuer** eines Monats **größer** ist als die **Umsatzsteuer. Ursachen für einen Vorsteuerüberhang** können sein:

- **Vorratskäufe** aufgrund von Sonderangeboten oder wegen erwarteter Preissteigerungen,
- **Sonderveranstaltungen** (Geschäftseröffnung, vor Saisonwechsel, Jubiläumsverkauf),
- **Investitionskäufe** (Kauf von Anlagevermögen zur Erweiterung des Fuhrparks oder der Geschäftsausstattung),
- **Erstausstattung bei Gründung.**

Im Falle eines **Vorsteuerüberhanges** besteht ein **Erstattungsanspruch** gegenüber dem Finanzamt. Dieser wird im Rahmen der Umsatzsteuererklärung geltend gemacht. Ergibt sich im letzten Monat des Geschäftsjahres der Vorsteuerüberhang, ist dieser über SBK abzuschließen **(Aktivierung des Vorsteuerüberhangs)**.

Stand der Konten „Vorsteuer" und „Umsatzsteuer" zum 31. Dezember

S	Vorsteuer		H
Su	290 000,00	Su	250 000,00
		USt	18 000,00
		SBK	22 000,00
	290 000,00		290 000,00

S	Umsatzsteuer		H
Su	462 000,00	Su	480 000,00
VSt	18 000,00		
	480 000,00		480 000,00

(Su = Summenvortrag)

Umbuchung der Umsatzsteuer zur Ermittlung des Vorsteuerüberhangs

Umsatzsteuer	18 000,00	an Vorsteuer	18 000,00

Abschlussbuchung: Aktivierung des Vorsteuerüberhangs

SBK	22 000,00	an Vorsteuer	22 000,00

Eröffnung des Kontos Vorsteuer im folgenden Jahr

Vorsteuer	22 000,00	an EBK	22 000,00

Buchung der Banküberweisung des Vorsteuerüberhangs durch das Finanzamt

Bank	22 000,00	an Vorsteuer	22 000,00

Besonderheiten in Medienunternehmen durch Erwerb und Nutzung von Verwertungsrechten

Der Geschäftsführer des Geschäftsfeldes AV-Medien (Musik, Sampler und Hörbuch), Markus Contzen, will eine Kinder-CD herstellen lassen. Die CD soll sich dabei an den Erfolg des aktuellen „Bestes PC-Spiel des Jahres für Kinder" anhängen. Hierzu will sich Herr Contzen die Nutzungsrechte für die Titelfigur des PC-Spiels sichern.

Bei der Rechte-Recherche stößt er auf folgene Umstände:
Die Titelfigur des PC-Spiels wurde von einer selbstständigen Grafikerin entworfen. Sie hat als Urheberin die exklusiven Verwertungsrechte an den PC-Spielehersteller „Fun-PC OHG" verkauft. Aus ihren Unterlagen geht hervor, dass sie für die Einräumung der exklusiven Verwertungsrechte 6 000,00 EUR zuzüglich 7 % Umsatzsteuer erhalten hat. Gebucht hat sie folgendermaßen:

Forderungen a. LL	6 420,00		
		an Umsatzerlöse	6 000,00
		an Umsatzsteuer	420,00

Die Fun-PC OHG hatte den Kauf des exklusiven Nutzungsrechtes wie folgt gebucht:

Immaterielle Vermögensgegenstände	6 000,00		
Vorsteuer	420,00		
		an Verbindlichkeiten a. LL	6 420,00

Nach einigen Gesprächen ist die Fun-PC OHG bereit, dem Geschäftsfeld AV-Medien (Musik, Sampler und Hörbuch) ein einfaches Nutzungsrecht einzuräumen. Damit sichert sich das Geschäftsfeld AV-Medien das Recht, die Figur als Teaser auf dem CD-Cover sowie für entsprechende Werbemaßnahmen zu nutzen. Als Entgelt wurden 13 000,00 EUR netto vereinbart.

Die Fun-PC OHG bucht:

Forderungen a. LL	13 910,00		
		an Lizenzerträge	13 000,00
		an Umsatzsteuer	910,00

Das Geschäftsfeld AV-Medien bucht:

Lizenzaufwand	13 000,00		
Vorsteuer	910,00		
		an Verbindlichkeiten a. LL	13 910,00

Besonderheiten des Umsatzsteuerrechts

Steuerfreie Umsätze: Der Gesetzgeber hat verschiedene steuerbare Umsätze aus **sozialen, kulturellen** oder **wirtschaftspolitischen Gründen** von der **Umsatzsteuer befreit**.

Beispiele für steuerfreie Umsätze
- Bestimmte Umsätze im Geld- und Kreditverkehr (z. B. Zinsen für Kredite),
- Umsätze von Ärzten, Zahnärzten, Heilpraktikern, Krankengymnasten,
- Umsätze amtlicher Wertzeichen (Postwertzeichen, Gebührenmarken der Justizverwaltung).

Auf **Versicherungsleistungen** (Gewährung von Versicherungsschutz) wird statt der Umsatzsteuer die Versicherungsteuer in gleicher Höhe erhoben. Somit findet hier eine gleich hohe steuerliche Belastung statt.

§

UStG 1980 § 4 Steuerbefreiungen bei Lieferungen und sonstigen Leistungen
Von den unter § 1 Abs. 1 Nr. 1 fallenden Umsätzen sind steuerfrei:

20.

...

a) die Umsätze folgender Einrichtungen des Bundes, der Länder, der Gemeinden oder der Gemeindeverbände: Theater, Orchester, Kammermusikensembles, Chöre, Museen, botanische Gärten, zoologische Gärten, Tierparks, Archive, Büchereien sowie Denkmäler der Bau- und Gartenbaukunst. Das Gleiche gilt für die Umsätze gleichartiger Einrichtungen anderer Unternehmer, wenn die zuständige Landesbehörde bescheinigt, dass sie die gleichen kulturellen Aufgaben wie die in Satz 1 bezeichneten Einrichtungen erfüllen. Museen im Sinne dieser Vorschrift sind wissenschaftliche Sammlungen und Kunstsammlungen,

b) die Veranstaltung von Theatervorführungen und Konzerten durch andere Unternehmer, wenn die Darbietungen von den unter Buchstabe a bezeichneten Theatern, Orchestern, Kammermusikensembles oder Chören erbracht werden.

Kleinbetragsrechnungen: Bei Rechnungen, deren Gesamtbetrag **150,00 EUR nicht übersteigt**, dürfen das Entgelt und der Umsatzsteuerbetrag in **einer Summe** angegeben sein. Es muss nur der **Umsatzsteuersatz** angegeben werden.

Beispiel

Rubitex GmbH
Gebäudereinigung
... und die Sauberkeit stimmt

Rubitex GmbH, Brunostr. 8, 50678 Köln

Medi@Point GmbH & Co. KG
Schildergasse 46
50667 Köln

Brunostr. 8
50678 Köln
Tel.: 0221 5567102
Fax: 0221 5567109

Rechnung Nr.	Kundennummer	Objektnummer	Datum
94053	2367	224	15.06.20..

3 Besen à 12,00	36,00 EUR
3 Kehrschaufeln à 5,10	15,30 EUR
5 Aufnehmer à 0,90	4,50 EUR
1 Großflasche Fensterreiniger à 2,90	2,90 EUR
4 Großflaschen Bodenreiniger à 7,80	31,20 EUR
	89,90 EUR

BETRAG DANKEND ERHALTEN 15.07.20.. RUBITEX GMBH

Im Rechnungsbetrag sind 19 % Umsatzsteuer enthalten.

Bankverbindung: Deutsche Bank Köln BLZ 370 700 60 Kto.-Nr.: 435 746 11
Steuernummer: 215/765/1122
USt-ID-Nr.: DE-837291282

Lösung
Zum Zwecke der Buchung muss die Umsatzsteuer aus dem Bruttorechnungsbetrag herausgerechnet werden, welcher 119 % (= vermehrter Grundwert) entspricht.

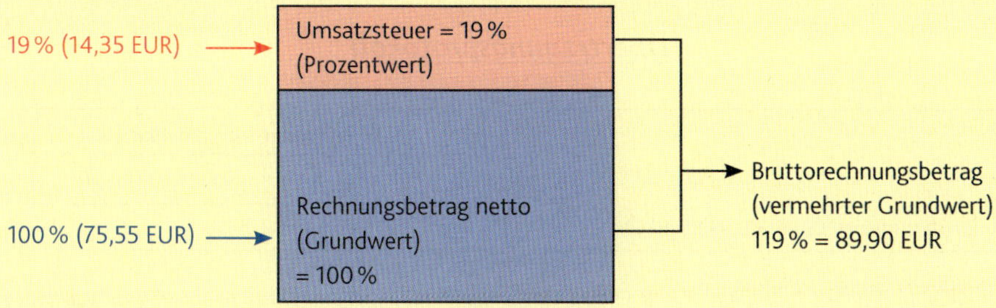

Ermittlung des Rechnungsbetrages netto mithilfe des Dreisatzes und der Prozentrechnung
Rechenweg
(1) Bedingungssatz: 119 % = 89,90 EUR
(2) Fragesatz: 100 % = x

(3) Bruchsatz: $x = \frac{89{,}90 \cdot 100}{119}$ $x = 75{,}55$ EUR

Ermittlung des Umsatzsteuerbetrags:

$$\frac{89{,}90 \cdot 19}{119} = 14{,}35 \text{ EUR}$$

$$\textbf{Umsatzsteuerbetrag} = \frac{\textbf{Bruttorechnungsbetrag} \cdot \textbf{Umsatzsteuersatz}}{\textbf{100 + Umsatzsteuersatz}}$$

Buchung:

Reinigungsmaterial	75,55		
Vorsteuer	14,35	an Kasse	89,90

Umsatzsteuer-Voranmeldung: Nach dem Umsatzsteuergesetz müssen Unternehmen grundsätzlich während des Geschäftsjahres monatlich Umsatzsteuervoranmeldungen abgeben, und zwar jeweils bis zum 10. eines Monats für den Vormonat **(Voranmeldungszeitraum)**. Die Umsatzsteuervoranmeldung ist eine Steuererklärung beim Finanzamt im amtlich vorgeschriebenen Format. Seit dem 1. Januar 2005 ist die Umsatzsteuer-Voranmeldung online abzugeben. Die Finanzverwaltung bietet hierzu einen Vordruck an, der unter der Internetadresse www.elster.de heruntergeladen werden kann. Der ausgefüllte Vordruck wird dem Finanzamt per Internet gesendet. Er kann nicht ausgedruckt werden. Der Absender erhält lediglich ein **„Übertragungsprotokoll"**, das die gesendeten Daten enthält.

Steuerpflichtige Umsätze	Umsatzsteuer
– zum Steuersatz von 19 %	
– zum Steuersatz von 7 %	
Abziehbare Vorsteuer	
Verbleibende Umsatzsteuervorauszahlung	
Verbleibender Überschuss	

Media@Point GmbH & Co. KG **Steuernummer : 215/335/5342**

Übertragungsprotokoll

Empfangsdatum: 09.08.20../13:36:46 Uhr	**Umsatzsteuer-Voranmeldung**
	.. 07 Juli

Übermittelt von:
Medi@Point GmbH & Co. KG
Buchhandlung
Schildergasse 46
50667 Köln

	KZ	Bemessungsgrundlage	KZ	Steuer
Anmeldung der Umsatzsteuer-Vorauszahlung				
Lieferung und sonstige Leistungen (einschl. unentgeltlicher Wertabgaben)				
Steuerpflichtige Umsätze				
zum Steuersatz von 19 v. H.	**51**	216200		41078,00
zum Steuersatz von 7 v. H.	**86**	684600		47922,00
			36	89000,00
Abziehbare Vorsteuerbeträge				
Vorsteuerbeträge aus Rechnungen von anderen Unternehmen			**66**	56704,00
Verbleibende Umsatzsteuervorauszahlungen bzw. verbleibender Überschuss			**83**	32296,00
Nachrichtlich: Umsatzsteuer-Vorauszahlungen gegliedert nach Steuersätzen				
zum Steuersatz von 19 v. H.				41078,00
zum Steuersatz von 7 v. H.				47922,00
Umsätze, die anderen Steuersätzen unterliegen				0,00

Hinweis zu Säumniszuschlägen ...

Dieser Protokollausdruck ist nicht zur Übersendung an das Finanzamt bestimmt. Die Angaben sind auf ihre Richtigkeit hin zu prüfen. Sofern eine Unrichtigkeit festgestellt wird, ist eine berichtigte Steueranmeldung abzugeben.

Umsatzsteuer

Umsatzsteuer	–	Vorsteuer	=	Umsatzsteuerzahllast
• Steuer vom Umsatz laut **Ausgangsrechnungen** • **Verbindlichkeit** gegenüber dem Finanzamt • Buchung auf dem **passiven Bestandskonto** Umsatzsteuer		• Steuer vom Vorumsatz laut **Eingangsrechnungen** • **Forderung** an das Finanzamt • Buchung auf dem **aktiven Bestandskonto** Vorsteuer		• Steuer vom **Mehrwert** • **Restschuld** gegenüber dem Finanzamt • **Ermittlung:** Umsatzsteuer – Vorsteuer • **Passivierung der Zahllast**

- *Ist die Vorsteuer größer als die Umsatzsteuer, entsteht ein **Vorsteuerüberhang**, der zu aktivieren ist.*
- *Bei **Kleinbetragsrechnungen** bis zu 150,00 EUR wird in der Praxis der Rechnungsbetrag brutto ausgewiesen. In diesen Fällen muss der Umsatzsteuersatz angegeben sein, damit der Umsatzsteueranteil herausgerechnet werden kann.*
- *Die Unternehmen müssen bis zum 10. eines Monats für den Vormonat **(Voranmeldungszeitraum)** auf dem amtlich vorgeschriebenen Vordruck eine Umsatzsteuervoranmeldung abgeben.*
- *Wurde eine Zahllast ermittelt, ist diese gleichzeitig an das Finanzamt zu entrichten (**Vorauszahlung** auf die Umsatzsteuer des Kalenderjahres).*

1 Eine Buchhandlung, die der 7%igen Umsatzsteuer unterliegt, hat im Juni 82 000,00 EUR steuerpflichtige Nettoeinkäufe laut Eingangsrechnungen 85–97 getätigt. Im gleichen Zeitraum verkaufte sie für 150 870,00 EUR (= Bruttowerte laut Kassenberichten 135–160) Bücher.

a) Ermitteln Sie
   - die Vorsteuer,
   - die Umsatzsteuerschuld,
   - die Zahllast.

b) Stellen Sie die Werte auf den folgenden Konten dar:
   Aufwendungen für Waren, Vorsteuer, Verbindlichkeiten a. LL, Umsatzerlöse für Waren, Umsatzsteuer und Kasse.

c) Erstellen Sie eine Umsatzsteuer-Voranmeldung in Anlehnung an das Formular auf S. 96.

2/3 **Konten**

EBK, Forderungen a. LL, Bank, Kasse, Vorsteuer, Umsatzsteuer, Eigenkapital, Verbindlichkeiten a. LL, Aufwendungen für Waren, Personalaufwand, Umsatzerlöse für Waren, GuV, SBK.

	Aufgabe 2	**Aufgabe 3**
Anfangsbestände	EUR	EUR
Forderungen a. LL	500,00	100,00
Bankguthaben	13 000,00	9 500,00
Kasse	375,00	295,00
Verbindlichkeiten a. LL	1 600,00	1 400,00
Eigenkapital	?	?
Geschäftsfälle	EUR	EUR
1. Büchereinkauf auf Ziel, ER 33, netto	840,00	720,00
+7 % USt	58,80	50,40
Rechnungsbetrag	898,80	770,40
2. Tageslosung, Kassenbericht 41, brutto	722,25	316,69
3. Büchereinkauf auf Ziel, ER 38, netto	220,00	180,00
+ 7 % USt	15,40	12,60

4. Gehaltszahlung durch Banküberweisung	420,00	390,00
5. Tageslosung, Kassenbericht 42, brutto	1 031,48	904,15
6. Banküberweisung an Lieferer für ER 32, BA 26	816,80	678,90

Arbeitsaufträge:

a) Richten Sie die Konten ein und buchen Sie die Geschäftsfälle.
b) Ermitteln Sie die Zahllast und schließen Sie das Konto „Umsatzsteuer" über SBK ab.
c) Schließen Sie die übrigen Konten ab.

4/5 **Konten**

EBK, Geschäftsausstattung, Forderungen a. LL, Bank, Kasse, Vorsteuer, Eigenkapital, Verbindlichkeiten a. LL, Umsatzsteuer, Aufwendungen für Waren, Personalaufwand, Mieten, Versicherungsbeiträge, Umsatzerlöse für Waren, GuV, SBK.

	Aufgabe 4	**Aufgabe 5**
Anfangsbestände	EUR	EUR
Geschäftsausstattung	13 000,00	7 000,00
Forderungen a. LL	222,00	555,00
Bankguthaben	27 000,00	17 000,00
Kasse	900,00	830,00
Verbindlichkeiten a. LL	5 100,00	3 000,00
Umsatzsteuer	210,00	180,00
Eigenkapital	?	?
Geschäftsfälle		
1. Büchereinkäufe auf Ziel, ER 87–89, netto	2 340,00	1 610,00
+ 7 % USt	163,80	112,70
2. Bankauszüge 76-77, Ausgaben:		
Gehaltszahlung	340,00	320,00
Miete	280,00	270,00
3. Tageslosung, Kassenbericht 83, brutto einschl. 7 % USt.	1 391,00	1 284,00
4. Bankauszüge 78–79		
Überweisung der Umsatzsteuer des Vormonats	210,00	180,00
Einbruchdiebstahlversicherungsbeitrag	85,00	38,00
Überweisung eines Kunden für AR 63	92,00	80,50
5. Tageslosung, Kassenbericht 84, brutto einschl. 7 % USt.	1 840,40	819,62
6. Warenverkauf auf Ziel, AR 71, brutto einschl. 7 % USt.	72,76	94,16

Arbeitsaufträge: wie **Aufgaben 2** und **3**

6 Bilden Sie zu folgenden Geschäftsfällen 1–5 einer Buchhandlung die Buchungssätze und ermitteln Sie

a) die Umsatzsteuerschuld, b) die Vorsteuer, c) die Zahllast.

	EUR	EUR
1. **ER:** Büchereinkäufe auf Ziel, netto	65 000,00	
+ 7 % USt	4 550,00	69 550,00
2. **AR, KB:** Bücherverkäufe bar laut Kassenberichten		151 940,00
3. **ER, BA:** Banküberweisung an eine Werbeagentur für die Durchführung einer Werbeaktion, netto	4 000,00	
+ 19 % Umsatzsteuer	760,00	4 760,00
4. **KA:** Barkauf von Büromaterial, netto	240,00	
19 % USt	45,60	285,60
5. **BA:** Kauf eines Regals gegen Bankscheck, netto	1 400,00	
+ 19 % USt	266,00	1 666,00
6. **AR:** Bücherverkäufe auf Ziel an Bibliotheken, brutto		3 638,00

7 Beantworten Sie folgende Fragen:
a) Wodurch unterscheiden sich Vorsteuer und Umsatzsteuer?
b) Wie wirkt sich die Umsatzsteuer auf den Erfolg des Einzelhandelsbetriebes aus?
c) Warum müssen die ausgezeichneten Preise die Umsatzsteuer enthalten?
d) Warum ist die Zahllast gleich der Umsatzsteuer vom Mehrwert und wie wird sie ermittelt?

8/9 Buchen Sie auf den Konten Aufwendungen für Waren, Umsatzerlöse für Waren, Vorsteuer und Umsatzsteuer:

	Aufgabe 8	**Aufgabe 9**
November	EUR	EUR
Wareneinkäufe auf Ziel, ER 612–653, netto	26 500,00	44 800,00
+ 19 % USt	5 035,00	8 512,00
Warenverkäufe bar, Kassenberichte 240–265		
(einschließlich 19 % Umsatzsteuer)	53 788,00	69 734,00
Zum Ende des Monats ist die Umsatzsteuer zu ermitteln und zu buchen.		
Dezember		
Überweisung der Zahllast des Monats November	?	?
Wareneinkäufe auf Ziel, ER 654–304, netto	31 200,00	47 900,00
+ 19 % USt	5 928,00	9 101,00
Warenverkäufe bar, Kassenberichte 266–293	71 876,00	97 342,00
Am Monatsende ist die Zahllast zu ermitteln und zu passivieren.		

10 Im Laufe des Monats Juni erfasst ein Einzelhändler auf den Konten Vorsteuer, Umsatzsteuer und Umsatzerlöse für Waren folgende Beträge:

S	Vorsteuer		H
Vb	5 800,00		
Vb	4 700,00		
Ba	3 500,00		

S	Umsatzsteuer		H
Ba	10 400,00	Ka, Fo	34 200,00

S	Umsatzerlöse für Waren		H
		Ka, Fo	180 000,00

Arbeitsaufträge:
a) Ermitteln Sie die Zahllast des Monats Juni.
b) Erstellen Sie mithilfe des Formulars auf S. 96 die Umsatzsteuer-Voranmeldung für den Monat Juni.

11/12 **Konten**

Fuhrpark, Maschinen, Geschäftsausstattung, Eigenkapital, Kasse, Bank, Forderungen a. LL, Vorsteuer, Verbindlichkeiten a. LL, Umsatzsteuer, Aufwendungen für Rohstoffe, Aufwendungen für Energie, Personalaufwand, Mieten, Fremdinstandhaltung, Postentgelte/Telefon, Werbung/Dekoration, Büromaterial, Umsatzerlöse für Erzeugnisse, GuV, EBK, SBK.

	Aufgabe 11	**Aufgabe 12**
Anfangsbestände	EUR	EUR
Fuhrpark	20 000,00	15 000,00
Maschinen	300 000,00	200 000,00
Geschäftsausstattung	35 000,00	24 000,00
Forderungen a. LL	1 760,00	1 110,00
Bankguthaben	57 780,00	53 800,00
Kasse	1 300,00	1 400,00
Verbindlichkeiten a. LL	6 660,00	5 550,00
Umsatzsteuer	1 320,00	1 760,00
Eigenkapital	?	?

Geschäftsfälle	EUR	EUR
1. Eingangsrechnungen 180–186		
Papier, netto	12 000,00	13 000,00
+ 19 % USt	2 280,00	2 470,00
Computer, netto	1 100,00	1 600,00
+ 19 % USt	209,00	304,00
2. Druckauftrag 140 AR 191, netto	46 000,00	58 000,00
+ 19 % USt	8 740,00	11 020,00
3. Kassenbelege 213–221		
Büromaterial, netto	80,00	50,00
+ 19 % USt	15,20	9,50
Reparatur eines Druckers, netto	25,00	35,00
+ 19 % USt	4,75	6,65
Briefmarken	10,00	12,00
Werbedrucksachen, netto	180,00	160,00
+ 19 % USt	34,20	30,40
4. Bankbelege, BA 137–140		
Überweisung der Umsatzsteuer des Vormonats	1 320,00	1 760,00
Gehalt	2 100,00	2 300,00
Ausgleich der ER 174	2 300,00	2 760,00
Miete für das Geschäft	840,00	760,00
Überweisung eines Kunden für AR 185	1 380,00	920,00
Ausgleich der Stromrechnung	166,60	202,30
Umsatzsteueranteil	26,60	32,30
5. Druckauftrag 141 AR 192, netto	8 000,00	9 000,00
+ 19 % USt	1 520,00	1 710,00
6. Druckauftrag 142, AR 193	3 600,00	3 200,00
+ 19 % USt	684,00	608,00
7. Banküberweisung an Lieferer für ER 136	2 300,00	2 070,00

Arbeitsaufträge: wie **Aufgaben 2** und **3**

13 Eine Buchhandlung erzielt nach Kassenbericht eine Tageslosung (Tagesumsatz einschließlich 7 % USt) von 136 960,00 EUR.
Wie lautet der Buchungssatz zur Erfassung der Tageslosung?

14 Eine Buchhandlung tätigt im Monat Juni laut Kassenberichten Bücherverkäufe im Wert von 408 740,00 EUR einschließlich 7 % USt.
Im gleichen Zeitraum wurden Büchereinkäufe in Höhe von 236 000,00 EUR + 7 % USt vorgenommen.

a) Ermitteln Sie
   – die Umsatzsteuerschuld, – die absetzbare Vorsteuer, – die Umsatzsteuerzahllast.
b) Erstellen Sie die Umsatzsteuer-Voranmeldung für den Monat Juni mithilfe des Formulars auf S. 96.

15

S	Vorsteuer	H
Vb 26 600,00		

S	Umsatzsteuer	H
		Ka 51 480,80

S	Aufwendungen für Waren	H
Vb 380 000,00		

S	Umsatzsteuer	H
		Ka 735 440,00

Abschlussangabe
Die Handlungskosten des Abrechnungszeitraums betrugen 160 000,00 EUR.

Arbeitsaufträge:

a) Ermitteln Sie aus oben stehenden Angaben einer Buchhandlung
   – den Aufwand für Waren, – den Gewinn, – die Umsatzsteuerzahllast.

b) Erstellen Sie die Umsatzsteuer-Voranmeldung für den Monat Dezember mithilfe des Formulars auf S. 96.

16 In einer Werbeagentur wurden für den abgelaufenen Monat September folgende Geschäftsfälle erfasst:

		EUR
1.	Einkäufe von Papier und Plakatkarton, netto	94 000,00
	+ 19 % USt	17 860,00
2.	Ausgangsrechnung Flyer Monat September	135 000,00
	+ 19 % USt	25 650,00
3.	Handlungskosten	18 500,00
	darauf entfallende Umsatzsteuer	2 960,00

Ermitteln Sie a) den Rohstoffeinsatz, b) den Monatserfolg, c) die Umsatzsteuerzahllast.

17 Eine Druckerei, die der 19-%igen Umsatzsteuer unterliegt, erzielt im Monat März laut Ausgangsrechnungen Umsatzerlöse von 382 000,00 EUR netto. Im gleichen Zeitraum werden umsatzsteuerpflichtige Roh-, Hilfs- und Betriebsstoffeinkäufe in Höhe von 512 600,00 EUR getätigt.

a) Ermitteln Sie
   – die Umsatzsteuerschuld,
   – die absetzbare Vorsteuer,
   – den Vorsteuerüberhang.

b) Erstellen Sie die Umsatzsteuer-Voranmeldung für den Monat März mithilfe des Formulars auf S. 96.

c) Bilden Sie die Buchungssätze
   – bei Umbuchung der Umsatzsteuer auf das Vorsteuerkonto,
   – bei Erstattung des Vorsteuerüberhanges durch das Finanzamt mit Verrechnungsscheck.

18 Im Dezember sind folgende umsatzsteuerpflichtige Vorgänge in einem Buchverlag angefallen:

		EUR
1.	Einkäufe von Papier und Karton auf Ziel, netto	237 200,00
	+ 19 % Umsatzsteuer	
2.	Einkauf eines Kleintransporters gegen Verrechnungsscheck, netto.	34 400,00
	+ 19 % Umsatzsteuer	
3.	Verkauf von Büchern auf Ziel, netto	185 200,00
	+ 7 % Umsatzsteuer	

Arbeitsaufträge

a) Bilden Sie die Buchungssätze zu den Fällen 1 bis 3.

b) Erfassen Sie diese auf den Konten Vorsteuer und Umsatzsteuer.

c) Stellen Sie fest, ob sich eine Zahllast oder ein Vorsteuerüberhang ergibt und führen Sie die entsprechende Umbuchung bzw. Abschlussbuchung durch.

d) Wie lautet die Buchung bei Eröffnung des USt-Kontos?

e) Wie lautet die Buchung bei Banküberweisung eines eventuellen Vorsteuerüberhanges durch das Finanzamt?

19 Entscheiden Sie, ob folgende Aussagen zutreffen auf
a) die Vorsteuer b) die Umsatzsteuer c) die Zahllast

Aussagen:

1. Sie wird auf Eingangsrechnungen ausgewiesen.
2. Sie erhöht die Zahllast.
3. Sie vermindert die Zahllast.
4. Sie stellt eine Forderung gegenüber dem Finanzamt dar.
5. Sie wird auf Ausgangsrechnungen ausgewiesen und ist eine Verbindlichkeit gegenüber dem Finanzamt.
6. Sie ist bis zum 10. des folgenden Monats an das Finanzamt abzuführen.
7. Bei einem Überhang ist sie zu aktivieren.

20 a) Bilden Sie die Buchungssätze zur Erfassung der Belege Nr. 279 bis 283.
b) Errechnen Sie
- den Umsatzsteueranteil aus dem Beleg Nr. 282,
- den Umsatzsteueranteil aus dem Beleg Nr. 283,
- aus den Belegen 279 bis 283
  - die Umsatzsteuerschuld,
  - die absetzbare Vorsteuer,

c) die Umsatzsteuerzahllast/den Vorsteuerüberhang.

Koehler & Volckmar GmbH

Koehler & Volckmar GmbH, Edsel-Ford-Str. 26, 50769 Köln

Medi@Point GmbH & Co. KG
Schildergasse 46
50667 Köln

Edsel-Ford-Str. 26
50769 Köln
Telefon: 0221 7025-0
Telefax: 0221 7025-323

Beleg Nr. 279

RECHNUNG

Ihre Bestellung	Unser Zeichen	Kundennummer	Rg.-Nr.	Rg.-Datum
		3854	10230	17.05.20..

Art.-Nr.	Menge	Artikelbezeichnung	Einzelpreis EUR	Gesamtpreis EUR
2370639	600	Duden: Die deutsche Rechtschreibung	3,40	2 040,00

Warenwert EUR	Nettoentgelt EUR	7 % USt EUR	Bruttoentgelt EUR
2 040,00	2 040,00	142,80	2 182,80

Zahlbar innerhalb von **10 Tagen netto Kasse**

Bankverbindung: Deutsche Bank Köln BLZ: 370 700 60 Kto.-Nr.: 900 362
Steuernummer: 219/865/0102
USt-ID-Nr.: DE-103845769

Medi@Point GmbH & Co. KG
BUCHHANDLUNG

Medi@Point GmbH & Co. KG, Schildergasse 46, 50667 Köln

Frau Nicole Bauer
Zwirnerstr. 4
50678 Köln

Schildergasse 46
50667 Köln
Telefon: 0221 9846130
Telefax: 0221 9846139

Beleg Nr. 280

KOPIE

RECHNUNG/AUFTRAGSBESTÄTIGUNG

Bei Zahlung/Rücksendung/Gutschrift unbedingt angeben

Kunden-Nr.	Rechnungs-Nr.	Datum
24008	13498	18.05.20..

Artikel-Nr.	Artikelbezeichnung	Menge	Einzelpreis EUR	Gesamtpreis EUR
8756812341658	Willeke: Internet kinderleicht	1	7,49	7,49
7356101287653	Gerteis: Automation	1	16,05	16,05
				23,54

Im Rechnungsbetrag sind 7 % Umsatzsteuer = 1,54 EUR enthalten.
Zahlbar innerhalb 10 Tagen netto

Bankverbindung:
Sparkasse KölnBonn BLZ: 370 501 98 Kto.-Nr.: 85 213 948
Deutsche Bank Köln BLZ: 370 700 60 Kto.-Nr.: 446 632 140
Steuernummer: 215/335/5342 **USt-ID-Nr.:** DE-956349786

Konto	Kontoauszug		Auszug	Blatt
446632140	DEUTSCHE BANK KÖLN	BLZ 370 700 60	80	1

Buch.-Tag	Wert	PN	Erläuterung/Verwendungszweck	Umsätze
27.05	27.05.	0940	KOEHLER & VOLCKMAR GMBH, KÖLN KD-NR 3854 RG-NR 10230 v..-05-17	2 182,80 S
27.05	27.05	0853	NICOLE BAUER, BONN, KD-NR 24008 RG-NR 13498 v..-05-18	23,54 H

Beleg Nr. 281

KREDITZUSAGE EUR 40 000,00

IHR AKTUELLER KONTOSTAND UM 10.30 UHR EUR 173 440,74 H

BS	Letzter Auszug	Auszugsdatum	Alter Kontostand	Neuer Kontostand
44	27.05.20..	29.05.20..	EUR 175 600,00 H	EUR 173 440,74 H

BUCHHANDLUNG MEDI@POINT GMBH & Co. KG, SCHILDERGASSE 46, 50667 KÖLN

J. F. CASPERS e. K.
Gereonstr. 3, 50670 Köln, Tel.: 0221 666119

JFC
Fachgeschäft
für Schreibwaren

Medi@Point GmbH & Co. KG
Köln

	Datum: *24.05.20..*	EUR	EUR	Ct
10	Ordner	2,00	20	00
12	Alleskleber	2,88	34	56
30	Register	1,40	42	00
			96	56

Betrag dankend erhalten
Köln, den 24. 05. 20..
J. F. Caspers

Vielen Dank für Ihren Besuch

Verk. 3 4557-8 In diesem Betrag sind 19 % Umsatzsteuer enthalten

Beleg Nr. 282

CITY-Tankstelle

Britte Huber e.K.
Jabachstr. 34
50676 Köln
Tel.: 0221 543463

Beleg Nr. 283

SUPER BLEIFREI .... 57,63 EUR
ZP 5 .... 72,00 LTR
TOTAL .... 57,63 EUR

69022 24.05.20.. 13:53

IM BETRAG SIND 19 % UST ENTHALTEN

Vielen Dank und gute Fahrt

---

21 a) Die Belege 284 bis 287 auf S. 104 sind vorzukontieren.
b) Errechnen Sie aus den vier Belegen
- die Umsatzsteuerschuld,
- die absetzbare Vorsteuer,
- die Umsatzsteuerzahllast/den Vorsteuerüberhang.

Medi@Point GmbH & Co. KG
BUCHHANDLUNG

Medi@Point GmbH & Co. KG, Schildergasse 46, 50667 Köln

Astrid-Lindgren-Schule
Gemeinschaftsgrundschule
Albrecht-Dürer-Allee 9
50126 Bergheim

Schildergasse 46
50667 Köln
Telefon: 0221 9846130
Telefax: 0221 9846139

Beleg Nr. 284

KOPIE

RECHNUNG/AUFTRAGSBESTÄTIGUNG

Bei Zahlung/Rücksendung/Gutschrift unbedingt angeben

Kunden-Nr.	Rechnungs-Nr.	Datum
24002	12396	25.05.20..

Artikel-Nr.	Artikelbezeichnung	Menge	Einzelpreis EUR	Gesamtpreis EUR
8756812370641	ABC ohne Mühe	90	9,63	866,70

Im Rechnungsbetrag sind 7 % Umsatzsteuer = 56,70 EUR enthalten.
Zahlbar innerhalb 30 Tagen netto

Bankverbindung:
Sparkasse KölnBonn BLZ: 370 501 98 Kto.-Nr.: 85 213 948
Deutsche Bank Köln BLZ: 370 700 60 Kto.-Nr.: 446 632 140
Steuernummer: 215/335/5342 **USt-ID-Nr.:** DE-956349786

Medi@Point GmbH & Co. KG
BUCHHANDLUNG

Medi@Point GmbH & Co. KG, Schildergasse 46, 50667 Köln

Katholisches Krankenhaus e.V.
Schleidener Str. 5
50937 Köln

Schildergasse 46
50667 Köln
Telefon: 0221 9846130
Telefax: 0221 9846139

Beleg Nr. 285

KOPIE

RECHNUNG/AUFTRAGSBESTÄTIGUNG

Bei Zahlung/Rücksendung/Gutschrift unbedingt angeben

Kunden-Nr.	Rechnungs-Nr.	Datum
24003	12425	28.05.20..

Artikel-Nr.	Artikelbezeichnung	Menge	Einzelpreis EUR	Gesamtpreis EUR
9564534321111	Dr. Buhr: Gesunder Rücken	2	12,84	25,68

Im Rechnungsbetrag sind 7 % Umsatzsteuer enthalten.
Zahlbar innerhalb 30 Tagen netto

Bankverbindung:
Sparkasse KölnBonn BLZ: 370 501 98 Kto.-Nr.: 85 213 948
Deutsche Bank Köln BLZ: 370 700 60 Kto.-Nr.: 446 632 140
Steuernummer: 215/335/5342 **USt-ID-Nr.:** DE-956349786

Könemann GmbH & Co. KG

Könemann GmbH & Co. KG, Delsterner Str. 134, 58091 Hagen

Medi@Point GmbH & Co.KG
Schildergasse 46
50667 Köln

Delsterner Str. 134
58091 Hagen
Tel.: 02331 789-0
Fax: 02331 789 130

Beleg Nr. 286

Ihr Auftrag vom:	Kunden-Nr.	Rg.-Nr.	Datum
15.05.20..	53402	64200	18.05.20..

Art.-Nr.	Menge	Artikelbezeichnung	Einzelpreis EUR	Gesamtpreis EUR
3234	500	DVD Harry Potter	9,40	4 700,00

Warenwert, netto, EUR	Entgelt, netto EUR	19 % USt EUR	Gesamtbetrag EUR
4 700,00	4 700,00	893,00	5 593,00

Zahlung binnen 10 Tagen nach Rechnungsdatum netto

Bankverbindung: Sparkasse Hagen BLZ 450 500 01 Kto.-Nr.: 743 021 6
Steuernummer: 322/854/1020 **USt-ID-Nr.:** DE-956332096

KFZ-HANDEL

KFZ-Handel, Andreas Joost e.K., Wodenstr. 15, 51107 Köln

Medi@Point GmbH & Co. KG
Schildergasse 46
50667 Köln

KFZ-Handel
Andreas JOOST e.K.
Wodanstr. 15
51107 Köln
Telefon: 0221 785746
Telefax: 0221 785748

Beleg Nr. 287

RECHNUNG

Betriebs-Nr.:	Auftrags-Nr.:	Datum:	Kunden-Nr.:	Rg.-Nr.
12346833	47326	27.05.20..	47325	2394

amtl. Kennz.	Typ/ Modell	Fahrzeug-Ident-Nr.	Zulassungs-tag	Annahme-tag	km-Stand
K-PR 111	443 PH 5	44FA053238	26.01.20..	26.05.20..	30 000
443	PH5	Pkw-Kombi-Inspektion		EUR	
		Material lt. Anlage		420,00	
		Arbeit		540,00	

Arbeits-preis	Material/Fertigung	Nettoentgelt in EUR	19 % USt in EUR	Rechnungs-betrag
540,00	420,00	960,00	182,40	1 142,40

Bitte geben Sie bei Zahlung Ihre Kunden- und Rechnungsnummer an.
Vielen Dank!

Bankverbindung: Deutsche Bank Köln BLZ: 370 700 60 Kto.-Nr.: 574 617 59
Steuernummer: 215/440/1234 **USt-ID-Nr.:** DE-458173966

22 Der Rechnungsbetrag für das Zeitschriftenabonnement „Der Buchhändler" beträgt einschließlich 7 % Umsatzsteuer 192,60 EUR. Ermitteln Sie den Nettowert und die Umsatzsteuer in EUR und bilden Sie den Buchungssatz.

23 Ermitteln Sie den Nettowert folgender Ausgangsrechnungen und die Umsatzsteuer in EUR und bilden Sie die Buchungssätze.

Bruttorechnungsbetrag in EUR		Umsatzsteuer in %
a)	26 180,00	19
b)	105,91	19
c)	9 142,08	7
d)	70,62	7

24 a) Berechnen Sie den Umsatzsteueranteil aus beiden Belegen.
b) Bilden Sie zu beiden Belegen die Buchungssätze.

J. F. CASPERS e. K.
Gereonstr. 3, 50670 Köln, Tel.: 0221 6661196

J F C
Fachgeschäft für Schreibwaren

Medi@Point GmbH & Co. KG
Köln

	Datum: *02.07.20..*	EUR	EUR	Ct
1	Datumstempel	29,59	29	59
3	Ersatzstempelkissen	2,99	8	97
			38	56

Betrag dankend erhalten
Köln, den 02. 07. 20..
J. F. CASPERS

Vielen Dank für Ihren Besuch

Verk. 3 4557-8 In diesem Betrag sind 19 % Umsatzsteuer enthalten

CITY-Tankstelle
Britte Huber e.K.
Jabachstr. 34
50676 Köln
Tel.: 0221 543463

SUPER BLEIFREI .... 66,26 EUR
ZP 5 .... 72,00 LTR
TOTAL .... 66,26 EUR

69022 02.07.20.. 09:50

IM BETRAG SIND 19 % UST ENTHALTEN

Vielen Dank und gute Fahrt

25 In einer Buchhandlung erhält ein Kunde einen Kassenzettel über 155,15 EUR mit dem Vermerk: „In diesem Betrag sind 7 % USt enthalten." Der Kunde bittet darum, dass die im Rechnungsbetrag enthaltene Umsatzsteuer gesondert ausgewiesen wird.
Berechnen Sie den Nettobetrag und die Umsatzsteuer in EUR.

26 In einer Druckerei beträgt der Tagesumsatz einschl. USt 21 420,00 EUR. Der Umsatzsteuersatz beträgt 19 %. Ermitteln Sie die anteilige Umsatzsteuer und den Umsatz.

27 Die Buchhaltungsabteilung hat einen Beleg über den Kauf von Fachbüchern zum Gesamtpreis von 215,00 EUR einschließlich 7 % Umsatzsteuer zu buchen.
Wie viel EUR beträgt die Umsatzsteuer?

28 Bei einer vom Verlag herausgegebenen und vertriebenen Zeitung betrug die während eines Monats beim Verkauf aufgelaufene Umsatzsteuer 7 % = 5 250,00 EUR.
Wie viel EUR betrug der Nettoumsatz der Zeitung?

29 Die Umsatzsteuer wird auch als „durchlaufender Posten" bezeichnet. Was ist damit gemeint?

30 Geschäftsfälle der Werbeagentur West GmbH im Monat Mai 20..:

(Rechnen und buchen Sie mit 19 %, 7 % bzw. 0 % Umsatzsteuer.)

		EUR	
1.	Rechnungseingang des Kurierdienstes	860,00	netto
2.	Rechnungsausgang für Projekt X/Werbefilm	28 000,00	netto
3.	Die Kurierrechnung Nr. 1 wird überwiesen	?	
4.	Überweisung der abgerechneten Lizenzen	11 600,00	netto
5.	Rechnung der Lithoanstalt für Projekt X	6 307,00	brutto
6.	Die Bank belastet Zinsen	3 320,00	?
7.	Abbuchung der monatlichen Leasingrate	10 710,00	?
8.	Eingangsrechnung für Grafiksoftware	15 500,00	netto
9.	Eingangsrechnung für Grafikrechner	4 300,00	netto
10.	Verkauf eines gebrauchten PC an Mitarbeiter zum Buchwert und Verrechnung mit dem nächsten Nettogehalt	1 000,00	netto
11.	Lizenzüberweisung an Komponisten für Projekt X	2 345,00	netto
12.	Taxibeleg (30 km Fahrtstrecke innerhalb Hamburgs)	66,00	brutto
13.	Die Gema schickt die Abrechnung zur Überweisung	2 780,00	netto

Anmerkung: Der Rechte- und Lizenzhandel ist mit 7 % umsatzsteuerpflichtig.

a) Bilden Sie die Journalbuchungen.
b) Wie hoch ist der Forderungsanstieg (Ford. a. LL) in diesem Monat?
c) Wie hoch ist der Anstieg der Verbindlichkeiten (Verb. a. LL) in diesem Monat?
d) Wie hoch ist der Zahlungseingang dieses Monats?
e) Wie hoch ist der Zahlungsausgang dieses Monats?
f) Errechnen Sie die Vorsteuer und die Umsatzsteuer dieses Monats.
g) Buchen Sie die Umsatzsteuerabrechnung mit dem Finanzamt zum 10. des Folgemonats.

31 Begründen Sie die richtigen, ergänzen Sie die lückenhaften und korrigieren Sie die falschen Aussagen.

1. Hohe Umsatzsteuerschulden erhöhen bei Zahlung an das Finanzamt die Liquidität.
2. Für die Zahlung der Umsatzsteuerschulden gibt es auch den Begriff ....
3. Die Vorsteuerrückerstattung wirkt sich positiv aus auf Erträge und Gewinn und auch positiv auf die Liquidität.
4. Der Buchungssatz für den Zielverkauf eines Bürocomputers aus dem Anlagevermögen (netto 6 500,00 EUR, USt 19 %) lautet:

Forderungen a. LL	5 462,18		
Vorsteuer	1 037,82	An Maschinelle Anlagen	6 500,00

5. Lizenzaufwendungen und -erträge unterliegen der Umsatzsteuer mit ... %.
6. Das Finanzamt fordert die Überweisung der Zahllast zum 10. des folgenden Monats, auch wenn die Kundenforderungen noch ausstehen.
7. Die Beträge der Debitoren und Kreditoren sind generell Bruttobeträge.
8. Die Journalbuchung für die Zahllast ist eine Forderung gegenüber dem Finanzamt.
9. Die Vorsteuer führt zu Ausgaben und Aufwand, die Umsatzsteuer zu ....
10. Ein Firmen-Pkw wird für 5 500,00 EUR + USt verkauft. Der Buchwert beträgt
    a) 5 000,00 EUR
    b) 6 000,00 EUR.
    Wie lauten die Journalbuchungen?
11. Die Umsatzsteuer ist ein durchlaufender Posten, also
    a) erfolgswirksam b) erfolgsneutral c) kostenneutral
12. Lieferer- und Kundenrechnungen werden immer brutto ausgeglichen.
13. Eine Maschine mit einem Buchwert von 11 000,00 EUR wird für netto 7 000,00 EUR verkauft. Es entstehen damit für das Unternehmen 4 000,00 EUR Aufwand, 1 330,00 EUR Vorsteuer und 8 330,00 EUR Einnahmen.

1.5 Organisation der Buchführung

1.5.1 Gesetzliche Grundlagen einer ordnungsgemäßen Buchführung

Der Buchverlag Bell Medi@ GmbH plant eine Erweiterung der Ausstellungshalle und des Lagers. Er benötigt dazu einen Kredit. Dafür wendet sich der Geschäftsführer Herr Hoelk an die Sparkasse KölnBonn. Diese benötigt zuverlässige Unterlagen zur Prüfung der Kreditwürdigkeit.

Verpflichtung zu einer ordnungsgemäßen Buchführung nach Handelsrecht

Nicht nur der Kaufmann ist an **einer ordnungsgemäßen Buchführung** interessiert, weil sie ihm Informationen für seine Entscheidungen liefert. Vielmehr haben auch Gläubiger des Kaufmanns wegen ihrer Sorge um die Sicherheit ihrer Darlehen sowie Behörden wegen ihrer gesetzlichen Aufgaben, wie beispielsweise der Steuererhebung, Interesse an einer ordnungsgemäßen Buchführung. Daher ist der **Kaufmann nach dem Handelsgesetzbuch** (§ 238 HGB) **verpflichtet**,

- Bücher zu führen und
- in diesen seine Handelsgeschäfte und die Lage seines Vermögens nach den Grundsätzen ordnungsgemäßer Buchführung ersichtlich zu machen.

Verpflichtung zum Jahresabschluss nach Handelsrecht

Der Kaufmann ist **verpflichtet**, seine **Vermögenslage** jeweils **zum Ende eines Geschäftsjahres darzustellen**. Dafür muss er einen **Jahresabschluss erstellen**.

§ 242 HGB:

(1) Der Kaufmann hat zu Beginn seines Handelsgewerbes und für den Schluss eines jeden Geschäftsjahres einen das Verhältnis seines Vermögens und seiner Schulden darstellenden Abschluss (Eröffnungsbilanz, Bilanz) aufzustellen.

(2) Er hat für den Schluss eines jeden Geschäftsjahres eine Gegenüberstellung der Aufwendungen und Erträge des Geschäftsjahres (Gewinn- und Verlustrechnung) aufzustellen.

(3) Die Bilanz und die Gewinn- und Verlustrechnung bilden den Jahresabschluss.

§

Grundsätze ordnungsmäßiger Buchführung (GoB) nach Handelsrecht

Oberster Grundsatz einer ordnungsmäßigen Buchführung: Die **Grundsätze ordnungsmäßiger Buchführung** sind eine **Zusammenfassung von Kriterien** zur Beurteilung der Frage, ob die Buchführung nach Form und Inhalt den Anforderungen entspricht, die ein **gewissenhafter Kaufmann** im Allgemeinen als ordnungsgemäß bezeichnen würde. Einige Gesetzesvorschriften, die Grundsätze ordnungsmäßiger Buchführung aufzählen, sind im HGB enthalten. Andere Grundsätze ergeben sich aufgrund der Erfahrungen der kaufmännischen Praxis und der Entscheidungen der Gerichte. Sie sind **jedoch nicht zusammengefasst gesetzlich festgelegt** worden.

Für die Ordnungsmäßigkeit der Buchführung gilt folgender **grundlegender Beurteilungsmaßstab:** Die Buchführung muss so gestaltet und geordnet sein, dass sowohl der Unternehmer als auch ein **sachverständiger Dritter** sich ohne große Schwierigkeiten und in angemessener Zeit einen Überblick über die Geschäftsfälle und über die Vermögenslage des Unternehmens verschaffen können (vgl. § 238 Abs. 1 HGB).

Dazu sind die in § 257 Abs. 1 HGB genannten Unterlagen aufzubewahren und bei Anforderung der Finanzverwaltung vorzulegen:

§

§ 257 Abs. 1 HGB: Jeder Kaufmann ist verpflichtet, die folgenden Unterlagen geordnet aufzubewahren:

1. Handelsbücher, Inventare, Eröffnungsbilanzen, Jahresabschlüsse [...],
2. die empfangenen Handelsbriefe,
3. Wiedergaben der abgesandten Handelsbriefe,
4. Belege für die Buchungen in den von ihm nach § 238 Abs. 1 HGB zu führenden Büchern (Buchungsbelege).

Abs. IV. Die im Absatz 1 Nr. 1 und Nr. 4 aufgeführten Unterlagen sind zehn Jahre, die sonstigen in Absatz 1 aufgeführten Unterlagen sechs Jahre aufzubewahren.

Weitere Grundsätze: Weitere **wichtige Grundsätze**, die bei der Führung der Handelsbücher und bei der Aufstellung des Jahresabschlusses beachtet werden müssen, zeigt die folgende Übersicht:

Grundsätze	Erklärung
Die Buchführung muss wahr und vollständig sein.	Alle Geschäftsfälle müssen erfasst werden. Die Beleginhalte und Buchungen müssen die tatsächlichen Vorgänge widerspiegeln.
Buchungen müssen zeitnah durchgeführt werden.	Kasseneinnahmen und -ausgaben sollen täglich aufgeschrieben werden. Kreditgeschäfte eines Monats sollten bis zum Ablauf des folgenden Monats grundbuchmäßig erfasst werden. Die dazu vorliegenden Belege sollten fortlaufend nummeriert werden.
Sprache und Schriftzeichen	Die Bücher können in jeder lebenden Sprache, die ins Deutsche übertragen werden kann, geführt werden. Die Verwendung von Abkürzungen, Ziffern, Buchstaben oder Symbolen ist statthaft, wenn deren Bedeutung festgelegt worden ist.
Änderungen, Berichtigungen	Änderungen und Berichtigungen sind so durchzuführen, dass der ursprüngliche Inhalt und die späteren Änderungen erkennbar bleiben. Das gilt auch für die computerunterstützte Buchführung. Das Radieren geschriebener bzw. das Löschen oder Überschreiben aufgezeichneter Daten ist daher nicht zulässig.
Aufbewahrung von Buchungsbelegen und Handelsbüchern	**Zehn Jahre:** Handelsbücher (z. B. Grund- und Hauptbuch), Jahresabschlüsse (Bilanz, Gewinn- und Verlustrechnung, Anhang), Arbeits- und Organisationsunterlagen zur Buchführung (Programme, Ablaufpläne), Buchungsbelege (ER, AR-Kopien, Zahlungsbelege) **Sechs Jahre:** Empfangene Geschäftsbriefe und Wiedergaben abgesandter Geschäftsbriefe, Verträge und sonstige Unterlagen, soweit sie für die Besteuerung von Bedeutung sind.

Weist eine Buchhaltung **schwerwiegende Mängel** auf, kann vom Finanzamt eine Schätzung des Ergebnisses vorgenommen werden.

Gesetzliche Grundlagen einer ordnungsmäßigen Buchführung
- *Alle Kaufleute sind nach HGB zur Buchführung und zum Jahresabschluss verpflichtet (§§ 238, 240, 242 HGB). Damit die Interessierten an der Buchführung (Unternehmer, Gläubiger, Staat) sich auf die Ergebnisse verlassen können, hat der Gesetzgeber Grundsätze ordnungsmäßiger Buchführung festgelegt:*
- *Wahrheit und Vollständigkeit,*
- *Zeitnähe,*
- *Verwendung einer lebenden Sprache, Erklärung von Symbolen und Abkürzungen,*
- *Änderungen und Berichtigungen müssen erkennbar bleiben,*
- *Aufbewahrungsfristen:*
  - *für Handelsbücher und Belege: zehn Jahre,*
  - *für empfangene und abgesandte Geschäftsbriefe: sechs Jahre.*

1 Erläutern Sie die folgenden Grundsätze einer ordnungsmäßigen Buchführung
a) Wahrheit
b) Vollständigkeit
c) Zeitnähe
d) Belegzwang
e) Aufbewahrungspflicht
f) Klarheit

2 Begründen Sie die Verpflichtung zur ordnungsmäßigen Buchführung aus der Sicht
a) des Unternehmers,
b) des Gläubigers,
c) des Staates.

3 Stellen Sie einen Katalog von Forderungen zusammen, die Sie an eine ordnungsmäßige Buchführung stellen.

1.5.2 Kontenrahmen, Jahresabschluss und Kontenplan

Frau Hermann, Geschäftsführerin der Werbeagentur West GmbH, will ihre Agentur von Zeit zu Zeit mit anderen Betrieben der Branche vergleichen. Hierzu erhält sie vom GWA Vergleichszahlen über den Anteil einzelner Aufwandsarten am Gesamtaufwand, einzelner Ertragsarten am Gesamtertrag, einzelner Vermögenspositionen am Gesamtvermögen und einzelner Kapitalpositionen am Gesamtkapital.

Vergleiche dieser Art setzen aber voraus, dass in der Buchhaltung aller Werbeagenturen des Verbandes die Konteninhalte einheitlich festgelegt sind.

Deshalb stellt der Gesetzgeber bestimmte Anforderungen an die Buchführung aller Werbeagenturen und somit auch an die der West GmbH.

Kontenrahmen und Jahresabschluss

Ein wichtiges Ordnungsmittel zur Herbeiführung der **Ordnungsmäßigkeit der Buchführung** ist der **Kontenrahmen** mit der **Gliederung der Konten** und **der Abgrenzung** der **Konteninhalte**. Er gibt den Unternehmen eine **Übersicht sämtlicher Konten**, die in der Finanzbuchhaltung dieser Unternehmen notwendig sein könnten.

Aufbau des Kontenrahmens: Der Kontenrahmen ist nach dem Zehnersystem (Dezimalklassensystem, dekadisches System) aufgebaut. Jedes Konto (z. B. Betriebs- und Geschäftsausstattung) ist durch eine Ziffernfolge (z. B. 08) gekennzeichnet. Aufgrund der zehn Ziffern von 0 bis 9 wurden zehn **Kontenklassen** eingerichtet. Jede Kontenklasse wird in zehn Kontengruppen eingeteilt. Jede Kontengruppe kann wiederum zehn **Kontenarten** aufnehmen. Im Bedarfsfalle können die Kontenarten jeweils in zehn **Kontenunterarten** aufgeteilt werden.

Kontennummer	Stellenwert	Bedeutung	Konteninhalt
6	**ein**stellig	Konten**klasse**	Betriebliche Aufwendungen
6 8	**zwei**stellig	Konten**gruppe**	Aufwendungen für Kommunikation
6 8 1	**drei**stellig	Konten**art**	Zeitungen und Fachliteratur

Für EDV-Zwecke übliche Kontenrahmen sehen eine gleichbleibende Länge der Kontennummern vor. Durch Auffüllen der leeren Stellen mit Nullen wird die konstante Länge der Kontennummern erreicht.

Der Kontenrahmen sieht zwei Rechnungskreise – **Zweikreissystem** – vor, zwischen denen ein ständiger Datenaustausch besteht. Der **Rechnungskreis I** umfasst mit den Kontenklassen 0 bis 8 die **Finanzbuchhaltung** mit den Bestandskonten, Erfolgskonten und den Ergebniskonten (EBK, SBK, GuV). Der **Rechnungskreis II**, die **Kosten- und Leistungsrechnung**, kann kontenmäßig in der Kontenklasse 9 oder statistisch in Tabellen (Abgrenzungsrechnung, Betriebsabrechnung, Kostenträgerblatt) durchgeführt werden.

Mit dem Kontenrahmen erhalten die einzelnen Konten eine genaue Bezeichnung, mit der der Inhalt des Kontos umschrieben wird.

4400 Verbindlichkeiten aus Lieferungen und Leistungen
5100 Umsatzerlöse für Waren/Warenverkauf

Da der Kontenrahmen für Betriebe der gleichen Branche zur Einführung empfohlen wird, sind die jeweiligen Konten vergleichbar. Darüber hinaus werden die Konten inhaltlich den einzelnen Kontenklassen so zugeordnet, dass aus den Kontenklassen der Jahresabschluss abgeleitet werden kann, der aus Bilanz und GuV-Rechnung besteht **(Abschlussgliederungsprinzip)**.

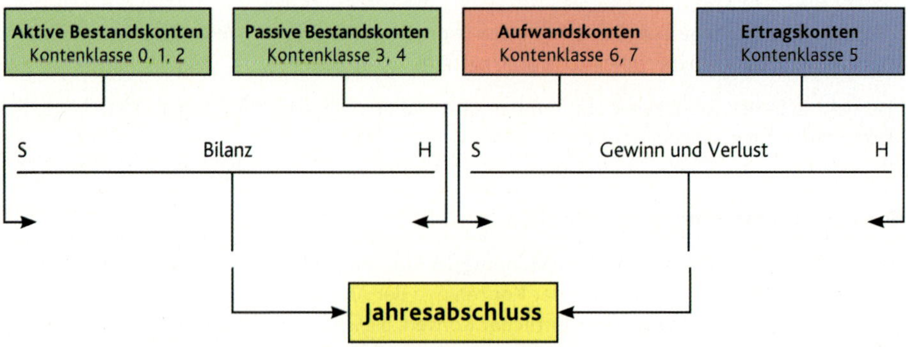

Aufbau des Kontenrahmens

	Rechnungskreis I – Finanzbuchhaltung										Rechnungskreis II
Kontenbereich	Bestandskonten					Erfolgskonten					
	aktive			passive		Ertragskonten	Aufwandskonten				
Klasse	0	1	2	3	4	5	6	7	8	← →	9
	Immaterielle Vermögensgegenstände und Sachanlagen	Finanzanlagen	Umlaufvermögen und aktive Rechnungsabgrenzung	Eigenkapital und Rückstellungen	Verbindlichkeiten und passive Rechnungsabgrenzung	Erträge	Betriebliche Aufwendungen	Weitere Aufwendungen	Ergebnisrechnung	Datenaustausch	Kosten- und Leistungsrechnung KLR

S	Schlussbilanzkonto H
aktive Bestandskonten	passive Bestandskonten

S	8020 Gewinn- und Verlustkonto H
Aufwandskonten	Ertragskonten

Abschluss der Bestandskonten	
aktive (Klassen 0, 1, 2)	passive (Klassen 3, 4)
8010 Schlussbilanzkonto an Kontenklassen 0,1,2	Kontenklassen 3, 4 an 8010 SBK

Abschluss der Erfolgskonten (Klasse 5–7)	
Aufwand (Klassen 6, 7)	Erträge (Klasse 5)
8020 GuV an Klassen 6, 7	Kontenklasse 5 an 8020 GuV

Bestandskonten: Zur Erstellung der Bilanz werden die Konteninhalte der Kontenklassen 0 bis 4 abgerufen. Die Kontenklassen 0, 1 und 2 enthalten die aktiven Bestandskonten, die Kontenklassen 3 und 4 die passiven.

Bestandskonten				
aktive			passive	
0	1	2	3	4
Sachanlagen	Finanzanlagen	Umlaufvermögen	Eigenkapital	Verbindlichkeiten

Aktiva — Bilanzgliederung gemäß § 266 HGB	Passiva
A. Anlagevermögen	**A. Eigenkapital**
I. Sachanlagen	**B. Verbindlichkeiten**
1. Grundstücke und Gebäude	1. Verbindlichkeiten gegenüber Kreditinstituten
2. Fuhrpark	2. Verbindlichkeiten a. LL
3. Betriebs- und Geschäftsausstattung	
B. Umlaufvermögen	
1. Waren	
2. Forderungen a. LL	
3. Kasse	

Erfolgskonten: Die Reihenfolge der Kontenklassen 5, 6 und 7 richtet sich nach dem Aufbau der Gewinn- und Verlustrechnung in Staffelform, wie sie gemäß § 275 HGB für Kapitalgesellschaften vorgeschrieben ist. In der **Staffelform** werden Aufwendungen und Erträge nicht in Kontenform gegenübergestellt, sondern untereinander aufgeführt. Durch Subtrahieren der Aufwendungen von den Erträgen wird der Jahresüberschuss **(Gewinn)** oder -fehlbetrag **(Verlust)** ermittelt, vgl. S. 252 ff.

Erfolgskonten		
Ertragskonten	**Aufwandskonten**	
5	6	7
Erträge	Betriebliche Aufwendungen	Weitere Aufwendungen

Gewinn- und Verlustrechnung in Staffelform gem. § 275 HGB

1. Umsatzerlöse/Warenverkauf
2. Sonstige betriebliche Erträge (Mieterträge, Provisionserträge)
3. Aufwendungen für Waren/Wareneinsatz
4. Personalaufwand
5. Sonstige betriebliche Aufwendungen (Fremdinstandsetzung, Büromaterial, Aufwendungen für Werbung, Versicherungsbeiträge)
6. Jahresüberschuss/-fehlbetrag

So aufgebaute und gegliederte Bilanzen und Gewinn- und Verlustrechnungen werden von Instituten und Verbänden zur Ermittlung von Vergleichszahlen genutzt (vgl. S. 74, 79).

Kontenplan

Jedes Unternehmen stellt sich unter Beachtung der Besonderheiten seiner **Branche**, seiner **Rechtsform**, seiner **Informationsbedürfnisse** sowie der **Größe** und **Struktur des Unternehmens** seinen individuellen Kontenplan auf. Dieser wird in Anlehnung an den Kontenrahmen, dessen Anwendung nicht verbindlich vorgeschrieben wird, erstellt. Der Kontenplan enthält nur die **Konten, die in der Finanzbuchhaltung** dieses Unternehmens tatsächlich **erforderlich** sind. Andererseits kann aufgrund des dekadischen Gliederungssystems (Zehnersystem) eine tiefere Gliederung einzelner Kontengruppen vorgenommen werden, wenn ein entsprechendes Informationsbedürfnis gegeben ist.

Kontenplan (Auszug) der Werbeagentur West GmbH	
6	Betriebliche Aufwendungen
60	Aufwendungen für Roh-, Hilfs- und Betriebsstoffe
600	Aufwendungen für Rohstoffe
6001	Bezugskosten für Rohstoffe
6002	Nachlässe/Rohstoffe
602	Aufwendungen für Hilfsstoffe
usw.	

Kontenrahmen, Jahresabschluss und Kontenplan

- *Der Kontenrahmen unterstützt die Übersichtlichkeit und Einheitlichkeit der Finanzbuchhaltung.*
- *Der Kontenrahmen ist aufgeteilt in die beiden selbstständigen Rechnungskreise Finanzbuchhaltung sowie Kosten- und Leistungsrechnung.*
- *Der Kontenrahmen ist nach dem Dezimalklassifikationssystem aufgebaut. Er enthält Kontenklassen, Kontengruppen und Kontenarten.*
- *Anordnung und Bezeichnung der Konten orientieren sich am Abschlussgliederungsprinzip, sodass sich ohne großen Aufwand aufgrund des Kontenrahmens aus den Konten die Angaben für die Bilanz und die Gewinn- und Verlustrechnung ergeben.*

- *Die Bestandskonten der Kontenklassen 0 bis 4 sind über das Konto 8010 Schlussbilanzkonto, die Erfolgskonten der Kontenklassen 5 bis 7 über das Konto 8020 Gewinn und Verlust abzuschließen.*
- *Bilanz und Gewinn- und Verlustrechnung bilden zusammen den Jahresabschluss. Durch Abgrenzung der Inhalte der Posten der Bilanz und Gewinn- und Verlustrechnung in Anlehnung an den Kontenrahmen werden die Jahresabschlüsse verschiedener Unternehmen miteinander vergleichbar.*
- *Grundlage zur Aufstellung des Kontenplans ist der Kontenrahmen.*
- *Der Kontenplan enthält die Konten, die ein bestimmtes Unternehmen aufgrund seiner Rechtsform, seines Informationsbedürfnisses, seiner Branche sowie seiner Größe und Struktur benötigt.*

1 a) Erstellen Sie folgendes Einteilungsschema des Kontenrahmens:

Klassen 0 und 1 Anlagevermögen	Klasse 2 Umlaufvermögen	Klasse 3 Eigenkapital	Klasse 4 Schulden	Klasse 5 Erträge	Klassen 6 und 7 Aufwendungen	Klasse 8 Eröffnung und Abschluss

b) Ordnen Sie folgende Kontenbezeichnungen den Kontenklassen des Einteilungsschemas zu. Umsatzerlöse für Waren, EBK, unbebaute Grundstücke, Energie, Fuhrpark, Aufwendungen für Waren, Forderungen a. LL, Verbindlichkeiten a. LL, SBK, Maschinen, GuV-Konto, Eigenkapital, Geschäftsausstattung, Löhne, Gehälter, bebaute Grundstücke, Büromaterial, langfristige Verbindlichkeiten gegenüber Kreditinstituten, Kasse, Bankguthaben.

2 Geben Sie die EDV-gerechten Kontennummern für folgende Kostenarten an:
Mieten/Pachten, Umsatzerlöse für Waren, EBK, Eigenkapital, Maschinen, Energie, GuV-Konto, Bankguthaben, unbebaute Grundstücke, Darlehensschuld gegenüber der Bank, Gehälter, Gewerbesteuer, Mieterträge, Fuhrpark, Postentgelte/Telefon, Forderungen a. LL, Büromaterial, SBK, Fremdinstandhaltung, Verbindlichkeiten a. LL, Provisionserträge, Kasse, Aufwendungen für Waren.

3 Bilden Sie unter Verwendung der Kontennummern die Buchungssätze zu den nachstehenden Geschäftsfällen einer Buchhandlung:

	EUR
1. **KB:** Verkauf von Büchern laut Kassenberichten einschl. 7 % USt	15 960,00
2. **ER:** Einkauf von Büchern auf Ziel, netto	10 260,00
3. **BA:** Banküberweisung einer Bibliothek zum Ausgleich einer fälligen AR ..	11 984,00
4. **BA:** Gehaltszahlungen durch Banküberweisung	7 000,00
5. **BA:** Banküberweisung der Gewerbesteuer an die Stadt	3 000,00
6. **KB:** Abhebung vom Bankkonto für die Geschäftskasse	8 000,00
7. **BA:** Banküberweisung an einen Buchverlag für fällige ER (Fall 2)	10 978,20
8. **BA:** Abbuchung der Telefonentgelte vom Bankkonto .... + 19 % USt	2 500,00

Abschlussbuchungen:

Konto Forderungen	57 500,00
Konto Verbindlichkeiten	34 500,00
Konto Aufwendungen für Waren	240 000,00
Konto Umsatzerlöse für Waren..	570 000,00
Konto GuV im Falle eines Verlustes von	35 000,00

4 Bilden Sie unter Verwendung der Kontennummern die Buchungssätze zu den nachstehenden Geschäftsfällen einer Druckerei:

		EUR
1.	**ER, BA:** Einkauf von Papier gegen Zahlung mit Bankscheck .... + 19 % USt	27 360,00
2.	**AR:** Rechnung für die Durchführung eines Druckauftrages .... + 19 % USt	34 200,00
3.	**BA:** Banküberweisung der Gehälter an die Angestellten	25 000,00
4.	**BA:** Banküberweisung des Beitrags zur Industrie- und Handelskammer ..	500,00
5.	**BA:** Banküberweisung der Tilgungsrate für ein Bankdarlehen	10 000,00
6.	**BA:** Banküberweisung der Gewerbesteuer an die Stadt	4 000,00
7.	**BA:** Abbuchung des KfZ-Versicherungsbeitrags für den betrieblichen Pkw	600,00

Abschlussbuchungen:

a)	Abschluss des Kontos Forderungen a. LL	9 500,00
b)	Abschluss des Kontos Aufwendungen für Rohstoffe	310 000,00
c)	Abschluss des Kontos Umsatzerlöse für Erzeugnisse	650 000,00
d)	Gewinn des Geschäftsjahres	175 000,00
e)	Abschluss des Kontos Eigenkapital	720 000,00

5 a) Geben Sie mithilfe des Kontenrahmens zu folgenden Buchungssätzen die Kontenbezeichnung an.

	EUR		EUR
1. 2800 an 2880...........	6 000,00	6. 2800 an 2400	2 052,00
2. 4400 an 2800	8 050,00	7. 6060 an 4400.........	36 480,00
3. 7000 an 2800...........	5 000,00	8. 6160 an 4400	900,00
4. 6900 an 2800...........	1 200,00	9. 6800 an 4400.........	1 100,00
5. 6200 an 2800...........	11 000,00	10. 6050 an 2800	3 800,00

b) Kennzeichnen Sie den betrieblichen Vorgang, der den einzelnen Buchungssätzen zugrunde liegt.

6 **Kontenplan eines Buchverlages:** 0510, 0800, 2400, 2600, 2800, 2880, 3000, 4250, 4400, 4800, 5000, 5400, 6000, 6050, 6160, 6300, 6710, 6800, 6870, 7000, 7510, 8000, 8010, 8020.

Anfangsbestände:

		EUR			EUR
0510	Grundstücke und Gebäude	470 000,00	0800	Betriebs- und Geschäftsausstattung.	230 000,00
2400	Forderungen a. LL	119 800,00	2800	Bank................	340 000,00
3000	Eigenkapital	840 000,00	2880	Kasse	6 200,00
4400	Verbindlichkeiten a. LL .	91 200,00	4250	Darlehensschulden ...	234 800,00

Geschäftsfälle:

	EUR	EUR
1. **BA vom 01.12.:** Lastschriften		
1.1. Abbuchung vom Energiewerk: Strom- und Gasverbrauch	13 000,00	
1.2. Erhaltungsreparaturen am Gebäude	15 000,00	28 000,00
+ 19 % USt		5 320,00
2. **AR vom 02.12.:** Verkäufe von Büchern auf Ziel .... + 7 % USt		66 600,00
3. **ER vom 03.12.:** Zieleinkauf von Papier		198 000,00
+ 19 % USt		37 620,00

4. **KB vom 10.12.:** Kassenausgaben		
4.1. Barkauf von Büromaterialien	170,00	
+ 19 % USt		
4.2. Barkauf von Putzmaterial	90,00	260,00
+ 19 % USt		
5. **AR vom 11.12.:** Verkäufe von Büchern, netto		
5.1. gegen Bankscheck	380 000,00	
5.2. auf Zielgewährung von 30 Tagen	520 000,00	900 000,00
+ 7 % USt		63 000,00
6. **BA vom 14.12.:** Gutschriften		
6.1. Mieter zahlt Miete für einen vermieteten Büroraum durch Banküberweisung	2 740,00	
6.2. Kunden zahlen fällige AR durch Banküberweisungen.............................	502 900,00	505 640,00
7. **BA vom 15.12.:** Banküberweisungen		
7.1. an den Darlehensgeber wegen Zinsen	8 000,00	
7.2. an die Stadtkasse wegen Gewerbesteuer	23 000,00	31 000,00
8. **BA vom 24.12.:** Lastschriften		
8.1. Gehaltszahlungen an Angestellte	72 000,00	
8.2. Leasingzahlungen an Vermieter des gemieteten Transporters....................................	3 000,00	
8.3. Banküberweisung an Werbeagentur wegen einer Aktion	12 000,00	
+ 19 % USt	2 280,00	89 280,00
9. **BA vom 29.12.:** Gutschrift: Verkauf eines Grundstücks gegen Bankscheck		20 000,00
10. **BA vom 30.12.:** Lastschriften		
10.1. Banküberweisung an Papierlieferer für fällige ER		96 320,00
10.2. Kauf eines PC gegen Scheckzahlung	2 700,00	
+ 19 % USt	513,00	3 213,00
....		99 533,00

Führen Sie die Finanzbuchhaltung zur Ermittlung des Jahresabschlusses durch.

7 Ordnen Sie folgende Begriffe 1 bis 6 nebenstehenden Erklärungen a) bis f) zu.

	Begriffe	Erklärungen
1	Hauptbuch	a) Wertbewegung in einem Unternehmen, die buchhalterisch erfasst wird
2	Journal (Grundbuch)	b) kürzeste Anweisung für die Durchführung einer Buchung aufgrund eines Belegs
3	Kontenrahmen	c) Erfassung der Geschäftsfälle in zeitlicher Reihenfolge
4	Kontenplan	d) Teil der Buchhaltung, in dem die Geschäftsfälle sachlich geordnet erfasst werden.
5	Buchungssatz	e) systematische Gliederung der Konten, die in der Buchhaltung eines bestimmten Unternehmens geführt werden
6	Geschäftsfall	f) systematische Ordnung aller Konten, die in den Betrieben eines bestimmten Wirtschaftszweigs möglich sind

8 Nennen Sie die Geschäftsfälle, die den Buchungen auf folgendem Bankkonto zugrunde liegen.

S	2800 Bank		H
(1) 8000	69 000,00	(3) 4400	12 800,00
(2) 2400	30 360,00	(4) 6700	3 400,00
(3) 2880	19 665,00	(5) 0860, 2600	1 250,00
(4) 5100, 4800	42 415,00	(7) 6800, 2600	287,50
(10) 0840, 4800	3 500,00	(8) 6300	14 200,00
		(11) 8010	130 002,50
	164 940,00		164 940,00

9 Erstellen Sie für eine Buchhandlung die Bilanz, indem Sie folgende Kontenarten dem Gliederungsschema auf S. 111 zuordnen:

Nr.	Kontenbezeichnung	Soll EUR	Haben EUR
0500	Grundstücke	75 000,00	
0510	Gebäude	277 500,00	
0830	Lager- und Transporteinrichtungen	18 000,00	
0840	Fuhrpark	21 000,00	
0860	Geschäftsausstattung	60 000,00	
2280	Warenbestand	285 000,00	
2400	Forderungen a. LL	180 000,00	
2800	Guthaben bei Banken	187 500,00	
2880	Kasse	45 000,00	
3000	Eigenkapital		840 000,00
4250	Langfristige Verbindlichkeiten gegenüber Kreditinstituten		209 000,00
4400	Verbindlichkeiten a. LL		100 000,00
		1 149 000,00	1 149 000,00

10 Erstellen Sie eine Gewinn- und Verlustrechnung in Staffelform nach dem Gliederungsschema auf S. 112.

Nr.	Kontenbezeichnung	Soll EUR	Haben EUR
5100	Umsatzerlöse für Waren		3 152 000,00
5400	Mieterträge		70 000,00
5410	Provisionserträge		57 000,00
6050	Energie	27 000,00	
6060	Aufwendungen für Waren	935 000,00	
6140	Frachten	33 000,00	
6200	Löhne	570 000,00	
6300	Gehälter	297 000,00	
6710	Mieten, Pachten, Leasing	128 000,00	
6770	Rechts- und Beratungskosten	32 000,00	
6800	Büromaterial	52 000,00	
6900	Versicherungsbeiträge	18 000,00	
7000	Gewerbesteuer	79 000,00	
7020	Grundsteuer	25 500,00	

11 Erstellen Sie eine Gewinn- und Verlustrechnung in Staffelform nach dem Gliederungsschema auf S. 112.

Nr.	Kontenbezeichnung	Soll EUR	Haben EUR
5100	Umsatzerlöse für Waren		4 550 700,00
5400	Mieterträge		167 000,00
5410	Provisionserträge		53 000,00
6040	Verpackungsmaterial	125 000,00	
6050	Energie	148 700,00	
6060	Aufwendungen für Waren	1 860 000,00	
6140	Frachten	45 600,00	
6160	Fremdinstandsetzung	98 000,00	
6200	Löhne	970 000,00	
6300	Gehälter	834 200,00	
6700	Mieten, Pachten	84 000,00	
6800	Büromaterial	192 000,00	
6820	Postentgelte/Telefon	1 200,00	
6870	Werbung	195 000,00	
6900	Versicherungsbeiträge	38 000,00	
7000	Gewerbesteuer	170 000,00	
7020	Grundsteuer	20 000,00	
7020	Kfz-Steuer	25 500,00	

12 Die Finanzbuchhaltung der Druckerei Offset GmbH ermittelt auf den Konten laut Kontenplan vor Erstellung des Jahresabschlusses folgende Werte im Soll und im Haben:

Nr.	Kontenbezeichnung	Soll EUR	Haben EUR
0500	Grundstücke und Gebäude	490 000,00	33 500,00
0700	Technische Anlagen und Maschinen	140 000,00	25 000,00
0840	Fuhrpark	80 000,00	12 000,00
2400	Forderungen a. LL	7 371 600,00	7 284 600,00
2800	Bankguthaben	7 665 620,00	3 473 900,00
3000	Eigenkapital		4 300 000,00
4400	Verbindlichkeiten a. LL	5 654 400,00	5 874 200,00
5100	Umsatzerlöse für Erzeugnisse		6 400 000,00
5400	Mieterträge		18 000,00
5410	Provisionserträge		12 020,00
6000	Aufwendungen für Rohstoffe	4 940 000,00	
6050	Energie	50 000,00	
6200	Löhne	318 100,00	
6300	Gehälter	540 000,00	
6700	Mieten	96 000,00	
6800	Büromaterial	52 500,00	
7000	Betriebliche Steuern	35 000,00	
		27 433 220,00	27 433 220,00

a) Erstellen Sie die Gewinn- und Verlustrechnung nach dem Gliederungsschema auf S. 112.
b) Ermitteln Sie das neue Eigenkapital unter Berücksichtigung des Erfolges.
c) Stellen Sie die Bilanz nach dem Gliederungsschema von S. 113 auf.

13 Beantworten Sie folgende Fragen zum Kontenrahmen und Jahresabschluss:
   a) Aus welchen Bestandteilen besteht der Jahresabschluss der Medi@Point GmbH & Co. KG?
   b) Erläutern Sie die Vorteile für die Werbeagentur West GmbH, wenn alle Werbeagenturen in der Buchhaltung und im Jahresabschluss die Kontenabgrenzung und die Kontenbezeichnung lt. Kontenrahmen beachten.
   c) Erläutern Sie den Aufbau des Kontenrahmens, indem Sie Bestandskonten und Erfolgskonten den Kontenklassen zuordnen.
   d) Stellen Sie Konten- und Staffelform der GuV-Rechnung gegenüber.

1.5.3 Nebenbücher der Buchführung

Caroline Hermann, Geschäftsführerin der Werbeagentur West GmbH, bittet Thorsten Warthofer, einen Auszubildenden, zwecks Kontrolle der Umsätze, Zahlungen und offenen Posten der Kunden um eine entsprechende Aufstellung über die einzelnen Kunden. Sie bittet Herrn Warthofer, Grund- und Hauptbuch hierfür auszuwerten. Herr Warthofer ist sehr enttäuscht über den Informationswert der beiden Bücher.

Die Übersicht, die das Hauptbuch über die Vermögens- und Kapitalveränderungen vermittelt, genügt bei einigen Posten nicht.

Aus den Konten des Hauptbuchs ist nicht ersichtlich, wie hoch die Schulden gegenüber einzelnen Lieferern oder die Forderungen gegenüber einzelnen Kunden sind. Aus dem Konto Umsatzerlöse für Waren geht nicht hervor, mit welchen Artikeln die Umsätze erreicht wurden.

Daher werden verschiedene **Nebenbücher** – meistens in Dateiform – geführt, in denen die **Buchungen einzelner Hauptbuchkonten** näher **erläutert** werden:
- Kunden- oder Debitorenbuchhaltung,
- Lieferer- oder Kreditorenbuchhaltung,
- Lagerbuchhaltung.

In den Nebenbüchern werden **keine Buchungen mit Gegenbuchungen** vorgenommen, sondern lediglich Übertragungen. Der Inhalt der Eintragungen in den Nebenbüchern muss jedoch mit dem Inhalt der Buchungen auf den entsprechenden Sachkonten übereinstimmen.

● Kontokorrentbuch

Kundenforderungen und **Liefererschulden** werden im **Hauptbuch** auf den **Sachkonten „2400 Forderungen a. LL"** und **„4400 Verbindlichkeiten a. LL"** mit den entsprechenden Gegenbuchungen erfasst.

Aus dem Konto „2400 Forderungen a. LL" kann der Unternehmer nicht ersehen, wie hoch seine Forderungen gegenüber einzelnen Kunden sind.

Aus dem Konto „4400 Verbindlichkeiten a. LL" geht nicht hervor, wie hoch die Schulden gegenüber einzelnen Lieferern sind.

Daher wird für jeden einzelnen Kunden und Lieferer im Kontokorrentbuch ein eigenes Konto (Datei) geführt.

Kontokorrentbuch

Kundenkonten = Debitorenkonten	Liefererkonten = Kreditorenkonten
Forderungen aufgrund von Warenverkäufen und Kundenzahlungen werden für jeden einzelnen Kunden erfasst.	Verbindlichkeiten aufgrund von Wareneinkäufen und Zahlungen an Lieferer werden für jeden einzelnen Lieferer erfasst.

S	Kundenkonto H
Anfangsbestand	Zahlungen von Kunden
Forderungen a. LL in der Rechnungsperiode laut AR	Endbestand (offene Posten)

S	Liefererkonto H
Zahlungen an Lieferer	Anfangsbestand
Endbestand (offene Posten)	Verbindlichkeiten a. LL in der Rechnungsperiode laut ER

Buchungen auf dem Hauptbuchkonto (Sachkonto) „2400 Forderungen a. LL"

A	2400 Forderungen a. LL		P
02.01. 8000	50 100,00	10.01. 2800	22 500,00
16.03. 5100, 4800	23 500,00	14.01. 2800	27 600,00
18.04. 5100, 4800	46 000,00	30.03. 2800	23 500,00
02.06. 5100, 4800	12 650,00	18.05. 2800	46 000,00
18.12. 5100, 4800	69 000,00	01.07. 2800	12 650,00
27.12. 5100, 4800	92 000,00	31.12. 8010	161 000,00
	293 000,00		293 250,00

Eintragungen auf den Kundenkonten (Personenkonten) „D 24001 Konrad Adenauer Flughafen Köln/Bonn GmbH" und „D 24002 Buchfachhandel Schneider GmbH"

D 24001 Konrad Adenauer Flughafen Köln/Bonn GmbH, Flughafen 1–30, 51147 Köln				
Datum	**Beleg**	**Text**	**Soll**	**Haben**
02.01.		Saldovortrag: AR 7352	27 600,00	
14.01.	BA 012	Überweisung AR 7352		27 600,00
18.04.	AR 9893	Zielverkauf	46 000,00	
18.05.	BA 115	Überweisung AR 9893		46 000,00
02.06.	AR 12396	Zielverkauf	12 650,00	
01.07.	BA 125	Überweisung AR 12396		12 650,00
27.12.	AR 39893	Zielverkauf	92 000,00	
31.12.		Saldo: AR 39893		92 000,00
			178 250,00	178 250,00
02.01		Saldovortrag: AR 39893	92 000,00	

D 24002 Buchfachhandel Schneider GmbH, Brunostraße 45, 50333 Köln				
Datum	Beleg	Text	Soll	Haben
02.01.		Saldovortrag: AR 7531	22 500,00	
10.01.	BA 009	Überweisung AR 7531		22 500,00
16.03.	AR 8428	Zielverkauf	23 500,00	
30.03.	BA 92	Überweisung AR 8428		23 500,00
18.12.	AR 32375	Zielverkauf	69 000,00	
31.12.		Saldo: AR 32375		69 000,00
			115 000,00	115 000,00
02.01		Saldovortrag: AR 32375	69 000,00	

Bei monatlichem, vierteljährlichem oder jährlichem Abschluss der Kontokorrentkonten werden alle Salden in einer **Saldenliste** gesammelt.

Saldenliste/Debitoren

Konto	Bezeichnung	Saldo-vortrag	Jahressoll	Jahres-haben	Saldo
D 24001	Konrad Adenauer Flughafen Köln/Bonn GmbH, Flughafen 1–30, 51147 Köln	27 600,00	150 650,00	86 250,00	92 000,00
D 24002	Buchfachhandel Schneider GmbH, Brunostraße 45, 50333 Köln	22 500,00	92 500,00	46 000,00	69 000,00
2400	Forderungen a. LL	50 100,00	243 150,00	132 250,00	161 000,00

Lagerbuchhaltung

Die Lagerdatei enthält für **jeden Rohstoff** ein **Konto**. Die Lagerdatei dient insbesondere der **mengenmäßigen Kontrolle** der Lagerbestände und wird daher zumeist nur zur Erfassung mengenmäßiger Bestandsveränderungen geführt. Im Rahmen einer **permanenten Inventur** (vgl. S. 33 ff.) wird durch körperliche Inventur mindestens einmal während des Geschäftsjahres der laut Lagerdatei ausgewiesene **Sollbestand** überprüft. Der dann durch Inventur festgestellte **Istbestand** wird in die Lagerdatei als Bestand übernommen. Dieser Bestand wird unter Berücksichtigung der weiteren **Zugänge** und **Abgänge** bis zum Jahresabschluss fortgeschrieben. In das Inventar kann der zu diesem Stichtag ausgewiesene Bestand als Istbestand laut permanenter Inventur übernommen werden.

Nebenbücher der Buchführung

Erläuterung einzelner Sachkonten durch dateimäßige Aufgliederung der Inhalte

- *Kontokorrentkonten*
  - *Debitorenkonten*
  - *Kreditorenkonten*
- *Lagerdatei, Lagerbuchhaltung*

1 Nennen Sie die durch nachstehende Definitionen beschriebenen Begriffe. Die jeweils vierten Buchstaben der 21 Wörter, deren Definitionen oder Synonyme unten angegeben sind, ergeben in der Reihenfolge von oben nach unten einen Grundsatz der ordnungsmäßigen Buchführung:

1. Eintragung des Buchungssatzes im Buchungsstempel
2. Verzeichnis aller Vermögensteile und Schulden
3. Passiva
4. Betriebsvermögen des Unternehmers
5. Bestandsaufnahme
6. Verpflichtungen aus Zielkäufen
7. Vorbereitungsbuchung zum Abschluss
8. Bestandsaufnahme an einem bestimmten Tag
9. Entwertungsstrich in Konten
10. Fremdkapital
11. Journal
12. Belege für Verkäufe
13. Unterkonten des Eigenkapitalkontos
14. kürzeste Form einer Buchungsanweisung
15. dekadisches System
16. Mittelverwendung
17. Saldo der Bestandskonten
18. Buchungsunterlage
19. Differenz zwischen Aufwand und Ertrag
20. Gründer und Leiter eines Betriebes
21. Abfluss von Geldmitteln bei Anschaffungen

2 Führen Sie das Konto des Kunden J. Pauls e. K., Eggstr. 36, 79117 Freiburg:

		EUR
14.07.:	Saldovortrag	14 135,00
29.07.:	AR 293	31 470,00
12.08.:	AR 327	41 525,00
20.08.:	Bankauszug 175: Scheck	75 000,00
26.08.:	AR 352	38 917,00
29.08.:	Bankauszug 176: Überweisung	40 000,00

Ermitteln Sie den Saldo zum 31. August.

3 Führen Sie das Konto des Kunden Werner Bange e. K., Am Wingert 32, 50999 Köln:

		EUR
25.09.:	Saldovortrag	47 140,00
30.09.:	Bankauszug 189: Überweisung	47 140,00
14.10.:	AR 407	38 290,00
27.10.:	AR 462	41 225,00
03.11.:	Bankauszug 190: Scheck	79 515,00
12.11.:	AR 481	21 114,00
24.11.:	AR 579	51 945,00
27.11.:	Bankauszug 191: Überweisung	70 000,00

Ermitteln Sie den Saldo zum 30. November.

4 Führen Sie das Konto des Lieferers RaWa AG, Hafenstr. 2, 59065 Hamm:

		EUR
15.03.:	Saldovortrag	124 150,00
29.03.:	BA 609: Überweisung	110 000,00
15.04.:	ER 407:	72 315,00
23.04.:	BA 610: Scheck	86 465,00
02.05.:	ER 502	68 320,00
09.06.:	ER 711	46 730,00
27.06.:	BA 611: Überweisung	100 000,00

Ermitteln Sie den Saldo zum 30. Juni.

5 Führen Sie das Konto des Lieferers Udo Lingen e. K., Am Hang 4, 45289 Essen:

		EUR
01.10.:	Saldovortrag	14 110,00
15.10.:	ER 2111	56 870,00
18.10.:	Rücksendung (Falschlieferung), R 2	12 430,00
30.10.:	Überweisung durch Bank, BA 730	57 000,00
17.11.:	ER 2888	49 840,00
20.11.:	BA731: Scheck	49 840,00
20.12.:	ER 2989	86 810,00

Ermitteln Sie den Saldo zum 31. Dezember.

2 Besonderheiten in einzelnen Funktionsbereichen der Medienunternehmen

2 Besonderheiten in einzelnen Funktionsbereichen der Medienunternehmen

2.1 Beschaffungswirtschaft

2.1.1 Beschaffung mit Sofortrabatten und Anschaffungsnebenkosten

Die Buchhandlung Medi@Point GmbH & Co. KG hat vom Barsortiment Könemann GmbH & Co. KG nebenstehende Rechnung erhalten.

Herr Solly, der Buchhalter, gibt den Beleg an die Auszubildende Barbara Wolf zur Bearbeitung weiter.

Das HGB gibt vor, dass Herr Solly die gesamten Anschaffungskosten im Rahmen der Buchung einer Eingangsrechnung berücksichtigen muss.

Könemann GmbH & Co. KG

Könemann GmbH & Co. KG, Delsterner Str. 134, 58091 Hagen

Medi@Point GmbH & Co. KG
Schildergasse 46
50667 Köln

Delsterner Str. 134
58091 Hagen
Tel.: 02331 789-0
Fax: 02331 789 130

Ihr Auftrag vom:	Kunden-Nr.	Rg.-Nr.	Datum
05.08.20..	53402	99534	08.08.20..

Art.-Nr.	Menge	Artikelbezeichnung	Einzelpreis EUR	Gesamtpreis EUR
5323	520	Bausteine Sprache	32,95	17 134,00
		– 35 % Buchhandelsrabatt		5 996,90

Warenwert, netto EUR	Fracht EUR	Entgelt, netto EUR	7 % USt EUR	Gesamtbetrag EUR
11 137,10	142,90	11 280,00	789,60	12 069,60

Lieferung: Ab Werk
Zahlung: 30 Tage Ziel, netto

Bankverbindung: Sparkasse Hagen BLZ 450 500 01 Kto.-Nr.: 743 021 6
Steuernummer: 322/854/1020 **USt-ID-Nr.:** DE-956332096

Anschaffungskosten

Das Unternehmen will die tatsächlichen Kosten beim Einkauf von Waren erfassen und diese zusammen mit den Handlungskosten den Umsatzerlösen gegenüberstellen. Waren werden daher beim Einkauf mit ihren **Anschaffungskosten** (Bezugs- oder Einstandspreisen) erfasst (vgl. S. 125 f.).

§

§ 255 HGB: Anschaffungskosten sind die Aufwendungen, die geleistet werden, um einen Vermögensgegenstand zu erwerben ... Anschaffungspreisminderungen sind abzusetzen.
Zu den Anschaffungskosten gehören auch die Nebenkosten sowie die nachträglichen Anschaffungskosten.

Es ist also zu beachten, dass

- **Sofortrabatte**, die bereits auf der Eingangsrechnung ausgewiesen sind, die Anschaffungskosten mindern und nicht gesondert gebucht werden,
- **Bezugskosten**, wie Fracht, Rollgeld, Transportverpackung, Transportversicherung etc., als **Anschaffungsnebenkosten** zu den Anschaffungskosten zählen,

- **Vorsteuer** laut Eingangsrechnung kein Bestandteil der Anschaffungskosten ist, weil sie durch Verrechnung mit der Umsatzsteuer vom Finanzamt praktisch zurückerstattet wird. Allerdings ist zu beachten, dass Nebenleistungen wie im Beispiel die Fracht, aber auch Verpackung und Transportversicherung, die im Gefolge einer Hauptleistung erbracht werden, umsatzsteuerrechtlich wie die hier zugrunde liegende Hauptleistung behandelt werden (UStR Abschn. 29, Absatz 3).

	Eingangsrechnung: Zieleinkauf von Büchern	
Listen(einkaufs)preis	Gesamtpreis, netto (520 Stück à 32,95 EUR)	17 134,00
– Sofortrabatt	– 35 % Buchhandelsrabatt	5 996,90
		11 137,10
+ Anschaffungsnebenkosten + Fracht	....	142,90
= Anschaffungskosten		11 280,00
	+ 7 % Umsatzsteuer	789,60
Rechnungsbetrag, brutto	....	12 069,60

Buchung der Anschaffungsnebenkosten

Damit der Unternehmer genaue Informationen über die Zusammensetzung der Bezugspreise (Preis der Waren, Bezugskosten) bekommt, empfiehlt sich eine getrennte Erfassung der Anschaffungsnebenkosten auf einem besonderen Bezugskostenkonto (6061). Diese Information benötigt die Unternehmensleitung bzw. die Einkaufsabteilung, um beispielsweise die Frachtkosten zu kontrollieren und gegebenenfalls zu mindern.

Der Medi@Point wurden von der Könemann GmbH & Co KG die Bücher ab Werk zu folgenden Bedingungen angeboten: Lieferung durch eigenen Schnellservice. Das heißt: die Transportkosten von 142,90 EUR bei der Zustellung könnten durch Auswahl eines preiswerteren Spediteurs oder durch Selbstabholung gesenkt werden.

Hochwertige Mehrwegverpackung wie Paletten, faltbare Collicos oder Kisten werden häufig vom Lieferer zur Verfügung gestellt und mit den Selbstkosten berechnet. Solche Verpackungskosten werden ebenfalls als Anschaffungsnebenkosten auf dem Konto 6061 gebucht. Das Konto „6061 Warenbezugskosten" ist ein Unterkonto des Kontos „6060 Aufwendungen" für Waren.

Buchung:

6060 Aufwendungen für Waren	11 137,10		
6061 Bezugskosten	142,90		
2600 Vorsteuer	789,60	an 4400 Verbindlichkeiten a. LL	12 069,60

S 6060 Aufwendungen für Waren H

S		H	
4400	11 137,10		
6001	142,90		

S 4400 Verbindlichkeiten a. LL H

S		H	
		6060, 6061, 2600	12 069,60

S 6061 Bezugskosten H

S		H	
4400	142,90	6060	142,90

S 2600 Vorsteuer H

S		H	
4400	789,60		

Zum Abschluss wird das Konto „6061 Bezugskosten" im Rahmen der Umbuchungen über das Konto „6060 Aufwendungen für Waren" abgeschlossen.

Vorbereitende Abschlussbuchung

6060 Aufwendungen für Waren an 6061 Bezugskosten/Waren

Besonderheiten bei der **Beschaffung von Roh-, Hilfs- und Betriebsstoffen** in Verlagen, Druckereien und Werbeagenturen ergeben sich insofern, als die Anschaffungsnebenkosten für die einzelnen Werkstoffe getrennt zu erfassen sind.

Hier sind also getrennte Konten zu führen für

Werkstoffaufwand	Unterkonten
6000 Aufwendungen für Rohstoffe	6001 Bezugskosten/Rohstoffe
6020 Aufwendungen für Hilfsstoffe	6021 Bezugskosten/Hilfsstoffe
6030 Aufwendungen für Betriebsstoffe	6031 Bezugskosten/Betriebsstoffe

Beschaffung mit Sofortrabatten und Anschaffungsnebenkosten

- *Alle Vermögensgegenstände sind bei ihrer Anschaffung mit den Anschaffungskosten (bei Waren mit dem Bezugs- oder Einstandspreis) zu erfassen.*
- *Anschaffungskosten einer Ware oder eines Werkstoffes sind alle Aufwendungen, die beim Erwerb entstehen.*

Bestandteile der Anschaffungskosten					keine Anschaffungskosten
Listeneinkaufspreis	–	**Anschaffungspreisminderungen**	+	**Anschaffungsnebenkosten**	
Preis laut Angebotsliste		– **Sofortrabatte** (Mengen-, Wiederverkäufer-, Sonderrabatte), die bei Rechnungserteilung abgezogen werden – nachträglich gewährte Rabatte – Skonto		Bezugskosten bei Warenbeschaffung: Verpackungskosten, Rollgeld, Fracht, Transportversicherung	absetzbare Vorsteuer: gezahlte Umsatz- oder Einfuhrumsatzsteuer (vgl. Seite 89 f.)

- *Sofortrabatte werden nicht gesondert gebucht.*
- *Anschaffungsnebenkosten werden zur besseren Übersicht über die Bezugskosten auf einem Unterkonto des jeweiligen Aufwandskontos (6060 Aufwendungen für Waren, 6000 Aufwendungen für Rohstoffe, 6020 Aufwendungen für Hilfsstoffe, 6030 Aufwendungen für Betriebsstoffe), dem entsprechenden Bezugskostenkonto (6061, 6001, 6021, 6031), gebucht.*
- *Die jeweiligen Bezugskostenkonten werden im Rahmen der Umbuchungen über das entsprechende Werkstoff-/Warenaufwandskonto abgeschlossen.*

1 **ER 208 einer Druckerei:**

	EUR
Papier, Listenpreis	150 000,00
– $33\,^{1}/_{3}$ % Rabatt	50 000,00
	100 000,00
– 4 % Sonderrabatt	4 000,00
	96 000,00
+ 19 % Umsatzsteuer	18 240,00
	114 240,00

Buchen Sie diese Eingangsrechnung.

2 Geben Sie die Buchungssätze für folgende Geschäftsfälle einer Buchhandlung an.

	EUR	EUR
1. **ER:** Zieleinkauf von Büchern		
Listenpreis, netto	80 000,00	
– 35 % Buchhandelsrabatt	28 000,00	52 000,00
+ 7 % Umsatzsteuer		3 640,00
		55 640,00
2. **ER, BA:** Kauf von Büchern gegen Zahlung mit Bankscheck		
Listenpreis, netto	6 000,00	
– 35 % Buchhandelsrabatt	2 100,00	3 900,00
+ 7 % Umsatzsteuer		273,00
		4 173,00
3. **ER:** Kauf von Reinigungsmaterial für die Verkaufs- und Lagerräume auf Ziel		
Listenpreis, netto	800,00	
– 5 % Treuerabatt	40,00	760,00
+ 19 % Umsatzsteuer		144,40
		904,40
4. **ER:** Zieleinkauf von Büchern	96 000,00	
– 35 % Buchhandelsrabatt	33 600,00	62 400,00
+ 7 % Umsatzsteuer		4 368,00
		66 768,00

3 Die Offset GmbH erhält eine Ab-Werk-Lieferung von 400 000 Bogen Papier holzfrei hochfein Hartpost hochweiß zum Listenpreis von 25,94 EUR/1 000 Bogen. Das Papierwerk gewährt 10 % Rabatt. Für die gewünschte Eilzustellung durch Frachtführer berechnet sie 324,00 EUR Fracht.

a) Ermitteln Sie den Rechnungsbetrag unter Berücksichtigung von 19 % Umsatzsteuer.
b) Ermitteln Sie die Anschaffungskosten je 1 000 Bogen.
c) Bilden Sie den Buchungssatz zur Erfassung dieser Sendung.

4 **Kontenplan einer Druckerei:** 0700, 2400, 2600, 2800, 4400, 4800, 5000, 6000, 6001, 6200/6300, 6700, 6800, 8000, 8010, 8020

Anfangsbestände	EUR		EUR
Technische Anlagen und Maschinen	250 000,00	Eigenkapital	442 000,00
Rohstoffe	142 000,00	Verbindlichkeiten a. LL	69 000,00
Forderungen a. LL	46 000,00		
Bankguthaben	68 000,00		
Kasse	5 000,00		

Geschäftsfälle		EUR	EUR
1. **AR 47–55:** für Druckaufträge auf Ziel, netto		135 000,00	
+ 19 % Umsatzsteuer		25 650,00	160 650,00
2. **ER 17:** Einkauf von Papier auf Ziel	67 000,00		
+ Verpackung	820,00		
+ Fracht	280,00	68 100,00	
+ 19 % Umsatzsteuer		12 939,00	81 039,00
3. **AR 56–59:** für Druckaufträge auf Ziel, netto		48 000,00	
+ 19 % Umsatzsteuer		9 120,00	57 120,00

4. **ER 18, BA 13:** Kauf von Karton gegen Verrechnungsscheck	44 000,00	
– 10 % Rabatt	4 400,00	
	39 600,00	
+ Fracht	140,00	
+ Leihverpackung	1 200,00	40 940,00
+ 19 % Umsatzsteuer		7 778,60
		48 718,60
5. **BA 14: Lastschriften/Gutschriften** für		
a) Löhne und Gehälter	18 000,00	
b) Miete für gemietete Geschäftsräume	15 000,00	
c) Büromaterial einschl. 19 % Umsatzsteuer	214,20	33 214,20
d) **Gutschrift** für Kundenzahlungen (AR 38 und 41)		114 210,00

Aufgaben:

a) Nach der Kontoneröffnung sind die Geschäftsfälle zu buchen.
b) Führen Sie den Abschluss durch.
c) Ermitteln Sie
   – den Aufwand für Rohstoffe,
   – den Umsatz,
   – den Reingewinn.

5 a) Bilden Sie die Buchungssätze zur Erfassung der beiden Belege.
b) Ermitteln Sie die Anschaffungskosten für einen Bogen Papier TAURO Offset.

PAPIERWERKE ERDING AG

Papierwerke Erding AG, Münchener Str. 4, 85435 Erding

Offset GmbH
Hugo-Eckener-Straße 1
50829 Köln

Münchener Str. 4
85435 Erding
Telefon: 08122 30250
Telefax: 08122 30253

Ihre Bestellung:
Lieferdatum:

RECHNUNG

Kunden-Nr.	Rechnungs-Nr.	Datum
41344	20120	17.08.20..

Bei Zahlung bitte angeben

Artikel-Nr.	Artikelbezeichnung	Menge	Einzelpreis EUR	Gesamtpreis EUR
4328998	TAURO Offset matt holzfrei			
	weiß 88 x 63 cm, 70g	20,000	98,00/1 000 Bg.	1 960,00
	– 5 % Rabatt			98,00

Warenwert, netto, EUR	Verpackung netto	Entgelt, netto EUR	19 % USt EUR	Gesamtbetrag EUR
1 862,00		1 862,00	353,78	2 215,78

Zahlbar innerhalb 10 Tagen netto Kasse

Bankverbindung: Deutsche Bank Erding BLZ: 700 700 10 **Kto.-Nr.: 401 371 42**
Steuernummer: 114/3341/2839 USt-ID-Nr.: DE-173845711

Walter Brumm e. K.
Spedition
seit 1897

Walter Brumm e.K., Glatzer Str. 84, 51069 Köln

Offset GmbH
Hugo-Eckener-Straße 1
50829 Köln

Glatzer Str. 84
51069 Köln
Tel.: 0221 112053
Fax: 0221 112054

Ihre Auftrag vom	Kunden-Nr.	Rg.-Nr.	Datum
	13792		

Leistung	Betrag EUR
Für den Transport von 776,160 kg Papier von Erding nach Köln berechnen wir Ihnen	185,00
+ 19 % USt	35,15
	220,15

Zahlbar netto ohne Abzug

Bankverbindung: Sparda-Bank West, Köln BLZ 370 605 90 Kto.-Nr.: 600 800 67
Steuernummer: 219/765/8596 **USt-ID-Nr.:** DE-954645339

2.1.2 Gutschriften von Lieferern für Rücksendungen und Nachlässe

15.09.20..: Ein Lkw der Spedition Walter Brumm e. K., Köln, liefert der Offset GmbH Papier auf Paletten von den Papierwerken Erding AG an. Das Papier wird vom Lageristen der Offset GmbH noch in Anwesenheit des Lkw-Fahrers auf äußere Beschädigungen überprüft und dann angenommen. Am selben Tag geht die Rechnung der Papierwerke Erding AG ein. Bei näherer Prüfung der Sendung und der Eingangsrechnung wird festgestellt, dass 1000 Bogen CURIOUS TRANSLUCENT COLOURS BU zu viel geliefert und berechnet wurden. Nach telefonischer Vereinbarung mit dem Ansprechpartner in den Papierwerken Erding AG werden die Paletten und 1000 Bogen CURIOUS TRANSLUCENT COLOURS BU zurückgesandt. Nach der Rücksendung erhält die Offset GmbH folgende Gutschrift:

PAPIERWERKE ERDING AG

Papierwerke Erding AG, Münchener Str. 4, 85435 Erding

Offset GmbH
Hugo-Eckener-Straße 1
50829 Köln

Münchener Str. 4
85435 Erding
Telefon: 08122 30250
Telefax: 08122 30253

Ihre Bestellung:
Lieferdatum:

RECHNUNG		
Kunden-Nr.	*Rechnungs-Nr.*	*Datum*
41344	*21633*	*14.09.20..*
Bei Zahlung bitte angeben		

Artikel-Nr.	*Artikelbezeichnung*	*Menge*	*Einzelpreis pro 1000 Bg. EUR*	*Gesamtpreis EUR*
1112121	EUROBULK matt gestr. holzfrei weiß, 70,0 x 100,0 90 g/m²	100 000	69,90	6 990,00
9394503	CURIOUS TRANSLUCENT COLOURS BU 17 x 17 100 g/m²	2 500	487,90	1 219,75
	EURO-Paletten	11	25,00	275,00

Warenwert, netto, EUR	*Verpackung netto*	*Entgelt, netto EUR*	*19 % USt EUR*	*Gesamtbetrag EUR*
8 209,75	275,00	8 484,75	1 612,10	10 096,85

Zahlbar innerhalb 30 Tagen netto
Bei Rücksendung der Paletten schreiben wir Ihnen 80 % des Wertes gut.

Bankverbindung: Deutsche Bank Erding BLZ: 700 700 10 **Kto.-Nr.: 401 371 42**
Steuernummer: 114/3341/2839 USt-ID-Nr.: DE-173845711

PAPIERWERKE ERDING AG

Papierwerke Erding AG, Münchener Str. 4, 85435 Erding

Offset GmbH
Hugo-Eckener-Straße 1
50829 Köln

Münchener Str. 4
85435 Erding
Telefon: 08122 30250
Telefax: 08122 30253

Gutschrift Nr. 185	
Ihre Beanstandung vom:	15.09.20..
Unsere Lieferung vom:	15.09.20..
Unsere Rechnung Nr.	21633
vom:	14.09.20..

Begründung der Gutschrift	*Menge*	*Einzelpreis pro 1000 Bg. EUR*	*Gesamtpreis EUR*
Rücksendung			
EURO-Paletten	11	20,00	220,00
CURIOUS TRANSLUCENT COLOURS BU 17 x 17 100 g/m²	1 000	487,90	487,90
			707,90
+ 19 % Umsatzsteuer			134,50
			842,40

Um gleichlautende Buchung wird gebeten. Erding, den 18.09.20..

Steuernummer: 114/3341/2839 USt-ID-Nr.: DE-173845711

Da diese Ausgangsrechnung bereits gebucht wurde, muss dieser Geschäftsfall in der Buchhaltung korrigiert werden.

Rücksendungen von Rohstoffen/Waren und Leihverpackung

Rücksendungen von Rohstoffen: Die Rücksendung von Rohstoffen wegen Falschlieferung oder mangelhafter Lieferung bewirkt eine **Gutschrift des Lieferers**, die mit eventuellen Zahlungsansprüchen des Lieferers (Verbindlichkeiten a. LL) verrechnet werden kann. Die zurückgesandten falschen oder mangelhaften Rohstoffe können unmittelbar auf dem Konto Aufwendungen für Rohstoffe gutgeschrieben werden, da sich der laut Eingangsrechnung ursprünglich erfasste Aufwand für Rohstoffe verringert. Es handelt sich um eine **Korrektur-** oder **Stornobuchung**. Sie führt **umsatzsteuerrechtlich** gleichzeitig zu einer **Minderung des Vorsteueranspruchs** gegenüber dem Finanzamt. Die **Vorsteuer** ist entsprechend zu **berichtigen**.

Rücksendungen von Verpackung: Der Lieferer belastet im Allgemeinen den Käufer mit dem Verpackungsmaterial für die gelieferten Materialien. Die Rücksendung von Verpackung, die der Lieferer in Rechnung gestellt hat, führt ebenfalls zu einer **Korrektur-** oder **Stornobuchung**. Die Gutschrift für das zurückgesandte Verpackungsmaterial erfolgt **unmittelbar auf dem Konto „6000 Aufwendungen für Rohstoffe"** bzw. **auf dem speziellen Unterkonto „6001 Bezugskosten/Rohstoffe"**. Die ursprünglich gebuchte Vorsteuer ist entsprechend zu korrigieren.

ER: Zieleinkauf von Papier	
netto	8 209,75
Verpackung	275,00
....	8 484,75
+ 19 % Umsatzsteuer	1 612,10
....	10 096,85
Gutschrift der Papierwerke Erding AG	
Papier, netto	487,90
11 Paletten, netto	220,00
....	707,90
+ 19 % Umsatzsteuer	134,50
	842,40

Buchung der Eingangsrechnung:	
6000 Aufwendungen für Rohstoffe	8 209,75
6001 Bezugskosten/Rohstoffe	275,00
2600 Vorsteuer	1 612,10
an 4400 Verbindlichkeiten a. LL	10 096,85
Buchung der Rücksendung:	
4400 Verbindlichkeiten a. LL	842,40
an 6000 Aufwendungen für Waren	487,90
an 6001 Bezugskosten/Waren	220,00
an 2600 Vorsteuer	134,50

S	6000 Aufwendungen für Rohstoffe		H
4400	8 209,75	4400	487,90

S	4400 Verbindlichkeiten a. LL		H
6000, 6001, 2600	842,40	6000, 6001, 2600	10 096,85

S	6001 Bezugskosten		H
4400	275,00	4400	220,00

S	2600 Vorsteuer		H
4400	1 612,10	4400	134,50

Rücksendungen von Waren: Für Buchhandlungen sind Rücksendungen von Buchsendungen, die zur Ansicht bestellt worden waren, typisch **(Remittenden)**. Die entsprechende Buchung bei Rücksendung von Waren und Leihverpackung lautet:

4400 Verbindlichkeiten a. LL	an 6060 Aufwendungen für Waren
	an 6061 Bezugskosten/Waren
	an 2600 Vorsteuer

● Gutschriften durch Lieferer wegen Minderungen

Wegen eines **Mangels** an Rohstoffen bzw. an Waren, den der Lieferer zu vertreten hat, kann das Unternehmen als Kunde zuerst nur Nacherfüllung verlangen. Erst nach zwei vergeblichen Nacherfüllungsversuchen hat der Kunde das **Recht auf Minderung (Herabsetzung des Kaufpreises)**. Dieser Rechtsanspruch ist dann sinnvoll, wenn die Rohstoffe/Waren trotz des Mangels noch verwendbar sind bzw. noch verkauft werden können.

Koehler & Volckmar GmbH

Koehler & Volckmar GmbH, Edsel-Ford-Str. 26, 50769 Köln

Medi@Point GmbH & Co. KG
Schildergasse 46
50667 Köln

Edsel-Ford-Str. 26
50769 Köln
Telefon: 0221 7025-0
Telefax: 0221 7025-323

GUTSCHRIFT Nr. 187

Ihre Beanstandung vom	Unsere Lieferung vom	Unsere Rechnung Nr.	vom
20.09.20..	19.09.20..	20754	18.09.20..

Begründung der Gutschrift	Menge	Einzelpreis EUR	Gesamtpreis EUR
Preisnachlass 25 % vom berechneten Wert (24,60 EUR) wegen geknickter Umschläge an Büchern, Artikel-Nr. 634222	22	6,15	135,30
	Wert der Gutschrift, netto		135,30
	7 % Umsatzsteuer		9,47
	Wert der Gutschrift		144,77

Um gleich lautende Buchung wird gebeten.

Köln, den 24.09.20..

Steuernummer: 219/865/0102
USt-ID-Nr.: DE-103845769

Buchung der Nachlässe: Nachlässe führen zu Lieferergutschriften, die

- die Verbindlichkeiten a. LL gegenüber dem Lieferer vermindern,
- die Anschaffungskosten der eingekauften Waren/Rohstoffe nachträglich mindern und
- folglich eine Korrektur der Vorsteuer notwendig machen.

Die Anschaffungskostenminderungen durch nachträgliche Preisnachlässe (Wertkorrekturen) werden im Unterschied zu Rücksendungen (Mengen- und Wertkorrekturen) auf dem Konto **„6002/6062 Nachlässe von Lieferern"** gebucht. Es ist ein Unterkonto des Kontos „6000 Aufwendungen für Rohstoffe" bzw. „6060 Aufwendungen für Waren".

Buchung der Minderung:

4400 Verbindlichkeiten a. LL	144,77	an 6062 Nachlässe von Lieferern	135,30
		an 2600 Vorsteuer	9,47

Abschluss der Unterkontos „Nachlässe": Zum Jahresabschluss wird das Unterkonto **„6002 bzw. 6062 Nachlässe von Lieferern"** im Rahmen der vorbereitenden Abschlussbuchungen über das Konto **„6000 Aufwendungen für Rohstoffe"** bzw. **„6060 Aufwendungen für Waren"** abgeschlossen.

6062 Nachlässe von Lieferern	135,30	an 6060 Aufwendungen für Waren	135,30

S	6060 Aufwendungen für Waren		H
4400	5 904,00	6062	135,30

S	4400 Verbindlichkeiten a. LL		H
6062, 2600	144,77	6060, 2600	6 317,28

S	6062 Nachlässe von Lieferern		H
6060	135,30	4400	135,30

S	2600 Vorsteuer		H
4400	413,28	4400	9,47

Rücksendungen an Lieferer und Gutschriften für Minderungen

Rücksendungen	Nachlässe/Gutschriften
Wert- und Mengenkorrekturen: • **Waren/Rohstoffe** Minderung der ursprünglich gebuchten – Aufwendungen für Waren/Rohstoffe – Vorsteuer – Verbindlichkeiten **Buchung:** 4400 an 6060 bzw. 6000 an 2600 • **Leihverpackung** Minderung der ursprünglich gebuchten – Bezugskosten/Waren bzw. Rohstoffe – Vorsteuer – Verbindlichkeiten **Buchung:** 4400 an 6061 bzw. 6001 an 2600	Wertkorrekturen: • **Minderungen** – nachträgliche Herabsetzung des Kaufpreises wegen festgestellter Mängel – getrennte Erfassung auf dem Unterkonto 6062 bzw. 6002 Nachlässe **Buchung:** 4400 an 6062 bzw. 6002 an 2600

- *Im Rahmen der vorbereitenden Abschlussbuchungen werden die Unterkonten „Bezugskosten" und „Nachlässe von Lieferern" über das entsprechende Konto „6000 Aufwendungen für Rohstoffe" bzw. „6060 Aufwendungen für Waren" abgeschlossen.*

- ***Kontenmäßige Darstellung** der Buchungen beim Einkauf an den Beispielen „Aufwendungen für Rohstoffe“ und „Aufwendungen für Waren“:*

S	6000 Aufwendungen für Rohstoffe H
Einkäufe von Rohstoffen	Rücksendungen an Lieferer
	Nachlässe von Lieferern
Bezugskosten/Ro	Gewinn und Verlust

S	6060 Aufwendungen für Waren H
Einkäufe von Waren	Rücksendungen an Lieferer
	Nachlässe von Lieferern
Bezugskosten/Wa	Gewinn und Verlust

S	6001 Bezugskosten für Rohstoffe H
Frachten, Transportversicherung, Verpackung, Rollgeld, Zölle	zurückgesandte Verpackung
	Aufwendungen für Rohstoffe

S	6061 Bezugskosten für Waren H
Frachten, Transportversicherung, Verpackung, Rollgeld, Zölle	zurückgesandte Verpackung
	Aufwendungen für Waren

S	6002 Nachlässe von Lieferern H
Aufwendungen für Rohstoffe	Minderungen, netto

S	6062 Nachlässe von Lieferern H
Aufwendungen für Waren	Minderungen, netto

S	8020 Gewinn und Verlust (GuV) H
6000 Aufwendungen für Rohstoffe 6060 Aufwendungen für Waren	

1 Geben Sie die Buchungssätze für die folgenden Geschäftsfälle einer Buchhandlung an.

	EUR	EUR
1. **ER:** Zieleinkauf von Büchern, netto	5 300,00	
– 35 % Wiederverkäuferrabatt	1 855,00	3 445,00
+ Fracht		125,00
		3 570,00
+ 7 % Umsatzsteuer		249,90
2. **Schreiben des Büchersammelverkehrs** (Fall 1)		3 819,90
Gutschrift für zurückgesandte Bücher, netto	240,00	
+ 7 % Umsatzsteuer	16,80	256,80
3. **ER:** Eingangsrechnung Barsortiment		
Warenwert, netto	3 700,00	
+ Verpackung: 4 Kleincontainer à 40,00 EUR	160,00	3 860,00
+ 7 % Umsatzsteuer		270,20
		4 130,20
4. **Schreiben des Lieferers Barsortiment** (vgl. Fall 3)		
Gutschrift für die zurückgesandte Verpackung, netto	160,00	
+ 7 % Umsatzsteuer	11,20	171,20

2 a) Warum werden Gutschriftanzeigen der Warenlieferer für Warenrücksendungen anders gebucht als Gutschriftanzeigen für Preisherabsetzungen wegen mangelhafter Lieferung?
b) Warum ist in den Gutschriftanzeigen auch die Umsatzsteuer ausgewiesen?
c) Was versteht man unter den Anschaffungsnebenkosten und den Anschaffungskostenminderungen?
d) Warum zählt die Umsatzsteuer nicht zu den Anschaffungskosten eines Wirtschaftsgutes?

3 Ein Buchverlag ermittelt gegen Ende des Geschäftsjahres (1. Januar bis 31. Dezember) auf den Konten der Finanzbuchhaltung folgende Summen:

Summenbilanz:	Soll EUR	Haben EUR
2600 Vorsteuer	89 876,00	24 800,00
2800 Bank	958 000,00	270 576,00
2880 Kasse	65 000,00	57 200,00
3000 Eigenkapital		334 700,00
4400 Verbindlichkeiten a. LL	238 000,00	308 680,00
4800 Umsatzsteuer	75 700,00	148 220,00
5000 Umsatzerlöse für Erzeugnisse		1 580 000,00
6000 Aufwendungen für Rohstoffe	620 000,00	
6001 Bezugskosten/Rohstoffe	25 500,00	
6002 Nachlässe von Lieferern		21 200,00
6200/6300 Löhne/Gehälter	519 300,00	
6700 Mieten	154 000,00	
	2 745 376,00	2 745 376,00

Geschäftsfälle:

	EUR	EUR	EUR
1. **14.12.:** ER: Zieleinkauf von Papier			
Listenpreis, netto	25 000,00		
– 4 % Mengenrabatt	1 000,00		
	24 000,00		
+ Leihverpackung (Paletten)	800,00	24 800,00	
+ 19 % Umsatzsteuer		4 712,00	29 512,00
2. **15.12.: ER, KB:** Barzahlung der Fracht (vgl. Fall 1) einschl. 19 % USt			297,50
3. **17.12.: Brief eines Papierlieferers:** Gutschrift für anerkannte Mängelrüge, netto		2 000,00	
+ 19 % Umsatzsteuer		380,00	2 380,00
4. **19.12.: KB:** Barzahlung der Fracht für Rücksendung der Paletten (Fall 1) einschl. 19 % USt			29,75
5. **19.12.: KB, Brief des Warenlieferers:** Gutschrift für Rücksendung der Paletten (Fall 1), netto		800,00	
+ 19 % Umsatzsteuer		152,00	952,00

a) Buchen Sie die Geschäftsfälle auf den Konten.
b) Führen Sie die Umbuchungen zum Geschäftsjahresende durch.
c) Führen Sie den Abschluss der Finanzbuchhaltung durch.

4 Folgende Konten sind abzuschließen und auszuwerten:

S	6060 Aufwendungen für Waren		H
4400	7 260 000,00		

S	6061 Bezugskosten/Waren		H
4400	290 400,00		

S	6062 Nachlässe von Lieferern		H
		4400	205 000,00

a) Ermitteln Sie
- den Prozentsatz der in der Rechnungsperiode durch die Warenlieferer durchschnittlich berechneten Nebenkosten,
- den Anschaffungswert der in der Rechnungsperiode bezogenen Waren,
- die Aufwendungen für Waren der Rechnungsperiode.

b) Bilden Sie die Buchungssätze
  – zum Abschluss des Kontos „6061 Bezugskosten/Waren“,
  – zum Abschluss des Kontos „6062 Nachlässe von Lieferern“.

5 In der Buchhaltung sind folgende Belege zu buchen:
Bilden Sie die Buchungssätze zur Erfassung der beiden Belege.

Könemann GmbH & Co. KG

Könemann GmbH & Co. KG, Delsterner Str. 134, 58091 Hagen

Medi@Point GmbH & Co. KG
Schildergasse 46
50667 Köln

Delsterner Str. 134
58091 Hagen
Tel.: 02331 789-0
Fax: 02331 789 130

Ihr Auftrag vom:	Kunden-Nr.	Rg.-Nr.	Datum
	53402	17466	30.04.20..

Art.-Nr.	Menge	Artikelbezeichnung	Einzelpreis EUR	Rabatt in %	Gesamtpreis EUR
5324	125	Lesefibel 1	17,80	35	1 446,25
5325	120	Lesefibel 2	18,20	35	1 419,60
					2 865,85
		Fracht			54,15
	2	Collicos	60,00		120,00
					3 040,00
		+ 7 % USt			212,80
					3 252,80

Zahlung binnen 10 Tagen nach Rechnungsdatum netto
Bei Rücksendung der Collicos schreiben wir Ihnen 90 % des Wertes gut

Bankverbindung: Sparkasse Hagen BLZ 450 500 01 Kto.-Nr.: 743 021 6
Steuernummer: 322/854/1020 **USt-ID-Nr.:** DE-956332096

Könemann GmbH & Co. KG

Könemann GmbH & Co. KG, Delsterner Str. 134, 58091 Hagen

Medi@Point GmbH & Co. KG
Schildergasse 46
50667 Köln

Delsterner Str. 134
58091 Hagen
Tel.: 02331 789-0
Fax: 02331 789 130

GUTSCHRIFT Nr. 185

Ihre Beanstandung v.	Unsere Lieferung v.	Unsere Rechnung	Nr.	vom
02.05.20..	30.04.20..		17466	30.04.20..

Begründung der Gutschrift	Menge	Leistung	Betrag EUR
Vereinbarungsgemäß sandten Sie zurück:	2	Collicos	108,00
		+ 7 % USt	7,56
			115,56

Wir bitten um entsprechende Buchung. **Hagen, den 03.05.20..**

Steuernummer: 322/854/1020 **USt-ID-Nr.:** DE-956332096

2.1.3 Liefererskonti bei vorzeitiger Zahlung

Folgende Rechnung der Papierwerke Erding AG vom 17. August 20.. geht am 19. August 20.. bei Herrn Stefan Solly in der Buchhaltung ein.

PAPIERWERKE ERDING AG

Papierwerke Erding AG, Münchener Str. 4, 85435 Erding

Medi@Point GmbH & Co. KG
Schildergasse 46
50667 Köln

Münchener Str. 4
85435 Erding

Telefon: 08122 30250
Telefax: 08122 30253

Ihre Bestellung:

Lieferdatum:

RECHNUNG		
Kunden-Nr. 44890	*Rechnungs-Nr.* 20120	*Datum* 17.08.20..
Bei Zahlung bitte angeben		

Artikel-Nr.	*Artikelbezeichnung*	*Menge in Bg.*	*Einzelpreis EUR*	*Gesamtpreis EUR*
4328999	TAURO Offset matt holzfrei			
	weiß 88 x 63 cm, 80g	20 000	118,00/1 000 Bg.	2 360,00
	– 15 % Wiederverkäuferrabatt			354,00

Warenwert, netto, EUR	*Verpackung netto*	*Entgelt, netto, EUR*	*19 % USt EUR*	*Gesamtbetrag EUR*
2 006,00		2 006,00	381,14	2 387,14

Zahlbar innerhalb 10 Tagen mit 2 % Skonto oder
innerhalb 30 Tagen netto Kasse

Bankverbindung: Deutsche Bank Erding BLZ: 700 700 10 **Kto.-Nr.: 401 371 42**
Steuernummer: 114/3341/2839 USt-ID-Nr.: DE-173845711

Beim Buchen der Eingangsrechnung prüft Herr Solly, wann diese Rechnung beglichen werden soll. Ihn interessiert besonders die Frage, ob die Nutzung von Skonto auch dann sinnvoll ist, wenn für die vorzeitige Zahlung ein Kredit aufgenommen werden muss.

Vorzeitige Zahlung mit Skontoabzug

Die Eingangsrechnung wird nach sachlicher und rechnerischer Kontrolle in der Buchhaltung erfasst:

6060 Aufwendungen für Waren	2 006,00		
2600 Vorsteuer	381,14	an 4400 Verbindlichkeiten a. LL	2 387,14

Der Lieferer kann sofortige Zahlung verlangen, falls über den Zahlungszeitpunkt keine vertragliche Vereinbarung vorliegt. Wird für die Zahlung ein **bestimmtes Ziel** – z. B. zahlbar innerhalb 30 Tagen ab Rechnungsdatum – vereinbart, dann **gewährt** der **Lieferer einen Kredit**, den er sich **verzinsen** lässt und in seiner Kalkulation berücksichtigt hat.

Will der Lieferer **vorzeitige Zahlung** erreichen, gewährt er bei **Verzicht auf den Kredit** einen **Nachlass auf den Rechnungsbetrag**, der als **Skonto** bezeichnet wird – z. B. 2 % Skonto bei Zahlung innerhalb von 10 Tagen.

Um wirtschaftlich begründet zwischen den Möglichkeiten der **Skontoausnutzung** und der **Kreditinanspruchnahme** entscheiden zu können, wird der **Skontosatz** unter Verwendung der Zinsformel in einen **Zinssatz** umgerechnet (siehe unten).

Effektiver Zinssatz des Liefererkredits: Bei der Berechnung des effektiven Zinssatzes für den Liefererkredit sind die **Überschlagsmethode und die genaue Berechnung mithilfe der Zinssatzformel** zu unterscheiden.

Kapital einschließlich **Zinsen** für den Liefererkredit	**Rechnungsbetrag,** zahlbar bis 17.09.	2 387,14 EUR
Zinsen	2 % Skonto	47,74 EUR
Zeit (Kreditzeitraum)	Kreditlaufzeit von 20 Tagen	
Kapital ausschließlich Zinsen	Überweisungsbetrag bis 27.08.	2 339,40 EUR

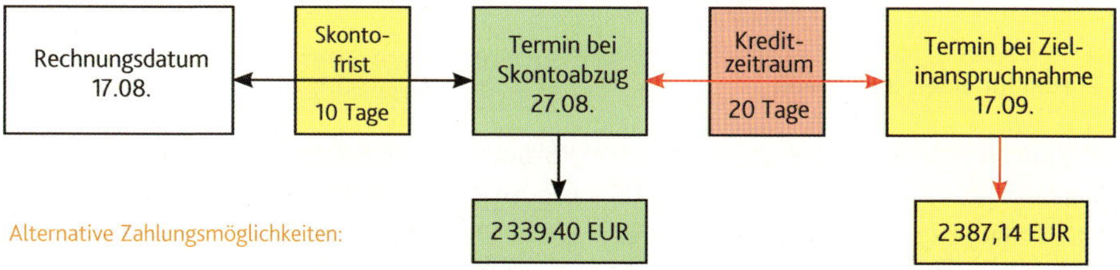

Überschlagsmethode: Nimmt die Medi@Point den Liefererkredit in Anspruch, verzichtet sie bei Zahlung am 17. September statt am 27. August auf den Skontobetrag von 47,74 EUR. Sie zahlt also für den Liefererkredit von 20 Tagen 47,74 EUR Zinsen in der Form des Skontoverzichts. Der Liefererkredit kostet also für 20 Tage 2 %. Da sich ein Zinssatz auf 360 Tage bezieht, sind die 2 % für 20 Tage in den Zinssatz für 360 Tage umzurechnen:

20 Tage entsprechen 2 % Zinsen

360 Tage entsprechen x % Zinsen $\quad x = \frac{2 \cdot 360}{20} \quad x = 36\,\%$

$$\textbf{Zinssatz des Liefererkredits} = \frac{\textbf{Skontosatz} \cdot \textbf{360}}{\textbf{Kreditdauer}}$$

Bei der Überschlagsmethode wird das Kapital nicht in die Rechnung einbezogen. Es bleibt unbeachtet, dass im Rechnungsbetrag von 2 387,14 EUR schon die Zinsen für 20 Tage enthalten sind, der eingeräumte Kredit somit dem Überweisungsbetrag von 2 339,40 EUR entspricht.

Berechnung nach der Zinssatzformel

K = 2 339,40 EUR = Überweisungsbetrag (Rechnungsbetrag – 2 % Skonto)
Z = 47,74 EUR = Skontobetrag
t = 20 Tage = Kreditdauer: Ziel - Skontofrist

$$p = \frac{47{,}74 \cdot 100 \cdot 360}{2\,339{,}40 \cdot 20} = 36{,}73\ \%$$

$$p = \frac{\text{Zinsen} \cdot 100 \cdot 360}{\text{Kapital} \cdot \text{Tage}} \qquad \textbf{Zinssatz (p)} = \frac{\text{Skontobetrag} \cdot 100 \cdot 360}{\text{verminderter Betrag} \cdot \text{Kreditlaufzeit}}$$

Diese Berechnung kann auch mit **relativen Werten** aufgrund der Zahlungsbedingung erfolgen:

K = 98,00 EUR = verminderter Grundwert (100,00 EUR Grundwert – 2,00 EUR Skonto)
Z = 2,00 EUR = 2 % Skontobetrag von 100,00 EUR
t = 20 Tage = Kreditdauer: 30 Tage Ziel – 10 Tage Skontofrist

$$p = \frac{2 \cdot 100 \cdot 360}{98 \cdot 20} = 36{,}73\ \%$$

Der Liefererkredit kostet also 36,73 % Zinsen pro Jahr. Der Vergleich dieses Zinssatzes mit dem Zinssatz von 12 % für einen kurzfristigen Bankkredit zeigt, dass es wirtschaftlich sinnvoller ist, auf den angebotenen Liefererkredit zu verzichten. Dies bringt selbst dann noch einen Finanzierungserfolg, wenn zur vorzeitigen Zahlung der Rechnung mit Skontoabzug ein kurzfristiger Bankkredit aufgenommen werden müsste.

Zinsen für einen Bankkredit		Finanzierungserfolg
Überweisung oder Kreditbetrag		Skontoertrag bei Verzicht auf Liefererkredit
(Kapital)	2 339,40 EUR	– Zinsen für beanspruchten Bankkredit
Kreditdauer	20 Tage	= Finanzierungserfolg (Gewinn oder Verlust)
Zinssatz p. a. für einen Bankkredit	12 %	47,74 EUR Skontoertrag
$\frac{2\,339{,}40 \cdot 12 \cdot 20}{100 \cdot 360}$ = 15,60 EUR Zinsen		– 15,60 EUR Zinsen für Bankkredit
		= 32,14 EUR Finanzierungsgewinn

● Buchung beim Ausgleich von Liefererrechnungen mit Skontoabzug

Der Skontoabzug war bei vorzeitiger Zahlung vereinbart. Daher wird mit der Überweisung des Rechnungsbetrages die **gesamte Schuld** auf dem Konto „4400 Verbindlichkeiten a. LL" (Rechnungsbetrag, brutto) **getilgt**.

Die **Anschaffungskosten der Waren** werden durch den **Skontoabzug** gemindert.

§

> § 255 HGB Abs. 1: Anschaffungskosten sind die Aufwendungen, die geleistet werden, um einen Vermögensgegenstand zu erwerben [...]. Anschaffungspreisminderungen sind abzusetzen.

Die nachträglichen Minderungen der Anschaffungskosten eingekaufter Waren **beim Skontoabzug auf Eingangsrechnungen** werden auf dem Unterkonto **„6064 Liefererskonti"** gebucht.

Konto		Kontoauszug		Auszug	Blatt
446 632 140		DEUTSCHE BANK KÖLN	BLZ 370 700 60	61	1

Buch.-Tag	Wert	PN	Erläuterung/Verwendungszweck	Umsätze
27.08.	27.08.	0954	PAPIERWERKE ERDING AG, KD-NR44890, RG-NR 20120 V 17.08.20.. ABZGL 2 % SKONTO	2 339,40 S

KREDITZUSAGE EUR 40 000,00

IHR AKTUELLER KONTOSTAND UM 10.30 UHR EUR 81 660,60 H

44	26.08.20..	28.08.20..	EUR 84 000,00 H	EUR 81 660,60 H
BS	Letzter Auszug	Auszugsdatum	Alter Kontostand	Neuer Kontostand

BUCHHANDLUNG MEDI@POINT GMBH & CO. KG, SCHILDERGASSE 46, 50667 KÖLN

Umsatzsteuerrechtlich bewirkt der Skontoabzug eine **Änderung** der ursprünglich gebuchten **Vorsteuer**, denn das Finanzamt erstattet letztlich nur die tatsächlich bezahlte Vorsteuer. Die **Herausrechnung des Vorsteuerbetrages** aus dem Skontobetrag kann wie folgt durchgeführt werden:

$$\frac{\textbf{Liefererskonto} \cdot \textbf{USt-Satz}}{\textbf{100 + Umsatzsteuersatz}} = \textbf{VSt-Anteil} \qquad \frac{47{,}74 \cdot 19}{119} = 7{,}62\ \text{EUR}$$

Durch Skontoabzug werden Anschaffungskosten und Vorsteuer korrigiert.

Auswirkung des Liefererskontos			
	auf die Anschaffungskosten der Waren	**auf die Vorsteuer**	**insgesamt**
Beträge laut ER	2 006,00 EUR	381,14 EUR	2 387,14 EUR
– 2 % Skonto	40,12 EUR	7,62 EUR	47,74 EUR
= Überweisungsbetrag	1 965,88 EUR	373,52 EUR	2 339,40 EUR

BA: Banküberweisung an Warenlieferer nach Abzug von 2 % Skonto 2 339,40 EUR

Buchungssatz:

4400	Verbindlichkeiten a. LL	2 387,14
	an 6064 Liefererskonti	40,12
	an 2600 Vorsteuer	7,62
	an 2800 Bank	2 339,40

S	6060 Aufwendungen für Waren		H
4400	2 006,00	6064	40,12

S	4400 Verbindlichkeiten a. LL		H
6064, 2600, 2800	2 387,14	6060, 2600	2 387,14

S	6064 Liefererskonti		H
6060	40,12	4400	40,12

S	2600 Vorsteuer		H
6060	381,14	4400	7,62

S	2800 Bank		H
8000	84 000,00	4400	2 339,40

Das Konto „6064 Liefererskonti" ist zum Jahresabschluss über das Konto „6060 Aufwendungen für Waren" abzuschließen

Vorbereitende Abschlussbuchung (vgl. Darstellung auf Konten S. 139):

6064 Liefererskonti	40,12	an 6060 Aufwendungen für Waren	40,12

Vergleiche hierzu Kapitel 2.1.4

Gleicht eine Druckerei, ein Verlag oder eine Werbeagentur Rechnungen von Roh-, Hilfs- oder Betriebsstofflieferern unter Abzug von Skonto aus, wird der Nettoskonto auf dem entsprechenden Konto „6002 Nachlässe" erfasst.

Liefererskonti bei vorzeitiger Zahlung

Begriff	Auswirkung des Liefererskontos	Buchungen
– Nachlass für vorzeitigen Ausgleich von Eingangsrechnungen – Verzicht auf den angebotenen Liefererkredit	– Minderung der Anschaffungkosten – nachträgliche Minderung des Entgelts laut ER – Korrektur der Vorsteuer im Haben	– Ausgleich der ER abzüglich Skonto 4400 Verbindlichkeiten a. LL an 6064 Liefererskonti an 2600 Vorsteuer an 2800 Bank – Abschluss des Unterkontos (Umbuchung) 6064 Liefererskonti an 6060 Aufwendungen für Waren

- *Bei Ausgleich von Roh-, Hilfs- oder Betriebsstoffrechnungen unter Abzug von Skonto wird der Nettoskonto auf dem entsprechenden Konto „6002 Nachlässe/Rohstoffe", „6022 Nachlässe/Hilfsstoffe" oder „6032 Nachlässe/Betriebsstoffe" erfasst.*

Umrechnung des Skontosatzes in einen Zinssatz für den gewährten Kredit

Überschlagsmethode

$$\text{Zinssatz} = \frac{\text{Skontosatz} \cdot 360}{\text{Kreditdauer}}$$

genaue Berechnung mit der Zinssatzformel

$$\text{Zinssatz} = \frac{\text{Skontobetrag} \cdot 100 \cdot 360}{\text{Überweisungsbetrag} \cdot \text{Kreditdauer}}$$

1 Folgende Eingangsrechnungen verschiedener Buchverlage sollen unter Abzug von Skonto durch Banküberweisung ausgeglichen werden:

	Rechnungsbeträge Zahlungsbedingungen einschl. 7 % USt in EUR	Zahlungsbedingungen
1.	34 240,00	14 Tage abzügl. 1 % Skonto oder in 30 Tagen netto
2.	49 220,00	10 Tage abzügl. 3 % Skonto oder in 50 Tagen netto
3.	93 090,00	8 Tage abzügl. 2 % Skonto oder in 30 Tagen netto
4.	57 780,00	8 Tage abzügl. 1,5 % Skonto oder in 30 Tagen netto

a) Ermitteln Sie jeweils den Skonto- und Überweisungsbetrag und bilden Sie den Buchungssatz zur Erfassung des Rechnungsausgleichs.

b) Ermitteln Sie den Zinssatz der jeweiligen Liefererkredite nach der Überschlagsmethode und nach der Zinssatzformel.

2 In der Offset GmbH werden verschiedene Eingangsrechnungen einschl. 19 % USt von Papierlieferern nach Abzug von Skonto durch Banküberweisung beglichen. Diese Zahlungen sind aufgrund der Informationen aus den Bankkontenauszügen und der Lastschriftzettel zu buchen:

	Überweisungsbeträge lt. Bankkontenauszügen	Skontoabzug laut Lastschriftzetteln	Zahlungsbedingungen
1.	30 321,20 EUR	2 %	8 Tage abzügl. Skonto, 30 Tage netto
2.	39 477,06 EUR	3 %	10 Tage abzügl. Skonto, 60 Tage netto
3.	98 157,15 EUR	2,5 %	14 Tage abzügl. Skonto, 50 Tage netto
4.	52 307,64 EUR	1 %	10 Tage abzügl. Skonto, 30 Tage netto

a) Zu den Fällen 1 bis 4 sind Rechnungs- und Skontobeträge zu ermitteln und die Buchungssätze zu bilden.

b) Ermitteln Sie den Zinssatz der jeweiligen Liefererkredite nach der Überschlagsmethode und nach der Zinssatzformel.

3 In der Offset GmbH sind folgende Geschäftsfälle zu bearbeiten:

		EUR	EUR
1.	**ER vom 03.04.:** Papier	4 560,00	
	+ Fracht:	140,00	4 700,00
	+ 19% Umsatzsteuer:		893,00
			5 593,00
	Zahlungsbedingungen: innerhalb von 14 Tagen mit 3 % Skonto, 50 Tage netto Kasse		
2.	**BA:** Banküberweisung an den Lieferer nach Abzug von 3 % Skonto		5 425,21

Geben Sie die Buchungssätze zu beiden Geschäftsfällen an.

4 Eine Buchhandlung erhält die Rechnung über 240 Bücher laut Listeneinkaufspreis von 1 800,00 EUR. Vom Lieferer werden 35 % Wiederverkäuferrabatt und wegen Zahlung innerhalb 10 Tagen 2 % Skonto gewährt. Danach ist die Rechnung ohne Abzug spätestens 30 Tage nach Rechnungsdatum zu begleichen.

a) Über welchen Betrag lautet die Eingangsrechnung unter Berücksichtigung von 7 % Umsatzsteuer?

b) Über welchen Betrag lautet die Überweisung unter Ausnutzung des Skontos?

c) Ermitteln Sie den Bezugspreis je Buch.

5 Die Offset GmbH hat von ihrem Lieferer Papierwerke Erding AG eine Rechnung über 47 600,00 EUR einschließlich 19 % Umsatzsteuer erhalten, zahlbar binnen zehn Tagen abzüglich 3 % Skonto oder binnen 30 Tagen netto Kasse. Um den Skonto ausnutzen zu können, muss die Offset GmbH einen kurzfristigen Bankkredit zu 10 % p. a. Zinsen aufnehmen.

a) Ermitteln Sie
- den Skonto- und Überweisungsbetrag,
- den Effektivzinssatz, der dem Skontosatz entspricht,
- die Kosten des Bankkredits.

b) Bilden Sie den Buchungssatz zum Ausgleich der Eingangsrechnung durch Banküberweisung nach Abzug von Skonto.

6

Konto	Kontoauszug		Auszug	Blatt
446 632 140	DEUTSCHE BANK KÖLN	BLZ 370 700 60	130	1

Buch.-Tag	Wert	PN	Erläuterung/Verwendungszweck	Umsätze
15.06.	15.06.	0954	MEISTERBETRIEB BREUER GMBH GESCHÄFTSRÄUMEANSTRICH, KÖLN, KD NR 6419, RG-NR 17645 V 05.06.20.. ABZGL 2 % SKONTO	31 458,00 S

KREDITZUSAGE EUR 40 000,00

IHR AKTUELLER KONTOSTAND UM 10.30 UHR EUR 285 614,00 H

BS	Letzter Auszug	Auszugsdatum	Alter Kontostand	Neuer Kontostand
44	14.06.20..	16.06.20..	EUR 317 072,00 H	EUR 285 614,00 H

BUCHHANDLUNG MEDI@POINT, SCHILDERGASSE 46, 50667 KÖLN

a) Über welchen Betrag lautet
   aa) die Rechnung-Nr. 17645,
   ab) die Umsatzsteuerkorrektur aufgrund des Skontoabzugs?

b) Buchen Sie den Ausgleich der Rechnung-Nr. 17645.

7

PRIMUS GmbH

Großhandel für Bürobedarf

Primus KG, Koloniestr. 2-4, 47057 Duisburg

Buchhandlung
Medi@Point GmbH & Co.KG
Schildergasse 46
50667 Köln

Anschrift: Koloniestr. 2-4
47057 Duisburg
Telefon: 0203 4453690
Telefax: 0203 44536984

Beleg Nr. 324

RECHNUNG

Ihr Auftrag vom

Kunden-Nr.	Rechnungs-Nr.	Rechnungstag
20344	15643	30. 04. 20..
Bei Zahlung bitte angeben		

Pos.	Artikel-Nr.	Artikelbezeichnung	Menge	Einzelpreis EUR	Gesamtpreis EUR
1	150B319	Tischkopierer Primus Z-52	2	699,50	1 399,00
2	159B574	Schreibtisch Primo	3	212,50	637,50
3	235B614	Faxgerät Primus FAX-T 30	2	299,50	599,00

Warenwert, netto EUR	Verpackung EUR	Fracht EUR	Entgelt, netto EUR	USt. 19 %	**Gesamtbetrag EUR**
2635,50	–	–	2635,50	500,75	**3136,25**

Zahlbar bis 10.05. abzüglich 2 % Skonto
bis zum 30.05. netto Kasse

Bankverbindungen
Postbank Dortmund
BLZ: 440 100 46 Kto.-Nr.: 286778-431

Sparkasse Duisburg
BLZ 350 500 00 Kto.-Nr.: 360058796

Steuernummer 134/130/0146
USt-IDNr. DE-124659333

Konto	Kontoauszug		Auszug	Blatt
446 632 140	DEUTSCHE BANK KÖLN	BLZ 370 700 60	130	1

Buch.-Tag	Wert	PN	Erläuterung/Verwendungszweck	Umsätze
10.05.	10.05.	0954	PRIMUS GMBH, DUISBURG, KD NR 20344, RG-NR 15643 V 30.04.20.. ABZGL 2 % SKONTO	3 073,53 S

Beleg Nr. 325

KREDITZUSAGE EUR 40 000,00

IHR AKTUELLER KONTOSTAND UM 10.30 UHR EUR 162 756,47 H

BS	Letzter Auszug	Auszugsdatum	EUR Alter Kontostand	EUR Neuer Kontostand
44	10.05.20..	11.05.20..	165 830,00 H	162 756,47 H

BUCHHANDLUNG MEDI@POINT GMBH & CO. KG, SCHILDERGASSE 46, 50667 KÖLN

Im Zusammenhang mit dem Einkauf von Büroeinrichtungsgegenständen sind in der Medi@ Point die Belege 324 und 325 auszuwerten:

a) Wie lautet die Buchung
   - des Belegs 324,
   - des Belegs 325?

b) Ermitteln Sie aus beiden Belegen
   - den Anschaffungswert eines Tischkopierers,
   - die absetzbare Vorsteuer,
   - den Effektivzinssatz, der dem Skontoabzug entspricht.

8 Richten Sie die folgenden Konten einer Druckerei mit den angegebenen Werten ein:

	EUR Soll	EUR Haben
2800 Bank	992 000,00	861 000,00
2600 Vorsteuer	61 600,00	31 600,00
4400 Verbindlichkeiten a. LL	632 500,00	839 500,00
4800 Umsatzsteuer	71 000,00	125 300,00
6000 Aufwendungen für Rohstoffe	8 670 530,00	
6001 Bezugskosten/Rohstoffe	68 300,00	
6002 Nachlässe von Lieferern (Minderungen, Skonti)		197 490,00

Geschäftsfälle:	EUR	EUR
1. **Gutschrift** eines Papierlieferers wegen fehlerhafter Ware (Minderung), netto	14 000,00	
+ 19 % Umsatzsteuer	2 660,00	16 660,00
2. **BA:** Ausgleich von ER 317 (Papierlieferung) nach Abzug von 2 % Skonto		48 980,40
3. **BA:** Ausgleich von ER 327 (Papierlieferung) über	57 120,00	
abzüglich 3 % Skonto	1 713,60	55 406,40

Aufgaben:

a) Bilden Sie die Buchungssätze für die notwendigen Umbuchungen.

b) Ermitteln Sie
   - den Rohstoffeinsatz,
   - die Umsatzsteuerzahllast.

2.1.4 Beschaffung in einer Druckerei

Die Offset GmbH hat bei der Holstein Papier GmbH Papier bestellt. Frau Kretschmann, als zuständige Mitarbeiterin der Verwaltung, bearbeitet diesen Vorgang. Am 3. Mai erhält die Offset GmbH mit der Ware folgende Rechnung.

Holstein Papier GmbH

Holstein Papier GmbH * Klosterstraße 12 * 24148 Kiel

Offset GmbH
Hugo-Eckener-Straße 1
50829 Köln

Telefon: 0431 7221-0
Telefax: 0431 7221-3
E-Mail: www.service@holstein-papier.com

Rechnung

Kunden- Nr.	Rechnungs-Nr.	Rechnungstag
7815	657	02.05.20..
Bei Zahlung bitte angeben		

Pos.	Artikel-Nr.	Bezeichnung	Menge in Kg	Preis je 100 Kg in EUR	Betrag in EUR
1	4556	Offsetpapier - Bogen -	20 000	85,00	17 000,00
		– Treuerabatt		6,00%	1 020,00
		Summe			15 980,00
		Ware ab Werk Kiel			
		Zahlungsbedingung: 30 Tage netto Kasse, bei Zahlung innerhalb 10 Tagen 2% Skonto			

Warenwert netto	Verpackung	Fracht	USt %	USt-EUR	**Gesamtbetrag**
15 980,00			19%	3 036,20	19 016,20

Handelsregister Nr. B76597
Handelsregister Kiel
Ust-ID-Nr.: DE-753976120

Geschäftsführung: Rosemarie Strümpel

Bankverbindung: Deutsche Bank Kiel
BLZ 210 700 20 Konto-Nr.: 654 926 246

Am 4. Mai geht außerdem die Rechnung der Spedition „Sprinter GmbH“ über Frachtkosten von 450,00 EUR zuzüglich 19 % Umsatzsteuer ein.

Nach Prüfung der Ware fällt Frau Kretschmann am 5. Mai auf, dass 1 Colli Papier (50 kg) falsche Ware beinhaltet, welche die Druckerei nicht gebrauchen kann und auf Kosten des Lieferers nach Kiel zurückgesendet wird. Vom Lieferanten erhält Frau Kretschmann eine Gutschrift zur Verrechnung.

Bei der Warenprüfung am 6. Mai im Lager fällt weiter auf, dass das Papier in mehreren Packungen leicht verschmutzt ist. Da die Druckerei es jedoch verarbeiten kann, behält es die Offset GmbH und vereinbart mit Holstein Papier GmbH ein pauschaler Preisnachlass auf die Gesamtware von 10 %.

Am 13. Mai überweist die Offset GmbH den noch offenen Restbetrag auf das Konto der Holstein Papier GmbH bei der Deutschen Bank Kiel.

Um berechnen zu können, welcher Betrag am 13. Mai überwiesen werden muss und welche Beträge insgesamt zu buchen sind, bedient sich Frau Kretschmann folgender Übersicht:

	Netto	Vorsteuer	Brutto
Listenpreis	17 000,00 EUR	3 230,00 EUR	20 230,00 EUR
6 % Rabatt	1 020,00 EUR	193,80 EUR	1 213,80 EUR
Zieleinkaufspreis 1	15 980,00 EUR	3 036,20 EUR	19 016,20 EUR
Rücksendung 50 kg	42,50 EUR	8,08 EUR	50,58 EUR
Zieleinkaufspreis 2	15 937,50 EUR	3 028,12 EUR	18 965,62 EUR
Nachlass 10 %	1 593,75 EUR	302,81 EUR	1 896,56 EUR
Zieleinkaufspreis 3	14 343,75 EUR	2 725,31 EUR	17 069,06 EUR
Skonto 2 %	286,88 EUR	54,51 EUR	341,38 EUR
Bareinkaufspreis	14 056,88 EUR	2 670,80 EUR	16 727,68 EUR
Bezugskosten	450,00 EUR	85,50 EUR	535,50 EUR
Bezugspreis	14 506,88 EUR	2 756,30 EUR	17 263,18 EUR

Es ergeben sich folgende Buchungssätze:

3. Mai:			
Aufwendungen für Rohstoffe	15 980,00		
Vorsteuer	3 036,20	an Verbindlichkeiten a. LL	19 016,20
4. Mai			
Bezugskosten	450,00		
Vorsteuer	85,50	an Verbindlichkeiten a. LL	535,50
5. Mai			
Verbindlichkeiten a. LL	50,58	an Aufwendungen für Rohstoffe	42,50
		an Vorsteuer	8,08
6. Mai			
Verbindlichkeiten a. LL	1 896,56	an Nachlässe v. Lieferern	1 593,75
		an Vorsteuer	302,81
13. Mai			
Verbindlichkeiten a. LL	17 069,06	an Liefererskonti	286,88
		an Vorsteuer	54,51
		an Bank	16 727,68

Bei Fälligkeit der Rechnung des Spediteurs wird noch die Überweisung gebucht:

Verbindlichkeiten a. LL	535,50	an Bank	535,50

Neben dem Einkauf von Werkstoffen gehören Anschaffungen von Betriebsmitteln in der Druckerei zu den typischen betrieblichen Beschaffungsvorgängen.

Die Offset GmbH benötigt eine neue Druckmaschine. Der Geschäftsführer Herr Kuhnert hat folgende drei Angebote eingeholt und will im nächsten Schritt prüfen, welches das günstigste Angebot ist.

Angebotsinhalte (Rechnerische Größen)	**Druckmaschinen Müller GmbH Anbieter A**	**Tiefdruckbau AG Anbieter B**	**Behrens & Co. Druckmaschinenbau Anbieter C**
Listenpreis	70 000,00 EUR netto	74 000,00 EUR netto	68 500,00 EUR netto
Zahlungs-bedingungen	Ziel: 30 Tage, 3 % Skonto bei Zahlung innerhalb von 30 Tagen	5 % Liefererrabatt, Zahlung 30 Tage nach Rechnungseingang 2 % Skonto bei Zahlung innerhalb von 4 Wochen	Ziel: 60 Tage rein netto Kasse
Bezugskosten Fracht, Rollgeld	380,00 EUR netto	425,00 EUR netto	Frei Haus
Transport-versicherung:	140,00 EUR netto	200,00 EUR netto	
Montagekosten	450,00 EUR netto	1 080,00 EUR netto	850,00 EUR netto

Zum Vergleich der drei Angebote verwendet Herr Kuhnert folgende Darstellung:

	Anbieter A	**Anbieter B**	**Anbieter C**
Listenpreis	70 000,00 EUR	74 000,00 EUR	68 500,00 EUR
– Liefererrabatt	0,00 EUR	3 700,00 EUR	0,00 EUR
= **Zieleinkaufspreis**	70 000,00 EUR	70 300,00 EUR	68 500,00 EUR
– Skonto (in Euro)	2 100,00 EUR	1 406,00 EUR	0,00 EUR
= **Bareinkaufspreis**	67 900,00 EUR	68 894,00 EUR	68 500,00 EUR
plus Bezugskosten/Anschaffungsnebenkosten			
+ Fracht, Rollgeld	380,00 EUR	425,00 EUR	0,00 EUR
+ Transportvers.	140,00 EUR	200,00 EUR	0,00 EUR
+ Montagekosten	450,00 EUR	1 080,00 EUR	850,00 EUR
= **Bezugspreis/AK**	68 870,00 EUR	70 599,00 EUR	69 350,00 EUR

Es stellt sich heraus, dass das Angebot A der Druckmaschinen Müller GmbH rechnerisch am günstigsten ist. Diese quantitative Betrachtung reicht Herrn Kuhnert nicht für die Entscheidung über eine Anschaffung aus. Er fordert deshalb von den Anbietern die Beantwortung qualitativer Aspekte. Die Antworten hat er in der folgenden Tabelle zusammengestellt.

Angebotsinhalte (qualitative Aspekte)	Anbieter A	Anbieter B	Anbieter C
Serviceleistungen	Kostenlose Inspektion der Maschine 6 Monate nach Inbetriebnahme	Ein Jahr Garantie für fehlerfreies Funktionieren der Druckmaschinen	3 kostenlose Inspektionen nach Wahl des Käufers
Schulung der Mitarbeiter	Eigenes Schulungszentrum, 5-tägige kostenfreie Lehrgänge für die Kundenmitarbeiter	Einmalige Unterweisung der Mitarbeiter des Kunden nach der Installation der Maschine (4- bis 8-stündig)	Einführung der Mitarbeiter in einem eintägigen Lehrgang beim Kunden, ausführliches Infomaterial für die Lehrgangsteilnehmer
Beratung	Demonstration der Leistungsfähigkeit der Maschine im Schulungszentrum	Besuch von Handelsreisenden, aufwendiges Prospektmaterial	Besuch von Ingenieuren mit hoher Fachkompetenz, Demonstrationsobjekte (Industrieerzeugnisse)
Wirtschaftlichkeit der Produktion	Relativ hoher Energieverbrauch	Verschleißerscheinungen bei hoher Kapazitätsauslastung, relativ hoher Ausschuss	Niedriger Maschinenstundensatz (niedrige Produktionskosten)
Lieferzeit	2 Monate nach Auftragseingang	6 Wochen nach Bestellungseingang	3 Monate nach Bestellung

Die Antworten der Anbieter werden in einer sogenannten Nutzwertanalyse, entsprechend den Präferenzen der Offset GmbH, bewertet. Dazu legt Herr Kuhnert die Gewichtung der fünf Aspekte aus Sicht seines Unternehmens in Punkten fest. Die Summe der Punkte muss 100 ergeben. Im nächsten Schritt bewertet er die Antworten der Lieferanten. Dafür steht ihm eine Bandbreite von 1 bis 10 zur Verfügung wobei „1" bedeutet, dass kein Nutzen für die Druckerei zu erwarten ist. Eine „10" bedeutet entsprechend, dass hier ein sehr großer Nutzen für die Druckerei zu erwarten ist.

Kriterien	Gewichtung (G)	A		B		C	
		Bewertungspunkte (B)	G x B	Bewertungspunkte (B)	G x B	Bewertungspunkte (B)	G x B
Bezugspreis	20	10	200	9	180	8	160
Serviceleistung	25	6	150	9	225	8	200
Schulung der Mitarbeiter	20	9	180	7	140	6	120
Beratung	15	10	150	6	90	8	120
Wirtschaftlichkeit	12	7	84	5	60	10	120
Lieferzeit	8	9	72	10	80	8	64
Summe	100		836		775		784
Rangfolge		1		3		2	

Die Nutzwertanalyse bestätigt das Ergebnis der quantitativen Analyse. Die Bestellung wird somit bei der Druckmaschinen Müller GmbH aufgegeben.

Eine Druckerei kauft Papier für die Zeitungsherstellung. Kaufpreis: 87 524,50 EUR brutto (inkl. 19 % USt).
Zahlungsbedingungen: Innerhalb von 8 Tagen mit 2 % Skonto oder innerhalb von 30 Tagen netto Kasse.

a) Buchen Sie die Eingangsrechnung im Journal.
b) Wie würde bei Zahlung durch Überweisung nach 30 Tagen gebucht werden?
c) Ermitteln Sie den Zahlungsbetrag bei Überweisung am 8. Tag.
d) Buchen Sie die Begleichung der Rechnung mit Skontoabzug.
e) Würde sich die Zahlung am 8. Tag auch lohnen, wenn wir unser Girokonto überziehen müssten und uns die Bank 12 % p. a. Zinsen berechnet? (Falls ja, wie viel EUR beträgt der Vorteil?)
f) Welchem Jahreszinssatz entspricht die Skontogewährung von 2 %?

2.2 Absatzwirtschaft

2.2.1 Weiterleitung eingekaufter Waren und gefertigter Erzeugnisse an den Kunden unter Berücksichtigung von Sofortrabatten und Kosten der Waren-/Erzeugnisabgabe und -zustellung

Herr Solly, der Buchhalter der Medi@Point, übergibt der Auszubildenden Barbara Wolf die Kopie der Ausgangsrechnung an die Astrid-Lindgren-Schule, Gemeinschaftsgrundschule, Bergheim: „Eigentlich müssten Sie sie schon erfassen können. Übertragen Sie einfach, was Sie über Rabatte und Verpackung beim Einkauf schon gelernt haben."

Medi@Point GmbH & Co. KG
BUCHHANDLUNG

Medi@Point GmbH & Co. KG, Schildergasse 46, 50667 Köln

Astrid-Lindgren-Schule
Gemeinschaftsgrundschule
Albrecht-Dürer-Allee 9
50126 Bergheim Erft

Schildergasse 46
50667 Köln
Telefon: 0221 9846130
Telefax: 0221 9846139

KOPIE

RECHNUNG/AUFTRAGSBESTÄTIGUNG
Bei Zahlung/Rücksendung/Gutschrift unbedingt angeben

Kunden-Nr.	Rechnungs-Nr.	Datum
24002	99534	08.08.20..

Artikel-Nr.	Artikelbezeichnung	Menge	Einzelpreis EUR	Gesamtpreis EUR
2349876542221	Bausteine Sprache	120	35,26	4 231,20
	– 4 % Rabatt			169,25
				4 061,95
	+ Verpackung: Plastikcontainer	2	42,80	85,60
				4 147,55

Im Rechnungsbetrag sind 7 % Umsatzsteuer = 271,34 EUR enthalten.
Bei Rückgabe der Verpackung schreiben wir Ihnen den berechneten Betrag gut.
Zahlbar innerhalb 30 Tagen netto Kasse

Bankverbindung:
Sparkasse KölnBonn BLZ: 370 501 98 Kto.-Nr.: 85 213 948
Deutsche Bank Köln BLZ: 370 700 60 Kto.-Nr.: 446 632 140
Steuernummer: 215/335/5342 **USt-ID-Nr.:** DE-956349786

Buchungen beim Verkauf von Waren und Dienstleistungen

Arbeiten bis zur Warenabgabe: Die für Kundenbestellungen eingekaufte Ware wird im Buchhandel zu kundengerechten Verkaufsmengen zusammengestellt (kommissioniert). Zusätzlich müssen Lieferschein, Ausgangsrechnung und eventuell erforderliche Versandpapiere (Frachtbrief) erstellt werden.

Sofortrabatte: Sofortrabatte werden in Form von Mengen-, Wiederverkäufer- oder Messerabatt auf die Listenverkaufspreise gewährt. Insbesondere Mengenrabatte sollen zu größeren Bestellmengen veranlassen und damit zu verminderten Auftragsabwicklungs- und Frachtkosten führen. Sofortrabatte werden wie beim Einkauf nicht gebucht.

Verpackungskosten

Das verkaufende Unternehmen hat als Vertragspartner die Waren so zu verpacken, dass sie vom Käufer mangelfrei übernommen werden können. Die Kosten für solche **Schutzverpackungen** hat der **Verkäufer zu tragen**. Die Kosten für die Verpackungen, die zum Versand der Waren notwendig werden (**Transportverpackung**, wie Tragetaschen, Tüten, Packpapier, Geschenkpapier, Geschenkkarton), sind in der Regel vom **Käufer zu übernehmen**. Vielfach besorgt jedoch der Verkäufer auch diese Verpackungen. Solche Verpackungsmaterialien werden beim Einkauf als Aufwand auf dem Konto **„6040 Verpackungsmaterial"** erfasst.

S & W Verpackungsmaterial

Scherer & Wolff GmbH, Maarweg 82, 50933 Köln

Medi@Point GmbH & Co. KG
Schildergasse 46
50667 Köln

Scherer & Wolff GmbH
Verpackungsmaterial
Maarweg 82
50933 Köln
Tel.: 0221 2653110
Fax: 0221 2653114

RECHNUNG

Bei Zahlung bitte Rechnungs-Nr. und Kunden-Nr. angeben!
Wir sandten Ihnen „frei Haus" per Lkw:

Ihre Bestellung	Lieferdatum	Kundennummer	Rechnungsnummer	Rechnungsdatum
		97843	6543	23.06.20..

Pos.-Nr.	Menge	Artikel-Nr.	Artikelbezeichnung	Einzelpreis EUR	Gesamtpreis EUR
1	40	241	Plastikcontainer	40,00	1 600,00
			+ 19 % Umsatzsteuer		304,00
					1 904,00

Zahlung: „sofort, ohne Abzug"

Bankverbindung: Dresdner Bank Köln BLZ 370 800 40 Kto.-Nr.: 127 890 22
Steuernummer: 223/281/7291, **USt-ID-Nr.:** DE-184572110

Buchung:

6040 Verpackungsmaterial	1 600,00		
2600 Vorsteuer	304,00	an 4400 Verbindlichkeiten a. LL	1 904,00

Versandverpackung, die beim Verkauf von Waren anfällt, wird dem Kunden getrennt in Rechnung gestellt. Die in Rechnung gestellte Verpackung stellt aus der Sicht der Buchhandlung Umsatz dar.

Buchung:

2400 Forderungen a. LL	4 147,55	an 5100 Umsatzerlöse für Waren	3 876,21
		an 4800 Umsatzsteuer	271,34

● Transportkosten

In der Regel hat der Käufer die Frachten für die Zusendung seiner Waren zu tragen. Der Verkäufer führt die Auslieferung vielfach mit eigenem Werksverkehr (Lieferwagen) durch oder beauftragt fremde Frachtführer mit der Zusendung der Waren. Die Frachtkosten werden dann vom verkaufenden Unternehmen gezahlt und später dem Kunden belastet. Dann wird die berechnete Fracht wie die berechnete Verpackung Bestandteil des Umsatzes.

LD Logistics Deutschland GmbH
Schnelltransporte aller Art

LD Logistics Deutschland GmbH, Forststr. 43, 51107 Köln

Medi@Point GmbH & Co. KG
Schildergasse 46
50667 Köln

Forststr. 43
51107 Köln
Telefon: 0221 756643
Telefax: 0221 756649

RECHNUNG

Kunden-Nr.	Rechnungs-Nr.	Datum
64531	10328	28.05.20..

Art der Leistung	Betrag EUR
Transport von Büchern zur Albert-Schweitzer-Grundschule, Köln-Merkenich	
Fracht T 3/200 kg	48,00
+ 19% Umsatzsteuer	9,12
	57,12

Zahlbar sofort ohne Abzug

Bankverbindung: Sparkasse KölnBonn BLZ: 370 501 98 Kto.-Nr.: 775 32888
Steuernummer: 217/746/8831
USt-ID-Nr.: DE-986543210

Medi@Point GmbH & Co. KG
BUCHHANDLUNG

Medi@Point GmbH & Co. KG, Schildergasse 46, 50667 Köln

Albert-Schweitzer-Grundschule
Marconistraße 13
50769 Köln

Schildergasse 46
50667 Köln
Telefon: 0221 9846130
Telefax: 0221 9846139

KOPIE

RECHNUNG/AUFTRAGSBESTÄTIGUNG
Bei Zahlung/Rücksendung/Gutschrift unbedingt angeben

Kunden-Nr.	Rechnungs-Nr.	Datum
24009	12396	25.05.20..

Artikel-Nr.	Artikelbezeichnung	Menge	Einzelpreis EUR	Gesamtpreis EUR
2349876632132	Lesefibel 1	125	19,05	2 381,25
2349876632133	Lesefibel 2	120	19,47	2 336,40
				4 717,65
	– 4 % Rabatt			188,71
				4 528,94
	+ Fracht			51,36
				4 580,30

Im Rechnungsbetrag sind 7 % Umsatzsteuer = 299,65 EUR enthalten.
Zahlbar innerhalb 30 Tagen netto

Bankverbindung:
Sparkasse KölnBonn BLZ: 370 501 98 Kto.-Nr.: 85 213 948
Deutsche Bank Köln BLZ: 370 700 60 Kto.-Nr.: 446 632 140
Steuernummer: 215/335/5342 **USt-ID-Nr.:** DE-956349786

Buchungen:

1. ER der LD Logistics Deutschland GmbH

6140 Frachten und Fremdlager	48,00		
2600 Vorsteuer	9,12	an 4400 Verbindlichkeiten a. LL	57,12

2. AR an die Albert-Schweitzer-Grundschule

2400 Forderungen a. LL	4 580,30	an 5100 Umsatzerlöse für Waren	4 280,65
		an 4800 Umsatzsteuer	299,65

Besonderheiten beim Absatz eines Verlages

Die Absatzzweige von Verlagen sind Anzeigen und Verkäufe der Print- oder Internet-Produkte. Somit entstehen aus den verkauften Anzeigen **Anzeigenerlöse** und aus dem Verkauf der Print- oder Internet-Produkte **Vertriebserlöse**.

Anzeigen werden von Werbeagenturen für ihre Kundschaft oder direkt vom jeweiligen Unternehmen gebucht. Die Vertriebserlöse entstehen bei Zeitungs- und Zeitschriftenverlagen durch den Verkauf an die zuständigen Presse-Grossounternehmen und die Abonnenten. Bei Buchverlagen entstehen die Vertriebserlöse durch den Verkauf an den verbreitenden Buchhandel, den Bucheinzelhandel oder direkt an den Leser.

Die Werbeagentur Werbe-Star GmbH hat für ihre Kundin, die Kölnisch Wasser GmbH, in unserer Tageszeitung „Kölner Rundschau“ eine Anzeigenserie geschaltet. Die s/w-Anzeige erschien an 6 Terminen (06.04., 08.04., 13.04., 15.04., 20.04., 22.04.), hatte eine Höhe von 200 mm und war zwei Spalten breit. Der Grundpreis für diese Anzeige beträgt 6,38 EUR. Aufgrund der Anzeigenwiederholung wird im Rahmen der Malstaffel ein Rabatt von 5 % gewährt.

Die Abrechnung ist nun von der Buchhaltung zu erstellen und an die Werbeagentur zu verschicken.

Die Abrechnung kann folgendermaßen aussehen:

Objekt:	Anzeige für die Kölnisch Wasser GmbH	
Anzeigenschaltung:	„Kölner Rundschau“	
Erscheinungsdatum:	6 Termine (06.04., 08.04., 13.04., 15.04., 20.04., 22.04.)	
Format:	200 mm, 2-spaltig	
Farbe:	s/w	
mm-Grundpreis:	6,38 EUR	
gesamt:	15 312,00 EUR	Grundpreis = Kundenbrutto
– 5 % Rabatt	765,60 EUR	
	14 546,40 EUR	Kundennetto = Agenturbrutto
– 15 % AE-P	2 181,96 EUR	
	12 364,44 EUR	Agenturnetto
	+ 19 % USt	
Belegexemplar an „Werbeagentur Werbe-Star GmbH“		

Bei der Aufstellung der Rechnung ist zu beachten, dass Werbeagenturen der höhere Grundpreis berechnet wird. Würde das auftraggebende Unternehmen direkt schalten und im Einzugsgebiet der Zeitung ansässig sein, wäre der Lokal-/Direktpreis zu verwenden. Die Differenz in der Höhe des Lokalpreises und des Grundpreises beträgt 15 %. Das sind die 15 %, welche der Werbeagentur für ihre Vermittlungstätigkeit als AE-Provision gutgeschrieben wird.

Die **AE-Provision (Annoncen-Expeditionsprovision)** wird laut Verlagsabrechnung vom **Kundennetto/Agenturbrutto** als „Vom-Hundert-Rechnung“ ermittelt. Das Ergebnis ist das Agenturnetto. Die Agentur erhält vom Kunden netto 14 546,40 EUR und überweist an den Verlag netto 12 364,44 EUR. Die Differenz von netto 2 181,69 EUR (AE-Provision) stellt für die Agentur den Rohgewinn dieser Anzeigenschaltung dar. Für die kreative Arbeit erhält die Agentur eine weitere Zahlung von ihrem Kunden.

Dieses Verfahren ist für viele Kunden nicht durchsichtig bzw. ihnen nicht bekannt. Im Zuge einer vertrauensvollen Zusammenarbeit zwischen Agentur und Kunden sollte die AE-Provision dem Kunden offengelegt und ihm zur Verfügung gestellt werden. Solange diese und andere Bonifikationen zugunsten der Werbeagenturen nicht offengelegt bzw. eingestellt werden, hat der Kunde das latente Risiko, dass sich die Agentur in ihrer Auswahl des besten Werbemediums von diesen Zahlungen beeinflussen lassen könnte.

Das Geschäftsfeld Zeitungsverlag erhält durch diese Abrechnungsart den gleichen Erlös für die Anzeigenschaltung, unabhängig davon, ob das werbende Unternehmen direkt oder über eine Werbeagentur schaltet.

Der Verlag bucht die Forderung aufgrund der Rechnung wie folgt:

2400 Forderungen a. LL	14713,68	an 5100 Erlöse aus Anzeigen – Zeitung	12364,44
		an 4800 Umsatzsteuer	2349,24

Kosten der Erzeugnisabgabe in Druckereien, Verlagen und Werbeagenturen

Gegenüber der Buchhandlung ergeben sich bei der Abgabe von Erzeugnissen keine Besonderheiten. Für den Versand eingekaufte Verpackungsmaterialien werden auch hier auf dem Konto „6040 Verpackungsmaterial" gebucht. Vorgelegte Frachten für die Zustellung der verkauften Erzeugnisse werden auf dem Konto „6140 Frachten und Fremdlager" erfasst. Werden Verpackungsmaterial und Frachten dem Kunden in Rechnung gestellt, so werden diese Leistungen zu Umsatz.

Weiterleitung eingekaufter Waren und gefertigter Erzeugnisse an den Kunden unter Berücksichtigung von Sofortrabatten und Kosten der Waren-/Erzeugnisabgabe und -zustellung

- *Sofortrabatte sind Rabatte, die bei der Rechnungserteilung offen abgesetzt werden, wie z. B. Mengen-, Wiederverkäufer-, Messe-, Sonderrabatte usw.*
- *Sofortrabatte mindern die Verkaufspreise.*
- *Sofortrabatte werden nicht gesondert gebucht.*

Kosten der Warenabgabe

Verpackungskosten
- Kosten der Schutzverpackung trägt der Verkäufer
- Kosten der Versandverpackung trägt laut Gesetz der Käufer
  - häufig Vorlage durch den Verkäufer
  - spätere Belastung des Kunden
- Buchung im Soll des Kontos „6040 Verpackungsmaterial"

Frachten
- Fracht trägt laut Gesetz der Käufer
  - häufig Vorlage durch den Verkäufer, der den Frachtführer besorgt
  - spätere Belastung des Kunden mit der Fracht
- Buchung im Soll des Kontos „6140 Frachten und Fremdlager"

- *Die Belastungen der Kunden mit den vorgelegten Aufwendungen (Verpackungs- und Frachtkosten) sind Umsatzerlöse, die im Haben des Kontos „5100 Umsatzerlöse für Waren" bzw. „5000 Umsatzerlöse für Erzeugnisse" zu buchen sind.*
- *Wegen der Entgeltmehrung erhöht sich entsprechend die Umsatzsteuer.*

1 Bilden Sie zu folgenden Geschäftsfällen die Buchungssätze in einer Buchhandlung:

		EUR	EUR
1.	**AR:** Verkauf von Büchern auf Ziel, frei Haus, netto	4950,00	
	+ 7 % Umsatzsteuer	346,50	5296,50
2.	**ER:** Fracht für die ausgelieferten Waren (Fall 1), netto ..	160,00	
	+ 19 % Umsatzsteuer	30,40	190,40
3.	**AR:** Verkauf von Büchern auf Ziel, ab Werk, netto	19780,00	
	+ 7 % Umsatzsteuer	1384,50	21164,60

4. **ER des Postdienstes** für Transport der Bücher zum Kunden (Fall 3), netto	180,00	
+ 19 % Umsatzsteuer	34,20	214,20
5. **AR:** Lastschrift an Kunden für Fracht (Fall 4), netto	180,00	
+ 19 % Umsatzsteuer	34,20	214,20

2 Geben Sie die Buchungssätze für folgende Vorgänge einer Druckerei an.

	EUR	EUR
1. **AR:** Abrechnung eines Druckauftrages	35 000,00	
– 4 % Mengenrabatt	1 400,00	33 600,00
+ 19 % Umsatzsteuer		6 384,00
		39 984,00
2. **ER:** Fracht für die Zustellung an den Kunden (Fall 1), netto	215,00	
+ 19 % Umsatzsteuer	40,85	255,85
3. **ER:** Zieleinkauf Papier	16 000,00	
– 4 % Mengenrabatt	640,00	15 360,00
+ Fracht		224,00
+ Transportversicherung		16,00
		15 600,00
+ 19 % Umsatzsteuer		2 964,00
		18 564,00
4. **Briefkopie:** Lastschrift an Kunden (Fälle 1 und 2) für Fracht, netto	215,00	
+ 19 % Umsatzsteuer	40,85	255,85
5. **AR:** Abrechnung eines Druckauftrages an einen Kunden	5 600,00	
+ Frachtkosten für Zustellung	260,00	5 860,00
+ 19 % Umsatzsteuer		1 113,40
		6 973,40
6. **ER, BA:** Einkauf von Versandkartons gegen Bankscheck, netto	2 400,00	
+ 19 % Umsatzsteuer	456,00	2 856,00

3 Buchen Sie auf den Konten 2400, 2600, 2800, 2880, 3000, 4400, 4800, 5000, 6000, 6001, 6140, 8000, 8010, 8020 und ermitteln Sie
a) den Wareneinsatz, b) den Umsatz zu Verkaufspreisen, c) die Umsatzsteuerzahllast.

Anfangsbestände:	EUR		EUR
Forderungen a. LL	17 250,00	Eigenkapital	56 500,00
Bankguthaben	99 790,00	Verbindlichkeiten a. LL	62 100,00
Kasse	4 060,00	Umsatzsteuer	2 500,00

Geschäftsfälle:	EUR	EUR
1. **ER:** Papiereinkauf auf Ziel, netto	14 000,00	
+ 19 % Umsatzsteuer	2 660,00	16 660,00
2. **KB:** Fracht und Rollgeld für diesen Einkauf (vgl. Fall 1) bar, netto	420,00	
+ 19 % Umsatzsteuer	79,80	499,80
3. **AR, BA:** Verkauf von Erzeugnissen gegen Bankscheck	16 600,00	
+ Verpackung	120,00	
+ Fracht	280,00	17 000,00
+ 19 % Umsatzsteuer		3 230,00
		20 230,00
4. **BA:** Banküberweisung der Umsatzsteuer des Vormonats		2 500,00

5.	**KB:** Bareinkauf von Versandkartons, netto	600,00	
	+ 19 % Umsatzsteuer	114,00	714,00
6.	**AR:** Verkauf von Erzeugnissen auf Ziel. Listenpreis, netto	50 000,00	
	– 20 % Einführungsrabatt	10 000,00	40 000,00
	+ 19 % Umsatzsteuer		7 600,00
			47 600,00
7.	**ER:** Lastschriftanzeige des Spediteurs für die Lieferung der Erzeugnisse (Fall 6)		
	an den Kunden, netto	2 400,00	
	+ 19 % Umsatzsteuer	456,00	2 856,00
8.	**ER, BA:** Papiereinkauf gegen Bankscheck, netto	4 400,00	
	+ Verpackung	300,00	
	+ Fracht	200,00	4 900,00
	+ 19 % Umsatzsteuer		931,00
			5 831,00
9.	**AR:** Einem Kunden wird die vorgelegte Fracht in		
	Rechnung gestellt, netto	620,00	
	+ 19 % Umsatzsteuer	117,80	737,80

Führen Sie den Abschluss der Konten durch.

4 Bilden Sie die Buchungssätze zu den Belegen 803 und 804 in der Medi@Point GmbH & Co. KG.

LD Logistics Deutschland GmbH
Schnelltransporte aller Art

LD Logistics Deutschland GmbH, Forststr. 43, 51107 Köln

Medi@Point GmbH & Co. KG
Schildergasse 46
50667 Köln

Forststr. 43
51107 Köln
Telefon: 0221 756643
Telefax: 0221 756649

Beleg Nr. 803

RECHNUNG

Kunden-Nr.	Rechnungs-Nr.	Datum
64531	10328	28.05.20..

Art der Leistung	Betrag EUR
Transport von Büchern zur Astrid-Lindgren-Schule, Bergheim Erft	
Fracht T 3/200 kg	24,00
+ 19 % Umsatzsteuer	4,56
	28,56

Zahlbar sofort ohne Abzug

Bankverbindung: Sparkasse KölnBonn BLZ: 370 501 98 Kto.-Nr.: 775 328 88
Steuernummer: 217/746/8831
USt-ID-Nr.: DE-986543210

Medi@Point GmbH & Co. KG
BUCHHANDLUNG

Medi@Point GmbH & Co. KG, Schildergasse 46, 50667 Köln

Astrid-Lindgren-Schule
Gemeinschaftsgrundschule
Albrecht-Dürer-Allee 9
50126 Bergheim Erft

Schildergasse 46
50667 Köln
Telefon: 0221 9846130
Telefax: 0221 9846139

Beleg Nr. 804

KOPIE

RECHNUNG/AUFTRAGSBESTÄTIGUNG
Bei Zahlung/Rücksendung/Gutschrift unbedingt angeben

Kunden-Nr.	Rechnungs-Nr.	Datum
24002	12396	29.05.20..

Artikel-Nr.	Artikelbezeichnung	Menge	Einzelpreis EUR	Gesamtpreis EUR
2349877763045	Unsere Welt	80	20,12	1 609,60
	– 4 % Rabatt			64,38
				1 545,22
	+ Fracht			25,68
				1 570,90

Im Rechnungsbetrag sind 7 % Umsatzsteuer = 102,77 EUR enthalten.
Zahlbar innerhalb 30 Tagen netto

Bankverbindungen:
Sparkasse KölnBonn BLZ: 370 501 98 Kto.-Nr.: 85 213 948
Deutsche Bank Köln BLZ: 370 700 60 Kto.-Nr.: 446 632 140
Steuernummer: 215/335/5342 **USt-ID-Nr.:** DE-956349786

5 Ordnen Sie folgende Geschäftsfälle ihren Auswirkungen zu.

Auswirkungen

a) Anschaffungskosten erhöhen sich.
b) Anschaffungskosten mindern sich.
c) Aufwendungen erhöhen sich.
d) Aufwendungen mindern sich.
e) Erträge erhöhen sich.
f) Erträge mindern sich.
g) Keine Auswirkungen auf Anschaffungskosten, Aufwendungen oder Erträge.

Geschäftsfälle

1. ER: Frachtrechnung eines Spediteurs für Warentransporte an Kunden.
2. KB: Barzahlung von Rollgeld an den Zusteller gekaufter Waren.
3. ER. KB: Versandkartons werden gegen sofortige Barzahlung gekauft.
4. AR: Reparaturarbeiten an verkauften Waren innerhalb der Gewährleistungsfrist.
5. AR: Verkauf eines gebrauchten Pkw zum Buchwert auf Ziel.
6. AR: Verkauf von Waren auf Ziel.
7. ER: Wareneinkauf auf Ziel.

2.2.2 Rückgaben durch Kunden und Gutschriften für Minderungen

Von der Verkaufsabteilung wurde heute eine Gutschrift (Kopie) der Medi@Point für die Astrid-Lindgren-Schule an die Buchhaltung weitergeleitet.

Bücher wurden wegen starker Qualitätsmängel (Verschmutzung und Bruch des Einbandes) laut AR Nr. 99534 vom 8. August 20.. (vgl. S. 148) bemängelt. Dem Kunden wurde eine Gutschrift von 50 % des berechneten Wertes erteilt. Außerdem erhielt der Kunde eine Gutschrift für die zurückgebrachte Leihverpackung (2 Plastikcontainer).

Medi@Point GmbH & Co. KG
BUCHHANDLUNG

Medi@Point GmbH & Co. KG, Schildergasse 46, 50667 Köln

Astrid-Lindgren-Schule
Gemeinschaftsgrundschule
Albrecht-Dürer-Allee 9
50126 Bergheim Erft

Schildergasse 46
50667 Köln
Telefon: 0221 9846130
Telefax: 0221 9846139

KOPIE

GUTSCHRIFT Nr. 185

Ihre Beanstandung v.	Unsere Lieferung v.	Unsere Rechnung Nr.	vom
11.08.20..	08.08.20..	99534	08.08.20..

Begründung der Gutschrift	Menge	Einzelpreis EUR	Betrag EUR
50 % Preisnachlass „Bausteine Sprache"	8	16,92	135,36
Rückgabe der Verpackung	2	42,80	85,60
		Wert der Gutschrift, brutto	220,96

Im Rechnungsbetrag sind 7 % Umsatzsteuer = 14,46 EUR enthalten.
Um gleich lautende Buchung wird gebeten.

Köln, den 11.08.20..

Steuernummer: 215/335/5342 **USt-ID-Nr.:** DE-956349786

Warenumtausch und Warenrückgabe durch Kunden

Wie beim Wareneinkauf treten auch im Geschäftsverkehr mit dem Kunden Sonderprobleme auf: Umtausch von Waren, Rückgaben von Waren und Leihverpackung sowie Kaufpreiserstattung.

Warenumtausch: Tauscht ein Kunde einen Artikel gegen einen anderen zum gleichen Preis um, wird dadurch der Verkaufserlös nicht verändert. Eine **Buchung** ist daher **nicht notwendig**. Entsprechendes gilt für ausgegebene Warengutscheine, die zu einem späteren Zeitpunkt eingelöst werden.

Rückgabe von Waren und Leihverpackung: Erstattet eine Buchhandlung einem Kunden den Kaufpreis eines zurückgegebenen Buches oder der **zurückgegebenen Leihverpackung** aus der Tageskasse, wird dadurch der **Umsatzerlös gemindert**. Auf eine besondere Buchung wird aus Vereinfachungsgründen meistens verzichtet, da der **Erstattungsbetrag** mit den Umsatzerlösen (Tageslosung) **verrechnet** werden kann. Hatte der Kunde den Kaufpreis noch nicht bezahlt, weil er auf Ziel eingekauft hatte, rufen Warenrückgaben und Gutschriften wegen Fehl- oder Falschlieferungen Korrekturbuchungen auf dem Konto „5100 Umsatzerlöse für Waren", dem entsprechenden Umsatzsteuerkonto und dem Konto „2400 Forderungen a. LL" hervor.

Eine Buchung ist ebenfalls notwendig, wenn dem Kunden der schon bezahlte Kaufpreis erstattet wird.

Gutschriften für Preisnachlässe

Zur Unterscheidung von **Rücksendungen von Waren/Erzeugnissen** und **Preisnachlässen** auf **bemängelte Waren/Erzeugnisse** empfiehlt sich eine getrennte Erfassung

- der Rücksendungen auf dem entsprechenden **Umsatzerlösekonto** („5100 Umsatzerlöse für Waren" oder „5000 Umsatzerlöse für Erzeugnisse"),
- der Preisnachlässe aufgrund von Mängelrügen auf dem entsprechenden **Unterkonto „5101/5001 Erlösberichtigungen"**.

5101 Erlösberichtigungen	126,50		
5100 Umsatzerlöse für Waren	80,00		
4800 Umsatzsteuer	14,46	an 2400 Forderungen a. LL	220,96

Rücksendungen durch Kunden und Gutschriften für Minderungen

- *Ein Warenumtausch durch Kunden verursacht keine Buchung, da die Umsatzerlöse nicht gemindert werden.*
- *Rückgaben von Waren und Leihverpackungen durch Kunden gegen Erstattung des Kaufpreises aus der Tageskasse vermindern zwar die Tageslosung, müssen aber nicht gesondert gebucht werden, wenn sie mit den Umsatzerlösen des Tages verrechnet werden.*
- *Nur bei Gutschriften oder Rückzahlung des Geldbetrages ist eine Buchung erforderlich.*
- *Nachlässe an Kunden aufgrund von Mängelrügen (keine Warenrücksendungen) werden zur besseren Übersicht auf dem Unterkonto 5001 bzw. „5101* ***Erlösberichtigungen****" erfasst.*
- *Das Konto „Erlösberichtigungen" wird im Rahmen der Umbuchungen über das entsprechende Umsatzerlöskonto abgeschlossen*

S 5101 Erlösberichtigungen	H
Gutschriften aufgrund von Mängelrügen (Minderungen)	5100 Umsatzerlöse für Waren

S 5100 Umsatzerlöse für Waren	H
Rückgabe von Waren und Leihverpackung, netto 5101 Erlösberichtigungen	Warenverkäufe netto Berechnete Nebenleistungen – Verpackung – Fracht – Service

1 Geben Sie die Buchungssätze für folgende Geschäftsfälle einer Buchhandlung an:

1.	**AR:** Zielverkauf von Waren.	3 600,00	
	– 5 % Mengenrabatt	180,00	3 420,00
	+ 7 % Umsatzsteuer		239,40
			3 659,40
2	**ER:** Fracht für den Transport der Bücher zum Kunden (Fall 1), netto.	45,00	
	+ 19 % Umsatzsteuer	8,55	53,55
3.	**Briefkopie:** Lastschrift an den Kunden: Fracht (Fall 2)		?
4.	**Gutschrift** an Kunden wegen Minderung (Fall 1) aufgrund einer Beanstandung: 40 % Preisnachlass für 5 Bücher inkl. 7 % Umsatzsteuer		36,59

2 Buchen Sie unten stehende Geschäftsfälle einer Druckerei auf folgenden Konten nach Übernahme der Anfangsbestände:

Kontenplan: 2400, 2600, 2800, 2880, 3000, 4400, 4800, 5000, 5001, 6000, 6001, 6002, 6140, 6300, 6700, 8010, 8020.

Anfangsbestände:	EUR		EUR
Forderungen a. LL	49 450,00	Eigenkapital	122 800,00
Bank	123 150,00	Verbindlichkeiten a. LL	44 850,00
Kasse	7 400,00	Umsatzsteuer	12 350,00

Geschäftsfälle:

		EUR	EUR
1.	**AR:** Verkauf von eigenen Erzeugnissen, netto frei Haus	74 500,00	
	+ Leihemballagen	2 600,00	77 100,00
	+ 19 % Umsatzsteuer		14 649,00
			91 749,00
2.	**ER:** Fracht für die Auslieferung der Erzeugnisse (Fall 1), netto	1 450,00	
	+ 19 % Umsatzsteuer	275,50	1 725,50
3.	**AR:** Lastschrift an Kunden: Fracht (Fall 2), netto		?
4.	**ER:** Einkauf von Rohstoffen auf Ziel, netto	53 500,00	
	+ Leihemballagen	1 600,00	55 100,00
	+ 19 % Umsatzsteuer		10 469,00
			65 569,00
5.	**Schreiben des Rohstofflieferers** (Fall 4): Gutschrift für mangelhafte Rohstoffe (Minderung) einschl. 19 % Umsatzsteuer, brutto		190,40
6.	**Gutschrift** an Kunden (Fall 1)		
	a) Rücksendung der Leihverpackung, 80 % des berechneten Wertes, netto	2 080,00	
	b) für anerkannte Mängelrüge (Minderung), netto	1 220,00	3 300,00
	+ 19 % Umsatzsteuer		627,00
			3 927,00
7.	**Schreiben des Rohstofflieferers** (Fall 4), Gutschrift für Rücksendung der Leihverpackung, 75 % des Wertes, netto	1 200,00	
	+ 19 % Umsatzsteuer	228,00	1 428,00
8.	**BA:** Lastschriften		
	a) Gehaltszahlung	5 700,00	
	b) Umsatzsteuer an das Finanzamt	12 350,00	
	c) Miete für Lager mit Büroraum	2 760,00	20 810,00

9. **AR:** Zielverkauf von Erzeugnissen, netto	64 000,00	
– 12,5 % Sonderrabatt	8 000,00	56 000,00
+ Fracht		1 600,00
		57 600,00
+ 19 % Umsatzsteuer		10 944,00
		68 544,00
10. **Gutschrift an Kunden:** Minderung aufgrund einer Beanstandung (Fall 9),		
netto	700,00	
+ 19 % Umsatzsteuer	133,00	833,00

3 Folgende Konten sind abzuschließen:

S	6000 Aufwendungen für Rohstoffe		H
4400	23 803 000,00		

S	5000 Umsatzerlöse für Erzeugnisse		H
2400	304 000,00	2400	44 294 000,00

S	6001 Bezugskosten/Rohstoffe		H
4400	632 000,00		

S	5001 Erlösberichtigungen		H
2400	790 000,00		

S	6002 Nachlässe von Rohstofflieferern		H
		4400	435 000,00

a) Bilden Sie die Buchungssätze
- zum Abschluss des Kontos „6001 Bezugskosten/Rohstoffe",
- zum Abschluss des Kontos „6002 Nachlässe von Rohstofflieferern",
- zum Abschluss des Kontos „5001 Erlösberichtigungen",
- zum Abschluss des Kontos „6000 Aufwendungen für Rohstoffe",
- zum Abschluss des Kontos „5000 Umsatzerlöse für Erzeugnisse".

b) Ermitteln Sie in TEUR
- den Rohstoffeinsatz,
- den Nettoumsatz.

4 Tragen Sie folgende umsatzsteuerpflichtige Geschäftsfälle in eine Tabelle mit folgendem Kopf ein.
Bilden Sie die Buchungssätze und kennzeichnen Sie ihre umsatzsteuerliche Auswirkung;

Geschäftsfälle	Buchungssätze	Umsatzsteuerliche Auswirkung					
		Mehrung der Vorsteuer	Minderung der Vorsteuer	Mehrung der USt	Minderung der USt	Mehrung der Zahllast	Minderung der Zahllast
1. usw.							

Geschäftsfälle:
1. Wareneinkauf auf Ziel
2. Warenrücksendungen an Lieferer
3. Kauf eines Büroautomaten gegen Bankscheck
4. Gutschrift an Kunden wegen Minderung
5. Verkauf von Waren auf Ziel
6. Kauf von Büromaterial bar
7. Gutschrift eines Warenlieferers für Minderung
8. Gutschriftanzeige an Kunden für Rücksendung der berechneten Leihverpackung
9. Belastung des Kunden für Fracht
10. Gutschrift des Lieferers wegen zurückgesandter Verpackung

5 Bei der Medi@Point sind nachstehende Belege vorzukontieren:

LD Logistics Deutschland GmbH
Schnelltransporte aller Art

LD Logistics Deutschland GmbH, Forststr. 43, 51107 Köln

Medi@Point GmbH & Co. KG
Schildergasse 46
50667 Köln

Forststr. 43
51107 Köln
Telefon: 0221 756643
Telefax: 0221 756649

RECHNUNG

Kunden-Nr.	Rechnungs-Nr.	Datum
64531	11876	28.06.20..

Art der Leistung	Betrag EUR
Transport von Büchern zur Albert-Schweitzer-Grundschule, Köln-Merkenich	
Fracht T 3/200 kg	28,80
+ 19 % Umsatzsteuer	5,47
	34,27

Zahlbar sofort ohne Abzug

Bankverbindung: Sparkasse KölnBonn BLZ: 370 501 98 Kto.-Nr.: 775 328 88
Steuernummer: 217/746/8831
USt-ID-Nr.: DE-986543210

Medi@Point GmbH & Co. KG
BUCHHANDLUNG

Medi@Point GmbH & Co. KG, Schildergasse 46, 50667 Köln

Albert-Schweitzer-Grundschule
Marconistraße 13
50769 Köln

Schildergasse 46
50667 Köln
Telefon: 0221 9846130
Telefax: 0221 9846139

KOPIE

RECHNUNG/AUFTRAGSBESTÄTIGUNG
Bei Zahlung/Rücksendung/Gutschrift unbedingt angeben

Kunden-Nr.	Rechnungs-Nr.	Datum
24009	15987	29.06.20..

Artikel-Nr.	Artikelbezeichnung	Menge	Einzelpreis EUR	Gesamtpreis EUR
2349876632133	Lesefibel 2	120	20,12	2 414,40
	– 5 % Rabatt			120,72
				2 293,68
	+ Fracht			30,82
	+ Plastikcontainer			42,80
				2 367,30

Im Rechnungsbetrag sind 7 % Umsatzsteuer = 154,87 EUR enthalten.
Bei Rückgabe der Plastikcontainer schreiben wir Ihnen 80 % des berechneten Wertes gut.
Zahlbar innerhalb 30 Tagen netto

Bankverbindungen:
Sparkasse KölnBonn BLZ: 370 501 98 Kto.-Nr.: 85 213 948
Deutsche Bank Köln BLZ: 370 700 60 Kto.-Nr.: 446 632 140
Steuernummer: 215/335/5342 **USt-ID-Nr.:** DE-956349786

Medi@Point GmbH & Co. KG
BUCHHANDLUNG

Medi@Point GmbH & Co. KG, Schildergasse 46, 50667 Köln

Albert-Schweitzer-Grundschule
Marconistraße 13
50769 Köln

Schildergasse 46
50667 Köln
Telefon: 0221 9846130
Telefax: 0221 9846139

KOPIE

GUTSCHRIFT Nr. 185

Ihre Beanstandung v.	Unsere Lieferung v.	Unsere Rechnung Nr.	vom
		15987	29.06.20..

Begründung der Gutschrift	Menge	Einzelpreis EUR	Gesamtpreis EUR
Rückgabe der Verpackung	1	34,24	34,24
		Wert der Gutschrift, brutto	34,24

Im Rechnungsbetrag sind 7 % Umsatzsteuer enthalten.
Um gleichlautende Buchung wird gebeten. Köln, den 04.07.20..

Steuernummer: 215/335/5342 **USt-ID-Nr.:** DE-956349786

2.2.3 Kundenskonti

In der Werbeagentur West GmbH, Köln, ist unten stehender Kontoauszug zu bearbeiten.

Konto	Kontoauszug		Auszug	Blatt
674 563 870	DEUTSCHE BANK KÖLN	BLZ 370 700 60	232	1

Buch.-Tag	Wert	PN	Erläuterung/Verwendungszweck	Umsätze
12.11.	12.11.	0853	KONRAD ADENAUER FLUGHAFEN KÖLN/BONN GmbH, KD-NR 24015 RG-NR 25821 V 04.11.20.. ABZGL 2 % SKONTO	4 373,25 H

Beleg Nr. 325

KREDITZUSAGE EUR 40 000,00

IHR AKTUELLER KONTOSTAND UM 10.30 UHR EUR 62 715,25 H

BS	Letzter Auszug	Auszugsdatum	Alter Kontostand	Neuer Kontostand
44	11.11.20..	13.11.20..	EUR 58 342,00 H	EUR 62 715,25 H

WERBEAGENTUR WEST GMBH, HUGO-ECKENER-STR. 1, 50829 KÖLN

Caroline Zander, die Auszubildende, soll die Bewegung auf dem Bankkonto prüfen, den Rechnungsbetrag ermitteln und die Buchung vornehmen.

Nimmt der Kunde ein gewährtes Zahlungsziel nicht in Anspruch, weil er vorher über die nötigen Zahlungsmittel verfügt, kann er den in den Zahlungsbedingungen angegebenen Skonto vom Rechnungsbetrag abziehen.

Mit der Zahlung des verminderten Rechnungsbetrages hat der Kunde seine **Schuld insgesamt beglichen**. Mit dem **Skontoabzug** ist eine **nachträgliche Minderung der Umsatzerlöse** und damit der ursprünglichen **Bemessungsgrundlage für die Umsatzsteuer** verbunden. Der Kundenskonto führt daher zu einer **Berichtigung der Umsatzsteuer**, die aufgrund des ursprünglich vereinbarten Entgelts für die Lieferung zu zahlen war. Die nachträgliche Minderung der Umsatzerlöse durch Skonto wird in der Finanzbuchhaltung wie die übrigen Nachlässe auf dem Konto **Erlösberichtigung** gebucht.

Banküberweisung vom Kunden für fällige AR über 4 462,50 EUR abzüglich 2 % Skonto (s. Beleg oben)

Auswirkung des Kundenskontos in der Handlungssituation (siehe oben)			
	auf die Umsatzerlöse	**auf die Umsatzsteuer**	**insgesamt**
Beträge laut AR – 2 % Skonto	3 750,00 75,00	712,50 14,25	4 462,50 89,25
= Überweisungsbetrag	3 675,00	698,25	4 373,25

Buchungen:

AR: Zielverkauf von Waren

2400 Forderungen a. LL	4 462,50	an 5100 Umsatzerlöse für Waren	3 750,00
		an 4800 Umsatzsteuer	712,50

BA: Banküberweisung durch Kunden

2800 Bank	4 373,25		
5101 Erlösberichtigungen	75,00		
4800 Umsatzsteuer (vgl. S. 136 ff.)	14,25	an 2400 Forderungen a. LL	4 462,50

Das Konto „5001 bzw. 5101 Erlösberichtigungen" ist zum Jahresabschluss über das Konto „5000 Umsatzerlöse für Erzeugnisse" bzw. „5100 Umsatzerlöse für Waren" abzuschließen.

Eigenbeleg: vorbereitende Abschlussbuchung

5100 Umsatzerlöse für Waren	75,00	an 5101 Erlösberichtigungen	75,00

S	2400 Forderungen a. LL		H
5100, 4800	4 462,50	2800, 5101, 4800	4 462,50

S	5100 Umsatzerlöse für Waren		H
5102	75,00	2400	3 750,00

S	5101 Erlösberichtigungen		H
2400	75,00	5100	75,00

S	4800 Umsatzsteuer		H
2400	14,25	2400	712,50

S	2800 Bank		H
2400	4 373,25		

Kundenskonti

Begriff	Auswirkungen	Buchungen
• Nachlass für vorzeitigen Ausgleich von Ausgangsrechnungen • Verzicht des Kunden auf den angebotenen Kredit	• Minderung der Umsatzerlöse • Korrektur der Umsatzsteuer im Soll	• **Ausgleich der AR abzüglich Skonto** 2800 Bank 5101 Erlösberichtigungen 4800 Umsatzsteuer an 2400 Forderungen a. LL • **Abschluss des Unterkontos „5101 Erlösberichtigungen"** 5100 Umsatzerlöse für Waren an 5101 Erlösberichtigungen

Buchungen beim Verkauf von Waren und Dienstleistungen unter Berücksichtigung von Rücksendungen, Minderungen und Skonti

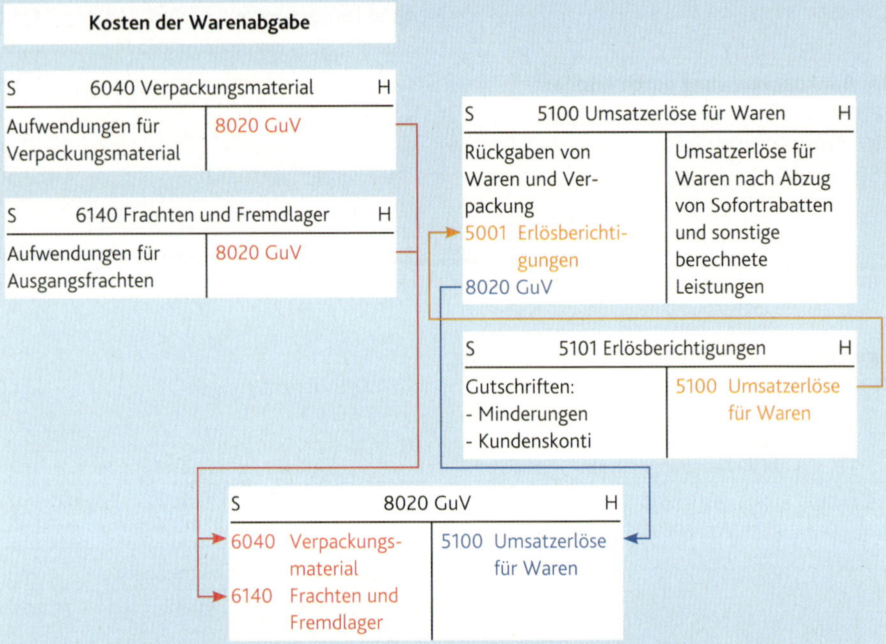

Belastungen der Kunden mit vorgelegten Ausgaben für Verpackungsmaterial und Ausgangsfrachten sind Umsatzerlöse, die im Haben des Kontos „5100 Umsatzerlöse für Waren" zu buchen sind.

1 Geben Sie die Buchungssätze für folgende Geschäftsfälle einer Druckerei an:

Kontenplan: 2400, 2600, 2800, 2880, 4400, 4800, 5100, 5102, 6061, 6063

	EUR	EUR
1. **BA:** Kunde zahlt fällige AR mit Bankscheck, brutto	21 658,00	
– 3 % Skonto	649,74	21 008,26
2. **BA:** Lastschriften		
a) Fracht für eingekauftes Papier, netto	420,00	
+ 19 % Umsatzsteuer	79,80	499,80
b) Überweisung an Papierlieferer nach Abzug von 2 % Skonto		47 814,20
3. **BA:** Gutschrift, Überweisung für fällige AR nach Abzug von 2 % Skonto		2 798,88
4. **BA:** Ausgleich einer fälligen Eingangsrechnung über	1 071,00	
abzüglich 3 % Skonto	32,13	
durch Banküberweisung		1 038,87
5. **BA:** Kunde bezahlt fällige AR durch Banküberweisung nach Abzug von 2 % Skonto		16 968,21
6. **AR:** Leistung lt. Druckauftrag, brutto	12 000,00	
– 8 % Sonderrabatt	960,00	11 040,00
+ 19 % Umsatzsteuer		2 097,60
		13 137,60
7. **Lastschrift an Kunden:** Kunde (Fall 6) wird wegen „unfreier" Lieferung mit Fracht belastet	200,00	
+ 19 % Umsatzsteuer	38,00	238,00

8. **BA:** Kunde (Fall 6) gleicht fällige Rechnung nach Abzug von 3 % Skonto aus .... ?

2 Sachkonten einer Druckerei weisen im Soll und im Haben folgende Werte in EUR aus:

3000 Eigenkapital		220 000,00
2400 Forderungen a. LL	875 050,00	544 640,00
2800 Bank	781 440,00	525 200,00
2600 Vorsteuer	58 800,00	28 800,00
4400 Verbindlichkeiten a. LL	192 000,00	392 000,00
4800 Umsatzsteuer	70 907,00	121 396,00
6000 Aufwendungen für Rohstoffe	357 000,00	
6002 Nachlässe von Lieferern		9 500,00
6100 bis 7500 Sonstige Aufwendungen	117 504,00	
5000 Umsatzerlöse		623 010,00
5001 Erlösberichtigungen	11 845,00	

Geschäftsfälle:

1. BA 205: Überweisung eines Kunden für fällige AR 607 nach Abzug von 2 % Skonto 24 490,20
2. BA 206: Lastschrift für Ausgleich der ER 206 nach Abzug von 3 % Skonto ... 20 777,40
3. BA 207: Ausgleich der AR 598 nach Abzug von 2,5 % Skonto 46 410,00

Führen Sie die Buchungen der Geschäftsfälle, die Umbuchungen und den Abschluss der Konten durch.

3

Konto	Kontoauszug			Auszug	Blatt
446632140	DEUTSCHE BANK KÖLN	BLZ 370 700 60		235	1

Buch.-Tag	Wert	PN	Erläuterung/Verwendungszweck	Umsätze
20.11.	20.11.	0894	FIS-GMBH, KOELN, MIETE FUER LADENRAUM	2 800,00 H
22.11.	22.11.	0181	UNIVERSITAETS- UND STADTBIBLIOTHEK, KOELN, KD-NR 24001, RG-NR 13411 v. 15.11.20.. ABZUEGL 2 % SKONTO	4 456,55 H

KREDITZUSAGE EUR 40 000,00

IHR AKTUELLER KONTOSTAND UM 10.30 UHR EUR 37 506,55 H

BS	Letzter Auszug	Auszugsdatum	EUR Alter Kontostand	EUR Neuer Kontostand
44	20.11.20..	23.11.20..	30 250,00 H	37 506,55 H

BUCHHANDLUNG MEDI@POINT GMBH & CO. KG, SCHILDERGASSE 46, 50667 KÖLN

a) Wie hoch war der Rechnungsbetrag an die Universitäts- und Stadtbibliothek?
b) Um welchen Betrag ist die Umsatzsteuer aufgrund der Skontoausnutzung zu berichtigen?
c) Wie lautet die Buchung der Überweisungen
   – durch die FIS-GmbH? – durch die Universitäts- und Stadtbibliothek?

4 Bilden Sie die Buchungssätze zu folgenden Geschäftsfällen in der Druckerei Offset GmbH: EUR

1. BA: Banküberweisung über 61 177,90
   zum Ausgleich der Ausgangsrechnung 270 nach Abzug von 3 % Skonto
2. BA: Ausgleich der ER 114 eines Papierlieferers nach Abzug von 2 % Skonto ... 78 718,50

5 Die Astrid-Lindgren-Schule überweist durch ihre Bank 12724,65 EUR auf das Bankkonto der Buchhandlung Medi@Point zum Ausgleich der AR 12654 nach Abzug von 3 % Skonto (Sondervereinbarung).
Wie ist zu buchen
a) bei der Astrid-Lindgren-Schule,
b) bei der Medi@Point?

6 Bearbeiten Sie folgende Belege der Offset GmbH.

OFFSET GMBH

Offset GmbH, Hugo-Eckener-Str. 1, 50829 Köln

Bildungsverlag EINS GmbH
Sieglarer Straße 2
53842 Troisdorf

Hugo-Eckener Str. 1
50829 Köln
Telefon: 0221 435820
Telefax: 0221 435824

Ihre Bestellung:
Druckauftrag
Lieferdatum:

RECHNUNG

Kunden-Nr.	Rechnungs-Nr.	Datum
24001	18221	15.08.20..

Bei Zahlung bitte angeben

Auftrags-Nr.	Artikelbezeichnung	Menge	Einzelpreis	Gesamtpreis EUR
5343220	BWL mit Rewe, 7. Auflage Europalette	15 000 10	12,80 25,00	192 000,00 250,00

Warenwert, netto EUR	Verpackung netto	Entgelt, netto EUR	19 % USt EUR	Gesamtbetrag EUR
192 000,00	250,00	192 250,00	36 527,50	228 777,50

Zahlbar innerhalb 10 Tagen abzüglich 2 % Skonto
innerhalb 30 Tagen netto

Bei Rücksendung der Paletten schreiben wir den berechneten Betrag gut.

Bankverbindung: Sparkasse KölnBonn BLZ: 370 501 98 Kto.-Nr.: 601 801 67
Steuer-Nr.: 217/324/5205 **USt-ID-Nr.:** DE-128457632

OFFSET GMBH

Offset GmbH, Hugo-Eckener-Str. 1, 50829 Köln

Bildungsverlag EINS GmbH
Sieglarer Straße 2
53842 Troisdorf

Hugo-Eckener Str. 1
50829 Köln
Telefon: 0221 435820
Telefax: 0221 435824

Gutschrift Nr. 89

Ihre Beanstandung vom:	16.08.20..
Unsere Lieferung vom:	15.08.20..
Unsere Rechnung Nr.	18221
vom:	15.08.20..

Begründung der Gutschrift	Menge	Einzelpreis EUR	Gesamtpreis EUR
Rücksendung der Euro-Paletten	10	25,00	250,00

Wert der Gutschrift, netto	250,00
+ 19 % Umsatzsteuer	47,50
Wert der Gutschrift	297,50

Um gleichlautende Buchung wird gebeten. **Köln, den 20.08.20..**

Steuer-Nr.: 217/324/5205 **USt-ID-Nr.:** DE-128457632

Konto	Kontoauszug		Auszug	Blatt
601 801 67	SPARKASSE KÖLNBONN	BLZ 370 501 98	130	1

Buch.-Tag	Wert	PN	Erläuterung/Verwendungszweck	Umsätze
25.08.	25.08.	0813	BILDUNGSVERLAG EINS GMBH, TROISDORF KD-NR 24001, RG-NR 18221 v. 15.08.20.. ABZUEGL GUTSCHRIFT NR 89 UND 2 % SKONTO	223 910,40 H

KREDITZUSAGE EUR 80 000,00

IHR AKTUELLER KONTOSTAND UM 10.30 UHR EUR 348 074,85 H

	Letzter Auszug	Auszugsdatum	Alter Kontostand	Neuer Kontostand
44 BS	25.08.20..	26.08.20..	EUR 124 164,45 H	EUR 348 074,85 H

Offset GmbH, Hugo-Eckener-Str. 1, 50829 Köln

a) Bilden Sie die Buchungssätze zu den drei Belegen.
b) Ermitteln Sie aus den drei Belegen
– den Nettoumsatz, – die Umsatzsteuerschuld.
c) Welcher Effektivzinssatz entspricht dem Skontosatz?

2.3 Anlagenwirtschaft: Anlagen anschaffen und Abschreibungen auf Anlagen buchen

Die Buch- und Offset Weiterverarbeitung GmbH hat am 16. Januar des Geschäftsjahres einen Kombi-Falzautomaten angeschafft und hierfür folgende Eingangsrechnung erhalten:

KRUPPI AG

Buch und Offset Weiterverarbeitung GmbH
Hugo-Eckener-Straße 1
50829 Köln

Kruppi AG
Heidhauser Straße 35
45239 Essen
Tel.: 0201 6503845
Fax: 0201 6503849

RECHNUNG NR. 02456

Ihre Bestellung vom	Lieferdatum	Kundennummer	Rechnungsdatum
26.11.20..	16.01.20..	32788	16.01.20..

			EUR
332	FA 3	Kombi-Falzautomat 2000	55 500,00
		Überführung	1 200,00
		Fundamentierung	1 750,00
		Montage, Anschluss, Probelauf, TÜV-Abnahme	1 550,00
			60 000,00
		+ 19 % Umsatzsteuer	11 400,00
			71 400,00

Bankverbindung: Deutsche Bank Essen BLZ 360 700 50 Kto.-Nr.: 333 857 22

Bitte geben Sie bei Zahlung Ihre Kunden- und Rechnungsnummer an. Vielen Dank!

Steuernummer: 112/3542/6584, **USt-ID-Nr.:** DE-398642324

Zur Vorbereitung des Jahresabschlusses ist der aktuelle Wertansatz für diese Maschine festzustellen und die passende Bewertungsmethode auszuwählen.

Anschaffungskosten bei Anlagenkäufen

Neben der menschlichen Arbeitskraft setzen die Betriebe der Medi@AG **Betriebsmittel** im Rahmen der Werkstoffbeschaffung, der Lagerung der Werkstoffe und der Erzeugnisse, des Absatzes und der Verwaltung ein, z. B. **Fahrzeuge** für die Werkstoffabholung von Lieferern und für die Warenzustellung zu Kunden, **Einrichtungen** zur Lagerung und Präsentation der Waren in Lager- und Verkaufsräumen (Regale), unterschiedliche **Fertigungsanlagen** in Druckerei und Binderei (Reproanlagen, Plattenbelichter, Perforier- und Schneideeinrichtungen, Hefter- und Klebebinderanlagen), Einrichtungen zur Verwaltung und Kontrolle (Computer, Kopierer, Kassen, Wach- und Sicherungsanlagen usw.). Zu den Betriebsmitteln zählen auch **Gebäude** und **Grundstücke**.

Betriebsmittel zählen zum Anlagevermögen.

Im Unterschied zum Umlaufvermögen ist das **Anlagevermögen** dazu bestimmt, dem Unternehmen **dauernd** (im Sinne von mehrmals) über einen längeren Zeitraum zu dienen.

Das Anlagevermögen wird nach § 262 HGB folgendermaßen gegliedert:

Anlagevermögen

Immaterielle Anlagen	Sachanlagen	Finanzanlagen
– Lizenzen – Software	– Grundstücke, Gebäude – Maschinen – Fuhrpark – Betriebs- und Geschäftsausstattung	– Wertpapiere des Anlagevermögens – langfristige Forderungen

Beim Kauf werden die Anlagen mit ihren Anschaffungskosten auf den entsprechenden Anlagenkonten erfasst.

Unter **Anschaffungskosten** ist der Wert zu verstehen, den die Betriebe der Medi@AG aufwenden müssen,

- um das **Anlagegut zu beschaffen** und
- um es **in einen betriebsbereiten Zustand** zu bringen (§ 255 HGB).

Die Anschaffungskosten werden folgendermaßen berechnet:

	Listeneinkaufspreis	
–	Rabatt	
	Zieleinkaufspreis	
–	Skonto	Anschaffungskosten-minderungen
	Bareinkaufspreis	
+	Bezugskosten	
+	Montage-, Anschlusskosten u. a. bis zur Betriebsbereitschaft	Anschaffungs-nebenkosten
=	Anschaffungswert (= Anschaffungskosten)	

Typische Anschaffungsnebenkosten bei der Beschaffung von beweglichen Anlagegütern		
Transportkosten	**Fundamentierungskosten**	**Montagekosten**
Überführungskosten Transportversicherung	Befestigung von • Druck-, Falz-, Schneideanlagen • Transportbändern • Rolltreppen	Aufbau Anschluss TÜV-Abnahme

Nicht zu den Anschaffungskosten zählen die **Kosten der Geldbeschaffung** (z. B. Zinsen) und die **absetzbare Vorsteuer**.

Buchung der Anlagenkäufe

Beim Kauf werden die Anschaffungskosten auf den entsprechenden Anlagekonten erfasst. Entstehen Anschaffungskostenminderungen und Anschaffungsnebenkosten nachträglich, werden diese zur Korrektur des Wertes direkt auf dem Anlagekonto erfasst.

Buchung (vgl. Eingangsrechnung S. 162)

Maschinen	60 000,00		
Vorsteuer	11 400,00	an Verbindlichkeiten a. LL	71 400,00

Vergleiche hierzu Kapitel 2.1.1

Anschaffungsnebenkosten erhöhen die Anschaffungskosten. Sie werden daher im Soll des entsprechenden Anlagekontos gebucht.

Beschaffung von Nutzungsrechten

Grundsätzlich ist zu unterscheiden zwischen ausschließlichen (exklusiven) Nutzungsrechten und einfachen Nutzungsrechten.

Sind die **Nutzungsrechte exklusiv** erworben worden, so ist damit auch das alleinige Recht auf Weiterverkauf verbunden (unterlizenzfähige Nutzungsrechte). Mit der Unterlizenzvergabe erwirtschaftet der Lizenzgeber Lizenzerlöse, vergleichbar wie mit dem übrigen Anlagevermögen des Unternehmens. Deshalb werden ausschließlich Nutzungsrechte beim Kauf auf dem Anlagekonto „Immaterielles Anlagevermögen" aktiviert.

Einfache Nutzungsrechte werden für einen fest definierten Zweck und einen zeitlich begrenzten Zeitraum erworben. Für den Lizenznehmer entstehen bei der Beschaffung entsprechend Projektkosten, die als Aufwand gebucht werden.

Fallbeispiel: Merchandising

Die Firma Multimedia OHG erwirbt die exklusiven Nutzungsrechte für eine Comic-Figur von einem Grafikdesignbüro für 7 000,00 EUR netto (Der Rechte- und Lizenzhandel ist mit 7 % umsatzsteuerpflichtig).

Das **Grafikdesignbüro bucht** den Verkauf der Nutzungsrechte:

Forderungen a. L. L.	7 490,00	an Umsatzerlöse	7 000,00
		an Umsatzsteuer	490,00

Die **Multimedia OHG bucht** den Kauf der Nutzungsrechte:

Immaterielles Anlagevermögen	7 000,00		
Vorsteuer	490,00	an Verbindlichkeiten a. L. L.	7 490,00

Für die Multimedia OHG stellt das exklusive Nutzungsrecht einen immateriellen Wert dar. Die wirtschaftliche Nutzungsdauer und damit die für die Abschreibung maßgebliche Nutzungsdauer entspricht der vertraglich vereinbarten Laufzeit des exklusiven Nutzungsrechtes. Die Geschäftspartner haben in diesem Fall eine Laufzeit von zehn Jahren vereinbart.

Die Multimedia OHG produziert unter eigenem Namen ein Computerspiel für die Jüngsten, in dem die Comic-Figur die Hauptrolle erhält. Das Spiel wird mit dem „Kinder-CD-ROM-Preis des Jahres" ausgezeichnet und erzielt überraschend hohe Verkaufszahlen.

Das Geschäftsfeld AV-Medien (Musik, Sampler und Hörbuch) plant daraufhin die Produktion einer Musik-CD für die gleiche junge Zielgruppe mit frechen Songs für die Kids und will die Comic-Figur auf dem Cover als Teaser einmontieren. Außerdem soll die Figur auf den Displays für diese Musik-CD am Point of Sale erscheinen. Das Geschäftsfeld AV-Medien zahlt für die einfachen Nutzungsrechte an dieser Comic-Figur 11 000,00 EUR netto.

Die **Multimedia OHG bucht** den Verkauf der einfachen Nutzungsrechte:

Forderungen a. L. L.	11 770,00	an Lizenzerlöse	11 000,00
		an Umsatzsteuer	770,00

Das **Geschäftsfeld AV-Medien bucht** den Kauf der einfachen Nutzungsrechte:

Lizenzaufwand	11 000,00		
Vorsteuer	770,00	an Verbindlichkeiten a. L. L.	11 770,00

Hinweis:
Juristisch wird aus der Perspektive des Lizenznehmers von Nutzungsrechten gesprochen, aus der Perspektive des Urhebers dagegen von Verwertungsrechten.

Abschreibungen berechnen und buchen

Notwendigkeit der Abschreibungen

Gegenstände des Anlagevermögens sind dazu bestimmt, dem Unternehmen **dauernd** (mehrmals) zu dienen. Die Nutzung der meisten Anlagegüter ist jedoch zeitlich begrenzt, da sie abgenutzt werden **(abnutzbares Anlagevermögen)**.

Sie unterliegen einem ständigen Werteverfall und müssen von Zeit zu Zeit durch neue Anlagegüter ersetzt werden.

Ursachen des Werteverfalls

technischer Verschleiß	ruhender Verschleiß	technische Überholung	Katastrophenverschleiß
durch den Gebrauch des Anlagegutes (Nutzungsverschleiß)	durch Umwelteinflüsse, Verwitterung, Zersetzung oder natürliche Rostschäden	Aufgrund der Weiterentwicklung und Modernisierung von Anlagen	Verkürzung der Lebensdauer oder Untergang der Anlage (durch Feuer, Überschwemmung)

Dieser **Werteverfall** mindert das Anlagevermögen. Weil **er Aufwand** für das Unternehmen darstellt, mindert er auch das Eigenkapital. Der Werteverfall ist jährlich mittels **Abschreibungen** zu erfassen.

- Die **buchmäßige Erfassung** der **Wertminderung** des Anlagevermögens wird als Abschreibung bezeichnet. Das Steuerrecht nennt diese Abschreibung **Absetzung für Abnutzung (AfA)**.
- Über die Buchung der Abschreibung werden die **Anschaffungskosten** nach und nach als **Aufwand** auf die Jahre der Nutzung **verteilt**. Das Handelsrecht nennt diesen Aufwand **planmäßige Abschreibung**.

§

§ 253 Abs. 2 HGB: Bei Vermögensgegenständen des Anlagevermögens, deren Nutzung zeitlich begrenzt ist, sind die Anschaffungs- oder Herstellungskosten um planmäßige Abschreibungen zu vermindern. Der Plan muss die Anschaffungs- oder Herstellungskosten auf die Geschäftsjahre verteilen, in denen der Vermögensgegenstand voraussichtlich genutzt werden kann.

♦ Abschreibungsplan

Für jeden Gegenstand des abnutzbaren Anlagevermögens sollte ein Abschreibungsplan aufgestellt werden, der alle Daten über das Anlagegut enthält.

Daten des Abschreibungsplanes	
Bezeichnung des Anlagegutes:	Kombi-Falzautomat 2000, 332 FA 3
Tag der Anschaffung des Anlagegutes:	16. Januar 20..
Höhe der Anschaffungskosten:	60 000,00 EUR
voraussichtliche Nutzungsdauer:	acht Jahre
Abschreibungsmethode:	lineare Abschreibung

Bereits im Jahre der Anschaffung des Anlagegutes ist die Zeit der betrieblichen Nutzung des Anlagegutes **(Nutzungsdauer)** zu schätzen.

§

Der Bundesfinanzminister hat im Einvernehmen mit den Finanzverwaltungen der Bundesländer **AfA-Tabellen** für abnutzbare Anlagegüter der einzelnen Wirtschaftszweige herausgegeben, die bei der Festlegung der Nutzungsdauer durch das Unternehmen berücksichtigt werden sollten.

Auszug aus der allgemeinen AfA-Tabelle

Anlagegüter	Nutzungsdauer in Jahren
Lizenzen	vertraglich vereinbarte Nutzungsdauer
Gebäude	33
Druck-, Schneide-, Falz, Verpackungsmaschinen	13
Wirtschaftsgüter der Geschäftsausstattung	8
Registrierkassen	6
Panzerschränke, Tresore	23
Büromaschinen und Organisationsmittel	5
Personalcomputer, Workstations; Notebooks und deren Peripheriegeräte (Drucker, Scanner, Bildschirme)	3
Lastkraftwagen	9
Personenkraftwagen und Kombifahrzeuge	6

Alle wesentlichen Daten über das Anlagegut für den Abschreibungsplan ergeben sich in der Regel aus der **Anlagendatei** der Anlagenbuchhaltung, die eine Nebenbuchhaltung (vgl. S. 118 ff.) darstellt.

Anlagendatei				Buch- und Offset Weiterverarbeitung GmbH
Gegenstand: Kombi-Falzautomat				
Fabrikat: 2000, 332 FA 3			**Lieferer:** KRUPPI AG, Essen	
Nutzungsdauer: acht Jahre			**Anschaffungskosten:** 60 000,00 EUR	
Konto: Maschinen			**AfA-Satz:** 12,5 %	**AfA-Methode:** linear
Datum	**Vorgang**	**Zugang in EUR**	**Abgang/AfA in EUR**	**Bestand in EUR**
..-01-16	ER 12	60 000,00		
..-12-31	Umbuchung 23: AfA		7 500,00	52 500,00

Methoden zur Ermittlung der planmäßigen Abschreibung

Die Darstellung der Vermögenslage (Anlagevermögen) und der Ertragslage (Abschreibung als Aufwand und somit als Einflussgröße des Erfolges) ist von der Abschreibungsmethode abhängig. Für Anlagegüter, die in den Jahren 2009 und 2010 angeschafft werden, muss sich das Unternehmen zwischen der **linearen**, der **geometrisch-degressiven** und der **Abschreibung nach Maßgabe der Leistung** entscheiden.

Ermittlung der Abschreibungsbeträge bei linearer Abschreibung

Bei der linearen Abschreibung werden die Anschaffungskosten gleichmäßig auf die Jahre der Nutzung verteilt (gleichbleibende Abschreibung vom Anschaffungswert).

Lineare Abschreibung
Anschaffungskosten: 60 000,00 EUR, Nutzungsdauer: 8 Jahre, Abschreibungssatz: 12,5 %

Formel	Berechnung
$\textbf{Jahresabschreibungsbetrag} = \frac{\text{Anschaffungskosten}}{\text{Nutzungsdauer}}$	$\frac{60\,000}{8} = 7\,500{,}00\text{ EUR}$
$\textbf{Abschreibungssatz} = \frac{100}{\text{Nutzungsdauer}}$	$\frac{100}{8} = 12{,}5\,\%$
Berechnung der AfA mit AfA-Satz: $\textbf{AfA} = \frac{\text{Anschaffungskosten} \cdot \text{Abschreibungssatz}}{100}$	$\frac{60\,000 \cdot 12{,}5}{100} = 7\,500{,}00\text{ EUR}$

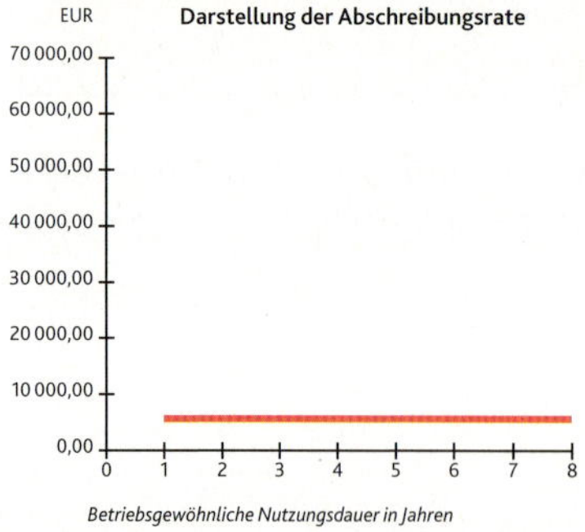

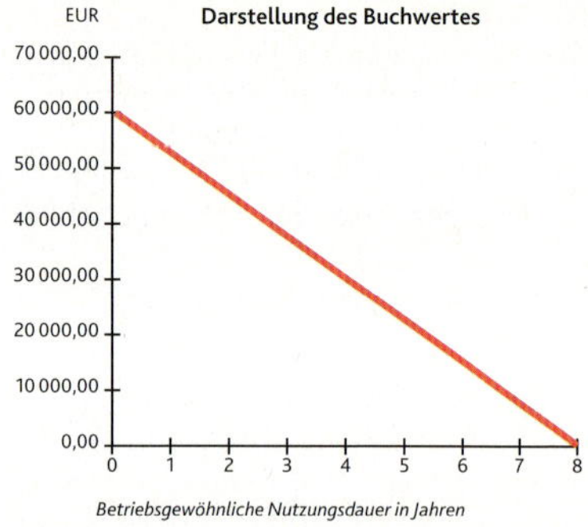

Betriebswirtschaftlich ist diese Methode **bei gleichmäßiger** Nutzung des Anlagegutes während der einzelnen Nutzungsjahre empfehlenswert. **Steuerrechtlich** bestehen gegen die lineare Methode **keine Einwände**.

Buchwert und Erinnerungswert: Durch die jährliche Abschreibung wird der Wert der Anlage, der in der Bilanz ausgewiesen wird **(Buch- oder Restwert)**, vermindert. Am Ende der Nutzungsdauer wird der **Nullwert** erreicht. Befindet sich das Anlagegut nach Ablauf der geschätzten Nutzungsdauer noch im Betriebsvermögen, wird es mit einem Erinnerungswert von zurzeit 1,00 EUR in der jeweiligen Anlagendatei geführt.

Hierfür gibt es zwei Alternativen:
- Es kann auf dem jeweiligen Vermögenskonto der Erinnerungswert festgehalten werden.
- Es wird im Vermögensverzeichnis einmalig 1,00 EUR Erinnerungswert stellvertretend für alle noch im Unternehmen befindlichen abgeschriebenen Vermögensgegenstände festgehalten. Diese Alternative ist für die Unternehmen am kostengünstigsten, da alle Vermögensgegenstände vollständig auf Null abgeschrieben werden können.

♦ Wiedereinführung der geometrisch-degressiven Abschreibung im Rahmen des Konjunkturprogramms

Bei der geometrisch-degressiven Abschreibung wird der Abschreibungsbetrag durch die Anwendung eines gleich bleibenden Abschreibungssatzes auf den jeweiligen Rest- oder Buchwert des Anlagegutes berechnet. Dadurch ergibt sich ein von Jahr zu Jahr fallender Abschreibungsbetrag, der in den ersten Jahren der Nutzung sehr hoch und in den späteren Nutzungsjahren niedrig ausfällt. Bei dieser Methode wird der Endwert Null in der geschätzten Nutzungsdauer nie erreicht.

Formel	Berechnung
Buchwert $\cdot \frac{\text{Afa-Satz}}{100}$ = **Abschreibungsbetrag**	**1. Jahr:** $60\,000 \cdot \frac{25}{100}$ = 15 000,00 EUR **2. Jahr:** $45\,000 \cdot \frac{25}{100}$ = 11 250,00 EUR
Anfangsbestand – Abschreibungsbetrag = **Buchwert**	**1. Jahr:** 60 000 – 15 000 = 45 000,00 EUR **2. Jahr:** 45 000 – 11 250 = 33 750,00 EUR

Da sich eine **Reihe fallender Abschreibungsbeträge** ergibt, bei denen das Verhältnis zwischen den Abschreibungsbeträgen und den Buchwerten stets gleich bleibt, spricht man von der geometrisch-degressiven Abschreibung.

Will die geometrisch-degressive Abschreibung in der Nutzungsdauer die Anschaffungskosten weitgehend vollständig, d. h. bis auf 1,00 EUR, auf die Nutzungsdauer verteilen, dann ist ein sehr hoher Abschreibungssatz (im Beispiel etwa 75 %) notwendig. Das führt in den ersten Nutzungsjahren zu Abschreibungen (im Beispiel 54 000,00 EUR im 1. Jahr), die weder betriebswirtschaftlich noch steuerrechtlich vertretbar sind. Daher hat der Gesetzgeber für die Höhe des Abschreibungssatzes **Höchstgrenzen** vorgeschrieben:

Steuerrechtlich ist die geometrisch-degressive Abschreibung nur bei **beweglichem, abnutzbarem Anlagevermögen** zulässig, wenn der Abschreibungssatz
- **nicht höher als das Zweieinhalbfache des Prozentsatzes** beträgt, der sich **bei linearer AfA** ergibt und
- **der Abschreibungssatz 25 % nicht übersteigt**.

Nutzungsdauer (ND)	Abschreibungssatz	Beispiele
ND 10 und < 10	25 %	ND: 5 Jahre → 25 % ND: 8 Jahre → 25 %
ND > 10	$\frac{100 \cdot 2{,}5}{\text{ND}}$	ND: 20 Jahre → 12,5 % ND: 25 Jahre → 10 %

Da die geometrisch-degressive Abschreibung bei Anwendung des steuerrechtlich zulässigen AfA-Satzes zu einem verhältnismäßig hohen Restwert nach Ablauf der Nutzungsdauer führt, ist es zulässig, im letzten Nutzungsjahr den Buchwert abzuschreiben. Befindet sich das Anlagegut nach Ablauf der Nutzungsdauer noch im Betriebsvermögen, dann ist es üblich, das Anlagegut mit einem Erinnerungswert von 1,00 EUR auszuweisen.

Geometrisch-degressive Abschreibung
Anschaffungskosten: 60 000,00 EUR
Nutzungsdauer: 8 Jahre
Abschreibungssatz: 25 %

Darstellung der Abschreibungsrate und des Buchwertes bei der geometrisch-degressiven Abschreibung

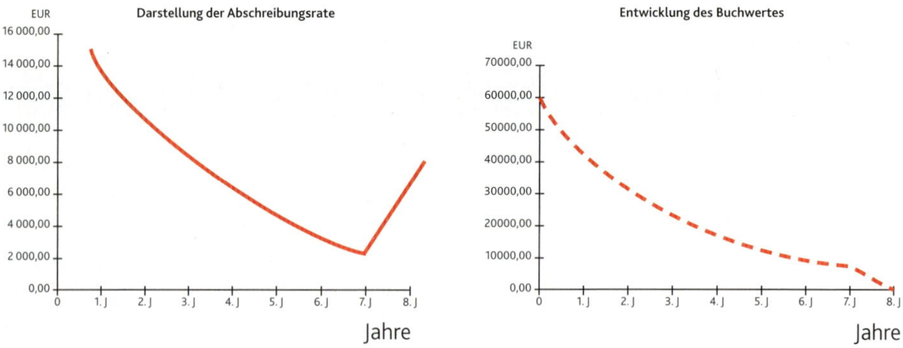

Ermittlung der Abschreibungsbeträge bei Abschreibung nach Maßgabe der Leistung: Bei der Abschreibung nach Leistungseinheiten bei beweglichen Anlagegütern wird die Nutzungsdauer des Wirtschaftsgutes nicht in Jahren ausgedrückt, sondern in Leistungseinheiten, die das Wirtschaftsgut während der Dauer seiner Nutzung erzeugen (leisten) kann (Soll-Kapazität).

Anschaffungskosten des Kombi-Falzautomaten	60 000,00 EUR	
Voraussichtliche Gesamtl.	20 000 Stunden	Wertminderung je Std. = $\frac{60\,000}{20\,000}$ = 3,00 EUR

$$\textbf{Abschreibungsbetrag} = \frac{\text{Anschaffungskosten} \cdot \text{Istleistung im Abschreibungsjahr}}{\text{geschätzte Gesamtleistung}}$$

$$\textbf{AfA}_1 = \frac{60\,000 \cdot 1976}{20\,000} = 5\,928{,}00 \text{ EUR}$$

Nutzungsjahr	Stunden	Wertminderung je Std.	Abschreibungsbetrag in EUR
1.	1976	3,00	5928,00
2.	2460	3,00	7380,00
3.	2730	3,00	8190,00
4.	2560	3,00	7680,00
5.	2750	3,00	8250,00
6.	2510	3,00	7530,00
7.	2408	3,00	7224,00
8.	2606	3,00	7818,00

Betriebswirtschaftlich ist diese Methode bei **schwankender Leistungsabgabe** zweckmäßig. Steuerrechtlich ist sie nur zulässig, wenn diese jährliche Leistungsabgabe nachgewiesen werden kann (z. B. bei Maschinen durch Stundenzähler oder Zähler der Ausbringungsmenge oder bei Fahrzeugen durch Fahrtenbuch oder Kilometerzähler).

Vergleich der Abschreibungsmethoden in einer Abschreibungstabelle

Anlagegut: Fabrikat: Nutzungsdauer:	Falz-Automat Condor 8 Jahre	lineare AfA 12,5 % der Anschaffungskosten	geometrisch-degressive Abschreibung: 25 % vom Buchwert	Leistungsabschreibung
Anschaffungskosten – Abschreibung des 1. NJ		60000,00 7500,00	60000,00 15000,00	60000,00 5928,00
Buchwert nach dem 1. NJ – Abschreibung des 2. NJ		52500,00 7 500,00	45000,00 11250,00	54072,00 7380,00
Buchwert nach dem 2. NJ – Abschreibung des 3. NJ		45000,00 7500,00	33750,00 8437,50	46692,00 8190,00
Buchwert nach dem 3. NJ – Abschreibung des 4. NJ		37500,00 7500,00	25312,50 6328,13	38502,00 7680,00
Buchwert nach dem 4. NJ – Abschreibung des 5. NJ		30000,00 7500,00	18984,38 4746,09	30822,00 8250,00
Buchwert nach dem 5. NJ – Abschreibung des 6. NJ		22500,00 7500,00	14238,28 3559,57	22572,00 7530,00
Buchwert nach dem 6. NJ – Abschreibung des 7. NJ		15000,00 7500,00	10678,71 2669,68	15042,00 7224,00
Buchwert nach dem 7. NJ – Abschreibung des 8. NJ		7500,00 7499,00	8009,03 8008,03	7818,00 7817,00
Erinnerungswert		1,00	1,00	1,00

NJ = Nutzungsjahr

Die drei Methoden gelten für abnutzbare und selbstständig nutzbare Wirtschaftsgüter des Anlagevermögens, deren Anschaffungs- oder Herstellungskosten 1000,00 EUR übersteigen.

Entscheidungskriterien für die Wahl der Abschreibungsmethode

Lineare Abschreibung

Die **lineare Abschreibung** unterstellt eine gleichmäßige Nutzung des Anlagegutes über die Jahre der Nutzung. Sie berücksichtigt weder höhere Wertverluste aufgrund der technischen Entwicklung noch aufgrund von Beschäftigungsschwankungen.

Geometrisch-degressive Abschreibung

Im Rahmen der Unternehmensteuerreform hat der Gesetzgeber die geometrisch-degressive Abschreibungsmethode für bewegliche Güter, die nach dem 31.12.2007 angeschafft wurden, nicht mehr zugelassen. Ein Jahr später, also zum 01.01.2009 führt er sie im Rahmen des Konjunkturprogramms wieder ein, allerdings mit veränderten Zulassungsbedingungen (siehe oben).

Ziel ist es, Anreize für neue Investitionen und neue Arbeitsplätze zu schaffen und die schwächelnde rezessive Konjunktur wieder zu beleben.

Die **geometrisch-degressive Abschreibung** beachtet die höhere Wertminderung aufgrund des technischen Fortschritts in den ersten Nutzungsjahren wesentlich stärker. Das Jahr, nach dem es steuerlich sinnvoll ist, zur linearen Abschreibung überzugehen, lässt sich mit folgender Formel berechnen:

$$\textbf{Abschreibungsbetrag} = \text{geschätzte Nutzungsdauer} - \frac{100}{\text{erlaubte AfA}}$$

In den ersten Nutzungsjahren werden durch die höheren Abschreibungsbeträge Gewinne verdeckt und vor Versteuerung und Ausschüttung bewahrt.

Der Übergang von der linearen zur degressiven AfA ist **nicht zulässig**.

Abschreibung nach Maßgabe der Leistung

Diese Methode passt sich Beschäftigungsschwankungen an, beachtet jedoch andere Abschreibungsursachen nicht. Bei gleichmäßiger Beschäftigung stimmt sie mit der linearen Abschreibung überein. Steuerrechtlich ist sie nur zulässig, wenn die jährliche Leistungsabgabe nachgewiesen werden kann (z. B. durch Zähler, Bücher).

Buchung der Abschreibung

Abschreibungen auf das abnutzbare Anlagevermögen sind Aufwendungen, die im Soll des Aufwandskontos **„Abschreibungen auf Sachanlagen"** und im Haben des entsprechenden Anlagekontos als Minderung des Anlagevermögens gebucht werden.

Das Anlagekonto weist dann nach der durchgeführten Abschreibung am Jahresende den Buchwert aus.

Buchung des Abschreibungsbetrages am Ende des ersten Jahres bei linearer Abschreibung
Abschlussangaben: 12,5 % lineare Abschreibungen auf Maschinen
Buchung:

Abschreibungen auf Sachanlagen	7 500,00	an Maschinen	7 500,00

Nach acht Jahren ist der Kombi-Falzautomat abgeschrieben. Soll er dem Betrieb über die geschätzte Nutzungsdauer von acht Jahren dienen, so muss er mit dem **Erinnerungswert** von 1,00 EUR im Inventar erscheinen. Am Ende des achten Jahres dürfen dann nur 7 499,00 EUR abgeschrieben werden.

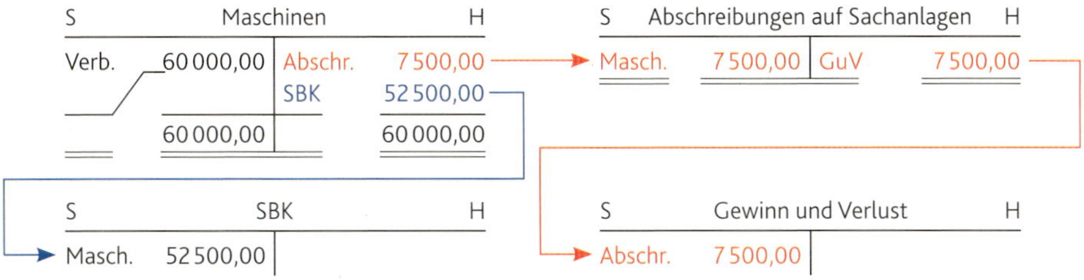

Auswirkung der Abschreibung in der Finanzbuchführung

Durch die Abschreibung werden die Anschaffungskosten vermindert. Der verbleibende **Restwert in der Bilanz** wird als **„Buchwert"** bezeichnet.

In der **GuV-Rechnung** erscheint die **Abschreibung als Aufwand** und somit als Minderung des Gewinnes. Mithilfe der Abschreibung werden somit auch die gewinnabhängigen Steuern, wie z. B. die Körperschaftsteuer in Kapitalgesellschaften (AG und GmbH) oder die Einkommensteuer in Einzelunternehmen und Personengesellschaften (OHG, KG), beeinflusst.

Durch die Verteilung der Anschaffungskosten über die Jahre der Nutzung dient die Abschreibung der richtigen und periodengerechten Erfolgsermittlung.

Im folgenden Schaubild wird verdeutlicht, wie sich die Abschreibungen auswirken:

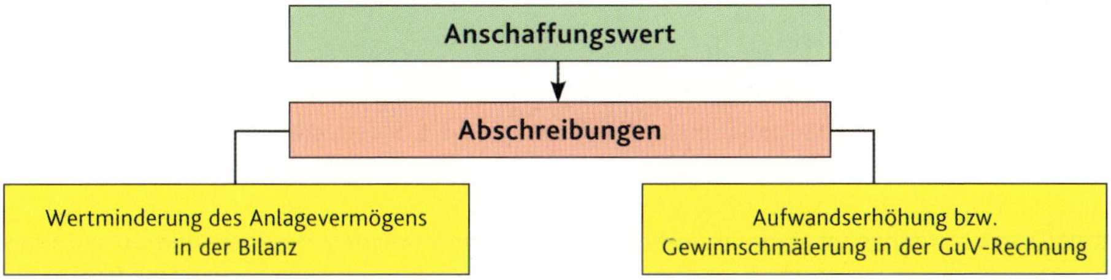

Bedeutung der Abschreibung

Die Abschreibung ist für das Unternehmen ein bedeutendes Instrument der **Bilanzpolitik** und **Finanzierung**, für den Staat ein wichtiges Instrument der **Wirtschaftspolitik**.

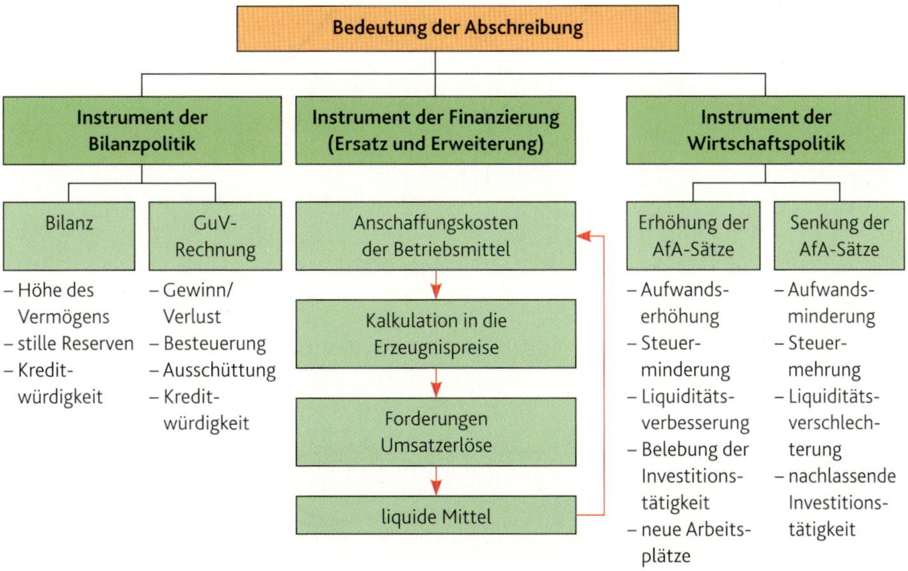

Abschreibungen bei Anschaffungen im Laufe des Jahres

Wurde das Anlagegut nach dem 31.12.2003 im Laufe des Jahres angeschafft, gilt für die Bemessung des Abschreibungsbetrages folgende vereinfachende Regelung (§ 7 Abs. 1 EStG): **Danach vermindert** sich im Jahr der Anschaffung oder Herstellung des Wirtschaftsgutes der auf ein Jahr entfallende AfA-Betrag um jeweils ein Zwölftel für jeden vollen Monat, der dem Monat der Anschaffung oder Herstellung vorangeht. Die AfA darf also nur vom Monat der Anschaffung oder Herstellung an vorgenommen werden.

Anschaffung eines Pkw am 28.05. ..
Anschaffungswert 28 200,00 EUR, betriebsgewöhnliche Nutzungsdauer: 6 Jahre, lineare Abschreibung

$$\text{AfA-Betrag im Anschaffungsjahr: } \frac{AW \cdot (12 - X^*)}{ND \cdot 12} = \frac{28\,200 \cdot (12 - 4)}{6 \cdot 12} = 3\,133{,}33 \text{ EUR}$$

* X = volle Monate vor dem Monat der Anschaffung

Im Jahr des Verkaufs ist zur Ermittlung des Buchwertes die Abschreibung entsprechend jahresanteilig zu berichtigen.

Abschreibungskreislauf

Der Kombi-Falzautomat ist für 60 000,00 EUR angeschafft worden. Während der folgenden acht Jahre wird der Kombi-Falzautomat genutzt und weniger wert. Sofern die vorgegebene mit der tatsächlichen Nutzungsdauer übereinstimmt, wird der Kombi-Falzautomat nach Ablauf der acht Jahre für die Buch- und Offset GmbH nicht mehr zu gebrauchen und damit wertlos sein. Um weiterhin produzieren zu können, ist ein neuer Kombi-Falzautomat anzuschaffen. Die Buch- und Offset GmbH hat also eine Ersatzinvestition durchzuführen. Es stellt sich die Frage, wie die neue Maschine finanziert werden kann.

Hierfür ist es sinnvoll, sich den Abschreibungskreislauf zu betrachten:

Der Abschreibungskreislauf basiert darauf, dass die Abschreibungen in jedem Jahr vollständig verdient werden, das heißt, dass das Unternehmen sämtliche Aufwendungen durch Erträge decken kann. Es ist also zumindest eine sogenannte „schwarze Null" im Ergebnis der Gewinn- und Verlustrechnung notwendig.

Da die Abschreibungen zu keinen Auszahlungen führen, können sie auf den Zahlungsverkehrskonten quasi angespart werden und dienen der Finanzierung der Ersatzinvestitionen. Allerdings wird die Ersatzinvestition in der Regel teurer sein als die ursprüngliche Investition, da zumindest die Inflation bei den meisten Investitionsgütern (Ausnahmen sind z. B. Computer und ihre Peripherie) zu Preissteigerungen führt. Aus diesem Grund wird in der Kosten- und Leistungsrechnung auf den Wiederbeschaffungswert abgeschrieben (siehe Band 2 Seite 45 f.).

● Geringwertige Wirtschaftsgüter des Anlagevermögens (GWG)

Nach § 6 Abs. 2 EStG sind ab 01.01.2008 bei abnutzbaren, beweglichen und selbstständig nutzbaren Wirtschaftsgütern des Anlagevermögens zwei Kategorien zu unterscheiden:

GWG

Anschaffungs- oder Herstellkosten bis 150,00 EUR Nettowert	Anschaffungs- oder Herstellkosten über 150,00 bis 1 000,00 EUR Nettowert
Sie werden bei der Anschaffung sofort als Aufwand gebucht.	Sie werden pro Jahr auf einem Sammelkonto (Jahrespool) erfasst und dann über 5 Jahre linear abgeschrieben.

GWG-selbstständig nutzbar	GWG-nicht selbstständig nutzbar
• Regale, Tische, Stühle • Beleuchtungskörper (Lampen) • Kisten, Fässer, Collicos • Flachpaletten zum Transport und zur Lagerung von Waren • Computer-Software	• Einzelbauteile für Regale • Ersatzreifen und Ersatzteile für Fahrzeuge • Drucker für den PC

Geringwertige Wirtschaftsgüter des Anlagevermögens mit einem Anschaffungswert bis zu 150,00 EUR, wie z. B. Stempel, Stempelkissen, Heftzange, Locher, Schreibmaterial, können sofort bei ihrer Anschaffung als Aufwand auf dem Konto „Büromaterial" gebucht werden.

Kassenzettel: Barkauf von zwei Heftzangen für 47,60 EUR einschließlich 19 % Umsatzsteuer

Buchung

Büromaterial	40,00		
Vorsteuer	7,60	an Kasse	47,60

Kassenquittung:

	EUR
Kauf eines Regals für das Lager, netto	380,00
+ 19 % Umsatzsteuer	72,20
	452,20

Buchung bei der Anschaffung

Geringwertige Wirtschaftsgüter des AV	380,00		
Vorsteuer	72,20	an Kasse	452,20

Buchung zum 31.12.

Abschreibungen auf GWG	76,00	an GWG	76,00

Bildung und Abschreibung eines GWG-Pools im Geschäftsjahr 01

Datum	GWG	Anschaffungskosten in EUR	Abgang
25.01.	1 Schreibtischstuhl	580,00	
28.03.	1 Laptop	998,00	
26.06.	1 Schreibtischlampe	248,00	
05.09.	1 Regal	776,00	
14.11.	1 externe Festplatte	348,00	
31.12.	Pool	2 950,00	
31.12.	AfA 01: 20 %	590,00	
	Buchwert 1	2 360,00	

Buchung zum 31.12.01

Abschreibungen auf Sachanlagen 590,00
an GWG 01 590,00

Nach § 6 Abs. 2 a EStG bleiben die Abschreibungen auf einen Jahrespool unverändert, auch wenn während der Nutzungsdauer von fünf Jahren einzelne Wirtschaftsgüter entnommen oder veräußert werden. Außer der Zugangserfassung sind **keine weiteren Aufzeichnungen** und **keine Einzelbewertung** der GWG mehr erforderlich. Mit dieser Vorschrift ist somit eine erhebliche Vereinfachung der jährlichen Inventur verbunden.

Anschaffung von Anlagen und Abschreibungen auf Anlagen buchen

- *Anlagegüter werden beim Kauf mit ihren Anschaffungskosten erfasst.*
- *Anschaffungskosten setzten sich zusammen aus dem Anschaffungspreis abzüglich sofortiger oder nachträglicher **Anschaffungskostenminderungen** und zuzüglich der **Anschaffungsnebenkosten**.*
- *Die **abzugsfähige Vorsteuer** zählt nicht zu den Anschaffungskosten.*

Anschaffungskosten bei Anlagekäufen		
Anschaffungskostenminderungen	**Anschaffungsnebenkosten**	**Berechnung der Anschaffungskosten**
• Sofortrabatte • Bonus • Skonto	• Transportkosten, Zölle • Fundamentierungs-, Montage-, Anschlusskosten **beim Immobilienkauf:** • Notariats- und Gerichtskosten • Grunderwerbsteuer	Listenpreis – Sofortrabatt Zieleinkaufspreis – Skonto Bareinkaufspreis + Anschaffungsnebenkosten Anschaffungskosten

- *Durch die Abschreibungen werden Wertminderungen der abnutzbaren Sachanlagen erfasst.*
- *Die Höhe der Abschreibungsbeträge ist von der Abschreibungsmethode abhängig.*
- *Abschreibungsmethoden sind die* ***lineare****, die* ***geometrisch-degressive*** *Abschreibung und die Abschreibung* ***nach Maßgabe der Leistung****.*
  - *Die lineare Abschreibung empfiehlt sich bei gleichmäßiger Nutzung und Abnutzung.*
  - *Die geometrisch-degressive Abschreibung darf nur bei* ***beweglichen Anlagegütern*** *angewandt werden. Sie ist dann vorzuziehen, wenn die Wertminderung in den ersten Nutzungsjahren besonders groß ist und wenn hohe Gewinne zu erwarten sind.*
  - *Die Abschreibung nach Maßgabe der Leistung wird bei schwankender Beschäftigung (Auftragslage) und Abnutzung häufig vorgezogen.*
  - *Die Abschreibung ist für das Unternehmen ein bedeutendes Instrument der Bilanzpolitik und Finanzierung, für den Staat ein wichtiges Instrument der Wirtschaftspolitik.*

Abschreibungsmethoden

lineare Abschreibung	Geometrisch-degressive Abschreibung	Abschreibung nach Maßgabe der Leistung
• Abschreibung in gleich bleibenden Jahresbeträgen • **Abschreibungsbetrag** $= \frac{\text{Anschaffungswert}}{\text{Nutzungsdauer}}$ • **AfA-Satz** $= \frac{100}{\text{Nutzungsdauer}}$ • unterstellt gleichmäßigen Werteverzehr	• **Buchwertabschreibung** bei gleich bleibendem Abschreibungssatz • **höchstzulässiger AfA-Satz:** $\frac{100}{\text{ND}} \cdot 2{,}5 \rightarrow$ maximal 25 % • **AfA-Betrag** $= \frac{\text{Buchwert} \cdot \text{AfA-Satz}}{100}$	• Leistungsabgabe muss nachgewiesen werden über Zählwerk, Fahrtenbuch • **Abschreibungsbetrag**: $= \frac{\text{AK} \cdot \text{Jahresleistung}}{\text{Gesamtleistung}}$ • Abschreibungsrate verhält sich proportional zur Leistungsabgabe

- *Bei der Buchung der Abschreibung erfolgt die* ***Sollbuchung*** *auf dem Aufwandskonto* ***„Abschreibungen auf Sachanlagen"****, die* ***Habenbuchung*** *auf dem* ***Anlagenkonto****.*
- *Die Bilanz weist den berichtigten Wert, den* ***Buch- oder Restwert****, aus.*
- *Die* ***Gewinn- und Verlustrechnung*** *stellt die Abschreibung als* ***Aufwand*** *und Minderung des Gewinns dar.*

1 1. Kauf eines Kombifahrzeuges für das Geschäft: Kaufpreis 27 400,00 EUR, Überführungskosten 980,00 EUR, Zulassung 120,00 EUR. Der Vertragshändler stellt für alle vorstehenden Leistungen 19 % USt in Rechnung.
2. Die Rechnung gemäß Fall 1 wird sofort mit Verrechnungsscheck unter Abzug von 2 % Skonto (nur vom Wagenpreis) bezahlt.

Ermitteln Sie den Anschaffungswert des Kombifahrzeuges.

2 Eine Buchhandlung richtet 20 Scanner-Kassen zu folgenden Bedingungen des Herstellers ein: Listenpreis 6 000,00 EUR je Kasse, 10 % Mengenrabatt, 2 % Skonto binnen 10 Tagen, Fracht insgesamt 200,00 EUR, Transportversicherung insgesamt 110,00 EUR und 19 % USt.
Berechnen Sie den Anschaffungswert je Kasse.

3 Ein Anlagegut der Betriebs- und Geschäftsausstattung, das mit 20 % linear abgeschrieben wird, hat nach zwei Nutzungsjahren einen Buchwert von 5 250,00 EUR.

a) Wie viel EUR beträgt der jährliche Abschreibungsbetrag?

b) Wie viel EUR betrug der Anschaffungswert?
c) Wie lautet der Buchungssatz zur Erfassung der Abschreibung am Ende des dritten Nutzungsjahres?

4 Eine Scanner-Kasse wurde folgendermaßen abgeschrieben:

Anschaffungswert	15 000,00 EUR
Abschreibung nach dem ersten Jahr	3 000,00 EUR
Buchwert nach dem ersten Jahr	12 000,00 EUR
Abschreibung nach dem zweiten Jahr	3 000,00 EUR
Buchwert nach dem zweiten Jahr	9 000,00 EUR

a) Um welche Abschreibungsmethode handelt es sich?
b) Nach wie vielen Jahren ist die Kasse abgeschrieben?
c) Wie viel Prozent beträgt der Abschreibungssatz?
d) Wie lautet der Buchungssatz
   – zur Erfassung der Abschreibung am Ende des dritten Jahres?
   – zum Abschluss der Konten „Abschreibungen auf Sachanlagen" und „Geschäftsausstattung"?

5 Nach der Anlagendatei besitzt eine Druckerei folgende Anlagen:

Anlagegüter lt. Anlagendatei	Anschaffungsjahr	Anschaffungskosten in EUR	Betriebsgewöhnliche Nutzungsdauer in Jahren
1 Lastkraftwagen	Jan. 2008	180 000,00	9
1 Elektrolastwagen	Jan. 2007	60 000,00	5
1 Bürocomputer	Jan. 2009	20 000,00	3
1 Panzerschrank	Jan. 2006	14 007,00	23

Berechnen Sie bei gleichmäßiger Abschreibung vom Anschaffungswert die Buchwerte dieser Anlagen zum Geschäftsjahresende 31. Dezember 2005.

6 Welche der folgenden Aussagen treffen auf die lineare Abschreibung zu?
a) Der Abschreibungsbetrag wird jährlich mithilfe eines festen Prozentsatzes vom Anschaffungswert berechnet.
b) Der Abschreibungsbetrag wird jährlich mithilfe eines festen Prozentsatzes vom Buchwert berechnet.
c) Am Ende der geschätzten Nutzungsdauer wird der Nullwert immer erreicht.
d) Es wird eine gleichbleibende Abnutzung unterstellt.
e) Die Wertminderung des Anlagegutes wird gleichmäßig auf die Jahre der Nutzung verteilt.

7 Die Buchwerte von vier Anlagegegenständen zeigen nach linearer Abschreibung folgende Entwicklung im Laufe der Nutzungsjahre:

Anlagegut	Anschaffungswert in EUR	Buchwert nach dem ersten Jahr	Buchwert nach dem zweiten Jahr
A	69 000,00	64 687,50	60 375,00
B	176 000,00	154 000,00	132 000,00
C	42 900,00	40 040,00	37 180,00
D	125 500,00	100 400,00	75 300,00

Ermitteln Sie für die vier Anlagegegenstände
a) die Abschreibungssätze, b) die betriebsgewöhnliche Nutzungsdauer,
c) die Buchwerte zum Ende des dritten Nutzungsjahres.

8 Vor Durchführung der Abschreibung weisen die Positionen des Sachanlagevermögens folgende Anschaffungskosten in EUR aus:

Gebäude	870 000,00 EUR	Lager- und Transporteinrichtungen	270 000,00 EUR
Geschäftsausstattung	120 000,00 EUR	Fuhrpark	420 000,00 EUR

Die Abschreibungssätze für die lineare Abschreibung betragen für

Gebäude	4 %	Lager- und Transporteinrichtungen	$8\,^1/_3$ %
Geschäftsausstattung	10 %	Fuhrpark	10 %

Bilden Sie die Buchungssätze mit Beträgen
a) zur Erfassung der Abschreibung,
b) zum Abschluss des Kontos „Abschreibungen",
c) zum Abschluss der Anlagekonten.

9 Buchen Sie auf folgenden Konten Anfangsbestände, Geschäftsfälle und führen Sie den Abschluss durch.
Konten: 8000 EBK, 0700 Maschinen, 0840 Fuhrpark, 0860 Betriebs- und Geschäftsausstattung (BuG), 2400 Forderungen a. LL, 2800 Bank, 2880 Kasse, 3000 Eigenkapital, 4250 Verbindlichkeiten gegenüber Banken, 4400 Verbindlichkeiten a. LL, 6000 Aufwendungen für Rohstoffe, 6700 Miete, 6820 Postentgelte/Telefon, 6520 Abschreibungen, 5000 Umsatzerlöse, 8020 GuV, 8010 SBK.

Anfangsbestände:	EUR		EUR
Maschinen	216 000,00	Kasse	4 300,00
Fuhrpark	150 000,00	Eigenkapital	452 500,00
Betriebs- und Geschäftsausstattung	96 000,00	Verbindlichkeiten	
Forderungen a. LL	82 800,00	gegenüber Banken	150 000,00
Bankguthaben	145 400,00	Verbindlichkeiten a. LL	92 000,00

Geschäftsfälle:

1.	**ER 36:**	Rohstoffeinkauf auf Ziel	178 000,00
		+ 19 % Umsatzsteuer	33 820,00
2.	**BA 24:**	Mietzahlungen für Geschäftsräume	24 000,00
		Telefongebühren	4 600,00
		+ 19 % Umsatzsteuer	874,00
		Ausgleich der ER 14	18 400,00
3.	**AR 82:**	Verkauf von Erzeugnissen auf Ziel	298 000,00
		+ 19 % Umsatzsteuer	56 620,00
4.	**ER 37:**	Rohstoffeinkauf auf Ziel	64 000,00
		+ 19 % Umsatzsteuer	12 160,00
5.	**BA 25:**	Banküberweisung eines Kunden zum Ausgleich von AR 29	39 000,00
		Teilrückzahlung eines Darlehens der Bank	20 000,00
6.	**AR 83:**	Verkauf von Erzeugnissen auf Ziel	115 000,00
		+ 19 % Umsatzsteuer	21 850,00
7.	**AR 84/BA 26:**	Verkauf von Erzeugnissen gegen Bankscheck	45 000,00
		+ 19 % Umsatzsteuer	8 550,00
8.	**KB 68:**	Barkauf von Postwertzeichen	150,00

Abschlussangaben:
Lineare Abschreibung von den Anschaffungswerten: Maschinen 5 % von 320 000,00 EUR, Fuhrpark 12,5 % von 250 000,00 EUR; BuG 10 % von 120 000,00 EUR.

10 Berechnen Sie die Abschreibungssätze für die lineare Abschreibung beim Vorliegen einer Nutzungsdauer von 5, 6, 8, 10, 12, 16 und 20 Jahren.

11 Der Anschaffungswert einer Transportanlage im Lager beträgt 250 000,00 EUR. Die betriebsgewöhnliche Nutzungsdauer beläuft sich auf 10 Jahre.

a) Stellen Sie einen Abschreibungsplan für die ersten vier Nutzungsjahre nach der linearen und nach der geometrisch-degressiven Methode auf (vgl. AfA-Tabelle auf S. 173).
b) Stellen Sie die Entwicklung von Buchwert und Abschreibungsbetrag nach beiden Methoden in je einem Diagramm dar.

12 Berechnen Sie die Abschreibung nach Maßgabe der Leistung und den Buchwert für das erste Nutzungsjahr:

Anlagegut:	Lkw	
betriebsgewöhnliche Nutzungsdauer:	8	Jahre
geschätzte Gesamtleistung:	480 000	km
Anschaffungskosten:	168 000,00	EUR
Leistungsabgabe im ersten Nutzungsjahr laut Zähler:	64 800	km

13 Erläutern Sie, welche der folgenden Aussagen
(1) auf die lineare,
(2) auf die Abschreibung nach Maßgabe der Leistung,
(3) auf die geometrisch-degressive Abschreibung zutreffen.

Aussagen

a) Die Abschreibungsbeträge schwanken von Jahr zu Jahr.
b) Die Abschreibungsbeträge werden immer vom Anschaffungswert berechnet.
c) Sie wird angewandt, wenn die Anlage unterschiedlich ausgelastet ist.
d) Sie wird jährlich mit gleichem Prozentsatz vom Anschaffungswert ermittelt.
e) Bei ihr wird von Jahr zu Jahr eine gleichmäßige Abnutzung unterstellt.
f) Die Abschreibungsbeträge sind von Jahr zu Jahr gleich.
g) Bei ihr wird eine starke Wertminderung in den ersten Nutzungsjahren unterstellt.
h) Der Abschreibungssatz beträgt: $\frac{100}{\text{Nutzungsdauer}}$
i) Der Abschreibungsbetrag ergibt sich aus der Rechnung: $\frac{\text{AW} \cdot \text{Jahresleistung}}{\text{geschätzte Gesamtleistung}}$
j) Ihre Abschreibungsbeträge ergeben sich aus der Rechnung: $\frac{\text{Buchwert} \cdot \text{AfA-Satz}}{100}$

14

Gegenstand	Anschaffungspreis	Anschaffungsnebenkosten	Nutzungsdauer
1. Drehstuhl	380,00	–	5
2. Firmenstempel	40,00	–	10
3. Kleintransporter	31 000,00	1 000,00	8
4. Scanner-Kasse	11 500,00	500,00	6

a) Wie lauten die Buchungssätze bei Anschaffung gegen Verrechnungsscheck unter Berücksichtigung von 19 % USt?
b) Mit welchem Betrag sind die einzelnen Gegenstände am Jahresende zu bilanzieren, wenn grundsätzlich die lineare Abschreibung gewählt wurde?
c) Welche Buchungen ergeben sich am Jahresende zur Erfassung der Abschreibung?

15 Ein Lkw mit einem Anschaffungswert von 160 000,00 EUR wird nach Maßgabe der Leistung abgeschrieben. Es wird von einer Gesamtleistung während der Nutzungsdauer von 400 000 km ausgegangen.

a) Mit welchem Wert ist der Lkw am Ende des dritten Nutzungsjahres zu erfassen, wenn er im ersten Jahr 50 000 km, im zweiten Jahr 62 000 km und im dritten Jahr 54 000 km gefahren ist?

b) Welchen Vorteil und welchen Nachteil hat diese Abschreibungsmethode?

16 Bilden Sie die Buchungssätze zu folgenden Geschäftsfällen:

		EUR
1.	Kauf von Vordrucken für die Kassenabrechnung einschl. 19 % USt bar	44,03
2.	Kauf eines Lochers einschl. 19 % USt bar	77,35
3.	Barkauf eines Tischrechners für das Büro, netto	380,00
	+ 19 % USt	72,20

17 Eine Maschine mit einem Anschaffungswert von 120 000,00 EUR wird nach Maßgabe der Leistung abgeschrieben. Es wird von einer Gesamtleistung während der Nutzungsdauer von 20 000 Maschinenstunden ausgegangen.

a) Mit welchem Wert ist die Maschine am Ende des 3. Nutzungsjahres zu erfassen, wenn sie im ersten Jahr 2 500 Maschinenstunden, im zweiten Jahr 3 100 Maschinenstunden und im dritten Jahr 2 700 Maschinenstunden geleistet hat?

b) Welchen Vorteil und welchen Nachteil hat diese Abschreibungsmethode?

18/19 Für die Plattenbelichter A und B liegen Ihnen ... folgende Informationen vor:

	18 **A**	**19** **B**
Anschaffungskosten	306 000,00 EUR	107 100,00 EUR
betriebsgewöhnliche Nutzungsdauer	16 Jahre	20 Jahre
geschätzte Gesamtkapazität in Leistungseinheiten	48 000 m²	56 000 m²
geschätzte Leistungsabgabe im ersten Nutzungsjahr	3 000 m²	2 500 m²
geschätzte Leistungsabgabe im zweiten Nutzungsjahr	1 800 m²	3 200 m²
geschätzte Leistungsabgabe im dritten Nutzungsjahr	3 200 m²	2 400 m²

Stellen Sie einen Abschreibungsplan für die ersten drei Nutzungsjahre nach der linearen und der Abschreibung nach Leistungseinheiten für beide Maschinen auf (vgl. AfA-Tabelle S. 173).

20 Die Buchwerte von zwei beweglichen Anlagegegenständen in einer Druckerei zeigen folgende Entwicklung im Laufe der Nutzungsjahre:

Anlagegut	Anschaffungswert	Buchwert nach dem ersten Jahr	Buchwert nach dem zweiten Jahr	Buchwert nach dem dritten Jahr	Buchwert nach dem vierten Jahr	Buchwert nach dem fünften Jahr
A	176 000,00	165 000,00	154 000,00	143 000,00	132 000,00	121 000,00
B	188 000,00	176 500,00	161 400,00	149 900,00	138 150,00	127 000,00

Ermitteln Sie

a) die jeweils angewandte Abschreibungsmethode,

b) den AfA-Satz für A,

c) die betriebsgewöhnliche Nutzungsdauer für A,

d) den Buchwert von A zum Ende des sechsten Jahres.

21 Die Offset GmbH gibt folgende Daten zu einem Plotter bekannt:

Anschaffungskosten	285 600,00 EUR
betriebsgewöhnliche Nutzungsdauer	16 Jahre
Gesamtleistung in m^2	24 000 m^2
Leistungsabgabe im ersten Jahr	2 800 m^2
angenommener Gewinn vor AfA	200 000,00 EUR
angenommener Einkommensteuersatz	30 %

Berechnen Sie
a) den linearen AfA-Betrag,
b) den linearen AfA-Satz,
c) den geometrisch-degressiven AfA-Satz und -Betrag im 1. Nutzungsjahr,
d) die AfA nach Leistungseinheiten für das erste Nutzungsjahr,
e) die Einkommensteuerersparnis im ersten Jahr, falls als AfA die geometrisch-degressive statt der linearen angesetzt würde.

22 Für eine EDV-Anlage mit einem Anschaffungswert von 80 000,00 EUR und einer betriebsgewöhnlichen Nutzungsdauer von acht Jahren ist die Abschreibungsmethode festzulegen. Diskutieren Sie die Methoden unter folgenden Gesichtspunkten:
a) Darstellung der Ertragslage, b) Darstellung der Vermögenslage.
Treffen Sie eine begründete Entscheidung, wenn die Ertragslage der nächsten Jahre positiv eingeschätzt wird.

23 a) Erstellen Sie mit einem Tabellenkalkulationsprogramm eine Abschreibungstabelle, aus der Abschreibungsbeträge und Buchwerte nach der linearen Methode ersichtlich sind.

Eingaben	
Anschaffungswert in EUR	60 000,00
Nutzungsdauer in Jahren	10

b) Erläutern Sie anhand der Tabelle den Abschreibungskreislauf.

24

Gegenstand	Anschaffungstag	Anschaffungswert	Nutzungsdauer
1. Locher	9. Dezember	38,00 EUR	10 Jahre
2. Drehstuhl	5. August	400,00 EUR	5 Jahre
3. PC	10. Januar	930,00 EUR	3 Jahre

a) Wie lauten die Buchungssätze bei der Anschaffung (Verrechnungsscheck)?
b) Mit welchem Betrag sind die einzelnen Gegenstände am Jahresende zu bilanzieren? (Es wird grundsätzlich linear abgeschrieben.)
c) Welche Buchungen ergeben sich am Jahresende zur Erfassung der Abschreibung?
d) Erläutern Sie am Beispiel des PC die Bewertungsproblematik.

25 Erläutern Sie folgende Aussage an einem Beispiel: „Die Abschreibung dient der Verteilung der Anschaffungskosten auf die Jahre der Nutzung der Anlage".

26 Erläutern Sie folgende Aussage an einem Beispiel: „Die Abschreibung dient der Erfassung der Wertminderung und der Refinanzierung der Anschaffungskosten".

27 Stellen Sie typische abnutzbare Anlagegüter Ihres Ausbildungsbetriebes und deren betriebsgewöhnliche Nutzungsdauern in einer Tabelle zusammen.

28 Die Medi@AG hat am 8. Januar des Geschäftsjahres einen Pkw angeschafft und hierfür folgende Eingangsrechnung erhalten:

MOTOR RABECK GMBH

Motor Rabeck GmbH, Falderstraße 17, 50999 Köln

Medi@ AG
Hugo-Eckener-Straße 1
50829 Köln

Geschäftsräume
Falderstraße 17
50999 Köln
Tel.: 0221 685943
Fax: 0221 685922

Betriebsnummer	**Auftrag-Nr.**	**KD NR**	**Datum**
13246833	02123	3872	08.01.20..

RECHNUNG NR. 0496

		EUR
221	Pkw BBW 525 GTI	47 100,00
	+ Überführungskosten	860,00
	+ Zulassungsgebühren	40,00
		48 000,00
	+ 19 % Umsatzsteuer	9 120,00
		57 120,00

Zahlbar sofort ohne Abzug

Bankverbindung: Kreissparkasse Köln BLZ 370 502 99 Kto.-Nr.: 100 767 65
Steuernummer: 219/645/9933
USt-ID-Nr.: DE-987345633

In der Anlagenbuchhaltung wurde aufgrund der Eingangsrechnung folgende Datei für den Pkw angelegt:

Anlagendatei				**Medi@AG**
Gegenstand: Pkw		**Fahrzeug-Nr.:** 23 K 7364		
Fabrikat: BBW 525 GTI		**Lieferer:** Motor Rabeck GmbH, Köln		
Nutzungsdauer: sechs Jahre		**Anschaffungskosten:**		
Konto-Nr.: Fuhrpark		**AfA-Satz:** 16 2/3 AfA-Methode: linear		
Datum	**Vorgang**	**Zugang in EUR**	**Abgang in EUR**	**Bestand in EUR**
20..-01-08	ER 0496			

a) Ermitteln Sie
- den Anschaffungswert des Pkw (Zugang in EUR),
- den Abschreibungsbetrag für das erste Nutzungsjahr (AfA in EUR) laut Anlagendatei,
- den Buchwert zum 31. Dezember des ersten Nutzungsjahres (Bestand in EUR).

b) Bilden Sie die Buchungssätze
- zur Erfassung der Eingangsrechnung,
- zur Erfassung der Abschreibung,
- zum Abschluss des Kontos „Abschreibungen",
- zum Abschluss des Kontos „Fuhrpark".

29 a) Ermitteln Sie aus unten stehender Eingangsrechnung von der Computer-Willi KG
- den Anschaffungswert eines PC,
- den Abschreibungsbetrag für PC und Bürostühle zusammen. Für den PC wird eine betriebsgewöhnliche Nutzungsdauer von drei Jahren, für die Bürostühle von acht Jahren angenommen.

b) Bilden Sie die Buchungssätze
- zur Erfassung der Eingangsrechnung,
- zur Erfassung der Abschreibung.

Computer-Willi KG
Hard- und Software

Computer-Willi KG, Lichtstr. 8, 50825 Köln

Medi@Point GmbH & Co.KG
Schildergasse 46
50667 Köln

Lichtstr. 8
50825 Köln
Telefon: 0221 846432
Telefax: 0221 846439

RECHNUNG		
Kunden-Nr. 8844	Rechnungs-Nr. 2301	Datum 15.03.20..
Bei Zahlung bitte angeben		

Artikel-Nr.	Artikelbezeichnung	Menge	Einzelpreis EUR	Betrag EUR
2331	Personalcomputer	2	2 250,00	4 500,00
25534	Bürostuhl	2	390,00	780,00

Warenwert EUR	Nettoentgelt EUR	19 % USt EUR	Bruttoentgelt EUR
5 280,00	5 280,00	1 003,20	6 283,20

Zahlbar sofort ohne Abzug

Bankverbindung: Postbank Köln BLZ: 370 100 50 Kto.-Nr.: 72 6876-21
Steuernummer: 223/331/4854
USt-ID-Nr.: DE-273284914

30

Gegenstand	Anschaffungstag	Anschaffungswert	Nutzungsdauer
1. Diktiergerät	7. Oktober	148,00 EUR	3 Jahre
2. PC	15. November	880,00 EUR	3 Jahre
3. Drehstuhl	27. Februar	620,00 EUR	5 Jahre
4. Pkw	5. Mai	32 100,00 EUR	6 Jahre

a) Wie lauten die Buchungssätze bei Anschaffung mit Kreditkarte?

b) Mit welchem Betrag sind die einzelnen Gegenstände am Jahresende zu bilanzieren? Der Pkw wird nach Maßgabe der Leistung abgeschrieben, wobei eine Gesamtleistung von 150 000 km geschätzt und eine Jahresleistung von 45 000 km im Geschäftsjahr nachgewiesen wird. Die übrigen Wirtschaftsgüter werden linear abgeschrieben bzw. als geringwertige Wirtschaftsgüter behandelt.

c) Welche Buchungen ergeben sich am Jahresende zur Erfassung der Abschreibung?

d) Erläutern Sie am Beispiel des PC die Bewertungsproblematik.

31 Am 10.06. des Vorjahres wurde ein Farbkopierer für 8 627,50 EUR brutto erworben. Berechnen Sie den zeitanteiligen Abschreibungsbetrag sowie den Restbuchwert zum 31.12. des laufenden Jahres nach der linearen Abschreibungsmethode, wenn die Nutzungsdauer mit vier Jahren anzusetzen ist.

2.4 Lohn- und Gehaltsabrechnung

2.4.1 Lohnformen und Lohnnebenkosten

Nun arbeitet Frau Orth schon fast einen Monat im Team Marktforschung des Buchverlags Bell Medi@ GmbH. In den nächsten Tagen erwartet sie die erste Gehaltszahlung auf ihrem Bankkonto. Im Arbeitsvertrag hatte sie nach etwas längerer Verhandlung für das erste Dienstjahr einem angebotenen Bruttomonatsgehalt von 2 860,00 EUR zugestimmt, nachdem ihr Herr Hoelk, der Geschäftsführer, gesagt hat: „Sie liegen damit schon 10 % über Tarifvertrag. Im Übrigen kosten Sie mich jeden Monat ca. 4 000,00 EUR."

Alexander Staupe, Auszubildender, der seit einem Monat in der Lohnbuchhaltung ist und das Gespräch mit Frau Orth mitbekommen hat, meint: „Das versteht doch keiner. Was verdient sie denn jetzt wirklich?"

Frau Orth ermutigt Alexander Staupe, die Argumente für die unterschiedliche Auffassung beider Verhandlungspartner zur Höhe des Arbeitsentgelts einander gegenüber zu stellen.
Später soll er das Gehalt gemäß Tarifvertrag ermitteln.

Lohn/Gehalt

Die Arbeitnehmer stellen dem Unternehmen ihre Arbeitskraft zur Verfügung. Als Vergütung dafür (Arbeitsentgelt) erhalten die **Arbeiter Löhne**, die **Angestellten Gehälter**.

Löhne und **Gehälter** sind für den Arbeitnehmer **Einkommen**, für das Unternehmen (Arbeitgeber) Aufwand.

Die Höhe des Einkommens bestimmt das Maß der **Bedürfnisbefriedigung** und damit den **Lebensstandard** der Entgeltempfänger. Die Forderung nach steigendem Einkommen hat hier und in der **Kaufkraftentwertung** ihre Gründe.

In den Medienberufen zählen die Arbeitsentgelte zu den bedeutendsten **Aufwendungen**. Die Höhe der Gehälter beeinflusst somit

- die **Höhe der Selbstkosten** und **Verkaufspreise**,
- die **Wettbewerbsfähigkeit** und
- die **Höhe des Gewinns**.

Mit diesem Argument werden die Gewerkschaften von den Arbeitgeberverbänden zur Mäßigung ihrer Forderungen aufgerufen.

Grundlage für die Bemessung der Arbeitsentgelte sind die in Tarifverträgen festgelegten Gehälter. Von Mitgliedern des Tarifverbandes dürfen die tariflichen Gehälter nicht unterschritten, wohl aber überschritten werden.

Laut Tarifvertrag beträgt das Gehalt für Frau Orth 2 600,00 EUR. Der Buchverlag Bell Medi@ GmbH zahlt ihr 10 % mehr, also 2 860,00 EUR.

Ist der Arbeitgeber kein Mitglied im Arbeitgeberverband, so sind Löhne und Gehälter nicht tarifgebunden. Sie unterschreiten die Tarifgehälter nicht selten um 25 bis 30 %.

Lohnformen

Maßstäbe für die Lohn- und Gehaltshöhe können sein:
- die Arbeitszeit,
- die Leistung,
- Arbeitszeit und Leistung.

Entsprechend sind zu unterscheiden:

Zeitlohn	Leistungs-/Prämienlohn	Kombinationsformen von Zeit- und Leistungs-/Prämienlohn

Zeitlohn: Beim Zeitlohn richtet sich die Höhe des Entgelts für geleistete Arbeit nach der **Zeit der Anwesenheit**. Als Entgeltsformen sind **Gehälter** und **Stundenlohn** zu unterscheiden. Die Angestellten der Medienunternehmen erhalten Gehalt, das monatlich nachträglich gezahlt wird.

Frau Orth erhält ein Monatsgehalt von 2 860,00 EUR.

Die Arbeiter, aber auch Aushilfsarbeitskräfte und Teilzeitbeschäftigte werden nach geleisteten Arbeitsstunden entgolten.

Lohnsumme = geleistete Arbeitsstunden · Stundenlohnsatz

Mit der Ferienhilfe Eva Lux wurde ein Stundenlohn von 8,80 EUR vereinbart. Im August hat sie 158 Stunden gearbeitet. Ihr Bruttoarbeitsentgelt für August beträgt also 1 390,40 EUR.

Der **Hauptnachteil** des Zeitlohns ist der geringe Anreiz zur Mehrleistung, weil größere Leistungsbereitschaft und höhere Leistung nicht belohnt werden. Umgekehrt empfiehlt sich die Anwendung des Zeitlohns bei Arbeiten, bei denen die Leistung nur schwer messbar ist (z. B. Büroarbeiten), da es auf Sorgfalt und nicht auf Schnelligkeit (z. B. Kundenberatung, Verkauf) ankommt. Aus diesem Grund geht der Einzelhandel in immer stärkerem Maße zur Leistungsentlohnung über.

Leistungslohn: Bei dieser Entgeltform wird das **Ergebnis der Arbeit** (Produktionsmenge in Stück, kg, m) **entlohnt**. Grundlage für die Berechnung ist ein **tariflich garantierter Mindestlohn**, der dem **Zeitlohn bei Normalleistung** entspricht und ein **Akkordzuschlag** für Leistungen, die über der Normalleistung liegen.

Mindestlohn + Akkordzuschlag = Akkordrichtsatz

Mindeststundenlohn	7,50 EUR
20 % Akkordzuschlag	1,50 EUR
Akkordrichtsatz	9,00 EUR

Dies ist der Stundenlohn eines Akkordarbeiters bei Normalleistung, z. B. 10 Stück/Std. Nach der **Berechnung des Akkordlohnes** werden **Zeit-** und **Geldakkord** unterschieden:

Zeitakkord (Stückzeitakkord): Dem Arbeitnehmer wird eine bestimmte Zeit pro Leistungseinheit vorgegeben **(= Vorgabezeit)**. Die Vorgabezeit setzt sich aus der Arbeitszeit für die jeweilige Tätigkeit für eine Einheit und der **Rüstzeit** für die am Arbeitsplatz notwendigen Vorbereitungs- und Aufräumungsarbeiten zusammen. Grundlage für die Berechnung der Vorgabezeit bildet die betriebliche Normalleistung eines Arbeiters. Da der Arbeitnehmer grundsätzlich nach dieser Vorgabezeit bezahlt wird, erzielt er durch Unterschreiten der Vorgabezeit einen effektiv höheren Stundenlohn.

Der Stückzeitakkord ergibt sich, indem die gesamte Vorgabezeit mit dem Lohn für eine Minute **(Minutenfaktor)** multipliziert wird.

Akkordrichtsatz	9,00 EUR	Vorgabezeit:	Arbeitszeit je Einheit:	7 Minuten
abgelieferte Menge:	336 Stück		Rüstzeit:	168 Minuten
		effektive Arbeitszeit:	35 Stunden	

$\text{Minutenfaktor} = \frac{\text{Akkordrichtsatz}}{60}$	$\frac{9}{60} = 0{,}15$ EUR
Zeitakkord = (abgelieferte Menge · Arbeitszeit je Einheit + Rüstzeit) · Minutenfaktor	$(336 \cdot 7 + 168) \cdot 0{,}15 = 378{,}00$ EUR
$\text{durchschnittlicher Akkordlohn} = \frac{\text{Zeitakkord}}{\text{Istarbeitszeit}}$	$\frac{378}{35} = 10{,}80$ EUR

Der Unterschied zwischen dem durchschnittlichen Akkordlohn je Stunde und dem Akkordrichtsatz bei Normalleistung ergibt sich durch die schnellere Arbeitsweise des Arbeiters.

Geldakkord (Stückgeldakkord): Um dem Arbeiter die Lohnberechnung deutlicher zu gestalten und ihn dadurch gleichzeitig zur Leistungssteigerung zu motivieren, empfiehlt sich die Stückgeldakkordabrechnung.

Beim Stückgeldakkord wird der Lohn berechnet, indem die abgelieferte Menge mit dem Entgelt je Stück **(Stückakkordsatz)** multipliziert wird.

Der **Stückakkordsatz** berechnet sich **durch Division des Akkordrichtsatzes durch die Normalleistung je Stunde**.

Akkordrichtsatz	9,00 EUR	abgelieferte Menge:	336 Stück
Normalleistung je Stunde:	8 Stück	effektive Arbeitszeit:	35 Stunden

$\text{Stückakkord} = \frac{\text{Akkordrichtsatz}}{\text{Normalleistung/Stunde}}$	$\frac{9}{8} = 1{,}125$ EUR
Akkordlohn = abgelieferte Menge · Stückakkord	$336 \cdot 1{,}125 = 378{,}00$ EUR
$\text{durchschnittlicher Akkordlohn} = \frac{\text{Akkordlohn}}{\text{Istarbeitszeit}}$	$\frac{378}{35} = 10{,}80$ EUR

Vorteile des Akkordlohnes sind aus der Sicht der Unternehmer die gleich bleibenden variablen Lohnkosten je Produktionseinheit.

Nachteile sind hoher Verschleiß der Anlagen durch überhöhtes Arbeitstempo, größerer Energieverbrauch, schlechtere Qualität, verstärkte Kontrolle.

Für den Arbeitnehmer bietet der Akkordlohn Anreiz zu höherer Leistung und – damit verbunden – zur Verbesserung des Einkommens. Allerdings können durch das überhöhte Arbeitstempo und die einseitige Beanspruchung Gefahren für die Gesundheit und die Motivation des Arbeitnehmers entstehen.

Prämienlohn: Beim Prämienlohn wird zum vereinbarten Grundlohn für Mehrleistungen, die der Betrieb fördern möchte, ein zusätzliches Entgelt vereinbart.

Prämien können beispielsweise gezahlt werden für
- besondere **Mengenleistungen**, wenn Vorgabezeiten nicht ermittelt werden können,
- besondere **Qualitätsleistungen** durch Unterschreitung von Ausschussquoten,
- besondere **Ersparnisleistungen** durch bessere Material- und Energieausnutzung.

Ein Arbeiter erhält neben dem Grundlohn in Höhe von 9,00 EUR je Stunde für die Vorgabezeit von insgesamt 10 Stunden zur Durchführung eines Auftrags eine Prämie in Höhe von 50 % des ersparten Zeitlohns bei Unterschreitung der Vorgabezeit.
Die tatsächliche Arbeitszeit betrug für den Gesamtauftrag acht Stunden.

Grundlohnberechnung = Istzeit · Stundenlohn	8 · 9	=	72,00 EUR
Prämie = ersparte Zeit · 50 % des Stundenlohns	2 · 4,50	=	9,00 EUR
Prämienlohn = Grundlohn + Prämie	72 + 9	=	81,00 EUR

Stattdessen werden im Buchhandel Mehrleistungen durch Gewährung eines zusätzlichen Entgelts **(Prämie)** zum vereinbarten Grundlohn gefördert. Solche zusätzlichen Entgelte werden im Buchhandel häufig gezahlt
- für das Überschreiten eines vorgegebenen Umsatzes,
- für den Verkauf teurer Bücher,
- für die Umsatzleistung eines Verkäufers, soweit sie die durchschnittliche Verkäuferleistung überschreitet.

Mehrleistungen im Buchhandel werden als Prämien oder Provision gezahlt.

Eine Buchhändlerin, die ein Monatsgehalt von 2 240,00 EUR erhält, erzielte im Monat Mai einen Umsatz von 53 200,00 EUR. Für das Überschreiten des Durchschnittsumsatzes von 22 500,00 EUR erhält sie 4 % Provision von diesem Mehrbetrag.

Berechnen Sie das Bruttogehalt.

Berechnung des Bruttogehaltes:

Grundgehalt	2 240,00 EUR
Provision: 30 700 · 4 : 100 =	1 228,00 EUR
Bruttogehalt	3 468,00 EUR

Hauptvorteil der leistungsbezogenen Prämie ist der Anreiz der Arbeitnehmer zu erhöhter Leistung. Nachteile können zunehmender Konkurrenzdruck, eine mögliche Verschlechterung des Betriebsklimas, z. B. durch das „Wegschnappen" von Kunden, und eine Verschlechterung der Beratung sein.

Die Verkäuferleistung kann anhand folgender Größen errechnet werden:
- erzielter prozentualer Umsatzanteil am Gesamtumsatz,
- prozentualer Anteil der durch eine Verkaufskraft bedienten Kunden pro Zeiteinheit.

Aus diesen Ergebnissen wird mithilfe folgender Formel eine **Leistungskennzahl** ermittelt:

$$\frac{\text{erzielter prozentualer Umsatzanteil am Gesamtumsatz + prozentualer Anteil der bedienten Kunden}}{2}$$

Vier Buchhändler haben gegenüber dem letzten Monat einen Mehrumsatz von 20 000,00 EUR erzielt. Dafür sollen sie eine Prämie von 10 % dieses Mehrumsatzes erhalten. Die Prämie wird zur Hälfte nach den Anteilen am Gesamtumsatz und zur Hälfte nach den Anteilen der bedienten Kunden verteilt:

Verkäufer/in	a Anteil am Gesamtumsatz in %	b Anteil der bedienten Kunden in %	$\frac{a+b}{2}$ Leistungs-kennzahl	Prämie
Alt	18	16	17	340
Bähr	20	34	27	540
Carlet	30	22	26	520
Dragic	32	28	30	600
gesamt	100	100	100	2 000

Grundsätzlich besteht die Möglichkeit, das Prämienlohnsystem für einzelne Arbeitskräfte als Individualprämie oder – z. B. für die Arbeitnehmer einer Abteilung – als Gruppen- oder Teamprämie einzuführen. Bei der Gruppenprämie wird die Leistung aller Gruppenmitglieder addiert und auf die einzelnen Mitarbeiter anteilig verteilt.

Zuschläge

Sie werden wegen der Besonderheit der Arbeit oder Arbeitszeit gewährt.

Zuschläge	Begründung
• Mehrarbeitszuschläge	• Überstunden
• Zuschläge für besondere Arbeitszeiten	• Nacht-, Sonn- und Feiertagsarbeiten, Heiligabend, Silvester
• Gefahren- und Erschwerniszuschläge	• besonders schwere körperliche Arbeit

Personalneben- oder -zusatzkosten

Jeder Arbeitnehmer erhält neben dem Entgelt, das er für die geleistete Arbeit bezieht, einen **„zweiten Lohn"**. Er besteht aus gesetzlichen, tariflichen und freiwilligen Sozialleistungen des Betriebes. Die Personalkosten eines Betriebes setzen sich also aus dem **Direktlohn** für geleistete Arbeit und den **Personalnebenkosten** zusammen.

Personalnebenkosten		
gesetzliche	**tarifliche**	**freiwillige**
• Arbeitgeberbeiträge zur gesetzlichen Kranken-, Renten-, Arbeitslosen- und Pflegeversicherung • gesetzliche Unfallversicherung • Entgeltfortzahlung während Krankheit, Mutterschutz, Urlaub, Feiertagen	• Urlaubsanspruch über den gesetzlichen Mindesturlaub hinaus • bezahlte Freistellung von der Arbeit bei Sonderanlässen (Umzug, Eheschließung u. a.) • vermögenswirksame Leistungen	• Kosten im Rahmen der Personalentwicklung (Fort- und Weiterbildung) • Fahrtkostenzuschüsse wie z. B. Jobticket • Einrichtung einer Kantine • Personalrabatte beim Personalkauf • Angebot von Sport- und Erholungseinrichtungen

Bezogen auf Lohn und Gehalt für geleistete Arbeit machen die Personalzusatzkosten in den Medienunternehmen im Durchschnitt 75 % aus. Das heißt, dass ein Unternehmer der Branche für je 100,00 EUR, die er als Direktlohn zahlt, zusätzlich 75,00 EUR für gesetzliche, freiwillige oder tarifliche Sozialleistungen aufwenden muss.

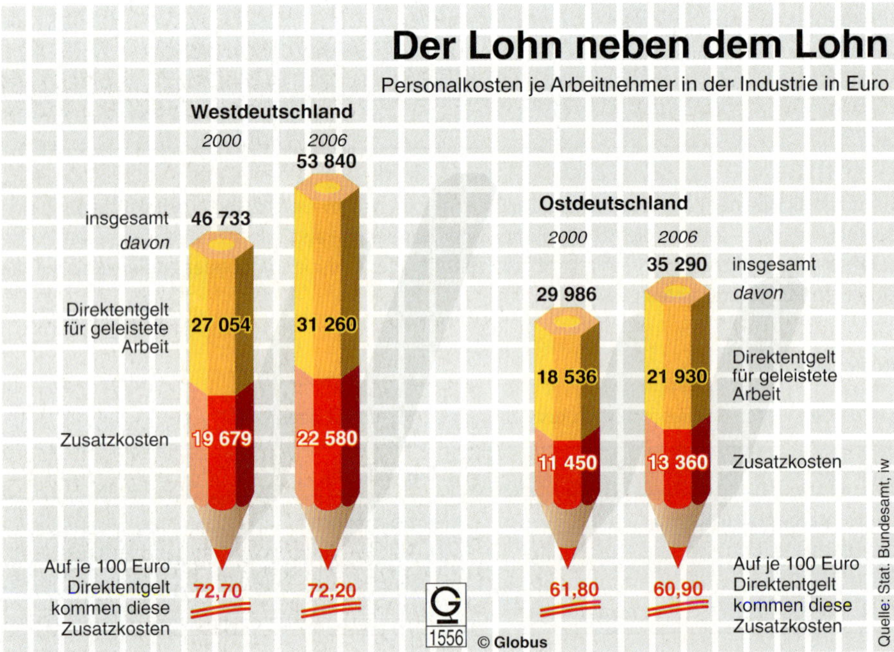

Natürlich ist die gute Absicherung für die Arbeitnehmer sehr beruhigend **(soziales Netz)**. Andererseits sind durch die hohen Personalkosten Arbeitskräfte in Deutschland im Verhältnis zu anderen Ländern teuer. Entsprechend hoch sind dann auch die Preise, zu denen die Betriebe ihre Produkte oder Dienstleistungen verkaufen müssen.

Dies ist einer der Gründe für die Diskussion über den Produktionsstandort Deutschland, weswegen viele Industriebetriebe für eine Verlagerung der Produktion ins Ausland plädieren, weil insbesondere die Personalkosten in Deutschland hoch sind. Auf der anderen Seite bewirken die Tarifabschlüsse in den letzten Jahren nur noch minimale Anstiege im Bereich der Personalkosten.

In den jüngsten Tarifverträgen werden daher nur noch geringe Entgeltsteigerungen und ein Absenken der Lohnnebenkosten angestrebt.

Lohnformen und Lohnnebenkosten

- *Löhne und Gehälter sind für den Arbeitgeber Aufwand, für den Arbeitnehmer Einkommen.*
- *Grundlage für die Bemessung des Arbeitsentgeltes kann die Arbeitszeit oder die Leistung (Arbeitsergebnis) sein.*
- *Entsprechend sind Zeit- und Leistungslohn zu unterscheiden.*
- *Monatsgehälter für die Angestellten und Stundenlöhne für Aushilfskräfte sind typische Formen des Zeitlohns.*
- *In reiner Form werden Löhne als Geld- oder Stückakkord gezahlt. Prämienlöhne werden in Kombination mit Zeitlöhnen in Form von Provisionen oder Prämien für individuelle Umsätze oder für die besonderen Leistungen einer Gruppe oder eines Teams berechnet und gezahlt.*
- *Grundlage für die Bestimmung der Arbeitsentgelte sind die Tarifverträge.*

1 Für eine Substitutin in einer Buchhandlung mit einem Monatsgehalt von 2 873,00 EUR (brutto) liegt folgender Arbeitsstundennachweis im Abrechnungsmonat vor:

Woche	1. Woche	2. Woche	3. Woche	4. Woche	5. Woche
Arbeitsstunden	43	38,5	38,5	48	38,5

Die regelmäßige wöchentliche Arbeitszeit beträgt laut Tarifvertrag 38,5 Stunden. Eine über die tarifliche Arbeitszeit hinausgehende Mehrarbeit je Woche ist mit $^{1}/_{169}$ des Monatsgehaltes und folgenden Zuschlägen zu vergüten:

- Mehrarbeit bis zu vier Stunden je Woche 25 %,
- Mehrarbeit ab der fünften Mehrarbeitsstunde in der Woche 40 %.

Ermitteln Sie

a) die Arbeitsstunden, die zuschlagsfrei zu vergüten sind,

b) die Mehrarbeit in Stunden, die mit einem Zuschlag von 25 % abzugelten ist,

c) die Mehrarbeit in Stunden, die mit einem Zuschlag von 40 % abzugelten ist,

d) die Vergütung für die geleistete Arbeit,

e) das Bruttogehalt der Substitutin für den nächsten Monat, wenn die Mehrarbeit mit dem Gehalt des nächsten Monats ausgezahlt wird und in dem nächsten Monat keine Mehrarbeit geleistet wird.

2 Drei Verkäufer einer Buchhandlung erhalten zu ihrem Grundgehalt jeweils eine Provision von 0,3 % des von ihnen erzielten Umsatzes.

Verkäufer	Grundgehalt in EUR	Umsatz in EUR
A	2 100,00	67 200,00
B	2 400,00	55 000,00
C	2 000,00	58 750,00

Berechnen Sie die Bruttogehälter.

3 Durch Erhöhung der Tarifgehälter steigt in einer Buchhandlung die Lohn-/Gehaltssumme im Jahr um 3,8 %, und zwar um 20 235,00 EUR. Die Personalkosten machen 20 % des Umsatzes aus.
Um wie viel EUR muss der Umsatz gesteigert werden, damit die Kosten im Verhältnis zum Umsatz unverändert bleiben?

4 Eine Verkäuferin erhält neben ihrem Gehalt von 1900,00 EUR für acht Überstunden jeweils 10,20 EUR zuzüglich 25 % Überstundenzuschlag. Außerdem erhält sie vom Arbeitgeber 20,00 EUR für vermögenswirksame Leistungen.
Ermitteln Sie das steuerpflichtige Bruttogehalt.

5 Das Gehalt eines kaufmännischen Angestellten stieg um 5 % und beträgt jetzt 1470,00 EUR. Wie viel EUR betrug die Erhöhung?

6 Erklären Sie
a) Zeitlohn, b) Leistungslohn, c) Prämienlohn.

7 Ein Setzer setzt in 158 Stunden 600 Seiten eines Werkes im Akkord. Er erhält auf den Mindestlohn von 10,00 EUR einen Akkordzuschlag von 25 %. Die Normalleistung beträgt drei Seiten je Stunde. Ermitteln Sie
a) den Akkordrichtsatz,
b) den Stückakkordsatz,
c) den Grundlohn als Stückakkord,
d) den Zeitakkordsatz (die Vorgabezeit),
e) den Minutenfaktor,
f) den Grundlohn als Zeitakkord.

8 Ein Außendienstmitarbeiter in einem Buchverlag erhält zu einem Fixum von 1800,00 EUR je Monat eine Umsatzprovision von 1,5 %. Sein Umsatz betrug im abgelaufenen Monat 240 000,00 EUR.
Errechnen Sie sein Bruttogehalt.

9 Der Lagerarbeiter Anton Bernhofer arbeitet im Monat April insgesamt 165 Stunden. Von dieser Gesamtzeit werden ihm 115 Stunden nach dem Zeitlohnverfahren vergütet. Die restlichen Stunden für die Verpackung von Büchern für den Versand werden nach dem Akkordlohnverfahren abgerechnet. Der Normallohnsatz beträgt 10,00 EUR; für Akkordarbeit wird ein Akkordzuschlag von 25 % gezahlt. Herr Bernhofer lieferte nach Akkordzettel folgende Paketmengen ab:

Auftrag	Abgelieferte Menge	Vorgabezeit je Stück
A	400 Stück	5 Minuten
B	175 Stück	6 Minuten
C	50 Stück	12 Minuten

Berechnen Sie den Bruttolohn für Herrn Bernhofer.

10 Der Lagerarbeiter Otto Eberl arbeitet im Abrechnungsmonat 165 Stunden im Akkordlohnsystem. Er liefert in dieser Zeit 6 600 Einheiten ab. Die Normalleistung eines Lagerarbeiters bei der Durchführung dieser Tätigkeit beträgt 30 Einheiten in einer Stunde. Der Stundenlohn beträgt 10,00 EUR. Außerdem soll für die Akkordarbeit ein Akkordzuschlag von 25 % berücksichtigt werden.
Berechnen Sie
a) den Minutenfaktor,
b) den Stückgeldakkord,
c) den Akkordlohn mithilfe des Stückgeldakkords und
d) den Akkordlohn mithilfe des Stückzeitakkords.

11 Ermitteln Sie für einen Facharbeiter den Bruttowochenlohn unter Berücksichtigung folgender Bedingungen: 37-Stunden-Woche, 12,40 EUR Stundenlohn, geleistete Arbeitszeit laut Stempeluhr 43 Stunden, Überstundenzuschlag 25 %.

12 Der Lagerarbeiter Karl Madden der Medi@ AG arbeitet im Monat Juni insgesamt 168 Stunden. Von dieser Gesamtzeit werden ihm 120 Stunden nach dem Zeitlohnverfahren und die restlichen Stunden an einer Verpackungsmaschine nach dem Akkordlohnverfahren vergütet. Der Lohnsatz beträgt 12,00 EUR; für Akkordarbeit wird ein Akkordzuschlag von 25 % gezahlt. Herr Madden lieferte folgende Menge ab:

Auftrag	Abgelieferte Menge	Arbeitszeit je Stück	Rüstzeit
A	300 Stück	6 Minuten	20 Minuten
B	65 Stück	9 Minuten	30 Minuten
C	65 Stück	15 Minuten	46 Minuten

Berechnen Sie den Bruttolohn für Herrn Madden.

13 Der Setzer Leo Weibel arbeitet im Abrechnungsmonat 160 Stunden effektiv im Akkordlohnsystem. Er liefert in dieser Zeit 420 Flyer ab. Die Normalleistung eines Setzers bei der Durchführung dieser Tätigkeit beträgt zwei Flyer in einer Stunde. Der Stundenlohn beträgt 12,00 EUR. Außerdem soll für die Akkordarbeit ein Akkordzuschlag von 25 % berücksichtigt werden.
Berechnen Sie
a) den Minutenfaktor,
b) den Stückgeldakkord,
c) den Akkordlohn mithilfe des Stückgeldakkords,
d) den Akkordlohn mithilfe des Stückzeitakkords und
e) den durchschnittlichen Akkordverdienst.

14 Am Ende des Geschäftsjahres stehen den Umsatzerlösen von 2 500 000,00 EUR Kosten von 1 800 000,00 EUR gegenüber. In den Kosten sind 618 000,00 EUR Gehälter enthalten.
Mit Beginn des abgelaufenen Geschäftsjahres wurde eine Gehaltserhöhung von 3 % gewährt.
a) Welcher Gewinn in EUR wurde erzielt?
b) Um wie viel Prozent sind die Handlungskosten durch die Gehaltserhöhung gestiegen, wenn die anderen Kosten unverändert geblieben sind?
c) Um wie viel Prozent hätten die Verkaufspreise erhöht werden müssen, um den ursprünglich einkalkulierten Gewinn zu erreichen?

15 Erläutern Sie die Vor- und Nachteile des Zeitlohnes.

16 Erläutern Sie den Prämienlohn anhand eines Beispiels aus einer Buchhandlung.

17 Erläutern Sie Vor- und Nachteile, die mit der Individual- oder Team- und Gruppenprämie verbunden sind.

18 Errechnen Sie die Personalkosten, die Sie für Ihren Ausbildungsbetrieb verursachen. Gehen Sie dabei von den durchschnittlichen Personalzusatzkosten im Einzelhandel in Höhe von 75 % aus.

19 Direktlohn und Personalzusatzkosten sind in den letzten Jahren sprunghaft angestiegen. Nachfolgend wird der durchschnittliche Jahresverdienst eines Arbeitnehmers in den Jahren 1966 bis 2009 dargestellt:

	1966 in EUR	1988 in EUR	1990 in EUR	1995 in EUR	2009 in EUR
Direktlohn	4615,00	17600,00	18800,00	19600,00	20900,00
Zusatzlohn	2001,00	14700,00	15750,00	16050,00	17450,00
Personalkosten insgesamt	6616,00	32300,00	34550,00	35650,00	38350,00

a) Berechnen Sie den prozentualen Anteil des Direktlohnes und der Zusatzkosten an den Gesamtkosten sowie den Anteil der Zusatzkosten am Direktlohn.
b) Welche Ursachen könnte der prozentuale Anstieg der Personalzusatzkosten haben?
c) Welche Probleme sind für den Arbeitgeber mit dieser Entwicklung verbunden?

2.4.2 Vom Grund- zum Bruttoentgelt, vom Brutto- zum Nettoentgelt und Buchung der Arbeitsentgelte

Bei ihrer ersten Gehaltszahlung ist Frau Orth geschockt: nur 1710,79 EUR (vgl. S.203). Sie ist ledig und kinderlos. Sie wendet sich an Frau Weise, die Personalsachbearbeiterin, und lässt sich die Abrechnung erklären. Frau Klein meint: „Ein Teil der Abzüge kommt Ihnen wieder auf anderem Wege zu." Der Auszubildende Alexander Staupe meint: „Warum dann überhaupt Abzüge, wenn sie diese wiederbekommt?"

Der Arbeitnehmer ist durch Gesetz verpflichtet,
- **Lohnsteuer, Solidaritätszuschlag** und **Kirchensteuer** vom **steuerpflichtigen Bruttogehalt** des Arbeitnehmers einzubehalten und an das **Finanzamt** abzuführen,
- **Beiträge des Arbeitnehmers** zur **gesetzlichen Sozialversicherung** vom **sozialversicherungspflichtigen Bruttogehalt** einzubehalten und zusammen mit den **Beiträgen des Arbeitgebers** zur gesetzlichen Sozialversicherung an die **Krankenkasse** abzuführen.

Lohnsteuer

Die einbehaltene Lohnsteuer richtet sich nach
- der **Höhe des Arbeitslohnes**,
- der **Steuerklasse** (Familienstand, Kinder des Arbeitnehmers, Zahl der Arbeitsverträge) und
- möglichen Freibeträgen laut Lohnsteuerkarte (z. B. wegen erhöhter Werbungskosten) und **Tabellenfreibeträgen**, die bereits bei der Ermittlung des zu versteuernden Einkommens in den Tabellenwerten berücksichtigt werden, z. B. Grundfreibetrag, Arbeitnehmerpauschbetrag, Vorsorgepauschale.

Außerdem können im Rahmen des Lohnsteuerjahresausgleichs Sonderausgaben und außergewöhnliche Belastungen geltend gemacht werden (vgl. S. 198).

Lohnsteuerklassen: Die Lohnsteuerklassen, denen die Arbeitnehmer zugeordnet werden, spiegeln gesellschaftspolitische Zielsetzungen wider (Förderung von Ehe und Familie).

Klasse	Zuordnungskriterien
I	Arbeitnehmer, die ledig sind; oder früher Verheiratete, die verwitwet oder geschieden sind
II	die in der Steuerklasse I genannten Personen, wenn ihnen der Entlastungsfreibetrag für Alleinerziehende zusteht.
III	verheiratete Arbeitnehmer, wenn der Ehegatte keinen Arbeitslohn bezieht oder wenn der Ehegatte in die Steuerklasse V eingestuft wird
IV	verheiratete Arbeitnehmer, wenn beide Ehegatten Arbeitslohn beziehen
V	verheiratete Arbeitnehmer; wenn der Ehegatte ebenfalls Arbeitslohn bezieht und die Einstufung des einen Ehegatten in die Steuerklasse III auf Antrag beider Ehegatten erfolgt
VI	Arbeitnehmer, die gleichzeitig Arbeitslohn von mehreren Arbeitgebern beziehen; Eintragung auf der zweiten oder jeder weiteren Steuerkarte

Lohnsteuerkarte: Die Besteuerungsmerkmale entnimmt der Arbeitgeber der Lohnsteuerkarte, die die **Gemeinden** dem Arbeitnehmer für jedes Kalenderjahr **unentgeltlich ausstellen**. Die Gemeinde hat auf der Lohnsteuerkarte insbesondere die **persönlichen Daten** (Name, Geburtstag), die **Steuerklasse**, die **Zahl der Kinderfreibeträge** für Kinder des Arbeitnehmers, die das 18. Lebensjahr noch nicht vollendet haben, und die Abkürzung für den Kirchensteuerabzug einzutragen. Die Zahl der Kinderfreibeträge wird mit dem Zähler 0,5 angegeben, wenn sich die Ehegatten den Kinderfreibetrag von 3 864,00 EUR und den Bedarfsfreibetrag von 2 160,00 EUR im Jahr teilen. Kinderfreibeträge wirken sich nicht auf den Lohnsteuerabzug aus, wohl aber auf die Höhe des Solidaritätszuschlages und auf die Kirchensteuer (Annexsteuer). Wenn beide Ehegatten Arbeitslohn beziehen, stellt der Gesetzgeber **zwei Steuerklassenkombinationen** zur Wahl. Die **Kombination IV/IV** bei gleich hohem Arbeitslohn, die **Steuerklassenkombination III/V** bei erheblich höherem Lohn eines Ehegatten. Zur Vorlage beim Finanzamt im Falle des Antrags auf Lohnsteuerjahresausgleich bescheinigt der Arbeitgeber dem Arbeitnehmer die Gesamtbeträge des Bruttoentgelts, der Lohnsteuer, der Kirchensteuer und des Solidaritätszuschlags (Verdienstbescheinigung).

Ausdruck der elektronischen Lohnsteuerbescheinigung für 20..
Nachstehende Daten wurden maschinell an die Finanzverwaltung übertragen.

80-1 III 1

45478

Frau
Nicole Orth
Richterstraße 12
50933 Köln

eTIN: RTHONCLE72F12W
Personalnummer: 80-1 III 1
Geburtsdatum: 12. Juni 1972
Transferticket:

Dem Lohnsteuerabzug wurden zugrunde gelegt:

Steuerklasse	vom - bis
I	01.01.-31.12.
Zahl der Kinderfreibeträge	vom - bis
00,00	01.01.-31.12.
Steuerfreier Jahresbetrag	vom - bis
Hinzurechnungsbetrag	vom - bis
Kirchensteuermerkmale	vom - bis
rk/	01.01.-31.12.

AGS: 4352454

Anschrift des Arbeitgebers:

Buchverlag Bell Medi@ GmbH
Hugo-Eckener Straße 1
50829 Köln

Köln, Jan. 20..

Sachbearbeiter Frau Weise
Telefon 0221 44536-991

1.	Dauer des Dienstverhältnisses	vom - bis	
2.	Zeiträume ohne Anspruch auf Arbeitslohn	Anzahl „U"	
	Großbuchstaben (S, B, V, F)		
		€	Ct.
3.	Bruttoarbeitslohn einschließlich Sachbezüge ohne 9. und 10.	34.320	00
4.	Einbehaltene Lohnsteuer von 3.	5.907	00
5.	Einbehaltener Solidaritätszuschlag von 3.	324	84
6.	Einbehaltene Kirchensteuer des Arbeitnehmers von 3.	531	60
7.	Einbehaltene Kirchensteuer des Ehegatten von 3. (nur bei konfessionsverschiedener Ehe)		
8.	In 3. enthaltene steuerbegünstigte Versorgungsbezüge		
9.	Steuerbegünstigte Versorgungsbezüge für mehrere Kalenderjahre		
10.	Ermäßigt besteuerter Arbeitslohn für mehrere Kalenderjahre (ohne 9.) und ermäßigt besteuerte Entschädigungen		
11.	Einbehaltene Lohnsteuer von 9. und 10		
12.	Einbehaltener Solidaritätszuschlag von 9. und 10.		
13.	Einbehaltene Kirchensteuer des Arbeitnehmers von 9. und 10.		
14.	Einbehaltene Kirchensteuer des Ehegatten von 9. und 10. (nur bei konfessionsversch. Ehe)		
15.	Kurzarbeitergeld, Winterausfallgeld, Zuschuss zum Mutterschaftsgeld, Verdienstausfallentschädigung (Infektionsschutzgesetz), Aufstockungsbetrag und Altersteilzeitzuschlag		
16.	Steuerfreier Arbeitslohn nach Doppelbesteuerungsabkommen		
	Steuerfreier Arbeitslohn nach Auslandstätigkeitserlass		
17.	Steuerfreie Arbeitgeberleistungen für Fahrten zwischen Wohnung und Arbeitsstätte		
18.	Pauschalbesteuerte Arbeitgeberleistungen für Fahrten zwischen Wohnung und Arbeitsstätte		
19.	Steuerpflichtige Entschädigungen und Arbeitslohn für mehrere Kalenderjahre, die nicht ermäßigt besteuert wurden - in 3. enthalten		
20.	Steuerfreie Verpflegungszuschüsse bei Auswärtstätigkeit		
21.	Steuerfreie Arbeitgeberleistungen bei doppelter Haushaltsführung		
22.	Arbeitgeberanteil zur gesetzlichen Rentenversicherung und an berufständische Versorgungseinrichtungen	3.414	84
23.	Arbeitnehmeranteil zur gesetzlichen Rentenversicherung und an berufständische Versorgungseinrichtungen	3.414	84
24.	Steuerfreie Arbeitgeberzuschüsse zur freiwilligen Krankenversicherung und zur Pflegeversicherung		
25.	Arbeitnehmeranteil am Gesamtsozialversicherungsbeitrag (ohne 23. und 24.)	3.612	24
26.	Ausgezahltes Kindergeld		
27.	Bemessungsgrundlage für den Versorgungsfreibetrag		
28.	Bei Versorgungsbezügen: Monat und Kalenderjahr des Versorgungsbeginns		
	Finanzamt, an das die Lohnsteuer abgeführt wurde (Name und dessen vierstellige Nr.)		
		5 2 2 3	

Höhe der Lohnsteuer: Das Vier-Stufen-Konzept des Einkommensteuertarifs veranschaulicht die Steuerbelastung der Einkommen (Stand Mai 2009):

Steuerbelastung	Zu versteuerndes Einkommen in EUR	
	Grundtarif (Alleinstehende)	Splittingtarif (Verheiratete)
Grundfreibetrag (Nullzone) keine Lohnsteuer	bis 7834,00	bis 15668,00
Erste Progressionszone von 14 % **(Eingangssteuersatz)** bis auf 24 %	von 7835,00 bis 13139,00	von 15669,00 bis 26278,00
Zweite Progressionszone Der Steuersatz steigt linear von 24 % auf 42 %	von 13140,00 bis 52551,00	von 26279,00 bis 105102,00
Obere Proportionalzone konstanter **Spitzensteuersatz** von 42 %	ab 52552,00	ab 105103,00
Spitzensteuersatz von 42 % + Kirchensteuer von 3 %	ab 250401,00	ab 500802,00

Schuldner der Lohnsteuer ist der **Arbeitnehmer**. Der **Arbeitgeber haftet** für die Einbehaltung und Abführung der Lohnsteuer.

Lohnsteuerfreibeträge: Mögliche Freibeträge (z. B. erhöhte Sonderausgaben, Werbungskosten und außergewöhnliche Belastungen) werden auf Antrag des Arbeitnehmers vom Finanzamt auf der Lohnsteuerkarte als persönlicher Freibetrag eingetragen.

Werbungskosten	Sonderausgaben	Außergewöhnliche Belastungen
= Aufwendungen des Arbeitnehmers zur Erwerbung, Sicherung und Erhaltung des Arbeitslohnes	= bestimmte im Gesetz aufgeführte Aufwendungen	= vergleichsweise erhöhte Belastungen, denen sich der Steuerpflichtige aus rechtlichen und sittlichen Gründen nicht entziehen kann
• verkehrsmittelabhängige Entfernungspauschale zwischen Wohnung und Arbeitsstätte • Berufskleidung • Kosten für Arbeitszimmer • Fachbücher, Fachzeitschriften • Beiträge zu Berufsverbänden und Gewerkschaften • Fortbildungskosten im ausgeübten Beruf • beruflich veranlasste Umzugskosten	• **Vorsorgeaufwendungen** – Beiträge zur Kranken-, Renten-, Arbeitslosen- und Pflegeversicherung – Unfall- und – Lebensversicherung – Bausparbeiträge • **übrige Sonderausgaben** – Unterhaltsleistungen an den geschiedenen oder dauernd getrennt lebenden Ehegatten – Kosten der eigenen Berufsausbildung – Kirchensteuer – Steuerberatungskosten – Spenden	• Beerdigungskosten • außergewöhnliche Krankheitskosten • Kuren • Sonderbedarf bei Berufsausbildung • Aufwendungen für Heim- und Pflegeunterbringung • Pauschalbeträge für behinderte Menschen • Kinderbetreuungskosten

Frau Ellen Klein, Leiterin des Marketings bei dem Buchverlag Bell Medi@ GmbH, die ein Bruttogehalt von 3 147,00 EUR erhält, hat sich auf Antrag einen Jahressteuerfreibetrag wegen erhöhter Werbungskosten von 2 400,00 EUR in die Steuerkarte eintragen lassen. In diesem Fall wird die Lohnsteuer von 2 947,00 EUR ermittelt.

Solidaritätszuschlag

Seit dem 31. Dezember 1994 wird ein Solidaritätszuschlag erhoben. Er beträgt zurzeit 5,5 % der Lohnsteuer (2008). Er wird unter Berücksichtigung von Kinderfreibeträgen in der Lohnsteuertabelle getrennt ausgewiesen. Am 10. des auf die Lohnzahlung folgenden Monats ist er zusammen mit der Lohn- und Kirchensteuer an das Finanzamt abzuführen.

Kirchensteuer

Neben der Lohnsteuer muss der Arbeitgeber bei der Lohn- und Gehaltsabrechnung an Mitarbeiter, die einer steuererhebenden Religionsgemeinschaft angehören, Kirchensteuer abziehen und an das Finanzamt abführen. Die Kirchensteuer ist nicht in allen Bundesländern gleich hoch. Sie beträgt in Bayern und Baden-Württemberg 8 % und in den übrigen Bundesländern **9 % der Lohnsteuer**. Ein eventueller Kinderfreibetrag ist in die Lohnsteuertabelle eingearbeitet.

Kindergeld

Seit 2009 beträgt das Kindergeld monatlich

- für das erste und zweite Kind je 164,00 EUR
- für das dritte Kind 170,00 EUR
- für jedes weitere Kind 195,00 EUR

Arbeitnehmer erhalten das Kindergeld monatlich von den Familienkassen der Arbeitsämter als Steuervergütung ausbezahlt.

Auf die Höhe der Lohnsteuer hat die in der Lohnsteuerkarte bescheinigte Zahl der Kinderfreibeträge keinen Einfluss mehr.

Ermittlung der Lohnsteuer, des Solidaritätszuschlags und der Kirchensteuer aus Lohnsteuertabellen

Lohnsteuertabellen dienen der schnellen Durchführung des Lohnsteuerabzugs. In ihnen werden die Abzüge für die einzelnen Steuerklassen unter Berücksichtigung allgemeiner Freibeträge wie dem Grundfreibetrag von 7 834,00/15 668,00 EUR, dem Arbeitnehmerpauschbetrag (Werbungskostenpauschale von 920,00 EUR), einer Vorsorgepauschale, einem Sonderausgabenpauschbetrag von 36,00 EUR in den Steuerklassen I, II und IV, von 72,00 EUR in der Steuerklasse III ausgewiesen. Aus der Lohnsteuertabelle kann häufig auch der Solidaritätszuschlag, die Kirchensteuer, die Rentenversicherung, die Arbeitslosenversicherung und die Pflegeversicherung entnommen werden.

Mit der Lohnsteuertabelle wird folgendermaßen gearbeitet:

1. Ermittlung der Lohnsteuer:

Stimmt der Tabellenwert nicht mit dem steuerpflichtigen Bruttogehalt überein, ist die Lohnsteuer vom nächsthöheren Tabellenwert zu wählen. Achten Sie dabei auf die Steuerklasse.

2. Solidaritätszuschlag und Kirchensteuer:

Neben der Lohnsteuer werden unter Berücksichtigung des Kinderfreibetrages Solidaritätszuschlag und Kirchensteuer ausgewiesen. Achten Sie also besonders bei der Ermittlung des Solidaritätszuschlags und der Kirchensteuer auf den in der Lohnsteuerkarte angegebenen Kinderfreibetrag.

Abzüge an Lohnsteuer, Solidaritätszuschlag (SolZ) und Kirchensteuer (8%, 9%) in den Steuerklassen

Lohn/ Gehalt bis €*	I – VI	LSt	ohne Kinderfreibeträge SolZ	8%	9%	I, II, III, IV	LSt	mit Zahl der Kinderfreibeträge … 0,5 SolZ	0,5 8%	0,5 9%	1 SolZ	1 8%	1 9%	1,5 SolZ	1,5 8%	1,5 9%	2 SolZ	2 8%	2 9%	2,5 SolZ	2,5 8%	2,5 9%	3** SolZ	3** 8%	3** 9%
1 808,99	I,IV	195,83	10,77	15,66	17,62	I	195,83	7,21	10,50	11,81	—	5,64	6,34	—	1,65	1,85	—	—	—	—	—	—	—	—	—
	II	167,41	9,20	13,39	15,06	II	167,41	4,66	8,34	9,38	—	3,76	4,23	—	0,28	0,31	—	—	—	—	—	—	—	—	—
	III	8,33	—	0,66	0,74	III	8,33	—	—	—	—	—	—	—	—	—	—	—	—	—	—	—	—	—	—
	V	475,83	26,17	38,06	42,82	IV	195,83	8,97	13,05	14,68	7,21	10,50	11,81	3,86	8,02	9,02	—	5,64	6,34	—	3,50	3,94	—	1,65	1,85
	VI	504,50	27,74	40,36	45,40																				
1 811,99	I,IV	196,58	10,81	15,72	17,69	I	196,58	7,26	10,56	11,88	—	5,69	6,40	—	1,69	1,90	—	—	—	—	—	—	—	—	—
	II	168,16	9,24	13,45	15,13	II	168,16	4,80	8,40	9,45	—	3,81	4,28	—	0,31	0,35	—	—	—	—	—	—	—	—	—
	III	8,66	—	0,69	0,77	III	8,66	—	—	—	—	—	—	—	—	—	—	—	—	—	—	—	—	—	—
	V	476,83	26,22	38,14	42,91	IV	196,58	9,01	13,11	14,75	7,26	10,56	11,88	4,—	8,08	9,09	—	5,69	6,40	—	3,55	3,99	—	1,69	1,90
	VI	505,66	27,81	40,45	45,50																				
1 817,99	I,IV	198,16	10,89	15,85	17,83	I	198,16	7,33	10,67	12,—	—	5,79	6,51	—	1,77	1,99	—	—	—	—	—	—	—	—	—
	II	169,58	9,32	13,56	15,26	II	169,58	5,08	8,51	9,57	—	3,90	4,39	—	0,38	0,42	—	—	—	—	—	—	—	—	—
	III	9,33	—	0,74	0,83	III	9,33	—	—	—	—	—	—	—	—	—	—	—	—	—	—	—	—	—	—
	V	479,16	26,35	38,33	43,12	IV	198,16	9,09	13,22	14,87	7,33	10,67	12,—	4,28	8,19	9,21	—	5,79	6,51	—	3,64	4,09	—	1,77	1,99
	VI	507,83	27,93	40,62	45,70																				
2 462,99	I,IV	373,33	20,53	29,86	33,59	I	373,33	16,50	24,—	27,—	12,66	18,42	20,72	9,01	13,11	14,75	4,01	8,08	9,09	—	3,55	3,99	—	0,12	0,13
	II	341,08	18,75	27,28	30,69	II	341,08	14,81	21,54	24,23	11,05	16,08	18,09	7,48	10,89	12,25	—	6,—	6,75	—	1,92	2,16	—	—	—
	III	116,50	—	9,32	10,48	III	116,50	—	5,30	5,96	—	1,85	2,08	—	—	—	—	—	—	—	—	—	—	—	—
	V	738,83	40,63	59,10	66,49	IV	373,33	18,49	26,90	30,26	16,50	24,—	27,—	14,56	21,18	23,82	12,66	18,42	20,72	10,81	15,73	17,69	9,01	13,11	14,75
	VI	771,08	42,40	61,68	69,39																				
2 465,99	I,IV	374,16	20,57	29,93	33,67	I	374,16	16,55	24,07	27,08	12,70	18,48	20,79	9,05	13,17	14,81	4,15	8,14	9,15	—	3,60	4,05	—	0,15	0,17
	II	341,91	18,80	27,35	30,77	II	341,91	14,85	21,61	24,31	11,10	16,14	18,16	7,53	10,95	12,32	—	6,05	6,80	—	1,96	2,21	—	—	—
	III	117,16	—	9,37	10,54	III	117,16	—	5,34	6,01	—	1,89	2,12	—	—	—	—	—	—	—	—	—	—	—	—
	V	740,08	40,70	59,20	66,60	IV	374,16	18,53	26,96	30,33	16,55	24,07	27,08	14,60	21,24	23,89	12,70	18,48	20,79	10,85	15,79	17,76	9,05	13,17	14,81
	VI	772,33	42,47	61,78	69,50																				
2 468,99	I,IV	375,—	20,62	30,—	33,75	I	375,—	16,59	24,13	27,14	12,75	18,54	20,86	9,09	13,23	14,88	4,28	8,19	9,21	—	3,64	4,10	—	0,18	0,20
	II	342,75	18,85	27,42	30,84	II	342,75	14,90	21,67	24,38	11,14	16,20	18,23	7,57	11,01	12,38	—	6,10	6,86	—	2,—	2,25	—	—	—
	III	117,83	—	9,42	10,60	III	117,83	—	5,38	6,05	—	1,93	2,17	—	—	—	—	—	—	—	—	—	—	—	—
	V	741,41	40,77	59,31	66,72	IV	375,—	18,58	27,03	30,41	16,59	24,13	27,14	14,64	21,30	23,96	12,75	18,54	20,86	10,89	15,85	17,83	9,09	13,23	14,88
	VI	773,58	42,54	61,88	69,62																				
2 477,99	I,IV	377,58	20,76	30,20	33,98	I	377,58	16,72	24,33	27,37	12,87	18,73	21,07	9,22	13,41	15,08	4,71	8,36	9,41	—	3,78	4,25	—	0,28	0,32
	II	345,25	18,98	27,62	31,07	II	345,25	15,03	21,86	24,59	11,26	16,38	18,43	7,69	11,18	12,58	—	6,26	7,04	—	2,12	2,39	—	—	—
	III	119,66	—	9,57	10,76	III	119,66	—	5,52	6,21	—	2,04	2,29	—	—	—	—	—	—	—	—	—	—	—	—
	V	745,16	40,98	59,61	67,06	IV	377,58	18,72	27,23	30,63	16,72	24,33	27,37	14,78	21,50	24,18	12,87	18,73	21,07	11,02	16,04	18,04	9,22	13,41	15,08
	VI	777,33	42,75	62,18	69,95																				
2 480,99	I,IV	378,50	20,81	30,28	34,06	I	378,50	16,77	24,40	27,45	12,92	18,80	21,15	9,26	13,47	15,15	4,85	8,42	9,47	—	3,83	4,31	—	0,32	0,36
	II	346,16	19,03	27,69	31,15	II	346,16	15,07	21,93	24,67	11,31	16,45	18,50	7,73	11,24	12,65	—	6,32	7,11	—	2,16	2,43	—	—	—
	III	120,33	—	9,62	10,82	III	120,33	—	5,57	6,26	—	2,08	2,34	—	—	—	—	—	—	—	—	—	—	—	—
	V	746,41	41,05	59,71	67,17	IV	378,50	18,77	27,30	30,71	16,77	24,40	27,45	14,82	21,56	24,26	12,92	18,80	21,15	11,06	16,10	18,11	9,26	13,47	15,15
	VI	778,58	42,82	62,28	70,07																				
2 489,99	I,IV	381,08	20,95	30,48	34,29	I	381,08	16,91	24,60	27,67	13,05	18,98	21,35	9,38	13,65	15,35	5,28	8,59	9,66	—	3,97	4,46	—	0,42	0,47
	II	348,66	19,17	27,89	31,37	II	348,66	15,21	22,12	24,89	11,43	16,63	18,71	7,85	11,42	12,84	0,01	6,48	7,29	—	2,29	2,57	—	—	—
	III	122,33	—	9,78	11,—	III	122,33	—	5,70	6,41	—	2,20	2,47	—	—	—	—	—	—	—	—	—	—	—	—
	V	750,16	41,25	60,01	67,51	IV	381,08	18,91	27,50	30,94	16,91	24,60	27,67	14,96	21,76	24,48	13,05	18,98	21,35	11,19	16,28	18,32	9,38	13,65	15,35
	VI	782,41	43,03	62,59	70,41																				
2 492,99	I,IV	382,—	21,01	30,56	34,38	I	382,—	16,95	24,66	27,74	13,09	19,04	21,42	9,42	13,71	15,42	5,41	8,64	9,72	—	4,02	4,52	—	0,46	0,51
	II	349,58	19,22	27,96	31,46	II	349,58	15,25	22,19	24,96	11,48	16,70	18,78	7,89	11,48	12,91	0,15	6,54	7,35	—	2,33	2,62	—	—	—
	III	122,83	—	9,82	11,05	III	122,83	—	5,74	6,46	—	2,22	2,50	—	—	—	—	—	—	—	—	—	—	—	—
	V	751,41	41,32	60,11	67,62	IV	382,—	18,95	27,57	31,01	16,95	24,66	27,74	15,—	21,82	24,54	13,09	19,04	21,42	11,23	16,34	18,38	9,42	13,71	15,42
	VI	783,66	43,10	62,69	70,52																				
2 624,99	I,IV	420,58	23,13	33,64	37,85	I	420,58	18,98	27,62	31,07	15,02	21,86	24,59	11,26	16,38	18,42	7,68	11,18	12,57	—	6,26	7,04	—	2,12	2,39
	II	387,41	21,30	30,99	34,86	II	387,41	17,24	25,08	28,22	13,36	19,44	21,87	9,68	14,09	15,85	6,19	9,—	10,13	—	4,32	4,86	—	0,68	0,76
	III	152,—	—	12,16	13,68	III	152,—	—	7,78	8,75	—	3,97	4,46	—	0,73	0,82	—	—	—	—	—	—	—	—	—
	V	806,91	44,38	64,55	72,62	IV	420,58	21,03	30,60	34,42	18,98	27,62	31,07	16,98	24,70	27,79	15,02	21,86	24,59	13,12	19,08	21,47	11,26	16,38	18,42
	VI	839,08	46,14	67,12	75,51																				
2 861,99	I,IV	492,25	27,07	39,38	44,30	I	492,25	22,75	33,10	37,23	18,62	27,09	30,47	14,68	21,36	24,03	10,93	15,90	17,89	7,37	10,72	12,06	—	5,84	6,57
	II	457,75	25,17	36,62	41,19	II	457,75	20,93	30,45	34,25	16,88	24,56	27,63	13,03	18,96	21,33	9,36	13,62	15,32	5,21	8,56	9,63	—	3,95	4,44
	III	216,83	10,96	17,34	19,51	III	216,83	—	12,50	14,06	—	8,08	9,09	—	4,22	4,75	—	0,94	1,06	—	—	—	—	—	—
	V	906,41	49,85	72,51	81,57	IV	492,25	24,89	36,20	40,73	22,75	33,10	37,23	20,66	30,06	33,81	18,62	27,09	30,47	16,63	24,19	27,21	14,68	21,36	24,03
	VI	938,66	51,62	75,09	84,47																				

Sozialversicherung

Beitragssätze und Beitragsbemessungsgrenzen (Stand 2009)

Sozialversicherung	Beitragssatz	AN-Anteil	AG-Anteil	Bemessungsgrenze
Krankenversicherung (KV)*	allgemeiner Satz: 14,9 %	7,0 % + 0,9 %	7,0 %	3 675,00 EUR/Monat
Rentenversicherung (RV)	19,9 %	9,95 %	9,95 %	5 400,00 (4 550,00) EUR/Monat
Arbeitslosen-versicherung (ALV)	2,8 %	1,4 %	1,4 %	5 400,00 (4 550,00) EUR/Monat
Pflegeversicherung (PV)**	1,95 %	0,975 % + 0,25 %	0,975 %	3 675,00 EUR/Monat

* Mit dem höheren allgemeinen Beitragssatz erwerben die Arbeitnehmer einen Anspruch auf mindestens 6 Wochen Fortzahlung des Arbeitsentgelts im Krankheitsfall.

** Zuschlag zur PV nur für kinderlose Mitglieder nach Vollendung des 23. Lebensjahres.

Zur Berechnung der Beiträge zur Sozialversicherung legt der Gesetzgeber jährlich Beitragsbemessungsgrenzen fest. Oberhalb dieser Grenzen werden Löhne und Gehälter nicht mit Beiträgen belastet.

Die Beitragssätze zur Krankenversicherung und Pflegeversicherung bestehen aus einem größeren, paritätisch von Arbeitgeber und Arbeitnehmer zu finanzierenden Teil und einem kleineren Arbeitnehmerzusatzbeitrag. Die Beiträge zur Renten- und Arbeitslosenversicherung werden je zur Hälfte von Arbeitgeber und Arbeitnehmer finanziert.

Zur **Kostenentlastung der Arbeitgeber** und zur stärkeren Beteiligung der Mitglieder der **gesetzlichen Krankenversicherung** an den gestiegenen Kosten im Gesundheitswesen ist seit dem 01.07.2005 ein **Zusatzbeitrag in Höhe von 0,9 %** des Bruttogehaltes an die Krankenkasse zu zahlen, der allein vom Arbeitnehmer zu tragen ist.

Dieser Zusatzbeitrag ist im allgemeinen Beitragssatz von 14,9 % enthalten, so dass davon 7,9 % auf den Arbeitnehmer und 7 % auf den Arbeitgeber entfallen.

(vgl. Beispiel Seite 203) Gehalt 2 860,00 EUR, Beitragssatz 14,9 %
Beiträge lt. Tabelle
AN-Anteil (ohne Kinder): 225,94 EUR = 7,9 %
AG-Anteil: 200,20 EUR = 7,0 %

In die **Pflegeversicherung** zahlen kinderlose Mitglieder nach Vollendung des 23. Lebensjahres zusätzlich zum halben Beitragssatz 0,25 %.

(vgl. Beispiel oben) Gehalt 2 860,00 EUR, Beitragssatz 1,95 %
Beiträge lt. Tabelle
AN-Anteil (ohne Kinder): 35,04 EUR = 1,225 %
AG-Anteil: 27,89 EUR = 0,975 %

Lohnabzugstabellen: Sie werden von den verschiedenen Krankenversicherungsträgern herausgegeben und dienen der beschleunigten **Ermittlung der Sozialversicherungsbeiträge**.

♦ Ermittlung der SV-Beiträge von Arbeitgeber und Arbeitnehmer ohne und mit Kind aus der Lohnabzugstabelle

Die Beiträge, die von Arbeitgeber und Arbeitnehmer getragen werden, sind in der Lohnabzugstabelle getrennt ausgewiesen. Sie können aber auch mithilfe der angegebenen Prozentsätze berechnet werden. Bei Berechnung mithilfe der angegebenen Prozentsätze kommt es bei Entgelten, die nicht auf volle Zehner enden, zu geringfügigen erlaubten Differenzen.

Um die Kosten des Produktionsfaktors Arbeit zu senken und die Wettbewerbsfähigkeit der deutschen Unternehmen zu verbessern, werden ländereigene Modelle entwickelt, um den Arbeitgeberanteil zur Pflegeversicherung zu senken. Das bedeutet, dass der dadurch wachsende Arbeitnehmeranteil in entsprechender Höhe privat finanziert werden muss.

Ermittlung des steuerpflichtigen und sozialversicherungspflichtigen Bruttogehalts:

Grundgehalt (lt. Arbeits- oder Tarifvertrag)
\+ Zuschläge (z. B. Überstunden)
\+ sonstige Beträge (z. B. Arbeitgeberanteil zur vermögenswirksamen Leistung, Jobticket)

---

sozialversicherungspflichtiges Bruttogehalt:
Berechnungsgrundlage für die Sozialversicherungsbeiträge von AN und AG
– Steuerfreibetrag laut Lohnsteuerkarte

---

steuerpflichtiges Bruttogehalt: Berechnungsgrundlage der Lohnsteuer

monatliches **Arbeits-entgelt*** neue und alte Länder in €		Kranken-versicherung	Renten-versicherung	Arbeitslosen-versicherung	Pflege-versicherung außer Sachsen	Pflege-versicherung Sachsen
1 800,–	AG	126,—	179,10	25,20	17,55	8,55
	AN ohne Kind	142,20	179,10	25,20	22,05	31,05
	AN mit Kind	142,20	179,10	25,20	17,55	26,55
1 810,–	AG	126,70	180,10	25,34	17,65	8,60
	AN ohne Kind	142,99	180,10	25,34	22,18	31,23
	AN mit Kind	142,99	180,10	25,34	17,65	26,70
1 820,–	AG	127,40	181,09	25,48	17,75	8,65
	AN ohne Kind	143,78	181,09	25,48	22,30	31,40
	AN mit Kind	143,78	181,09	25,48	17,75	26,85
1 830,–	AG	128,10	182,09	25,62	17,84	8,69
	AN ohne Kind	144,57	182,09	25,62	22,42	31,57
	AN mit Kind	144,57	182,09	25,62	17,84	26,99
1 840,–	AG	128,80	183,08	25,76	17,94	8,74
	AN ohne Kind	145,36	183,08	25,76	22,54	31,74
	AN mit Kind	145,36	183,08	25,76	17,94	27,14
1 850,–	AG	129,50	184,08	25,90	18,04	8,79
	AN ohne Kind	146,15	184,08	25,90	22,67	31,92
	AN mit Kind	146,15	184,08	25,90	18,04	27,29
2 460,–	AG	172,20	244,77	34,44	23,99	11,69
	AN ohne Kind	194,34	244,77	34,44	30,14	42,44
	AN mit Kind	194,34	244,77	34,44	23,99	36,29
2 470,–	AG	172,90	245,77	34,58	24,08	11,73
	AN ohne Kind	195,13	245,77	34,58	30,26	42,61
	AN mit Kind	195,13	245,77	34,58	24,08	36,43
2 480,–	AG	173,60	246,76	34,72	24,18	11,78
	AN ohne Kind	195,92	246,76	34,72	30,38	42,78
	AN mit Kind	195,92	246,76	34,72	24,18	36,58
2 490,–	AG	174,30	247,76	34,86	24,28	11,83
	AN ohne Kind	196,71	247,76	34,86	30,51	42,96
	AN mit Kind	196,71	247,76	34,86	24,28	36,73
2 630,–	AG	184,10	261,69	36,82	25,64	12,49
	AN ohne Kind	207,77	261,69	36,82	32,22	45,37
	AN mit Kind	207,77	261,69	36,82	25,64	38,79
2 660,–	AG	186,20	264,67	37,24	25,94	12,64
	AN ohne Kind	210,14	264,67	37,24	32,59	45,89
	AN mit Kind	210,14	264,67	37,24	25,94	39,24

♦ Nettogehalt

Nach Abzug der Lohnsteuer, des Solidaritätszuschlags, der Kirchensteuer und des Sozialversicherungsbeitrages des Arbeitnehmers vom sozialversicherungspflichtigen Bruttogehalt erhält man das Nettogehalt.

Sozialversicherungspflichtiges Bruttogehalt

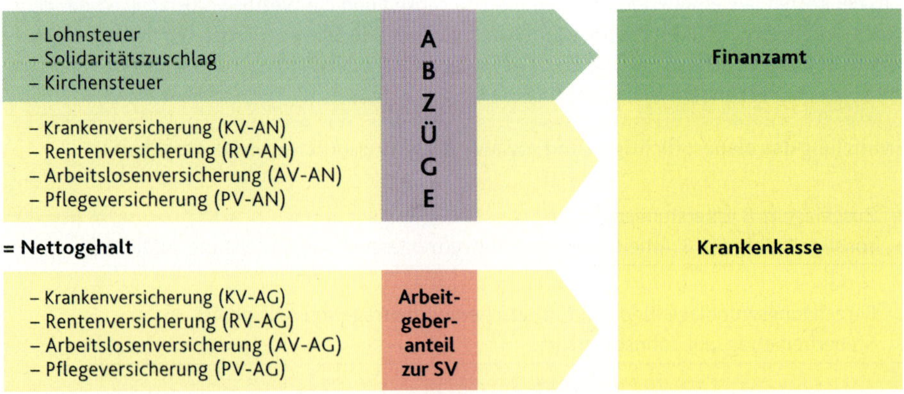

◆ Buchungen der Arbeitsentgelte

Grundlage für die Buchungen bilden **Lohn-** und **Gehaltslisten**, die aufgrund von **Verdienstabrechnungen** oder mithilfe von **Lohn-** oder **Gehaltskonten** erstellt werden.

◆ Verdienstabrechnung

Für jeden einzelnen Mitarbeiter wird für jede Auszahlung eine **Verdienstabrechnung** oder **Verdienstbescheinigung** erstellt. Aus ihr gehen alle Daten hervor, die der Lohn- und Gehaltsabrechnung zugrunde liegen.

Verdienstabrechnung der Angestellten Nicole Orth im Buchverlag Bell Medi@GmbH
Die Angestellte Nicole Orth, rk, ledig, kinderlos, erhält ein Bruttogehalt von 2 860,00 EUR. Der Gesamtbeitragssatz zur Krankenversicherung beträgt 14,9 %.

BUCHVERLAG BELL MEDI@ GMBH

Name: *Orth, Nicole*		***Verdienstabrechnung***
Straße: *Richterstraße 12*	***PLZ/Ort:*** *50933 Köln*	***für Monat:*** *April* ***Jahr:*** *20..*

Personalnummer:	***Abteilung:***	***Kostenstelle:***	***Geburtsdatum:***	***Eintrittsdatum:***	***Sozialversicherungsnummer***
VI 1 80-1	*Marktforschung*	*VI*	*12.06.1972*	*01.09.2004*	*53 12 06 72 0 28 3*

Lohnsteuerklasse:	***Kinderfreibetrag:***	***Steuerfreibetrag pro Monat:***	***Konfession:***	***Bankverbindung:***	***BLZ:***	***Kontonummer:***
1,0			*rk*	*Kreissparkasse Köln*	*370 502 99*	*121 665 341*

Bruttogehalt:			***EUR 2 860,00***
Gesetzliche Abzüge			
Lohnsteuer:		**EUR** ***492,25***	
Solidaritätszuschlag:		**EUR** ***27,07***	
Kirchensteuer:		**EUR** ***44,30***	
Krankenversicherung (Arbeitnehmeranteil):	*7,9 (7,0 + 0,9) %:*	**EUR** ***225,94***	
Rentenversicherung (Arbeitnehmeranteil):	*9,95 %:*	**EUR** ***284,57***	
Arbeitslosenversicherung (Arbeitnehmeranteil):	*1,4 %:*	**EUR** ***40,04***	
Pflegeversicherung (Arbeitnehmeranteil):	*1,225 (0,975 + 0,25 %) %:*	**EUR** ***35,04***	
Summe gesetzliche Abzüge:			**EUR** ***1 149,21***
Nettogehalt:			**EUR** ***1 710,79***
Sonstige Abzüge:			
Sparrate VwL:		**EUR** ***40,00***	
Wohnungsmiete Mai:		**EUR** ***200,00***	
Personalkauf April:		**EUR** ***92,82***	
Gewerkschaftsbeitrag:		**EUR** ***20,00***	
Summe sonstige Abzüge:			**EUR** ***352,82***
Auszahlungsbetrag:			**EUR** ***1 357,97***

● Lohn- und Gehaltskonten der Arbeitnehmer

Der Arbeitgeber hat für jeden Arbeitnehmer ein Entgeltkonto zu führen. In dieses Konto sind die für den Lohnsteuerabzug erforderlichen Merkmale laut Lohnsteuerkarte zu übernehmen: Name, Familienstand, Geburtstag, Anschrift, Steuerklasse, Kinderfreibetrag, Religionsbekenntnis, Gemeinde, Steuerfreibetrag. Bei jeder Entgeltabrechnung sind im Entgeltkonto aufzuzeichnen:

- Tag der Entgeltzahlung,
- Entgeltzeitraum,
- das Bruttoentgelt,
- steuerfreie Bezüge,
- alle Abzüge,
- der Nettoverdienst,
- sonstige Abzüge und
- Auszahlungsbetrag.

Gehaltskonto ***Jahr:***					***BUCHVERLAG BELL MEDI@ GBMH***
Name: Orth Vorname: Nicole geb. am.: 12.06.1972 Familienstand: ledig Religion: rk					
Personalnummer: VI 1 180 1 Sozialversicherungsnummer: 53 12 06 72 O 28 3 Krankenkasse: BEK					
Monat	***Januar***	***Februar***	...	***Dezember***	***Gesamt***
Bruttoverdienst	2 860,00	2 860,00	...	2 860,00	34 320,00
– Lohnsteuer	492,25	492,25	...	492,25	5 907,00
– Solidaritätszuschlag	27,07	27,07	...	27,07	324,84
– Kirchensteuer	44,30	44,30	...	44,30	531,60
Summe Überweisung an Finanzamt	563,62	563,62	...	563,62	6 763,44
– Krankenversicherung (Arbeitnehmeranteil)	225,94	225,94	...	225,94	2 711, 28
– Rentenversicherung (Arbeitnehmeranteil)	284,57	284,57	...	284,57	3 414,84
– Arbeitslosenversicherung (Arbeitnehmeranteil)	40,04	40,04	...	40,04	480,48
– Pflegeversicherung (Arbeitnehmeranteil)	35,04	35,04	...	35,04	420,48
Summe Überweisung an Krankenkasse	585,59	585,59	...	585,59	7 027,08
= ***Nettoverdienst***	1710,79	1710,79	...	1710,79	20 529,48

Entgeltliste

Die Beträge der einzelnen Lohn- und Gehaltskonten aufgrund der Verdienstabrechnungen werden in einer Entgeltliste zusammengestellt. Sie ist als verkürzter Buchungsbeleg **Sammelbeleg** für die zusammengefassten Buchung aller Entgelte.

Auszug einer Entgeltliste des Buchverlags Bell Medi@ GmbH[1]

								BUCHVERLAG BELL MEDI@ GMBH
Gehaltsliste						***Monat:*** April		
Name	Baum	Hall	Klein	Orth	Pirol	...		Arbeitgeber-anteil zur SV
Vorname	Sonia	Helmut	Ellen	Nicole	Konstantin	...		
Steuerklasse	II,1	I,0	IV,1	I,0	II,1	...	Summe	
Bruttoverdienst	2 900,00	1 880,00	3 147,00	2 860,00	2 229,00	...	89 580,00	
Lohnsteuer	469,58	214,33	583,25	492,25	71,00	...	12 447,00	
SolZ	17,48	11,78	27,54	27,07	0,00	...	940,00	
Kirchensteuer	28,61	19,28	45,07	44,30	0,00	...	1 099,00	
KV (AN-Anteil)	229,10	148,52	248,85	225,94	176,17	...	7 076,82	6 270,60
RV (AN-Anteil)	288,55	187,06	313,43	284,57	221,89	...	8 913,21	8 913,21
ALV (AN-Anteil)	40,60	26,32	44,10	40,04	31,22	...	1 254,12	1 254,12
PV (AN-Anteil)	28,28	23,03	30,71	35,04	21,74	...	985,38	873,41
Auszahlung	1 797,80	1 249,68	1 854,05	1 710,79	1 706,98	...	56 864,47	
KV-AG	203,00	131,60	220,50	200,20	156,10	...		6 270,60
PV-AG	28,28	18,33	30,71	27,89	21,74	...		873,41

[1] Wegen der besonderen Buchungsprobleme wurden steuerfreie Beträge, vermögenswirksame Leistungen, Personalkäufe und andere Abzüge nicht in diese Entgeltsliste aufgenommen.

Nach dem Schulkontenrahmen (siehe Anhang) werden die Personalaufwendungen in den Kontengruppen 62 bis 64 erfasst, die einbehaltenen und abzuführenden Steuern und Sozialversicherungsbeiträge als „sonstige Verbindlichkeiten" in der Kontengruppe 48.

Kontenarten	Inhalt
6200 Löhne 6300 Gehälter	Personalkosten im engeren Sinne: **Löhne und Gehälter für geleistete Arbeit** (+ Zulagen für Überstunden, Nacht-, Feiertags- und erschwerte Arbeit)
6400 Soziale Abgaben	**Personalnebenkosten:** **gesetzlich vorgeschriebene Sozialaufwendungen** Arbeitgeberanteile zur Sozialversicherung, Beiträge zur Unfallversicherung
6600 Sonstige Personalaufwendungen	**Freiwillige Leistungen des Arbeitgebers** (vgl. S. 191 f.)
4830 Verbindlichkeiten gegenüber Finanzbehörden (FA)	einbehaltene Lohn- und Kirchensteuer und Solidaritätszuschläge
4840 Verbindlichkeiten gegenüber Sozialversicherungsträgern	einbehaltene Sozialversicherungsbeiträge und Arbeitgeberanteile
4860 Verbindlichkeiten aus vermögenswirksamen Leistungen	einbehaltene vermögenswirksame Leistungen (vgl. S. 207 f.)

Die Arbeitgeber müssen der Krankenkasse (Einzugsstelle) die Gesamtsozialversicherungsbeiträge von Arbeitnehmer und Arbeitgeber für jeden Entgeltabrechnungszeitraum **spätestens** am drittletzten Bankarbeitstag des Entgeltmonats (Fälligkeit) in Form eines **Beitragsnachweises** angezeigt und überwiesen haben. Die Sozialversicherungsbeiträge sind also schon vor der Entgeltzahlung an die Mitarbeiter vom Arbeitgeber an die zuständige Krankenkasse abzuführen.

Allerdings ist eine exakte Berechnung der Sozialversicherungsbeiträge zu diesem Zeitpunkt nur möglich, wenn es sich ausschließlich um **fixe Entgelte** (Monatsgehälter) handelt und keine Veränderung in der Belegschaft eingetreten ist.

Enthalten die Entgelte variable Bestandteile (leistungsabhängige Entgelte, Überstunden u. Ä.), kann nur die **voraussichtliche Höhe der Beitragsschuld** angezeigt werden, weil die **tatsächliche Beitragsschuld** erst mit der Entgeltabrechnung ermittelt wird.

Eine Abweichung zwischen der angezeigten und der tatsächlichen Beitragsschuld ist dann in das Beitragssoll des Folgemonats einzurechnen.

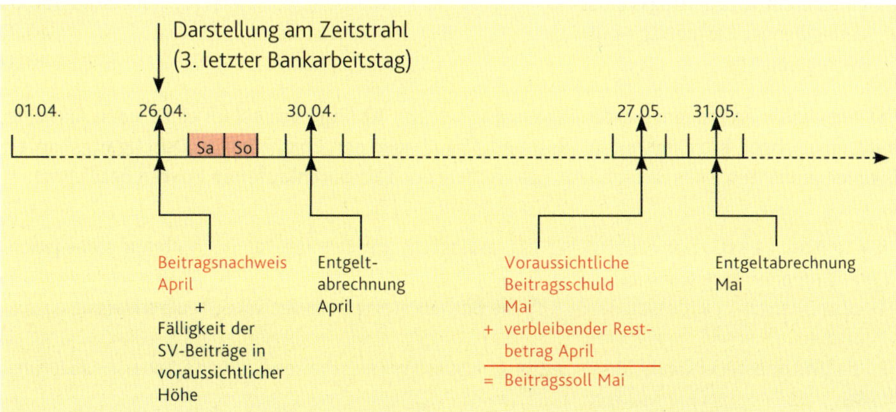

(siehe Gehaltsliste Seite 204)

Buchungen:

① **27.04.: Beitragsnachweis April und Banküberweisung der Sozialversicherungsbeiträge an die zuständige Krankenkasse: 35 500,00**

2640	SV-Beitrags-vorauszahlung	35 500,00	an 2800	Bank	35 500,00

② **30.04.: bei Aufzahlung der Gehälter durch die Bank**

6300	Gehälter	89 580,00	an 4830		14 486,00
			an 4840	Verbindlichkeiten gegenüber Sozialversicherungsträgern	18 229,53
			an 2800	Bank	56 864,47

③ **30.04.: des Betriebsanteils zur Sozialversicherung**

6400	Arbeitgeberanteil zur Sozialversicherung	17 311,34	an 4840	Verbindlichkeiten gegenüber Sozialversicherungsträgern	17 311,34

④ **10.05.: Banküberweisung der LSt, des Solidaritätszuschlags und der KiSt an das Finanzamt**

4830	Verbindlichkeiten gegenüber Finanzbehörden	14 486,00	an 2800	Bank	14 486,00

S 6300 Gehälter H

S		H	
② 2800, 4830 4840	89 580,00		

S 4830 Verbindlichkeiten gegenüber Finanzbehörden H

S		H	
④ 2800	14 486,00	② 6300	14 486,00

S 6400 Arbeitgeberanteil zur Sozialversicherung H

S		H	
③ 4840	17 311,34		

S 4840 Verbindlichkeiten gegenüber Sozialversicherungsträgern H

S		H	
2640	35 500,00	② 6300	18 229,53
		③ 6400	17 311,34

S 2640 SV-Beitragsvorauszahlung H

S		H	
① 2800	35 500,00	4840	35 500,00

S 2800 Bank H

S		H	
8000	375 000,00	① 2640	35 500,00
		② 6300	56 864,47
		③ 4830	14 486,00

Für den Monat Mai errechnet sich das Beitragssoll dann folgendermaßen:	EUR
Voraussichtliche Beitragsschuld Mai	35 500,00
+ Verbleibender Restbetrag April	40,87
Beitragssoll Mai	35 540,87

Die einbehaltenen Steuern werden regelmäßig bis zum **10. Tag** nach Ablauf eines jeden Anmeldezeitraumes abgeführt. Die Konten 4830 und 4840 haben den Charakter von **Durchgangskonten**. Die hier gebuchten einbehaltenen Abzüge werden auch als **durchlaufende Posten** bezeichnet.

§

§ 41a Abs. 1 EStG: Der Arbeitgeber hat spätestens am zehnten Tag nach Ablauf eines jeden Lohn-Anmeldungszeitraumes

1. dem Finanzamt, in dessen Bezirk sich die Betriebsstätte befindet, eine Steuererklärung einzureichen, ...
2. die im Lohnsteuer-Anmeldungszeitraum insgesamt einbehaltene ... Lohnsteuer ... abzuführen.

Wurden bis zum Bilanzstichtag noch nicht alle einbehaltenen Abzüge abgeführt, sind die Salden der passiven Bestandskonten 4830 und 4830 über das Schlussbilanzkonto abzuschließen und auf der Passivseite der Bilanz aufzuführen **(Passivierung)**.

Die einbehaltenen Steuern werden bis zum 10., die Sozialversicherungsbeiträge spätestens am drittletzten Bankarbeitstag des Entgeltmonats abgeführt. Die Lohnsteueranmeldung erfolgt wie die Umsatzsteuervoranmeldung online. Es sind **durchlaufende Posten**, die bis zu ihrer Abführung an das Finanzamt bzw. an die Krankenkasse als Verbindlichkeiten (Passivkonten) ausgewiesen werden.

● Vom Nettolohn- oder -gehalt zum Auszahlungsbetrag

Das Nettogehalt steht dem Arbeitnehmer zu. Dieser kann jedoch den Arbeitgeber beauftragen, bestimmte Beträge des Nettogehaltes zum Ausgleich von Verpflichtungen an Dritte zu überweisen. Typische Beispiele hierfür sind **Lohn- und Gehaltsvorschüsse, vermögenswirksame Sparraten, Personalkäufe** und **Gewerkschaftsbeiträge** (siehe Verdienstabrechnung oben).

● Lohn- und Gehaltsvorschüsse

Vorschüsse auf Lohn oder Gehalt haben den Charakter eines kurzfristigen Kredits, da der Arbeitnehmer seine Arbeitsleistung noch nicht erbracht hat. Bei Auszahlung des Vorschusses mit dem Nettogehalt erhöht sich der Auszahlungsbetrag gegenüber dem Nettogehalt entsprechend. In den Folgemonaten wird der Vorschuss dann ganz oder teilweise mit dem Nettogehalt verrechnet.

Frau Kunz, Mitarbeiterin im Team Bestellannahme des Buchverlags Bell Medi@ GmbH, erzielt im Juli ein Nettogehalt von 1 872,00 EUR. Für ihren Urlaub im August lässt sie sich einen Vorschuss von 500,00 EUR auf das Augustgehalt mit dem Juli-Gehalt auszahlen:

	Nettogehalt Juli	1 872,00 EUR
+	Vorschuss auf das Augustgehalt	500,00 EUR
	Auszahlungsbetrag Juli	2 372,00 EUR

Im August und im September soll der Vorschuss je zur Hälfte verrechnet werden:

	Nettogehalt August (und September)	1 872,00 EUR
–	Vorschussverrechnung	250,00 EUR
	Auszahlungsbetrag August (und September)	1 622,00 EUR

♦ Vermögenswirksame Leistungen

Vermögenswirksame Leistungen werden häufig im Rahmen einzelvertraglicher, tariflicher oder betrieblicher Vereinbarungen zusätzlich zum Arbeitsentgelt gewährt. In diesem Falle sind sie zusätzlich zum Gehalt steuer- und sozialversicherungspflichtig. Soweit dies nicht der Fall ist, kann jeder Arbeitnehmer bei seinem Arbeitgeber beantragen, dass Teile seines Arbeitslohnes einbehalten und vermögenswirksam angelegt werden. Aus folgender Übersicht gehen die wichtigsten Anlageformen hervor:

Anlagenarten vermögenswirksamer Leistungen

- Sparbeiträge des Arbeitnehmers auf Grund eines Sparvertrags über Wertpapiere oder andere Vermögensbeteiligungen
- Aufwendungen des Arbeitnehmers auf Grund eines Wertpapierkaufvertrags mit dem Arbeitgeber
- Aufwendungen des Arbeitnehmers auf Grund eines Beteiligungsvertrags
- Aufwendungen des Arbeitnehmers auf Grund eines Beteiligungskaufvertrags mit dem Arbeitgeber
- Aufwendungen des Arbeitnehmers nach dem Wohnungsbau-Prämiengesetz
- Aufwendungen des Arbeitnehmers in Form der Verwendung zum Wohnungsbau
- Sparbeiträge des Arbeitnehmers auf Grund eines Sparvertrags
- Beiträge des Arbeitnehmers auf Grund eines Kapitalversicherungsvertrags

Der Arbeitgeber hat die Sparbeiträge vom Nettogehalt einzubehalten und entweder an die entsprechenden Institute (Kreditinstitut, Bausparkasse, Versicherungs- oder Beteiligungsunternehmen) zugunsten der berechtigten Arbeitnehmer oder bei Anlagen zum Bau, Erwerb, Ausbau und zur Erweiterung von Wohngebäuden oder Eigentumswohnungen direkt an den Arbeitnehmer zu leisten, der dann den Nachweis über die vorgeschriebene Verwendung (schriftliche Bestätigung seines Gläubigers) erbringen muss.

♦ Sparzulage

Für vermögenswirksame Leistungen zahlt der Staat eine Sparzulage, wenn das zu versteuernde Einkommen 17 900,00 EUR (bzw. 35 800,00 EUR bei Zusammenveranlagung von Ehegatten) nicht übersteigt.

Die Sparzulage beträgt
- 18 % von höchstens 400,00 EUR für Beteiligungen am Produktivkapital (Investmentsparplan),
- 9 % von höchstens 470,00 EUR für Anlagen nach dem Wohnungsbau-Prämiengesetz und für Anlagen zum Bau, Erwerb, Ausbau und zur Erweiterung von Wohngebäuden oder Eigentumswohnungen.

Helmut Hall, Mitarbeiter des Teams Händlerbetreuung beim Buchverlag Bell Medi@ GmbH, Steuerklasse I,0, erhält ein Gehalt von 1 860,00 EUR, dazu einen Arbeitgeberzuschuss von 20,00 EUR zur vermögenswirksamen Leistung. Von seinem Gehalt werden 40,00 EUR für einen Bausparvertrag einbehalten. Herr Hall erhält folgende Gehaltsabrechnung:

BUCHVERLAG BELL MEDI@ GMBH

Name:	*Hall, Helmut*	**Verdienstabrechnung**	
Straße:	*Märchenstr. 34* **PLZ/Ort:** *51067 Köln*	**für Monat:**	**Jahr:** 20..

Personalnummer:	**Abteilung:**	**Kostenstelle:**	**Geburtsdatum:**	**Eintrittsdatum:**	**Sozialversicherungsnummer**
VII 1 79-2	*Händlerbetreuung*	*VII*	*12.06.1972*	*01.09.2000*	*65 12 06 72 H 88 1*

Lohnsteuerklasse:	**Kinderfreibetrag:**	**Steuerfreibetrag pro Monat:**	**Konfession:**	**Bankverbindung:**	**BLZ:**	**Kontonummer:**
I/0		*EUR*	*rk*	*Stadtsparkasse Köln*	*370 501 98*	*645 047 10*

Bruttogehalt:			**EUR 1860,00**
Arbeitsgeberzuschuss *zur vermögenswirksamen Leistung:*			**EUR 20,00**
steuer- und sozialverischerungspflichtig			**EUR 1880,00**
Gesetzliche Abzüge			
Lohnsteuer:		**EUR *214,33***	
Solidaritätszuschlag:		**EUR *11,78***	
Kirchensteuer:		**EUR *19,28***	
Krankenversicherung (Arbeitnehmeranteil):	*7 % + 0,9 %:*	**EUR *148,52***	
Rentenversicherung(Arbeitnehmeranteil):	*9,95 %:*	**EUR *187,06***	
Arbeitslosenversicherung(Arbeitnehmeranteil):	*1,4 %:*	**EUR *26,32***	
Pflegeversicherung (Arbeitnehmeranteil):	*0,975 % + 0,25 %:*	**EUR *23,03***	
Summe gesetzliche Abzüge:			**EUR *630,32***
Nettogehalt:			**EUR *1249,68***
vermögenswirksame Leistung – Bausparkasse:			**EUR *40,00***
Auszahlungsbetrag:			**EUR *1209,68***

Die Festsetzung und Auszahlung von Arbeitnehmersparzulagen erfolgt auf Antrag des Arbeitnehmers nach Ablauf des Anlagejahres durch das Finanzamt im Rahmen des Lohnsteuerjahresausgleichs auf dem Vordruck zur Einkommensteuererklärung (Anlage VL). Bei Anlageformen mit Sperrfristen (z. B. Bausparverträgen) sammelt das Finanzamt die jährlich festgelegten Beträge und zahlt sie nach Ablauf der Sperrfristen in einer Summe aus.

♦ Sonstige Verrechnungen

Der Arbeitnehmer kann per Sammelüberweisung andere Verpflichtungsbeträge vom Nettogehalt bezahlen lassen, wie z. B. Miete, Gewerkschaftsbeitrag.

Vom Nettogehalt über 1710,79 EUR von Frau Orth werden Ende April folgende Beträge einbehalten und per Sammelüberweisung weitergeleitet bzw. verrechnet:

- 40,00 EUR Sparrate Vermögenswirksame Leistung an die Bausparkasse
- 200,00 EUR Wohnungsmiete
- 92,82 EUR Personalkauf
- 20,00 EUR Gewerkschaftsbeitrag

Demnach ergibt sich für Frau Orth ein Auszahlungsbetrag von 1357,97 EUR (vgl. auf S. 203 Verdienstabrechnung).

DV-gestützte Lohn- und Gehaltsabrechnung

Wegen vielfältiger Wiederholeffekte bietet sich gerade im Bereich der Lohn- und Gehaltsabrechnung die Unterstützung durch die elektronische Datenverarbeitung an. Dies gilt sowohl für die Lohn- und Gehaltsabrechnung als auch für die gesamte Personalverwaltung und den Zahlungsverkehr im Zusammenhang mit der Lohn- und Gehaltszahlung sowie für die Abrechnungen mit den Krankenkassen bzw. den Sozialversicherungsträgern und dem Finanzamt.
Mittlerweile sind vielfältige Lohn- und Gehaltsprogramme entwickelt worden, die diese Arbeiten erleichtern. Voraussetzung für ihre Anwendung ist eine Speicherung der **Stammdaten** und eine gute Vorbereitung der regelmäßig benötigten variablen Daten **(Bewegungsdaten)**.

Stammdaten		Bewegungsdaten
• Personalnummer • Name • Vorname • Straße • Postleitzahl • Wohnort • Familienstand	• Geburtsdatum • Steuerklasse • Bankverbindung (Kontonummer, Bankleitzahl, Kontoinhaber) • Art der Krankenkasse usw.	• Arbeitstage • Arbeitsstunden • Krankentage • Urlaubstage usw.

Der Einsatz eines Lohn- und Gehaltsabrechnungsprogramms hat in jedem Fall die Vorteile größerer Schnelligkeit und Genauigkeit. Insbesondere können Stammdaten für vielfältige Verwendungszwecke abgerufen werden.

Gehaltsabrechnung mithilfe eines Tabellenkalkulationsprogramms

	A	B	C	D	E	F	G	H
1	**Gehaltsliste**	**(Formeln)**						
2	Familienname:	Berg	Braun	Buderbach	Erb	Holl		Arbeitgeber-
3	Vorname:	Sabine	Erika	Gerd	Sigrid	Helmut		anteil zur
4	Familienstand:	verh.	verh.	ledig	ledig	verh.		Sozialver-
5	Steuerklasse:	III,0	IV,0	I,0	I,0	III,0	Summe	sicherung
6	Bruttoverdienst:	3006	1523	1525	1408	2229	=SUMME(B6:E6)	
7	Lohnsteuer:	259	125,33	126,08	93,16	71	=SUMME(B7:E7)	
8	SolZ:	=B7*5,5%	=C7*5,5%	=D7*5,5%	=E7*5,5%	=F7*5,5%	=SUMME(B8:E8)	
9	Kirchensteuer:	=B7*9%	=C7*9%	=D7*9%	=E7*9%	=F7*9%	=SUMME(B9:E9)	
10	KV (AN-Anteil):	=B6*(7+0,9)%	=C6*(7+0,9)%	=D6*(7+0,9)%	=E6*(7+0,9)%	=F6*(7+0,9)%	=SUMME(B10:E10)	=G6*7%
11	RV (AN-Anteil):	=B6*9,95%	=C6*9,95%	=D6*9,95%	=E6*9,95%	=F6*9,95%	=SUMME(B11:E11)	=G11
12	ALV (AN-Anteil):	=B6*1,4%	=C6*1,4%	=D6*1,4%	=E6*1,4%	=F6*1,4%	=SUMME(B12:E12)	=G12
13	PV (AN-Anteil):	=B6*(0,975+0,25)%	=C6*(0,975+0,25)%	=D6*(0,975+0,25)%	=E6*(0,975+0,25)%	=F6*(0,975+0,25)%	=SUMME(B13:E13)	=G6*0,975%
14	SV (AN-Anteil):	=SUMME(B10:B13)	=SUMME(C10:C13)	=SUMME(D10:D13)	=SUMME(E10:E13)	=SUMME(F10:F13)	=SUMME(B14:E14)	=SUMME(H10:H13)
15	Nettogehalt:	=B6-B7-B8-B9-B14	=C6-C7-C8-C9-C14	=D6-D7-D8-D9-D14	=E6-E7-E8-E9-E14	=F6-F7-F8-F9-F14	=SUMME(B15:E15)	

	A	B	C	D	E	F	G	H
1	**Gehaltsliste (Ausrechnung)**							
2	Familienname:	Berg	Braun	Buderbach	Erb	Holl		Arbeitgeber-
3	Vorname:	Sabine	Erika	Gerd	Sigrid	Helmut		anteil zur
4	Familienstand:	verh.	verh.	ledig	ledig	verh.		Sozialver-
5	Steuerklasse:	III,0	IV,0	I,0	I,0	III,0	Summe	sicherung
6	Bruttoverdienst:	3 006,00	1 523,00	1 525,00	1 408,00	2 229,00	7 462,00	
7	Lohnsteuer:	259,00	125,33	126,08	93,16	71,00	603,57	
8	SolZ:	14,25	6,89	6,93	5,12	3,91	33,20	
9	Kirchensteuer:	23,31	11,28	11,35	8,38	6,39	54,32	
10	KV (AN-Anteil):	237,47	120,32	120,48	111,23	176,09	589,50	522,34
11	RV (AN-Anteil):	299,10	151,54	151,74	140,10	221,79	742,47	742,47
12	ALV (AN-Anteil):	42,08	21,32	21,35	19,71	31,21	104,47	104,47
13	PV (AN-Anteil):	36,82	18,66	18,68	17,25	27,31	91,41	72,75
14	SV (AN-Anteil):	615,48	311,83	312,24	288,29	456,39	1 527,84	1 442,03
15	Nettogehalt:	2 093,97	1 067,66	1 068,39	1 013,04	1 691,32	5 243,07	

♦ Personaldaten und Datenschutz

Unter Personaldaten, die in Personaldateien verwaltet werden, versteht man

- Name und Adresse des Arbeitnehmers/der Arbeitnehmerin,
- private Daten des Arbeitnehmers/der Arbeitnehmerin, (Geburtstag, Geburtsort, Religion, Kontonummer usw.),
- betriebsbezogene Daten des Arbeitnehmers/der Arbeitnehmerin, (z. B. Personalnummer, Abteilung, Eintrittsdatum in den Betrieb usw.),
- numerische Daten des Arbeitnehmers/der Arbeitnehmerin, (Gehalt, Stundenlohn, Zuschläge, Lohnsteuerklasse, Sozialversicherungsbeitragssätze usw.).

Während bei kleinen Einzelunternehmen die Personaldateien häufig vom Inhaber selbst verwaltet werden, unterhalten große Medienunternehmen eigene **Personalabteilungen**. In der Vergangenheit wurden die Personaldaten in Büchern und Karteien verwaltet. Heute werden diese Daten oft mithilfe von EDV und fertigen **Lohn- und Gehaltsprogrammen** verwaltet. Die in der EDV gespeicherten Daten können sehr schnell ausgewertet werden, sodass man sich jederzeit einen Überblick über den Personalbereich verschaffen kann. Aufgrund des **Datenschutzgesetzes (BDSG)** müssen diese Daten aber vor Missbrauch geschützt sein. Dieses erreicht man bei EDV-Programmen dadurch, indem man für die Benutzung dieser Daten erst sogenannte **Passwörter** eingeben muss, um Zugriff zu diesen Daten erlangen zu können. Zudem ist auch eine Überwachung und Kontrolle der für diesen Bereich tätigen Mitarbeiter erforderlich.

Für die Einhaltung des Datenschutzes ist in größeren Betrieben ein Datenschutzbeauftragter zu ernennen (§ 28 ff. BDSG). Datenschutzbeauftragte sind u. a. für folgende Aufgaben zuständig:

- Unterhaltung einer Übersicht über die Art der gespeicherten personenbezogenen Daten und Angabe der Gründe, warum die Kenntnis dieser Daten für den Betrieb unbedingt erforderlich ist,
- Überwachung der ordnungsgemäßen Anwendung entsprechender Lohn- und Gehaltsprogramme (z. B. ob die Zugriffsmöglichkeiten auf die Daten durch Passwörter nur auf bestimmte Personen beschränkt sind),
- Information der Mitarbeiter/-innen über die entsprechenden Paragrafen des Bundesdatenschutzgesetzes.

Jeder Mitarbeiter hat ein Recht darauf,

- Auskunft über die zu seiner Person gespeicherten Daten zu erhalten,
- Berichtigung von falschen Daten zu verlangen,
- Löschung von personenbezogenen Daten zu verlangen, deren Speicherung unzulässig ist (z. B. Vorstrafen von Angestellten, Ehescheidungen von Mitarbeitern).

Mithilfe moderner Scanner-Kassen kann eine sehr genaue Personalanalyse vorgenommen werden. Folgende Aktivitäten eines Verkäufers können hierbei überwacht werden:

- Arbeitsintensität (Umsatz, Artikel, Kunden, geleistete Arbeitszeit, Artikel pro Kunde),
- Bedienungszeit (Kunden, Artikel pro Kunde),
- Null-Bon (Fehler, Reklamationen, Beschwerden).

Es ist aber darauf zu achten, dass z. B. die Überwachung der Bedienungszeit mitbestimmungspflichtig ist, d. h. der Betriebsrat zustimmen muss.

Vom Grund- zum Bruttoentgelt, vom Brutto- zum Nettoentgelt und Buchung der Arbeitsentgelte

- *Das steuerpflichtige Bruttoentgelt setzt sich aus dem Grundbetrag und möglichen Zuschlägen zusammen.*
- *Vom Bruttoentgelt behält der Arbeitgeber*
  - *Lohnsteuer, Solidaritätszuschlag und Kirchensteuer für das Finanzamt,*
  - *die Beiträge des Arbeitnehmers zur Kranken-, Renten-, Arbeitslosen- und Pflegeversicherung für die Krankenkasse*

  ein.
- *Die einbehaltenen Abzüge werden anhand von Lohnabzugstabellen ermittelt.*

Buchungen der Lohn- und Gehaltszahlung sowie der Abführung der Abzüge

Löhne und Gehälter

- Auszahlung durch Banküberweisung

Buchung:
6200 Löhne
6300 Gehälter
an 4830 Verbindlichkeiten gegenüber Finanzbehörden
an 4840 Verbindlichkeiten gegenüber Sozialversicherungsträgern
an 2800 Bank

- Arbeitgeberanteil zur Sozialversicherung

Buchung:
6400 Arbeitgeberanteil zur Sozialversicherung
an 4840 Verbindlichkeiten gegenüber Sozialversicherungsträgern

Passivierung der einbehaltenen Abzüge

- Einbehaltene Lohnsteuer, Solidaritätszuschlag und Kirchensteuer

Buchung:
4830 Verbindlichkeiten gegenüber Finanzbehörden
an 8010 SBK

- offene Sozialversicherungsbeiträge

Buchung:
4840 Verbindlichkeiten gegenüber Sozialversicherungsträgern
an 8010 SBK

Banküberweisung der einbehaltenen Abzüge

- der Lohn- und Kirchensteuer und des Solidaritätszuschlages an das Finanzamt

Buchung:
4830 Verbindlichkeiten gegenüber Finanzbehörden
an 2800 Bank

- der SV-Vorauszahlung am drittletzten Bankarbeitstag an die Krankenkasse

Buchung:
2640 SV-Beitragsvorauszahlung
an 2800 Bank

- ***War die SV-Beitragsvorauszahlung größer als die Beitragsschuld, wird der Saldo des Kontos 2640 zum Jahresende als Forderung aktiviert.***
- *Beiträge zur Unfallversicherung*
  - *Zahlung an die Berufsgenossenschaft*
  - *Buchung auf dem Konto 6420 Beiträge zur Berufsgenossenschaft*

- *Die Sozialversicherungsbeiträge zur Kranken-, Renten-, Arbeitslosen- und Pflegeversicherung werden abgesehen von 0,9 % AN-Zusatzbeitrag zur KV und 0,25 % Zuschlag zur PV für kinderlose Mitglieder nach Vollendung des 23. Lebensjahres, je zur Hälfte der Beitragssätze vom Arbeitgeber und Arbeitnehmer (Betriebsanteil oder Arbeitgeberanteil) getragen.*
- *Die Unfallversicherungsprämie trägt der Arbeitgeber allein.*
- *Nach Abzug weiterer Abzüge vom Nettogehalt, wie Vorschüsse, vermögenswirksame Leistungen, Gewerkschaftsbeiträge, Personalkäufe u. a., erhält man den Auszahlungsbetrag.*
- *Es sind technische und organisatorische Maßnahmen zu treffen, personenbezogene Daten vor Verlust oder Missbrauch zu schützen (Datenschutz).*
- *Grundlagen für die Buchungen sind Eintragungen in den Lohn- und Gehaltslisten.*
- ***Vorschüsse** sind zinslose Vorleistungen des Arbeitgebers, die mit dem Entgelt verrechnet werden.*
- ***Vermögenswirksame Leistungen***
  - *sind, soweit sie vom Arbeitgeber gewährt werden, steuerpflichtiges Entgelt,*
  - *werden gemäß Sparvertrag vermögenswirksam angelegt, indem der Arbeitgeber den Monatssparbetrag einbehält und an das Sparinstitut abführt.*
- *Die **Sparzulage** wird im Rahmen des Lohnsteuerjahresausgleichs (Einkommensteuererklärung) auf Antrag gewährt.*

1 Die Dezember-Gehaltsliste einer Buchhandlung weist folgende Summen aus

Bruttogehälter	Lohnsteuer, SolZ	Kirchensteuer	Arbeitnehmeranteil zur Sozialversicherung	Gesamtabzüge	Nettogehälter	Arbeitgeberanteil zur Sozialversicherung
142 000,00	11 960,00	975,00	28 897,00			27 441,50

a) Ermitteln Sie
   - die Gesamtabzüge,
   - die Summe der Nettogehälter,

b) Buchen Sie auf den Konten 2800 Bank (Anfangsbestand 280 000,00 EUR), 4830 Verbindlichkeiten gegenüber der Finanzverwaltung, 4840 Verbindlichkeiten gegenüber Sozialversicherungsträgern, 6300 Gehälter, 6400 Soziale Abgaben
   - die Banküberweisung der voraussichtlichen Sozialversicherungsbeiträge an die Krankenkasse 55 000,00 EUR,
   - die Gehaltszahlung durch Banküberweisung,
   - die Banküberweisung der Lohnsteuer, des Solidaritätszuschlags und der Kirchensteuer an das Finanzamt.

2 Die Gehaltsabrechnung für einen 30-jährigen Angestellten, Steuerklasse III/0, weist folgende Beträge auf:

	EUR
Bruttogehalt	2 800,00
Lohnsteuer	199,83
Solidaritätszuschlag	7,56
Kirchensteuer	17,98
Krankenversicherung (Arbeitnehmeranteil) 7,9 %	221,20
Rentenversicherung (Arbeitnehmeranteil)	278,60
Arbeitslosenversicherung (Arbeitnehmeranteil)	39,20
Pflegeversicherung (Arbeitnehmeranteil)	34,30
zu verrechnender Gehaltsvorschuss	250,00
Arbeitgeberanteil zur SV	541,10

a) Berechnen Sie
- das Nettogehalt,
- den Überweisungsauftrag durch Bank an den Angestellten,
- den an das Finanzamt abzuführenden Betrag,
- den an die Krankenkasse abzuführenden Betrag (einschließlich Arbeitgeberanteil).

b) Führen Sie die Buchungen durch
- bei Banküberweisung der voraussichtlichen SV-Beiträge 1 100,00 EUR,
- bei Banküberweisung des Gehaltes an den Angestellten,
- bei Banküberweisung der Lohnsteuer, des Solidaritätszuschlags und der Kirchensteuer an das Finanzamt.

3 Beantworten Sie folgende Fragen:

a) Wer ist lohnsteuerpflichtig?

b) Wie wird die Lohnsteuer erhoben?

c) Welche Bedeutung haben die Lohnsteuerkarte und die Lohnsteuertabelle?

d) Welche Zweige der Sozialversicherung sind zu unterscheiden und welche Bedeutung haben sie?

4 Ein 42-jähriger Mitarbeiter einer Druckerei erhält ein Monatsgehalt von 2 488,00 EUR. Steuerliche Merkmale: Steuerklasse III, Kinderfreibetrag 2,0
Beitragssatz zur Krankenversicherung: 14,9 % einschl. 0,9 % AN-Zusatzbeitrag
Benutzen Sie für die Ermittlung der Lohn- und Kirchensteuer und Beiträge zu den Sozialversicherungen die auf S. 200 und 202 stehenden Auszüge aus der Gesamtabzugstabelle.

a) Ermitteln Sie
- die Gesamtabzüge an Lohnsteuer, SolZ und Kirchensteuer,
- die Gesamtabzüge für Sozialversicherung (Arbeitnehmeranteil),
- das Nettoentgelt des Mitarbeiters.

b) Führen Sie die Buchungen durch
- bei Banküberweisung der voraussichtlichen Sozialversicherungsbeiträge an die Krankenkasse 980,00 EUR,
- bei Banküberweisung des Gehaltes an den Mitarbeiter,
- bei Banküberweisung der an das Finanzamt abzuführenden Abgaben.

5 a) Erstellen Sie mithilfe der Lohnabzugstabellen auf den S. 200 und 202 eine Entgeltliste nach dem Beispiel auf S. 204 unter Berücksichtigung folgender Daten:

Name	Alter	Steuerklasse/ Kinder	Arbeitszeit im Monat in Stunden	davon Überstunden	Stundenlohn in EUR	Überstundenzuschlag	Beitragssatz zur Krankenversicherung
Arndt, Bernd	44	III,2	167	5	10,75	25 %	14,9 % } einschl. 0,9 % AN-Zusatzbeitrag
Gram, Guido	31	I,0	158	–	11,45	–	14,9 %
Hartung, Udo	35	IV,1	167	6	10,69	50 %	14,9 %

b) Führen Sie die Buchungen durch bei Banküberweisung
- der Zahlung der voraussichtlichen SV-Beiträge an die Krankenkasse 2 100,00 EUR,
- der Auszahlung,
- der Zahlung an das Finanzamt.

6 Eine 42-jährige Verkäuferin, ledig, kinderlos, rk., erhält ein Monatsgehalt von 2 480,00 EUR.

a) Bestimmen Sie die Steuerklasse.

b) Berechnen Sie anhand der Abzugstabellen auf S. 200 und 202
- die Summe der Abzüge für das Finanzamt,
- die Summe der an die Krankenkasse abzuführenden Beiträge vom Arbeitnehmer und Arbeitgeber (Beitragssatz zur Krankenversicherung 14,9 % einschl. 0,9 % AN-Zusatzbeitrag).

7 Sie erstellen als Mitarbeiter/-in im Personalbüro der Medi@ AG für den 28-jährigen Mitarbeiter Ulrich Manger die Gehaltsabrechnung für November mithilfe der Abzugstabellen auf S. 200 und 202.

Folgende Daten sind zu berücksichtigen:

- Steuerklasse I/0,
- Bruttogehalt 1 807,00 EUR,
- Lohnsteuer ist mithilfe der Abzugstabelle auf S. 200 zu ermitteln.
- Ermitteln Sie die übrigen Abzüge mithilfe der Abzugstabelle auf S. 202 und das Nettogehalt. (Beitragssatz zur Krankenversicherung: 14,9 % einschl. 0,9 % AN-Zusatzbeitrag)

8 Anhand der Gehaltsliste Dezember wird die Banküberweisung der Gehälter an die Angestellten ausgeführt:

MEDIVERLAG@ AG										
Gehaltsliste										**Monat:** ***Dezember***
Name	Bilstein	Hübner	Meys	Rubens	Schaaf	Schmick	Widemann	...		Arbeitgeber-anteil zur Sozialver-sicherung
Vorname	Eva	Holger	Maria	Gerd	Otto	Werner	Nicole	...		
Pers.-Nr.	III 9 94-1	IV 1 Azubi	V 1 76-1	III 1 80-1	II 9 83-1	II 1 95-1	I 9 91-1	...		
Steuerkl./Kinder	I	I	I	III,2	I	III,2	IV,1	...	Summe	
Brutttoverdienst	3 250,00	1389,00	3 850,00	4 350,00	3 980,00	3 250,00	3 450,00	...	244 971,00	
Lohnsteuer	616,41	88,08	822,58	607,50	869,33	319,83	683,41	...	38 815,30	
SolZ	33,90	1,41	45,24	18,40	47,81	0,00	32,83	...	1 920,25	
Kirchensteuer	55,47	7,92	74,03	30,11	78,23	12,17	53,73	...	3 174,50	
KV (AN-Anteil)	256,75	109,81	290,33	290,33	290,33	256,75	272,55	...	19 352,71	17 147,97
RV (AN-Anteil)	323,38	138,31	383,08	432,83	396,01	323,38	343,28	...	24 374,61	24 374,61
ALV (AN-Anteil)	45,50	19,46	53,90	60,90	55,72	45,50	48,30	...	3 429,59	3 429,59
PV (AN-Anteil)	39,82	17,03	45,02	35,83	45,02	31,69	33,64	...	2 694,68	2 388,47
Nettogehalt	1878,77	1 006,98	2 135,83	2 874,11	2 197,56	2 260,68	1982,26	...	151 209,36	
Auszahlung	1878,77	1 006,98	2 135,83	2 874,11	2 197,56	2 260,68	1982,26	...	151 209,36	

a) Ermitteln Sie
   - die Summe der für das Finanzamt einzubehaltenden Beträge,
   - die Summe der an die Krankenkasse zu zahlenden Beträge,
   - den Gesamtaufwand der Mediverlag@ AG aufgrund dieser Gehaltszahlung,
   - den durchschnittlichen Anteil der Gesamtabzüge an den Bruttogehältern in Prozent.

b) Führen Sie die Buchungen anhand dieser Gehaltsliste durch (alle Zahlungen erfolgen durch Banküberweisung)
   - bei Überweisung der voraussichtlichen SV-Beiträge an die Krankenkasse 102 000,00 EUR,
   - bei Auszahlung der Gehälter,
   - bei Überweisung an das Finanzamt.

9 Durch welche der unten stehenden Tatbestände

A werden die Personalkosten des Betriebes
   (1) erhöht,
   (2) vermindert,
   (3) nicht verändert?

B wird das Nettogehalt an die Mitarbeiter
   (4) erhöht,
   (5) vermindert,
   (6) nicht verändert?

Tatbestände

A a) Senkung der Lohnsteuer
   b) Senkung des Krankenkassenbeitragssatzes
   c) Anhebung des Beitragssatzes zur Rentenversicherung um 0,5 %-Punkte

B d) Gehaltserhöhung
e) Erhöhung des Beitragssatzes an die Berufsgenossenschaft
f) Anhebung der Beitragsbemessungsgrenzen

10 a) Erstellen Sie die Gehaltsliste der Offset GmbH für den Monat Mai mithilfe der Abzugstabellen auf S. 200 und 202.

					OFFSET GMBH
Gehaltsliste				Monat: *Mai*	
Name	Hoffmann	Kretschmann	Kuhnert	Vennemeyer	
Vorname	Paul	Sabine	Stefan	Nils	
Religion	rk	ev	ev	rk	
Steuerkl./Kinder	I	II,1	III,2	IV,1	Summe
Brutttoverdienst	2 460,00	2 480,00	2 490,00	2 465,00	
LSt					
SolZ					
Kirchensteuer					
Abzüge SV					
KV (AN-Anteil)					
RV (AN-Anteil)					
ALV (AN-Anteil)					
PV (AN-Anteil)					
Nettogehalt					
Auszahlung					

b) Wie viel Prozent des Bruttogehaltes betragen die Abzüge (Alter in Klammern) bei
- Hoffmann (25), – Kretschmann (35), – Kuhnert (44), – Vennemeyer (47)?

c) Stellen Sie Gründe für die ungleich hohen prozentualen Abzüge bei den vier Gehaltsempfängern zusammen.

d) Wie hoch ist der Personalaufwand der Offset GmbH im Monat Mai aufgrund der von Ihnen erstellen Gehaltsliste?

e) Buchen Sie
- die Überweisung der voraussichtlichen SV-Beiträge an die Krankenkasse 4 000,00 EUR,
- die Auszahlung der Gehälter durch Banküberweisung,
- den Arbeitgeberanteil,
- die Überweisung an das Finanzamt.

11 Für die Angestellten einer Buchhandlung sind Lohnsteuer, Solidaritätszuschlag und Kirchensteuer im Monat März mithilfe der Abzugstabellen auf S. 200 und 202 zu ermitteln.
Die Sozialversicherungsbeiträge sind nach den angegebenen Beitragssätzen für Arbeitgeber und Arbeitnehmer unter Berücksichtigung von AN-Zusatzbeiträgen zu berechnen.

1. Josef Klein, 32 Jahre alt, verheiratet, zwei Kinder, Ehefrau nicht berufstätig
Gehalt 2 623,00 EUR, Lohnsteuerjahresfreibetrag laut Lohnsteuerkarte 1 860,00 EUR, KV 14,9 %, RV 19,9 %, AV 2,8 %, PV 1,95 %
2. Karin Reuth, 43 Jahre alt, geschieden, ein Kind, Gehalt 2 440,00 EUR, vermögenswirksame Leistung Arbeitgeber 20,00 EUR, KV 14,9 %, RV 19,9 %, AV 2,8 %, PV 1,95 %, VWL-AN: 40,00 EUR
3. Christa Bahr, 38 Jahre alt, ledig, Gehalt 2 065,00 EUR, 2 % Prämie auf überdurchschnittlichen Umsatz von 19 900,00 EUR, KV 14,9 %, RV 19,9 %, AV 2,8 %, PV 1,95 %
4. Gerd Last, 28 Jahre alt, ledig, Aushilfe, 164 Stunden, Stundenlohn 15,00 EUR, KV 14,9 %, RV 19,9 %, AV 2,8 %, PV 1,95 %

a) Stellen Sie die Gehaltsabrechnungen der vier Angestellten in einer Gehaltsliste zusammen und ermitteln Sie für den Monat März
- die Nettogehälter,
- den Arbeitgeberbeitrag zur Sozialversicherung,

- den an das Finanzamt abzuführenden Betrag,
- den an die Krankenkasse abzuführenden Betrag.

b) Führen Sie folgende Buchungen durch:
- Überweisung der voraussichtlichen SV-Beiträge an die Krankenkasse 3 800,00 EUR,
- Auszahlung der Gehälter per Bank,
- Arbeitgeberanteil,
- Überweisung an das Finanzamt,
- Überweisung der Sparrate an das Sparinstitut.

12 Die Gehaltsliste einer Werbeagentur weist für den Monat April folgende Summen aus:

	EUR
Bruttogehälter	84 200,00
Lohnsteuer	6 736,00
Solidaritätszuschlag	325,00
Kirchensteuer	528,00
Sozialversicherung (einbehalten)	17 134,70
Arbeitgeberanteil zur Sozialversicherung	16 271,65

Unfallversicherung: 1 % der Gehaltssumme

a) Ermitteln Sie
- die Nettogehälter,
- die abzuführenden Beträge an das Finanzamt, an die Krankenkasse, an die Berufsgenossenschaft,
- die gesamten Personalaufwendungen für den Arbeitgeber.

b) Buchen Sie
- die Banküberweisung der voraussichtlichen SV-Beiträge an die Krankenkasse 3 300,00 EUR,
- die Auszahlung der Gehälter per Bank,
- den Arbeitgeberanteil zur Sozialversicherung,
- die Banküberweisung an das Finanzamt,
- die Banküberweisung an die Berufsgenossenschaft.

13 Vom Bruttogehalt über 2 840,00 EUR werden 485,83 EUR Lohnsteuer, 26,72 EUR Solidaritätszuschlag und 43,72 EUR Kirchensteuer, 581,49 Sozialversicherungsbeitrag des Arbeitnehmers, 548,83 EUR Sozialversicherungsbeitrag des Arbeitgebers, 100,00 EUR Tilgungsrate eines Arbeitgeberdarlehens und 25,00 EUR Zinsen für das Arbeitgeberdarlehen einbehalten.
Berechnen Sie

a) das Nettogehalt, b) den Auszahlungsbetrag,

c) den an die Krankenkasse abzuführenden Betrag.

14 In einer Buchhandlung werden laut Gehaltsliste „Dezember" folgende Werte ausgewiesen:

	EUR
Bruttogehälter	34 200,00
Einbehaltene Beträge	
Lohnsteuer, Solidaritätszuschlag und Kirchensteuer	5 920,00
Gehaltsvorschüsse	1 200,00
Warenverkäufe an Angestellte einschl. 7 % USt	1 284,00
Arbeitnehmeranteil zur Sozialversicherung	6 959,70
Arbeitgeberanteil zur Sozialversicherung	6 609,15

Ermitteln Sie

a) die Nettogehälter,

b) den Auszahlungsbetrag,

c) den an die Krankenkasse abzuführenden Betrag.

15 Die Gehaltsabrechnung einer 33-jährigen ledigen Angestellten ist mithilfe der angegebenen Prozentsätze zu ergänzen:

	EUR	EUR
Bruttogehalt		2 700,00
Lohnsteuer	443,91	
Solidaritätszuschlag 5,5 %	?	
Kirchensteuer 9 %	?	?
Krankenversicherung 7,9 % AN-Beitrag	?	
Rentenversicherung (Beitragssatz insgesamt 9,95 %)		
Arbeitslosenversicherung (Beitragssatz insgesamt 1,4 %)	?	
Pflegeversicherung (Beitragssatz insgesamt 1,225 %)	?	?
Nettogehalt	?	
verrechneter Vorschuss		150,00
Auszahlung durch Banküberweisung		?
Arbeitgeberanteil zur Sozialversicherung		?

a) Welcher Betrag ist
   - an die Krankenkasse,
   - an das Finanzamt zu überweisen?

b) Wie viel EUR beträgt der Arbeitgeberanteil zur Sozialversicherung?

16 Die Gehaltsabrechnung der 26-jährigen Buchhändlerin Christa Bungert, ledig, ein Kind, enthält folgende Daten:

	EUR
Bruttogehalt	2 120,00
Lohnsteuer	247,50
Kirchensteuer	10,49
Solidaritätszuschlag	6,41
Krankenversicherung, Beitragssatz 14,9 % einschl. 0,9 % AN-Zusatzbeitrag	?
Rentenversicherung, Beitragssatz 19,9 %	?
Arbeitslosenversicherung, Beitragssatz 2,8 %	?
Pflegeversicherung, Beitragssatz 1,95 %	?
verrechneter Vorschuss	20,00
Arbeitgeberanteil	?

Ermitteln Sie

a) das Nettogehalt,

b) den ausgezahlten Betrag,

c) den Arbeitgeberanteil zur Sozialversicherung.

17 Eine 40-jährige Lektorin in einem Buchverlag erhält ein Bruttogehalt von 2 460,00 EUR. Bei der Gehaltsabrechnung sind folgende Daten zu berücksichtigen:

Familienstand	verheiratet, 1 Kind
Konfession	evangelisch
Steuerklasse	IV/0,5
Krankenversicherung einschl. 0,9% AN-Zusatzbeitrag	14,9 %
Arbeitgeberzuschuss zur vermögenswirksamen Leistung (steuer- und sozialversicherungspflichtig)	15,00 EUR
vermögenswirksame Leistung des Arbeitnehmers	40,00 EUR

Ermitteln Sie anhand der Auszüge aus der Gesamtabzugstabelle von S. 200 und 202

a) die Lohnsteuer, den Solidaritätszuschlag und die Kirchensteuer der Mitarbeiterin,

b) den Arbeitnehmeranteil zur Sozialversicherung,

c) den auszuzahlenden Betrag.

18 Frau Milde, 45 Jahre alt, verheiratet, Steuerklasse V, bezieht im September ein Bruttogehalt von 2 480,00 EUR. Mit dem Gehalt sind ein Gehaltsvorschuss von 200,00 EUR und Personalkäufe im September in Höhe von 98,00 EUR zu verrechnen.
Berechnen Sie mithilfe der Abzugstabellen auf S. 200 und 202
a) die Abzüge für das Finanzamt,
b) die Abzüge für die Sozialversicherung, Beitragssatz zur KV: 14,9% einschließlich 0,9% AN-Zusatzbeitrag
c) das Nettogehalt im September,
d) den Auszahlungsbetrag im September,
e) den Arbeitgeberanteil zur Sozialversicherung.

19 Der Auszug aus der Gehaltsliste einer Buchhandlung weist für April folgende Positionen in EUR aus:

Name	Brutto-gehalt	LSt/ SolZ	KiSt	SV (AN-Anteil)	SV (AG-Anteil)	zu verrech-nender Vorschuss	zu verrech-nender Personalkauf
Gernot	1925,00	196,83	–	390,34	372,97	250,00	
Laubach	2235,00	72,00	–	453,04	432,88		
Winter	1590,00	149,81	12,78	325,55	307,27		92,80
Summe							

a) Wie viel EUR muss die Buchhandlung aufgrund dieses Auszugs aus der Gehaltsliste
   - dem Finanzamt,
   - dem Sozialversicherungsträger insgesamt,
   - den Mitarbeitern insgesamt

   überweisen?
b) Wie viel EUR betragen die Personalkosten aufgrund dieses Auszugs aus der Gehaltsliste im April insgesamt?

20 Der 21-jährige Verkäufer Klaus Reindl ist in die Steuerklasse I,0 eingestuft. Nach der Lohnsteuerabzugstabelle werden ihm von seinem Bruttogehalt über 2 450,00 EUR und 20,00 EUR vermögenswirksame Leistung des Arbeitgebers einbehalten:
Lohnsteuer 384,41 EUR, Solidaritätszuschlag 5,5 %, Kirchensteuer 9 %
Arbeitnehmerbeiträge zur Sozialversicherung:
Krankenversicherung 7,9 % einschl. 0,9 % AN-Zusatzbeitrag
Rentenversicherung 9,95 %
Arbeitslosenversicherung 1,4 %
Pflegeversicherung 0,975 %
Herr Reindl spart monatlich 40,00 EUR in einen Bausparvertrag.
Erstellen Sie die Gehaltsabrechnung und ermitteln Sie in EUR
a) das steuer- und sozialversicherungspflichtige Bruttogehalt,
b) den Solidaritätszuschlag,
c) die Kirchensteuer,
d) den Arbeitnehmeranteil zur Sozialversicherung,
e) das Nettogehalt,
f) den auszuzahlenden Betrag,
g) den Betrag, der an das Finanzamt abzuführen ist,
h) den Betrag, der an die Krankenkasse abzuführen ist.

21 A) Stellen Sie fest, ob es sich bei folgenden Aufwendungen einer Verlagskauffrau um
(1) Werbungskosten,
(2) Sonderausgaben,
(3) außergewöhnliche Belastungen,
(4) keine steuerlich absetzbaren Aufwendungen
handelt.

Aufwendungen
a) Beitrag für Sportverein
b) Prämie für die Kfz-Haftpflichtversicherung
c) Abonnement für die Tageszeitung
d) Prämie für die Feuerversicherung
e) Wintermantel (einmal jährlich)
f) Kirchensteuer
g) Privathaftpflichtversicherung
h) typische Berufskleidung
i) Kraftfahrzeugsteuer
j) Bezugsgebühr für Fachzeitschrift
k) Sturmschadenversicherung
l) Spende an politische Partei
m) Beitrag an Bausparkasse
n) Beitrag an Krankenversicherung
o) Reinigungskosten für Arbeitskleidung (z. B. chemische Reinigung)
p) Beitrag zur Rentenversicherung
q) Beitrag zur Gewerkschaft
r) Fahrtkosten zur Arbeitsstelle
s) Spenden für Entwicklungshilfe
t) Beitrag für Lebensversicherung
u) Umzugskosten

B) Bei welchen Aufwendungen von a) bis u) handelt es sich um Vorsorgeaufwendungen?

22 Der 32-jährige Hersteller in einem Buchverlag, Michael Lauter, Steuerklasse I,0 erhält ein Bruttogehalt von 2250,00 EUR. Davon sind einbehalten worden 13,95 % Lohnsteuer, 5,5 % Solidaritätszuschlag, 9 % Kirchensteuer, 7,9 % Krankenversicherung, 9,95 % Rentenversicherung, 1,4 % Arbeitslosenversicherung, 1,225 % Pflegeversicherung.
Ermitteln Sie mithilfe eines Tabellenkalkulationsprogrammms
a) die einzelnen Abzüge,
b) das Nettogehalt,
c) den Arbeitgeberanteil zur Sozialversicherung.

23 Nennen Sie fünf Beispiele für Personaldaten.

24 Frau Bleser ist im Personalbüro angestellt. Dort hat sie ständig Einsicht in die personenbezogenen Daten ihrer Kollegen.
Bei einer Betriebsfeier erzählt sie einer Mitarbeiterin der Markting-Abteilung, wie viel der Abteilungsleiter der Marketing-Abteilung verdient. Erläutern Sie, ob Frau Bleser diese Daten an ihre Kollegin weitergeben durfte.

25 Bei der Aufstellung einer Gehaltsliste sind folgende Abzüge zu berücksichtigen:

1. Solidaritätszuschlag 5,5 % der Lohnsteuer
2. Kirchensteuer 9 % der Lohnsteuer
3. Krankenversicherung, Beitragssatz 14,9 % einschl. 0,9 % AN-Zusatzbeitrag
4. Rentenversicherung, Beitragssatz 19,9 %
5. Arbeitslosenversicherung, Beitragssatz 2,8 %
6. Pflegeversicherung, Beitragssatz 1,95 % (evtl. 0,25% Zusatzbeitrag)

Erstellen Sie die Gehaltsliste für folgende Angestellten mithilfe eines Tabellenkalkulationsprogramms:

Alter in Jahren	Ina Beier 26	Gerd Hohn 32	Klaus Korn 34	Ingo Maier 35	Clara Weber 38
Steuerklasse	I	II,1	V,0	III,3	IV,2
Bruttogehalt in EUR	2203,80	2605,00	2400,00	2200,00	2300,00
Lohnsteuer in % des Bruttogehaltes	13,64	14,67	29,74	2,98	14,23

26 a) Für die Angestellten der Buchhandlung Paula Kremer e. K. sind die Verdienstabrechnungen nach folgenden Unterlagen mithilfe eines Tabellenkalkulationsprogramms zu erstellen:

Name	Alter	Familienstand	Rel.	Bruttogehalt	Abzüge in %			Abzüge in %			
					LSt	KiSt	SolZ	KV	RV	AL	PV
Ingrid Weber	37	gesch., 1 Kind	rk	2 400,00	13,51	5,23	3,19	14,0 % + 0,9 %	19,9	2,8	1,95
Ernst Bernd	47	verh., 2 Kinder	ev	2 800,00	7,14	0,26	–	14,0 % + 0,9 %	19,9	2,8	1,95
Franz Joost	26	ledig	rk	2 500,00	15,38	9,00	5,50	14,0 % + 0,9 %	19,9	2,8	1,95 % + 0,25 %

b) Erstellen Sie eine Gehaltsliste nach dem Beispiel S. 204.

c) Berechnen Sie
- den Arbeitgeberanteil zur Sozialversicherung,
- den an das Finanzamt abzuführenden Betrag,
- die an die Krankenkasse abzuführenden Beiträge.

2.4.3 Freie Mitarbeiter – Künstlersozialversicherung

Die Werbeagentur West GmbH beauftragt regelmäßig freie Grafiker für besondere Projekte. Für den zuletzt abgewickelten Auftrag erhält die Werbeagentur nachfolgende Rechnung einer freien Grafikerin. Kai Friese hat die Aufgabe, diese Rechnung zu prüfen und alle notwendigen Bearbeitungen durchzuführen.

Wille Grafik

Christina Wille * Eulenkamp 46 * 22049 Hamburg

Werbeagentur West GmbH
Hugo-Eckener-Straße 1
50829 Köln

Hamburg, den 28. Oktober 2009

RECHNUNG-Nr. 001028
Unsere Job-Nr.: W 0815

RECHNUNG

für die Erstellung von Grafiken laut Auftrag vom 1. Oktober 2009

Netto (gesamt)	**EUR**	**3 000,00**
zzgl. 19 % USt	**EUR**	**570,00**
Rechnungsbetrag	**EUR**	**3 570,00**

Zahlungsbedingung: Zahlbar innerhalb von 10 Tagen nach Rechnungsdatum auf das unten stehende Konto.

Wille Grafik · Eulenkamp 46 · 22049 Hamburg · Tel. 040 4285501 · Fax 040 4285599 · www.wille-grafik.de · Christina Wille
Steuernr. 224/039/1930 · USt-IDNr.: DE-118729269

Hamburger Sparkasse: Kto.-Nr. 1231754901 BLZ 200 505 50 · Deutsche Bank Hamburg Kto.-Nr. 1583642532 BLZ 200 700 00

Für die Werbeagentur West GmbH ist dies eine von vielen Rechnungen freier Mitarbeiter. Dementsprechend hat Kai Friese nach Überprüfung der rechnerischen und sachlichen Richtigkeit die folgende Buchung sowie die Überweisung zu veranlassen.

Buchung bei Eingang der Rechnung:

Freie Mitarbeiter	3 000,00		
Vorsteuer	570,00	an Verbindlichkeiten a. LL	3 570,00

Buchung bei Überweisung:

Verbindlichkeiten a. LL	3 570,00	an Bank	3 570,00

Bei der Werbeagentur fallen allerdings noch weitere Aufwendungen im Rahmen der Beschäftigung von freien Künstlern an: Auf das Entgelt (Honorare, Gagen, Lizenzgebühren etc. sowie auf geldwerte Sachleistungen und die Erstattung von Auslagen und Nebenkosten) sind Beiträge an die **Künstlersozialkasse (KSK)** abzuführen. Diese Zahlungspflicht besteht unabhängig davon, ob die beschäftigten Künstler oder Publizisten (Inländer und Ausländer) über die Künstlersozialkasse versichert sind. Diese Regelung soll eine Benachteiligung von Künstlern, die über die KSK versichert sind, verhindern. Mit den Beiträgen der Künstler beschäftigenden Unternehmen und einem staatlichen Zuschuss wird der „Arbeitgeberanteil" zur Sozialversicherung der Künstler finanziert.

Die Unternehmen hatten in den letzten Jahren folgende Künstlersozialabgabensätze auf die Entgelte an die KSK abzuführen:

2001:	2002:	2003:	2004:	2005:	2006:	2007:	2008:	2009:
3,9 %	3,8 %	3,8 %	4,3 %	5,8 %	5,5 %	5,1 %	4,9 %	4,4 %

Für die eingegangene Rechnung sind demnach 4,4 % von 3 000,00 EUR = 132,00 EUR an die Künstlersozialkasse abzuführen. Diesen Betrag darf die Werbeagentur nicht vom Honorar der Grafikerin abziehen.

Um nicht jede eingegangene Rechnung einzeln abrechnen zu müssen, wird die Künstlersozialabgabe des laufenden Jahres aus den Entgelten des vorangegangenen Jahres errechnet. Im Falle der Werbeagentur West GmbH sind im Jahr 2008 zu berücksichtigende Entgelte in Höhe von 600 000,00 EUR angefallen. Somit hat die Werbeagentur im Jahr 2009 4,9 % von 600 000,00 EUR = 29 400,00 EUR in monatlichen Teilbeträgen von 29 400,00 EUR : 12 = 2 450,00 EUR an die KSK abzuführen.

Buchung für die monatliche Abführung

Abgabe im Sinne des Künstlersozialversicherungsgesetzes	2 450,00	an Bank	2 450,00

Andererseits hat die Grafikerin Frau Wille, sofern sie über die KSK versichert ist, ihre Beiträge für die Rentenversicherung, Krankenversicherung und Pflegeversicherung abzuführen. Die Arbeitslosenversicherung ist in der Sozialversicherung über die KSK nicht eingeschlossen, da die versicherten Künstler selbstständig tätig sind. Da Frau Wille das 23. Lebensjahr schon länger vollendet und keine Kinder hat, würde eine Abrechnung für den Rechnungsbetrag wie folgt aussehen:

	Sozialversicherungsausgaben	
Sozialversicherungspflichtiges Einkommen	3 000,00	
Rentenversicherung	19,9 %	298,50
Krankenversicherung	14,6 %	219,00
gesetzl. Zusatzbeitrag	0,90 %	27,00
Pflegeversicherung	1,95 %	29,25
Zusatzbeitrag	0,25 %	7,50
Summe der Sozialversicherungsabgaben		**581,25**

Hier ist beispielhaft für eine einzelne Einnahme die Berechnung durchgeführt worden. Normalerweise erstellt der versicherte Künstler eine Schätzung der Einnahmen für das nächste Jahr auf Basis der Vergangenheit und unter Berücksichtigung der vorliegenden Aufträge. Diese Schätzung ist die Grundlage für die Berechnung und Abführung der Versicherungsbeiträge an die KSK.

Abgabepflichtige Unternehmen sind neben Werbeagenturen unter anderen Verlage, Presseagenturen, Rundfunk, Fernsehen und Hersteller von bespielten Bild- und Tonträgern. Daneben sind auch Unternehmen abgabepflichtig, die für Zwecke ihres eigenen Unternehmens Werbung oder Öffentlichkeitsarbeit betreiben und dafür Aufträge an freie Künstler oder Publizisten vergeben.

1 Das Geschäftsfeld AV-Medien (Film/TV, Auftragsproduktionen) hatte im Jahr 2008 an freie Künstler, Darsteller und Drehbuchautoren Gagen und Honorare in Höhe von netto 75 200,00 EUR gezahlt. Über welchen Betrag muss die Überweisung an die KSK lauten?

2 Der Zeitschriftenverlag der Medi@ AG zahlt 2009 einem Autor für einen Artikel brutto 1 740,00 EUR. Wie hoch ist die Künstlersozialversicherungsabgabe für dieses Entgelt?

3 Ein kinderloser 27-jähriger freier Autor schätzt seine Einnahmen für das folgende Kalenderjahr auf 22 500,00 EUR. Der Beitragssatz für die Krankenversicherung beträgt 14,9 %, für die Pflegeversicherung 1,95 % sowie für die Rentenversicherung 19,9 %. Berechnen Sie die monatlichen Sozialversicherungsabgaben des folgenden Kalenderjahres.

3 Erstellung, Analyse und Auswertung des Jahresabschlusses

3 Erstellung, Analyse und Auswertung des Jahresabschlusses

3.1 Wertansätze für Vermögen und Schulden

Zur Vorbereitung des Jahresabschlusses wird in der Offset GmbH Inventur gemacht. Frau Kretschmann und Herr Kuhnert haben bereits alle Aufnahmelisten eingesammelt und mit der Bewertung der Vermögensteile und der Schulden begonnen. Bei manchen Wertansätzen sind sie sich nicht einig: Den erwarteten großen Gewinn möchte Frau Kretschmann „verstecken" und daher das Vermögen möglichst niedrig bewerten. Herr Kuhnert möchte jedoch einige Vermögensteile, die als Sicherheiten für zu beantragende Kredite infrage kommen, möglichst hoch bewerten.

Konkret handelt es sich hier um folgende Fälle:

1. Ein Grundstück, das vor zwei Jahren für 80 000,00 EUR gekauft wurde, hat am Bilanzstichtag einen geschätzten Verkehrswert von 120 000,00 EUR.
2. Zu Beginn des Geschäftsjahres wurde ein Belichter für 260 000,00 EUR angeschafft. Die betriebsgewöhnliche Nutzungsdauer beträgt 13 Jahre.

Bewertungsprobleme

Im Rahmen der Inventur muss der Kaufmann zur Aufstellung des Inventars und der Bilanz Vermögen und Schulden bewerten. **Bewerten** heißt entscheiden, mit welchen Geldwerten die einzelnen Vermögensteile und Schulden zu inventarisieren oder zu bilanzieren sind. **Schwierigkeiten bereitet die Bewertung** vor allem bei solchen Wirtschaftsgütern,

- die Preisschwankungen unterliegen (Waren, Rohstoffe, Betriebsstoffe),
- die Wertminderungen erleiden (Maschinen, Fahrzeuge, Computer u. a. werden abgenutzt),
- die aufgrund gesetzlich eingeräumter Wahlrechte unterschiedlich hoch angesetzt werden können (z. B. durch die Wahl der AfA-Methode).

Die festgelegten Werte gehen in den Jahresabschluss ein (vgl. S. 249 f.). Mit diesem sollen der Unternehmer und außenstehende Dritte (Kapitalgeber, Finanzverwaltung, Belegschaft u. a.) über **die Vermögenslage, die Ertragslage** und **die Finanzlage** informiert werden. Daher ist zu beachten, dass ein den tatsächlichen Verhältnissen entsprechendes Bild vermittelt und eine zu hohe oder zu niedrige Bewertung vermieden wird.

Eine **zu hohe Bewertung des Vermögens** bzw. eine **zu niedrige Bewertung der Schulden** können die Gläubiger und Kapitalgeber zu falschen Entscheidungen veranlassen. Umgekehrt ist zu beachten, dass eine **zu niedrige Bewertung des Vermögens** und eine **zu hohe Bewertung der Schulden** wegen des geringeren steuerpflichtigen Gewinns gegen die Interessen der Finanzverwaltung verstoßen. Bewertungsentscheidungen müssen daher im Rahmen handels- und steuerrechtlicher Vorschriften erfolgen.

Allgemeine Bewertungsgrundsätze

Übergeordnetes Prinzip jeglicher Bewertung ist nach deutschem Handelsrecht das **Gläubigerschutzprinzip**. Aus diesem Prinzip lässt sich das **Vorsichtsprinzip** ableiten. Danach sind alle **vorhersehbaren Risiken** und **Verluste** im Jahresabschluss zu berücksichtigen, um einen **zu hohen Vermögensausweis** und einen **zu niedrigen Schuldenausweis** zu vermeiden. Umgekehrt dürfen Gewinne infolge von Wertsteigerungen nur berücksichtigt werden, wenn sie am Abschlussstichtag realisiert sind **(Realisationsprinzip)**. Wegen der unterschiedlichen Behandlung nicht realisierter Gewinne und Verluste spricht man vom **Imparitätsprinzip**.

Bewertung des Vermögens

Anschaffungskosten – fortgeführte Anschaffungskosten/Herstellkosten: Die Anschaffungskosten bilden bei bezogenen Wirtschaftsgütern, die Herstellkosten bei hergestellten Gütern die **Obergrenze** der Bewertung (**Anschaffungskostenprinzip:** vgl. § 253 Abs. 1 HGB).

Nicht realisierte Gewinne infolge von Wertsteigerungen dürfen nicht berücksichtigt werden, wenn sie am Abschlussstichtag noch nicht realisiert sind **(Realisationsprinzip)**.

Das Grundstück mit einem Anschaffungswert von 80 000,00 EUR und einem Verkehrswert von 120 000,00 EUR am Bilanzstichtag muss mit 80 000,00 EUR angesetzt werden, weil die Wertsteigerung von 40 000,00 EUR noch nicht realisiert ist. Die Realisierung erfolgt erst durch den Verkauf des Grundstücks.

Fortgeführte Anschaffungskosten: Bei Gütern des Anlagevermögens, die der Abnutzung unterliegen, sind die Anschaffungskosten um planmäßige Abschreibungen zu kürzen (vgl. S. 168 ff.).

Bei Unterschreitung der Anschaffungskosten bzw. der fortgeführten Anschaffungskosten kommt das Niederstwertprinzip zur Anwendung, das für Anlage- und Umlaufvermögen unterschiedlich ausgestaltet ist.

Niederstwertprinzip

Gemildertes Niederstwertprinzip beim Anlagevermögen: Beim Anlagevermögen muss der niedrigere Wert angesetzt werden, wenn eine **voraussichtlich dauernde Wertminderung** vorliegt **(gemildertes Niederstwertprinzip)**.

Anschaffungswert eines Plattenbelichters	260 000,00 EUR
vorläufiger Buchwert nach dreimaliger AfA	200 000,00 EUR
niedrigerer Wert zum Bilanzstichtag wegen technischer Überholung (dauernde Wertminderung)	120 000,00 EUR
Bilanzansatz des niedrigeren Wertes zwingend	120 000,00 EUR

Strenges Niederstwertprinzip beim Umlaufvermögen: Liegt der Tageswert (Börsen- oder Marktpreis) bei den Wirtschaftsgütern des Umlaufvermögens zum Bilanzstichtag unter dem Anschaffungswert oder dem vorherigen Wertansatz in der Bilanz, liegen auszuweisende nicht realisierte Verluste vor. Demnach **muss** das Umlaufvermögen zum niedrigeren Wert ausgewiesen werden **(strenges Niederstwertprinzip)**. Das strenge Niederstwertprinzip gilt nur für Wirtschaftsgüter des Umlaufvermögens (§ 253 Abs. 3 HGB).

Anschaffungswert von Papier: 1000 Bogen TAURO Offset matt holzfrei	49,00 EUR
Aufgrund der am Bilanzstichtag vorliegenden Angebotspreisliste für das folgende Geschäftsjahr wird das Papier für	47,00 EUR
angeboten.	
niedrigerer Wert zum Bilanzstichtag gemäß 253 Abs. 3 HGB	47,00 EUR

Bei selbst hergestellten Gütern (Erzeugnissen) bilden die **Herstellkosten** (§ 255 Abs. 2 HGB) die entsprechende **Wertobergrenze**.

Bewertungsvereinfachungsverfahren bei Vorräten: Grundsätzlich gilt für die Bewertung der Waren, Roh-, Hilfs- und Betriebsstoffe der Grundsatz der **Einzelbewertung**. Bei fremdbezogenen Vorräten ist grundsätzlich von den **Anschaffungskosten** auszugehen. Bei selbst hergestellten Vorräten treten an die Stelle der Anschaffungskosten die **Herstellkosten**. Vielfach lassen sich die Anschaffungs- oder Herstellkosten nur schwer individuell feststellen. Das gilt vor allem für gleichartige Güter aus verschiedenen Anschaffungs- bzw. Herstellungsvorgängen mit unterschiedlichen Anschaffungs- oder Herstellungspreisen, die gemischt gelagert werden.

Papier, Karton, Farben, Bücher aus unveränderten Nachdrucken usw.

Eine Einzelbewertung würde in diesen Fällen oft zu einem Missverhältnis zwischen Arbeitsaufwand und Erfolg an Bewertungsgenauigkeit führen.

Der Gesetzgeber gestattet daher den Grundsatz der Einzelbewertung bei gleichartigen Gütern zu durchbrechen, indem er verschiedene **Sammel- und Gruppenbewertungen** zulässt, aus denen die Durchschnittsbewertung (vgl. § 240 Abs. 4 HGB) und die Verbrauchsfolgebewertung (vgl. § 256 HGB) dargestellt werden:

- **Durchschnittsbewertung:** Hiernach wird in der einfachsten Form aus dem Anfangsbestand und den Zugängen während des Geschäftsjahres ein **gewogener Durchschnittswert** ermittelt.

Eingänge			Ausgänge	
01.01.	800 kg zu je 7,50 EUR =	6000,00 EUR	15.03.	400 kg
15.06.	500 kg zu je 6,30 EUR =	3150,00 EUR	02.10.	600 kg
15.11.	900 kg zu je 6,40 EUR =	5760,00 EUR	12.12.	500 kg
	2 200 kg	= 14 910,00 EUR		1500 kg
Bestand am 31.12. = 700 kg				

$$\textbf{Durchschnittspreis} = \frac{\text{Wert des Anfangsbestandes + Wert der Zugänge}}{\text{Menge aus Anfangsbestand + Zugängen}} \quad \frac{1419}{2220} = 6{,}777 \text{ EUR/kg}$$

Wertansatz des Warenpostens: 700 · 6,777 = 4743,90 EUR

Genauer ist die Errechnung des gewogenen Durchschnitts nach jedem Zugang **(gleitender Durchschnitt)**.

01.01.	Anfangsbestand	800 kg zu je	7,50 EUR	= 6 000,00 EUR	
15.03.	Abgang	400 kg zu je	7,50 EUR	= 3 000,00 EUR	
	Bestand	400 kg zu je	7,50 EUR	= 3 000,00 EUR	
15.06.	Zugang	500 kg zu je	6,30 EUR	= 3 150,00 EUR	
	Bestand	900 kg zu je	6,833 EUR	= 6 150,00 EUR	Aufrundung
02.10.	Abgang	600 kg zu je	6,833 EUR	= 4 100,00 EUR	Aufrundung
	Bestand	300 kg zu je	6,833 EUR	= 2 050,00 EUR	Aufrundung
15.11.	Zugang	900 kg zu je	6,40 EUR	= 5 760,00 EUR	Aufrundung
	Bestand	1200 kg zu je	6,508 EUR	= 7 810,00 EUR	Aufrundung
12.12.	Abgang	500 kg zu je	6,508 EUR	= 3 254,00 EUR	Aufrundung
31.12.	Bestand	700 kg zu je	6,508 EUR	= 4 556,00 EUR	Aufrundung

Beim Vergleich der beiden Formen der Durchschnittsbewertung wird deutlich sichtbar, dass bei der letzten Form die Anschaffungskosten der zuletzt bezogenen Vorräte den Durchschnittswert wesentlich beeinflussen. Somit ist der gewogene Durchschnittspreis aktueller. Der Inventurwert kann auf diese Weise unmittelbar aus der Lagerdatei ermittelt werden. Der Durchschnittswert kommt nur zum Ansatz, wenn der Tageswert darüber liegt. Sonst ist der Tageswert für die Bilanzierung entscheidend. Die Differenz ist dann abzuschreiben. Gegen die Durchschnittsmethode bestehen handels- und steuerrechtlich keine Bedenken.

- **Verbrauchsfolgebewertung:** Rechtliche Grundlage der Verbrauchsfolgebewertung bildet § 256 HGB. Kern möglicher Verbrauchsfolgeverfahren bildet jeweils die **Unterstellung einer bestimmten Verbrauchsfolge**, nämlich, dass die zuerst oder dass die zuletzt angeschafften oder hergestellten Vermögensgegenstände zuerst verbraucht oder veräußert worden sind.

  Mit dieser Festlegung der Verbrauchsfolge werden die Verbrauchsfolgeverfahren auf das Lifo- und Fifoverfahren beschränkt.

  - **Lifo-Verfahren** (**l**ast **i**n **f**irst **o**ut): Es wird unterstellt, dass die **zuletzt angeschafften** Vorräte **zuerst verbraucht** oder **veräußert** werden. Der Schlussbestand wird mit den Werten der zuerst angeschafften Vorräte bewertet.
  - **Fifo-Verfahren** (**f**irst **i**n **f**irst **o**ut): Es wird unterstellt, dass die **zuerst angeschafften** Vorräte auch **zuerst verbraucht** oder **veräußert** werden. Der Schlussbestand ist mit den Werten der zuletzt angeschafften Vorräte anzusetzen.

Bewertung des Schlussbestandes
Fifo-Verfahren: 700 kg zu je 6,40 EUR = 4 480,00 EUR
Lifo-Verfahren: 700 kg zu je 7,50 EUR = 5 250,00 EUR

Liegt der Tageswert der Waren unter dem so ermittelten Wert, kommt der Tageswert zum Ansatz (strenges Niederstwertprinzip).

Besonderheiten bei der Bewertung der Forderungen

Forderungen aus Lieferungen und Leistungen gegenüber Kunden sind zum Nennbetrag der Ausgangsrechnung aufgrund abgeschlossener und einseitig erfüllter Vertragsverhältnisse (z. B. Kaufvertrag, Werkvertrag, Werklieferungsvertrag) zu bewerten.

Kann der Unternehmer aufgrund ihm vorliegender Informationen (erfolgloses Mahnverfahren, Eröffnung des Insolvenzverfahrens) annehmen, dass eine Forderung nicht in vollem Umfang beglichen wird, sollte eine solche **zweifelhafte Forderung von den übrigen wahrscheinlich einwandfreien Forderungen getrennt** werden.

Die Medi@ AG hat dem Neukunden Karl Heller e. K., Moldaustraße 3, 50765 Köln, Erzeugnisse im Wert von 11 900,00 EUR einschließlich 19 % Umsatzsteuer geliefert. Trotz mehrmaliger Mahnung nach Fälligkeit der Rechnung blieb die Zahlung aus. Am 19. März erfährt die Medi@ AG, dass über das Vermögen der Fa. Heller das Insolvenzverfahren eröffnet wurde.

Buchung:
2470 Zweifelhafte Forderungen 11 900,00 an 2400 Forderungen a. LL 11 900,00

S	2400 Forderungen a. LL		H
SU	174 000,00	2470	11 900,00 →

S	2470 Zweifelhafte Forderungen		H
2400	11 900,00		

Ist damit zu rechnen, dass eine zweifelhafte Forderung **ganz ausfällt** (z. B. bei Einstellung des Insolvenzverfahrens mangels Masse), dann ist diese **uneinbringliche Forderung** abzuschreiben (§ 252 f. HGB) und damit auszubuchen.

Umsatzsteuerberichtigung: Die **Abschreibung der uneinbringlichen Forderungen** bedeutet umsatzsteuerrechtlich, dass auch das Entgelt uneinbringlich geworden ist. Weil die Entgeltsminderung in diesem Falle feststeht, muss nach § 17 Abs. 2 UStG die Umsatzsteuer entsprechend berichtigt werden. Die Umsatzsteuer kann daher für den Unternehmer nie Verlust verursachen und darf somit nicht zum Bestandteil des Abschreibungsaufwandes werden.

- Die **uneinbringliche Forderung** wird **mit ihrem Nettowert direkt abgeschrieben** (6950).
- Die in der Forderung enthaltene **Umsatzsteuer** ist gleichzeitig **in voller Höhe zu berichtigen**.

Schreiben des Insolvenzverwalters: Das Insolvenzverfahren gegen Karl Heller e. K. wird mangels Masse eingestellt.

Buchung:

6950 Abschreibung auf Forderungen	10 000,00		
4800 Umsatzsteuer	1 900,00	an 2470 Zweifelhafte Forderungen	11 900,00

S	2470 Zweifelhafte Forderungen		H
SU	174 000,00	6950, 4800	11 900,00

S	6950 Abschreibung auf Forderungen		H
2400	10 000,00		

S	4800 Umsatzsteuer		H
2470	1 900,00		

Teilweiser Zahlungseingang zweifelhafter Forderungen: Wird von einer zweifelhaften Forderung des Geschäftsjahres wegen Insolvenz oder **Vergleich** nur ein Teilbetrag beglichen, dann muss der nicht ausgeglichene Forderungsanteil als Forderungsverlust über das Konto **„6950 Abschreibungen auf Forderungen"** abgeschrieben werden. Die auf den Forderungsausfall entfallende Umsatzsteuer wird vom Finanzamt zurückgefordert. Daher werden die auf dem Konto „4800 Umsatzsteuer" erfassten Umsatzsteuerschulden um diesen Rückforderungsanspruch korrigiert.

Am 18. Oktober 20.. wird die Forderung an einen Kunden über 5 950,00 EUR einschließlich 19 % USt wegen der Eröffnung des Insolvenzverfahrens als zweifelhaft umgebucht. Am 30. November 20.. werden nach Abschluss des Insolvenzverfahrens 2 380,00 EUR einschließlich 19 % USt (40 % Insolvenzquote) auf das Bankkonto überwiesen.

① **Buchung des Zahlungseingangs:**

2800 Bank	2 380,00	an 2470 Zweifelhafte Forderungen	2 380,00

② **Buchung des Forderungsverlustes:**
Der Forderungsverlust beträgt 3 000,00 EUR, also 60 % der Nettoforderung.

6950 Abschreibungen auf Forderungen	3 000,00	an 2470 Zweifelhafte Forderungen	3 000,00

③ **Buchung der USt-Korrektur:**
Der Umsatzsteuerrückforderungsanspruch an das Finanzamt beträgt 570,00 EUR, also 60 % der ursprünglich gezahlten USt.

4800 Umsatzsteuer	570,00	an 2470 Zweifelhafte Forderungen	570,00

Bewertung der Schulden

Schulden sind mit ihrem **Nennwert (Anschaffungskosten)** oder, dem **Höchstwertprinzip** entsprechend, mit ihrem höheren Rückzahlungsbetrag zu bewerten (§ 253 HGB):

Die Medi@ AG kauft am 13. November 20.. einen Belichter im Werte von 200 000 USD, Ziel 60 Tage; Geldkurs für den USD am 13. November 20.. 1,00 EUR = 1,25 USD.

a) **Geldkurs für den USD am 31. Dezember 20..** 1,00 EUR = 1,20 USD
Da Verbindlichkeiten gemäß § 253 Abs. 1 Satz 2 HGB mit ihrem Rückzahlungsbetrag anzusetzen sind, muss aus **Vorsichtsgründen** am 31. Dezember 20.. (vgl. § 252 Abs. 1 Nr. 4 HGB) zum Geldkurs von 1,20 USD = 1,00 EUR bewertet werden. In der Bilanz wird die Verbindlichkeit daher mit 166 666,67 EUR ausgewiesen **(Höchstwertprinzip)**.

b) **Geldkurs für den USD am 31. Dezember 20..** 1,00 EUR = 1,30 USD
Der niedrigere Geldkurs zum Bilanzstichtag bewirkt einen Rückzahlungsbetrag, der kleiner ist als der Nennwert der ursprünglichen Verbindlichkeit (153 846,15 EUR zu 160 000,00 EUR). Da gemäß § 252 Abs. 1 Nr. 4 HGB Gewinne nur dann zu berücksichtigen sind, wenn sie zum Abschlussstichtag realisiert sind, darf der sich rechnerisch ergebende Gewinn noch nicht berücksichtigt werden. In der Bilanz sind die Verbindlichkeiten mit 160 000,00 EUR auszuweisen **(Realisationsprinzip)**.

Wertansätze für Vermögen und Schulden

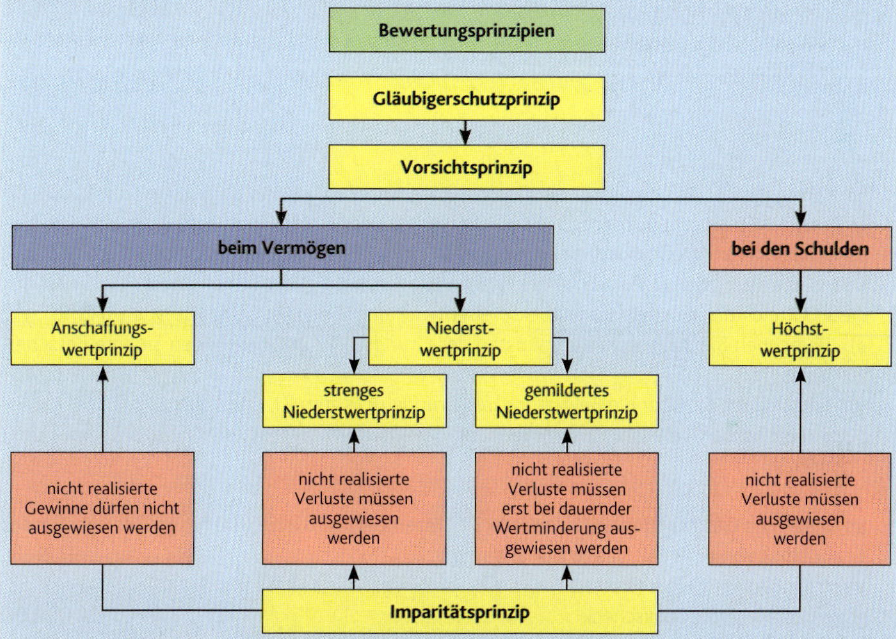

- ***Bewertung des Anlagevermögens (AV)***
  - ***abnutzbares AV: Anschaffungskosten (AK)***
    - *planmäßige Abschreibung =* ***Fortgeführte AK***
    - *außerplanmäßige Abschreibung bei kurzfristiger Unterschreitung möglich* ***(Bewertungswahlrecht)****, bei voraussichtlich dauernder Unterschreitung zwingend*
  - ***nicht abnutzbares AV: Anschaffungskosten***
    - *Abschreibung auf den niedrigeren Wert möglich bzw. zwingend (siehe abnutzbares AV)*
- ***Bewertung des Umlaufvermögens (UV)***
  - *Anschaffungs- oder Herstellungskosten,*
  - *niedrigerer Wert, wenn der Tageswert niedriger ist* ***(strenges Niederstwertprinzip)****,*
  - *liegt der Tageswert am Bilanzstichtag über dem bisherigen Bilanzansatz, ist eine Zuschreibung bis zum Tageswert (höchstens bis zu den AK) bei Einzelunternehmen und Personengesellschaften möglich, jedoch zwingend bei Kapitalgesellschaften.*

Bewertungsvereinfachungsverfahren bei gleichartigen Vorräten

Durchschnittsbewertung	Verbrauchsfolgeverfahren
– gewogener Durchschnitt – gleitender gewogener Durchschnitt	– Lifo-Verfahren – Fifo-Verfahren

- ***Bewertung von Forderungen***
  - *Zum Jahresabschluss sind* ***zweifelhafte Forderungen einzeln zu bewerten****.*
  - *Abschreibung vom Nettowert des geschätzten Ausfalls*
  - *Liegt der erwartete Wert unter dem ursprünglichen Forderungsbetrag, muss aus Gründen des Gläubigerschutzes der niedrigere Wert angesetzt werden – strenges Niederstwertprinzip –.*
  - *Der geschätzte Forderungsverlust wird mit seinem Nettowert abgeschrieben: 6950 Abschreibungen auf Forderungen an 2470 Zweifelhafte Forderungen*
  - *Die Umsatzsteuer wird erst korrigiert, wenn der Forderungsverlust endgültig feststeht.*
- ***Bewertung der Schulden***
  - *Anschaffungskosten (AK), Nennwert*
  - *Liegt der Rückzahlungsbetrag am Bilanzstichtag über den AK, ist der höhere Wert anzusetzen* ***(Höchstwertprinzip)****.*

1 Ein Verlag erwirbt Anfang Januar ein Grundstück gegen Zahlung mit Bankscheck für 40 000,00 EUR. An das Finanzamt werden 3,5 % Grunderwerbsteuer per Banküberweisung bezahlt. Die Notariatskosten für den Grundstückskaufvertrag in Höhe von 1 200,00 EUR zuzüglich 228,00 EUR USt. werden bar bezahlt. Zum Ende des Geschäftsjahres beträgt der Verkehrswert (Tageswert) für dieses Grundstück laut der Grundstückspreisentwicklung in diesem Gebiet 50 000,00 EUR.

a) Berechnen Sie die Anschaffungskosten des Grundstücks und begründen Sie Ihre Entscheidung.

b) Entscheiden Sie über die Bewertung des Grundstücks zum 31. Dezember.
Erläutern Sie in diesem Zusammenhang das Anschaffungskosten- und das Realisationsprinzip.

2 Im Januar des Geschäftsjahres (1. Januar – 31. Dezember) wird ein 2 000 m² großes unbebautes Grundstück von einer Werbeagentur erworben

	EUR	EUR
Vertrag, BA: Kauf eines Grundstücks gegen Zahlung mit Bankscheck		180 000,00
BA: Banküberweisung der Grunderwerbsteuer für den Grundstückserwerb an das Finanzamt: 3,5 % des Kaufpreises		6 300,00
KB: Gerichtskosten für die Grundbucheintragung bar bezahlt		1 200,00
ER, BA: Banküberweisung der Notariatskosten, netto	3 200,00	
+ 19 % Umsatzsteuer	608,00	3 808,00

Informationen zum 31. Dezember des Geschäftsjahres:
Die Grundstückspreise stiegen in dieser Lage im Laufe der vergangenen Monate erheblich, weil in diesem Gebiet ein modernes Gewerbezentrum errichtet werden soll. Der Quadratmeterpreis ist inzwischen für vergleichbare Grundstücke in diesem Gebiet auf 105,00 EUR gestiegen.
Die Unternehmensleitung ist der Auffassung, dass das 2 000 m² große Grundstück des Unternehmens entsprechend zu bewerten ist.

a) Berechnen Sie die Anschaffungskosten des Grundstücks insgesamt und je m².

b) Mit welchem Wert ist das Grundstück zum Bilanzstichtag zu bewerten?

3 In der Bilanz **zum 31. Dezember 2007** wurde ein unbebautes Grundstück von 2 000 m² mit folgenden Anschaffungskosten bewertet .... 188 000,00 EUR
Wegen der Änderung des Bebauungsplans wurden im Geschäftsjahr 2008 nur noch Grundstückspreise von etwa 70,00 EUR je m² in diesem Gebiet bezahlt.
Aufgrund dieser Entwicklung wurde das Grundstück mit dem niedrigeren Wert von .... 140 000,00 EUR
in der **Bilanz zum 31. Dezember 2008** angesetzt.
Es ist anzunehmen, dass diese Preissenkung voraussichtlich langfristig andauern wird.
In **der zweiten Jahreshälfte 2009** steigen die Grundstückspreise in diesem Gebiet wieder an, weil eine Autobahnauffahrt in unmittelbarer Nähe neu eingerichtet wird. Die Grundstückspreise steigen dadurch für vergleichbare Grundstücke auf 120,00 EUR je m².
a) Begründen Sie den Bilanzansatz des unbebauten Grundstücks in der Bilanz 2008.
b) Bewerten Sie das unbebaute Grundstück zum 31. Dezember 2009.

4 Ein am Anfang des Geschäftsjahres angeschaffter Lkw mit einem Anschaffungswert von 100 000,00 EUR und einer betriebsgewöhnlichen Nutzungsdauer von 10 Jahren soll zum Jahresabschluss bewertet werden.
a) Berechnen Sie den Wertansatz
   - bei linearer Abschreibung,
   - bei degressiver Abschreibung.
b) Machen Sie einen Bewertungsvorschlag für den Fall, dass in den nächsten Jahren hohe Gewinne zu erwarten sind.

5 Bei der Inventur des Lagerbestands einer Druckerei entsteht folgendes Bewertungsproblem:
140 kg Farbe, Marke „Gold-Extra", Anschaffungskosten .... à 12,00 EUR
180 kg Farbe, Marke „Super", Anschaffungskosten .... à 10,00 EUR
Die Anschaffungskosten solcher Farben betragen jedoch zum Zeitpunkt der Bilanzierung:
Farbe, Marke „Gold-Extra" .... 9,00 EUR
Farbe, Marke „Super" .... 11,40 EUR
a) Berechnen Sie den Wertansatz der Farben im Inventar und begründen Sie Ihre Entscheidung.
b) Erläutern Sie die Auswirkung Ihrer Bewertung auf die Bilanz und die Gewinn- und Verlustrechnung des Geschäftsjahres.

6 Bei der Inventur des Lagerbestands einer Druckerei entsteht folgendes Bewertungsproblem: Im November des Geschäftsjahres waren nachstehende Rohstoffe zu buchen:

Warenart	Listenpreis, netto	Rabatt	Skonto	Fracht, netto	Umsatzsteuer
120 000 Bogen Papier	6 513,24 EUR	6,0 %	2 %	240,00 EUR	19 %
100 000 Bogen Karton	8 247,42 EUR	5,0 %	3 %	400,00 EUR	19 %

Zum Zeitpunkt der Inventur sind die im November gekauften Vorräte noch vorhanden.
Anschaffungskosten bzw. Wiederbeschaffungskosten dieser Vorräte zum Bilanzstichtag:
Papier je 1 000 Bogen .... à 50,00 EUR
Karton je 1 000 Bogen .... à 85,00 EUR
a) Berechnen Sie die Anschaffungskosten von 1 000 Bogen Papier und 1 000 Bogen Karton und begründen Sie Ihre Berechnung.
b) Bewerten Sie diese Bestände zum Bilanzstichtag und begründen Sie Ihre Bewertung.

7 Eine Druckerei kauft am 10. Dezember gegen Zielgewährung von 60 Tagen in den USA einen Mehrzweckfalzautomaten im Wert von 150000 USD zum Kurs von 1,00 EUR = 1,22 USD.
Mit welchem Wert ist die Verbindlichkeit in der Bilanz anzusetzen, wenn der Kurs zum 31. Dezember
a) 1,00 EUR = 1,17 USD bzw. b) 1,00 EUR = 1,30 USD beträgt?
Begründen Sie Ihre Entscheidung.

8 Bewerten Sie folgende Wirtschaftsgüter der Medi@ AG zum Bilanzstichtag für die Bilanz:
a) **Verbindlichkeit** über 136 000 USD (USD) laut ER vom 02.12., Kurs 1,00 EUR = 1,21 USD.
Kurs am 31.12.: aa) 1,00 EUR = 1,16 USD ab) 1,00 EUR = 1,24 USD
b) **Grundstück**, Anschaffungswert 150 000,00 EUR; Verkehrswert zum 31.12.:
- 180 000,00 EUR. Es ist mit einer weiteren Wertsteigerung zu rechnen.
- 80 000,00 EUR. Ursache ist eine erfolgreiche Bürgerinitiative zugunsten eines Naturschutzgebietes.

c) **Lkw**
- Bewertung bei der Anschaffung, Listenpreis 120 000,00 EUR, Sonderrabatt 4 %, Skonto 2 %, Überführungs- und Zulassungskosten 3 584,00 EUR, Kfz-Steuer 8 500,00 EUR, Kfz-Versicherung 4 500,00 EUR.
- Bewertung am Ende des ersten Nutzungsjahres: betriebsgewöhnliche Nutzungsdauer 10 Jahre, höchstmögliche geometrisch-degressive Abschreibung.

d) **Rohstoffposten:**
Anschaffungswert am 14.12. 4 000,00 EUR
Tageswert zum 31.12.: da) 3 700,00 EUR db) 4 200,00 EUR

9 Im Rahmen der Bewertung der Inventurbestände einer Druckerei sollen Sie festlegen, mit welchen Werten in EUR folgende Wirtschaftsgüter anzusetzen sind:
a) Papier, Anschaffungswert à 500 Bogen 38,00 EUR. Der Lieferer bietet zum Bilanzstichtag das Papier in der neuesten Preisliste für das folgende Geschäftsjahr für 35,80 EUR an.
b) Grundstück mit einem Anschaffungswert von 80 000,00 EUR vor zehn Jahren und einem Tageswert von 175 000,00 EUR am Bilanzstichtag.
c) Eine Verbindlichkeit a. LL gegenüber einem amerikanischen Lieferer eines Schneideautomaten aufgrund der Eingangsrechnung über 47 200,00 USD bei einem Kurs von 1,00 EUR = 1,15 USD bei Rechnungserteilung und von 1,00 EUR = 1,10 USD am Bilanzstichtag.
d) Ein Gabelstapler mit einem Anschaffungswert von 48 000,00 EUR, vor genau drei Jahren angeschafft, und einer linearen Abschreibung über eine betriebsgewöhnliche Nutzungsdauer von acht Jahren.

10 Die Datei des Artikels „R 200 ASO-Farbe“ einer Druckerei ist auszuwerten:

		Zugänge in Stück 10-kg-Eimer	Anschaffungs kosten je 10-kg-Eimer in EUR	Abgänge in Stück 10-kg-Eimer	Bestand in Stück 10-kg-Eimer
01.10.20..	Anfangsbestand	–	48,00	–	100
14.10.20..	Verkauf laut AR 1035			50	
22.10.20..	Einkauf laut ER 385	200	48,00		
05.11.20..	Verkauf laut AR 1153			140	
16.11.20..	Verkauf laut AR 1161			80	
22.11.20..	Einkauf laut ER 4291	300	48,00		
05.12.20..	Verkauf laut AR 1210			150	
22.12.20..	Verkauf laut AR 1211			120	

a) Ermitteln Sie
- den Endbestand laut permanenter Inventur in Stück,
- die Absatzmenge des letzten Quartals in Stück,
- den Farbeinsatz in EUR,
- den Inventurwert des Artikels R 200 zum 31. Dezember in EUR.

b) In der Preisliste für das kommende Quartal bietet der Hersteller die Farbe zum Festpreis von 45,80 EUR an. Mit welchem Wert ist der Bestand des Lacks im Inventarverzeichnis anzusetzen?

11 Die Hilfsstoffe A und B sind
a) nach dem gewogenen Durchschnitt,
b) nach dem gleitenden gewogenen Durchschnitt,
c) nach dem Fifo-Verfahren,
d) nach dem Lifo-Verfahren zu bewerten.

Hilfsstoff A					Hilfsstoff B				
Datum	Zugang	AK je Einheit	Abgang	Bestand	Datum	Zugang	AK je Einheit	Abgang	Bestand
01.01.		7,00		4200	01.01.		32,00		650
15.02.			1500		03.02.			380	
26.03.	6000	8,00			27.03.	500	33,00		
04.04.			3000		09.04.			220	
09.05.			3400		17.05.			360	
26.06.	6000	9,00			18.06.	500	34,00		
27.07.			4500		29.07.			490	
28.08.	8000	8,50			25.08.	700	33,50		
24.09.			5000		26.09.			350	
27.10.			4000		13.10.			400	
27.11.	8000	8,70			16.11.	800	32,00		
10.12.			6800		18.12.			400	
31.12.				4000	31.12.				550
Marktpreis am 31.12.: 8,60 EUR					Marktpreis am 31.12.: 33,50				

12 Geben Sie die Buchungssätze für die folgenden Geschäftsfälle einer Druckerei an.
Auszug aus dem Kontenplan: 2400, 2470, 2800, 4800, 5490, 6950

1. **Eigenbeleg vom 15.09.:** Der Kunde Robert Rhein e. K. erhält die dritte Mahnung ohne Erfolg. Unsere Forderung laut AR v. 15.06. beträgt einschließlich 19 % USt 49 980,00 EUR
Das sofort eingeleitete Mahnverfahren verlief erfolglos.
2. **Eigenbeleg vom 02.11.:** Zweifelhafte Forderung einschließlich 19 % USt gegenüber dem Kunden Sorge e. K. .... 28 560,00 EUR
Der Kunde widerspricht dem Forderungseinzug erfolgreich mit dem Hinweis auf die Verjährung. Die Forderung ist uneinbringlich.

13 Kontenplan eines Buchverlages: 2400, 2470, 6950, 8010, 8020

1. Der Kunde Emil Eiche e. K. wurde von uns bereits mehrmals gemahnt.
Unsere Forderung einschließlich 19 % USt .... 4 760,00 EUR
2. Der Kunde Fritz Fichte e. K. beantragte das Insolvenzverfahren.
Unsere Forderung beträgt einschließlich 19 % USt .... 5 950,00 EUR
3. Zum 31. Dezember des Geschäftsjahres sind die Forderungen zu bewerten:
   - Beim Kunden Eiche e. K. wird die Ausfallquote auf 75 % geschätzt.
   - Beim Kunden Fichte e. K. wird die Ausfallquote auf 90 % geschätzt.

Aufgaben

a) Geben Sie die Buchungssätze für die Forderungen an, die sich aus den Informationen über die Kunden Eiche und Fichte ergeben.

b) Bewerten Sie die Forderungen gegenüber Eiche und Fichte gemäß § 253 HGB und geben Sie die damit verbundenen Buchungssätze an.

c) Geben Sie die Buchungssätze zum Abschluss der Konten 2470 und 6950 an.

		Aufgabe 14	Aufgabe 15
14			
15	**Kontenplan:** 2400, 2470, 6950, 8010, 8020	EUR	EUR
	Anfangsbestand auf dem Konto Forderungen a. LL	238 000,00	285 600,00
	1. Am 15. September 20.. wird über das Vermögen eines Kunden das Insolvenzverfahren eröffnet. Unsere Forderung beträgt einschließlich 19 % USt	28 560,00	29 750,00
	2. Zum 31. Dezember 20.. ist die Forderung zu bewerten. Es wird mit einer Insolvenzquote gerechnet von	10 %	18 %

Aufgaben

a) Buchen Sie auf den obigen Konten den Fall 1.

b) Bewerten Sie die Forderungen gem. HGB und buchen Sie diese vorbereitende Abschlussbuchung auf den entsprechenden Konten.

c) Schließen Sie die Konten 6950 und 2470 unter Angabe der Gegenkonten ab.

16 **Kontenplan einer Werbeagentur:** 2800, 2470, 4800, 6950

Auf eine zweifelhafte Forderung in Höhe von 2 380,00 EUR einschließlich 19 % USt wird zum Ende des Geschäftsjahres eine Abschreibung von 1 600,00 EUR durchgeführt.

Mit welcher Insolvenzquote wird zum Bilanzstichtag gerechnet?

17 Über das Vermögen der Kunden Klein e. K. und Wirtz e. K. wird am 12. Oktober 20.. das Insolvenzverfahren eröffnet.

Unsere Forderungen einschl. 19 % USt gegenüber den Unternehmen:	EUR
Klein e. K.:	7 140,00
Wirtz e. K.:	9 520,00

Zum Bilanzstichtag 31. Dezember des Geschäftsjahres erfahren wir vom Insolvenzverwalter, dass mit einem Forderungsausfall von 70 % gegenüber der Firma Klein und von 90 % gegenüber der Firma Wirtz zu rechnen ist.

a) Geben Sie den Buchungssatz an, der bei Erhalt der Information über die Eröffnung der Insolvenzverfahren durchzuführen ist.

b) Geben Sie die Buchungssätze zur Bewertung der Forderungen zum 31. Dezember an.

c) Geben Sie die Buchungssätze zum Abschluss der Konten 2470 und 6950 an.

18 In der Finanzbuchhaltung eines Buchverlages sind folgende Vorgänge zu erfassen:

Kontenplan: 2400, 2470, 4800, 6950, 8000, 8010, 8020	EUR
1. Im **Oktober des Geschäftsjahres** (1. Januar – 31. Dezember) wird das Insolvenzverfahren gegen den Kunden Abel e. K. eröffnet. Die Forderung gegenüber dem Kunden Abel e. K. beträgt einschließlich 19 % USt	29 155,00
2. Im **November des Geschäftsjahres** beantragt der Kunde Bube e. K. die Eröffnung des Insolvenzverfahrens. Die Forderung gegenüber dem Kunden Bube e. K. beträgt einschließlich 19 % USt	42 840,00

3. **Zum 31. Dezember des Geschäftsjahres** sind beide Forderungen zu bewerten. Beim Kunden Abel e. K. ist mit einer Insolvenzquote von 15 %, beim Kunden Bube e. K. mit einer Insolvenzquote von 48 % zu rechnen.

Aufgaben

a) Geben Sie die Buchungen an, die aufgrund der Informationen im Oktober und November notwendig werden.
b) Führen Sie die Bewertung der beiden Forderungen zum 31. Dezember des Geschäftsjahres durch. Geben Sie die dazu erforderlichen Buchungen an und berechnen Sie die Buchwerte der beiden Forderungen. Geben Sie außerdem die Buchungssätze zum Abschluss der Konten 2470 und 6950 an.

19 Finanzbuchhaltung einer Druckerei

Kontenplan: 2400, 2470, 2800, 4800, 6950

1. **Am 3. November des Geschäftsjahres** stellt der Kunde Plus GmbH den Antrag auf Eröffnung des Insolvenzverfahrens.
   Unsere Forderung an den Kunden beträgt 18 326,00 EUR einschließlich 19 % USt.
2. **Zum Jahresabschluss des Geschäftsjahres** erhalten wir die Information, dass mit einer möglichen Insolvenzquote von 40 % zu rechnen ist.

Aufgaben

a) Geben Sie die Buchung an, die sich aufgrund der Information vom 3. November des Geschäftsjahres ergibt.
b) Bewerten Sie die Forderung zum 31. Dezember des Geschäftsjahres.
   Geben Sie den dazu notwendigen Buchungssatz an.
   Erläutern Sie die Zusammensetzung des Buchwertes bzw. niedrigeren Wertes der Forderung.

3.2 Periodengerechte Erfolgsermittlung

3.2.1 Posten der Rechnungsabgrenzung

Am 28. August 20.. wird die Feuerversicherungsprämie für Geschäftsgebäude und Inventar der Medi@Point GmbH & Co. KG für die Zeit vom 1. September des laufenden Geschäftsjahres bis zum 31. August des nächsten Jahres in Höhe von 3 600,00 EUR durch Banküberweisung bezahlt. Nicole Höver hat den Geschäftsfall mit folgendem Buchungssatz erfasst:

6900 Versicherungen	3 600,00 EUR	an 2800 Bank	3 600,00 EUR

Beim Jahresabschluss wurde dieser Aufwand in Höhe von 3 600,00 EUR in das GuV-Konto übernommen. Bei einer Betriebsprüfung durch die Finanzverwaltung wird diese Buchung beanstandet.

Arbeitsaufträge

- Suchen Sie nach Gründen, warum diese Buchung beanstandet wurde.
- Bilden Sie den Korrekturbuchungssatz.

Während des Geschäftsjahres fallen gelegentlich Zahlungen für Aufwendungen oder Erträge an, die ganz oder teilweise dem folgenden Geschäftsjahr zuzurechnen sind. In diesen Fällen sind die Aufwendungen und Erträge anteilig auf die Jahre zu verteilen, in denen sie entstanden sind **(periodengerechte Erfolgsermittlung)**.

Ausgaben oder **Einnahmen im laufenden Geschäftsjahr**, die für **Aufwendungen** oder **Erträge nach dem Bilanzstichtag** getätigt werden, sind als Posten der Rechnungsabgrenzung zu erfassen. Zu unterscheiden sind **aktive und passive Rechnungsabgrenzungsposten**, die von allen Kaufleuten gesondert in der Bilanz auszuweisen sind (§§ 247, 266 HGB).

§

§ 250 Abs. 1 HGB: Als Rechnungsabgrenzungsposten sind auf der Aktivseite Ausgaben vor dem Abschlussstichtag auszuweisen, soweit sie Aufwand für eine bestimmte Zeit nach diesem Tag darstellen (...).
Abs. 2 HGB: Auf der Passivseite sind als Rechnungsabgrenzungsposten Einnahmen vor dem Abschlussstichtag auszuweisen, soweit sie Ertrag für eine bestimmte Zeit nach diesem Tag darstellen.

Aktive Rechnungsabgrenzung (ARA)

Wird im laufenden Geschäftsjahr eine **Ausgabe für einen Aufwand des folgenden Geschäftsjahres** getätigt, dann darf sich diese Ausgabe nicht auf den Erfolg des laufenden Geschäftsjahres auswirken. Sie ist als Aufwand erst im folgenden Jahr zu erfassen. Bis zu diesem Zeitpunkt wird sie daher in der Bilanz auf dem aktiven Bestandskonto **„2900 Aktive Rechnungsabgrenzung"** (ARA) gespeichert. Diese zeitliche Abgrenzung des Aufwandes wird als vorbereitende Abschlussbuchung durchgeführt.

Die Feuerversicherungsprämie für das Geschäftsgebäude und das Inventar (siehe Handlungssituation) betrifft den Aufwand zweier Geschäftsjahre. Zum Zwecke einer periodengerechten Erfolgsermittlung ist der Geschäftsfall so zu buchen, dass im alten Jahr nur 1 200,00 EUR (Versicherungsprämie für vier Monate) **erfolgswirksam** werden. Die Versicherungsprämie für die acht Monate des neuen Geschäftsjahres, also 2 400,00 EUR, dürfen erst im folgenden Geschäftsjahr erfolgswirksam werden.

Das Konto **„2900 Aktive Rechnungsabgrenzung"** führt den Betrag von 2 400,00 EUR **ins neue Geschäftsjahr hinüber** und **grenzt** somit **den Aufwand des alten Geschäftsjahres vom Aufwand des neuen Geschäftsjahres ab**.

altes Geschäftsjahr | **31.12. Bilanzstichtag** | **neues Geschäftsjahr**

1	2	3	4	5	6	7	8	9	10	11	12	1	2	3	4	5	6	7	8	9	10	11	12
								Aufwand im alten Jahr 1 200,00 EUR				Aufwand im neuen Geschäftsjahr 2 400,00 EUR											

Buchungen im alten Geschäftsjahr			Buchungen im neuen Geschäftsjahr		
28.08.:	**Zahlung durch Bankscheck**		**02.01.**	**Eröffnung**	
	6900 Versicherungen	3 600,00		2900 ARA	2 400,00
	an 2800 Bank	3 600,00		an 8000 EBK	2 400,00
31.12.:	**zeitliche Abgrenzung**		**02.01.**	**Auflösung der aktiven Rechnungsabgrenzung**	
	2900 ARA	2 400,00		6900 Versicherungen	2 400,00
	an 6900 Versicherungen	2 400,00		an 2900 ARA	2 400,00
31.12.:	**Abschlussbuchungen**				
	8020 GuV	1 200,00			
	an 6900 Versicherungen	1 200,00			
	8010 Schlussbilanzkonto	2 400,00			
	an 2900 ARA	2 400,00			

Kontenmäßige Darstellung der Buchungen

im alten Geschäftsjahr:

S	6900 Versicherungsbeiträge		H
2800	3 600,00	2900	2 400,00
		8020	1 200,00
	3 600,00		3 600,00

S	2900 ARA		H
6900	2 400,00	8010	2 400,00

S	8020 Gewinn und Verlust		H
6900	1 200,00		

S	8010 Schlussbilanzkonto		H
2900	2 400,00		

im neuen Jahr:

S	2900 ARA		H
8000	2 400,00	2900	2 400,00

S	6900 Versicherungsbeiträge		H
2900	2 400,00		

● Passive Rechnungsabgrenzung (PRA)

Wenn die Unternehmung im Laufe des Geschäftsjahres eine **Einnahme für einen Ertrag des folgenden Geschäftsjahres** erzielt, darf diese Einnahme den Erfolg des laufenden Geschäftsjahres nicht beeinflussen. Bis zu ihrer Erfassung als Ertrag wird sie daher auf dem passiven Bestandskonto **„4900 Passive Rechnungsabgrenzung"** (PRA) gespeichert.

Am 2. Juni des laufenden Geschäftsjahres hat ein Mieter eines Lagerraumes seine laut Vertrag im Voraus zu zahlende Miete für die Zeit vom 1. Juni bis zum 30. Mai d. f. J. in Höhe von 30 000,00 EUR durch Banküberweisung bezahlt.
Das Konto **„4900 Passive Rechnungsabgrenzung"** führt den Betrag von 12 500,00 EUR ins neue Geschäftsjahr hinüber und grenzt somit **den Ertrag des alten Geschäftsjahres vom Ertrag des neuen Geschäftsjahres ab**.

Buchungen im alten Geschäftsjahr		Buchungen im neuen Geschäftsjahr	
02.06.: Zahlung durch Banküberweisung		**02.01. Eröffnung**	
2800 Bank	30 000,00	8000 EBK	12 500,00
an 5400 Mieterträge	30 000,00	an 4900 PRA	12 500,00
31.12.: zeitliche Abgrenzung		**02.01. Auflösung der passiven Rechnungsabgrenzung**	
5400 Mieterträge	12 500,00	4900 PRA	12 500,00
an 4900 PRA	12 500,00	an 5400 Mieterträge	12 500,00
31.12.: Abschlussbuchungen			
5400 Mieterträge	17 500,00		
an 8020 GuV	17 500,00		
4900 PRA	12 500,00		
an 8010 SBK	12 500,00		

Kontenmäßige Darstellung der Buchungen

im alten Geschäftsjahr:

S	5400 Mieterträge		H
4900	12 500,00	2800	30 000,00
8020	17 500,00		
	30 000,00		30 000,00

S	4900 PRA		H
8010	12 500,00	5400	12 500,00

S	8020 Gewinn und Verlust		H
		5400	17 500,00

S	8010 Schlussbilanzkonto		H
		4900	12 500,00

im neuen Jahr:

S	5400 Mieterträge		H
		4900	12 500,00

S	4900 PRA		H
5400	12 500,00	8000	12 500,00

Es ist durchaus üblich, die Rechnungsabgrenzung direkt bei der Erfassung der Ausgabe oder Einnahme vorzunehmen.

Buchungen:
Beispiel 1 (vgl. Seite 235): zeitliche Abgrenzung des Aufwandes bei der Ausgabe

6900 Versicherungen	1 200,00		
2900 ARA	2 400,00	an 2800 Bank	3 600,00

Beispiel 2 (vgl. Seite 237): zeitliche Abgrenzung des Ertrages bei der Einnahme

2800 Bank	30 000,00	an 5400 Mieterträge	17 500,00
		an 4900 PRA	12 500,00

Posten der Rechnungsabgrenzung

Rechnungsabgrenzungsposten

Rechnungsabgrenzungsposten der Aktivseite (ARA)

- Ausgaben vor dem Bilanzstichtag, die Aufwendungen für die Zeit nach dem Bilanzstichtag darstellen.
- Leistungsforderungen

Rechnungsabgrenzungsposten der Passivseite (PRA)

- Einnahmen vor dem Bilanzstichtag, die Erträge für die Zeit nach dem Bilanzstichtag darstellen.
- Leistungsverbindlichkeiten

1 Die Kraftfahrzeugsteuer für fünf Vertreterfahrzeuge in Höhe von insgesamt 2 610,00 EUR wird am 31. August 20.. für die Zeit vom 1. September 20.. bis zum 31. August 20.. per Banküberweisung an das Finanzamt bezahlt. Ein Geschäftsjahr dauert vom 1. Januar bis zum 31. Dezember eines Jahres.

a) Buchung bei Zahlung am 1. September 20..
b) Buchung der zeitlichen Abgrenzung zum 31. Dezember 20..
c) Buchung nach der Eröffnung der Bestandskonten im neuen Geschäftsjahr

2 Am 28. Oktober 20.. wird die Miete von insgesamt 5 400,00 EUR für einen gemieteten Ausstellungsraum für die Zeit vom 1. November bis 31. Januar des folgenden Jahres im Voraus mit Banküberweisung bezahlt.

a) Buchung am 28. Oktober 20.. bei Lastschrift der Bank
b) Buchung der zeitlichen Abgrenzung zum 31. Dezember 20..
c) Buchung nach der Eröffnung der Bestandskonten im neuen Geschäftsjahr
d) Begründen Sie die Notwendigkeit der Buchung zum Ende des Geschäftsjahres.
e) Geben Sie den Buchungssatz für den Fall an, dass die zeitliche Abgrenzung bereits bei Buchung der Zahlung vorgenommen worden wäre.

3 **Kontenplan:** 2600, 2800, 2880, 2900, 4900, 5400, 6700, 6810, 6900, 7030, 8010, 8020

Anfangsbestände

2800 Bank 39 400,00 EUR 2880 Kasse 2 460,00 EUR

Geschäftsfälle EUR

1. **BA vom 25.07.:** Banküberweisung der Jahresprämie für Gebäudefeuerversicherung und Gebäudehaftpflicht für den Versicherungszeitraum 1. August bis 31. Juli 7 200,00
2. **BA vom 29.07.:** Banküberweisung der Halbjahresmiete für vermietete Geschäftsräume für die Zeit vom 1. August bis 31. Januar........ 4 800,00
3. **BA vom 26.10.:** Banküberweisung der Kraftfahrzeugsteuer für den Geschäftswagen für die Zeit vom 1. November, bis 30. April 480,00
4. **KB vom 01.12.:** Barzahlung der Miete für eine gemietete Garage für die Monate Dezember bis einschließlich Februar 210,00
5. **BA vom 27.12.:** Banküberweisung der Bezugskosten für eine Fachzeitschrift für das 1. Quartal des folgenden Geschäftsjahres einschl. 7 % Umsatzsteuer ... 64,20

Stellen Sie die Salden der obigen Konten nach Durchführung der Abgrenzungen in einer Saldenliste zusammen.

4 Bilden Sie die Buchungssätze

a) bei Zahlung,
b) zum Jahresabschluss zum 31. Dezember,
c) nach Konteneröffnung im neuen Jahr.

1. Banküberweisung der Kfz-Versicherungsprämie am 31. August für die Zeit vom 1. September bis zum 31. August: 1 650,00 EUR
2. Für eine vermietete Garage geht die Januarmiete bereits am 28. Dezember auf das Bankkonto ein: 80,00 EUR
3. Für eine am 1. November gemietete Anlage wird die Leasingrate für das erste Vierteljahr beim Vertragsabschluss mit Bankscheck gezahlt: 4 800,00 EUR.
4. Am 28. April wird die Kfz-Steuer für einen Lkw für die Zeit vom 1. Mai bis zum 30. April durch Banküberweisung gezahlt: 4 500,00 EUR.
5. Die im Voraus zu zahlende Jahresmiete für vermietete Büroräume geht am 30. April auf das Bankkonto ein: 21 600,00 EUR

3.2.2 Sonstige Verbindlichkeiten und Sonstige Forderungen

Am 31. Dezember stellt Frau Lapp fest, dass die Medi@Point GmbH & Co. KG am 1. September ein Darlehen aufgenommen hat, für das am 31. August des folgenden Geschäftsjahres 600,00 EUR Zinsen zu zahlen sind. Frau Lapp ist sich nicht sicher, ob sie mit der Erfassung dieser Aufwendungen bis zur Vorlage eines Zahlungsbeleges im neuen Geschäftsjahr warten kann.

Arbeitsaufträge

- Begründen Sie die Notwendigkeit der Erfassung zum 31. Dezember.
- Stellen Sie den Unterschied dieses Falles zu den Posten der Rechnungsabgrenzung heraus.

Sonstige Verbindlichkeiten

Vielfach liegen am Bilanzstichtag **Aufwendungen** vor, **für die noch keine Zahlungen vorgenommen wurden**. Um eine periodengerechte Erfolgsermittlung sicherzustellen, muss der **Aufwand am Bilanzstichtag für das alte Geschäftsjahr erfasst** werden. Dies geschieht im Rahmen der vorbereitenden Abschlussbuchungen.

Am 1. September wird ein Darlehen aufgenommen, für das am 31. August des folgenden Geschäftsjahres 600,00 EUR Zinsen zu zahlen sind.

Bis zum 31. Dezember (Bilanzstichtag) sind 200,00 EUR Zinsaufwendungen entstanden, die in der Gewinn- und Verlustrechnung des alten Geschäftsjahres zu berücksichtigen sind. Bis zum Tag der Zahlung sind die noch offenstehenden Ausgaben als **Sonstige Verbindlichkeiten** auszuweisen.

Buchungen im alten Geschäftsjahr			Buchungen im neuen Geschäftsjahr		
31.12.:	**Vorbereitende Abschlussbuchungen**		**02.01.**	**Eröffnung**	
	7510 Zinsaufwendungen	200,00		8000 EBK	200,00
	an 4890 Sonstige Verbindlichkeiten	200,00		an 4890 Sonstige Verbindlichkeiten	200,00
31.12.:	**Abschlussbuchungen**		**31.08.**	**Zahlung durch Banküberweisung**	
	8020 Gewinn und Verlust	200,00		4890 Sonstige Verbindlichkeiten	200,00
	an 7510 Zinsen u. ä. Aufwendungen	200,00		7510 Zinsen u. ä. Aufwendungen	400,00
	4890 Sonstige Verbindlichkeiten	200,00		an 2800 Bank	600,00
	an 8010 SBK	200,00			

Sonstige Forderungen

Erträge des abzuschließenden **Geschäftsjahres, die noch nicht vereinnahmt wurden**, müssen wegen der periodengerechten Erfolgsermittlung als **Ertrag des abgelaufenen Geschäftsjahres erfasst** werden. Dies geschieht durch eine vorbereitende Abschlussbuchung.

Für ein Darlehen über 40 000,00 EUR, das die Medi@Point GmbH & Co. KG einem Kunden am 31. Juli gewährt hat, sind die Zinsen (9 % p. a.) jeweils jährlich nachträglich zu zahlen. Die Zahlung der Zinsen erfolgt also am 1. August des folgenden Jahres durch Banküberweisung.

Buchungen im alten Geschäftsjahr			Buchungen im neuen Geschäftsjahr		
31.12.:	**Vorbereitende Abschlussbuchungen**		**02.01.**	**Eröffnung**	
	2690 Sonstige Forderungen	1500,00		2690 Sonstige Forderungen	1500,00
	an 5710 Zinserträge	1500,00		an 8000 EBK	1500,00
31.12.:	**Abschlussbuchungen**		**01.08.**	**Banküberweisung der Zinsen**	
	5710 Zinserträge	1500,00		2800 Bank	3600,00
	an 8020			an 2690	
	Gewinn und Verlust	1500,00		Sonstige Forderungen	1500,00
	8010 SBK	1500,00		an 5710 Zinserträge	2100,00
	an 2690				
	Sonstige Forderungen	1500,00			

Wesentlicher Unterschied der sonstigen Forderungen und sonstigen Verbindlichkeiten zu den Posten der Rechnungsabgrenzung besteht in der Auswirkung auf die Liquidität in der Zukunft. In den Fällen der Posten der Rechnungsabgrenzung trat die Liquiditätsänderung durch Einnahmen oder Ausgaben im alten Jahr ein. In den Fällen der sonstigen Forderungen und sonstigen Verbindlichkeiten tritt die Liquiditätsänderung erst im folgenden Jahr ein:

Altes Jahr	31.12. Neues Jahr	**Ausweis in der Bilanz**
Ausgabe	**Aufwand**	**Aktive Rechnungsabgrenzung (ARA)**
Einnahme	**Ertrag**	**Passive Rechnungsabgrenzung (PRA)**
Aufwand	**Ausgabe**	**Sonstige Verbindlichkeiten**
Ertrag	**Einnahme**	**Sonstige Forderungen**

Beide dienen der zeitlichen Rechnungsabgrenzung der Aufwendungen und Erträge und der periodengerechten Erfolgsermittlung.
Aufwendungen und Erträge werden den Zeiträumen zugeordnet, die sie wirtschaftlich verursacht haben.

Sonstige Verbindlichkeiten und Sonstige Forderungen

Sonstige Verbindlichkeiten	Sonstige Forderungen
• Am Bilanzstichtag noch nicht erfolgte Ausgaben für einen genau feststehenden Aufwand des abgelaufenen Geschäftsjahres • Geldverbindlichkeiten, die nach dem Bilanzstichtag zu Ausgaben führen.	• Am Bilanzstichtag noch nicht erfolgte Einnahmen für einen Ertrag aus dem abgelaufenen Geschäftsjahr • Geldforderungen, die nach dem Bilanzstichtag zu Einnahmen führen.

1 Für ein Darlehen über 12 000,00 EUR, das einem Kunden gewährt wurde, sind 8 % p.a. Zinsen vertragsgemäß halbjährlich nachträglich zu zahlen, und zwar am 30. April und 31. Oktober. Wie ist zu buchen

a) am 31. Dezember (Bilanzstichtag),
b) zum 1. Januar bei Eröffnung der Konten,
c) am 30. April bei Banküberweisung der Zinsen durch den Kunden?

2 Beim Jahresabschluss wurde festgestellt, dass die Dezembermiete in Höhe von 850,00 EUR für einen gemieteten Lagerraum versehentlich noch nicht bezahlt worden ist.

a) Welche Buchung ist am 31. Dezember vorzunehmen?
b) Wie ist zu buchen, wenn am 2. Januar die rückständige Dezembermiete zusammen mit der Januarmiete durch die Bank überwiesen wird?

3 1. Die Medi@Point GmbH & Co. KG hat einem Kunden ein kurzfristiges Darlehen von 36 000,00 EUR zu 9 % p. a. gewährt. Die Zinsen sind vertragsgemäß halbjährlich zu zahlen, und zwar jeweils am 1. April für den Darlehenszeitraum vom 30. September bis 31. März und am 1. Oktober für den Zeitraum vom 31. März bis 30. September.

a) Wie ist am 31. Dezember zu buchen?
b) Wie lautet die Buchung am 31. März bei Eingang der Zinszahlung durch Banküberweisung?

2. Die Miete für einen von der Medi@Point GmbH & Co. KG gemieteten Lagerraum beträgt monatlich 2 500,00 EUR. Beim Jahresabschluss der Medi@Point GmbH & Co. KG wird festgestellt, dass die Dezembermiete versehentlich noch nicht bezahlt worden ist.

a) Welche Buchung muss noch mit Datum vom 31. Dezember vorgenommen werden?
b) Wie ist zu buchen, wenn am 5. Januar die rückständige Dezembermiete zusammen mit der Januarmiete durch die Bank überwiesen wird?

3. Die Rechnung der Stadtwerke für den Stromverbrauch für Dezember steht noch aus. Aufgrund der Ablesung an den Zählern vom 31. Dezember hat die Medi@Point GmbH & Co. KG einen Betrag von 7 800,00 EUR ermittelt.

a) Wie lautet die Buchung am 31. Dezember?
b) Wie ist zu buchen, wenn die Rechnung der Stadtwerke in Höhe von 13 200,00 EUR zuzüglich 2 508,00 EUR Umsatzsteuer am 23. Januar eingeht und sofort mit Banküberweisung bezahlt wird?

4. Die am 15. November fällige Gewerbesteuerschuld der Medi@Point GmbH & Co. KG in Höhe von 5 000,00 EUR wird vom Stadtsteueramt auf Antrag bis zum 15. Februar gestundet.

a) Wie ist folglich noch am 31. Dezember zu buchen?
b) Wie lautet die Buchung, wenn die rückständige Steuerschuld am 13. Februar durch Banküberweisung beglichen wird?

5. Für ein vermitteltes Geschäft stehen der Medi@Point GmbH & Co. KG 1 500,00 EUR Provision zu. Hierfür wird folgende Lastschriftanzeige erteilt:

Nettoprovision	1 500,00 EUR
+ 19 % Umsatzsteuer	285,00 EUR
	1785,00 EUR

a) Wie ist am 31. Dezember zu buchen?
b) Welche Buchung ist vorzunehmen, wenn am 16. Januar der in Rechnung gestellte Betrag durch Banküberweisung bezahlt wird?

6. Dem Handelsvertreter stehen laut erfolgter Abrechnung für im Monat Dezember vermittelte Verkäufe 1 800,00 EUR Provision zu. Die hierauf entfallende Umsatzsteuer beträgt 342,00 EUR.

a) Wie ist am 31. Dezember zu buchen?
b) Wie lautet die Buchung, wenn der Handelsvertreter am 8. Januar über den Gesamtbetrag von der Medi@Point GmbH & Co. KG einen Verrechnungsscheck erhält?

4 Ein Kunde erhält am 1. April 20.. ein Darlehen in Höhe von 80 000,00 EUR zu dem günstigen Zinssatz von 6 % p. a. Die Zinsen sind jedoch halbjährlich im Voraus zahlbar am 1. Oktober und am 1. April eines Jahres. Die Zinszahlung für die Zeit vom 30. September bis zum 30. März des folgenden Geschäftsjahres erfolgte per Banküberweisung in Höhe von 2 400,00 EUR am 1. Oktober des Geschäftsjahres.
a) Buchung der Zinszahlung am 1. Oktober des Geschäftsjahres.
b) Buchung der zeitlichen Abgrenzung zum 31. Dezember 20..
c) Buchung nach der Eröffnung der Bestandskonten im neuen Geschäftsjahr.
d) Stellen Sie fest, ob die Buchung der zeitlichen Abgrenzung einen vorliegenden positiven Unternehmensgewinn mindert, mehrt oder unverändert lässt.

5 Prüfen Sie die Richtigkeit folgender Aussagen, indem Sie Ihre Entscheidung begründen. Es wird unterstellt, dass vor Buchung der zeitlichen Abgrenzung ein Unternehmensgewinn vorlag.
a) Aktive Rechnungsabgrenzungsposten speichern Aufwendungen des folgenden Geschäftsjahres.
b) Die Buchung der aktiven Rechnungsabgrenzung führt zur Vermögensmehrung und zur Mehrung des Unternehmensgewinns.
c) Würde eine notwendige passive Rechnungsabgrenzung nicht vorgenommen, dann ergäbe sich ein zu hoher Unternehmensgewinn.
d) Im Voraus erhaltene Miete führt zur Notwendigkeit einer aktiven Rechnungsabgrenzung.
e) Mit der Buchung „ARA an Aufwandskonten" sind die für das kommende Geschäftsjahr im Voraus gezahlten Aufwendungen abzugrenzen.

6 **Kontenplan:** 2600, 2800, 2880, 2900, 4900, 5400, 6700, 6810, 6900, 7030, 8010, 8020.
Anfangsbestände:

2800 Bank	16 000,00 EUR	2880 Kasse	1 640,00

a) Buchen Sie folgende Geschäftsfälle 1 bis 5 am Tage der Ausgabe bzw. Einnahme.
b) Führen Sie beim Abschluss die erforderliche Abgrenzung durch.
c) Geben Sie die Buchungssätze zum Abschluss der Konten an.
d) Eröffnen Sie im neuen Geschäftsjahr die Konten 2900 und 4900.
e) Lösen Sie die Posten der Rechnungsabgrenzung auf.

Geschäftsfälle	EUR
1. **BA vom 25. 07.:** Banküberweisung der Jahresprämie für Gebäudefeuerversicherung und Gebäudehaftpflicht für den Versicherungszeitraum 1. August bis 31. Juli	480,00
2. **BA vom 29. 07.:** Banküberweisung der Halbjahresmiete für vermietete Geschäftsräume für die Zeit vom 1. August bis 31. Januar	2 400,00
3. **BA vom 26. 10.:** Banküberweisung der Kraftfahrzeugsteuer für den Geschäftswagen für die Zeit vom 1. November bis 30. April	240,00
4. **KB vom 01.12.:** Barzahlung der Miete für eine gemietete Garage für die Monate Dezember bis einschließlich Februar	270,00
5. **BA vom 27.12.:** Banküberweisung der Bezugskosten für eine Fachzeitschrift für das 1. Quartal des folgenden Geschäftsjahres Bezugsgebühren einschließlich 7 % Umsatzsteuer	48,15

7 Einige Sachkonten eines Unternehmens weisen zum Jahresabschluss folgende Werte aus:

	Soll EUR	**Haben** EUR
2900 Aktive Rechnungsabgrenzung	1 500,00	1 500,00
4900 Passive Rechnungsabgrenzung	940,00	940,00
5400 Mieterträge		5 200,00

6900	Versicherungen	2 400,00
7030	Kfz-Steuer	1 420,00
7510	Zinsaufwendungen	1 200,00

Abschlussangaben:

Führen Sie aufgrund folgender Informationen die zeitlichen Abgrenzungen durch.

1. Für einen vermieteten Geschäftsraum wird die Halbjahresmiete in Höhe von 2 400,00 EUR für die Zeit vom 1. August bis 31. Januar vertragsgemäß im Voraus gezahlt.
2. Die Gebäudefeuerversicherungsprämie in Höhe von 360,00 EUR ist am 28. August für den Versicherungszeitraum 1. September bis 31. August an die Versicherung überwiesen worden.
3. Am 30. September werden die Halbjahreszinsen in Höhe von 1 200,00 EUR für eine Darlehensschuld Im Voraus bezahlt.
4. Die Kfz-Steuer über 120,00 EUR wird am 30. November für die Zeit vom 1. Dezember bis 28. Februar bezahlt.

Stellen Sie die Salden der obigen Konten nach Durchführung der Abgrenzungen in einer Saldenliste zusammen.

8 a) Erläutern Sie die Unterschiede zwischen den Posten der Rechnungsabgrenzung und den sonstigen Forderungen und Verbindlichkeiten

b) Die Jahresmiete über 6 000,00 EUR für die Lagerräume wird am 1. Juli für ein Jahr im Voraus bezahlt und über das Konto 6700 Mieten gebucht. Am Ende des Jahres wird der ganze Betrag auf das Konto 8020 GuV übertragen. Bei einer Steuerprüfung im folgenden Geschäftsjahr wird diese Buchung beanstandet. Wie erklären Sie sich diese Kritik?

9 Die Gold GmbH ermittelt ein vorläufiges positives Unternehmensergebnis von 176 000,00 EUR. Sie hat bei ihrer Erfolgsermittlung folgenden Sachverhalt noch nicht berücksichtigt:
Am 1. Juni des folgenden Geschäftsjahres sind Zinsen für den Kreditzeitraum 30. November bis zum 31. Mai in Höhe von 8 % p. a. an ein Kreditinstitut für einen durch eine Grundschuld gesicherten Kredit von 240 000,00 EUR zu zahlen.
Prüfen Sie die Richtigkeit folgender Aussagen:

a) Die Berücksichtigung des obigen Sachverhalts führt zu einer Erhöhung der Aufwendungen des Geschäftsjahres um 9 600,00 EUR.

b) Die Gold GmbH hat beim Jahresabschluss noch eine Geldverbindlichkeit von 1 600,00 EUR zu erfassen.

c) Das Unternehmensergebnis würde bei Beachtung des Sachverhalts 184 000,00 EUR betragen.

d) Da es sich bei den Zinsen um Aufwendungen des folgenden Geschäftsjahres handelt, ist eine aktive Rechnungsabgrenzung durchzuführen.

e) Die Berücksichtigung des obigen Sachverhalts führt zu einer Verminderung des Unternehmensergebnisses und zu einer Erhöhung der ausgewiesenen Verbindlichkeiten.

10 Ordnen Sie die unten stehenden Sachverhalte den folgenden Inhalten ordnungsgemäß zu:

(1) Aktive Rechnungsabgrenzung
(2) Passive Rechnungsabgrenzung
(3) Sonstige Forderungen
(4) Sonstige Verbindlichkeiten
(5) kein Vorgang der zeitlichen Abgrenzung

Sachverhalte:

a) Zum Geschäftsjahresende noch nicht erhaltene Einnahmen für Erträge des kommenden Geschäftsjahres

b) Ausgaben vor dem Geschäftsjahresende für Aufwendungen des kommenden Geschäftsjahres

c) Zum Geschäftsjahresende noch nicht erhaltene Einnahmen für Erträge des Geschäftsjahres

d) Aufwendungen des Geschäftsjahres, die erst im kommenden Geschäftsjahr zu einer Ausgabe führen.
e) Ausgaben im Geschäftsjahr für Aufwendungen des Geschäftsjahres
f) Zum Geschäftsjahresende bereits vorliegende Einnahmen für Erträge des folgenden Geschäftsjahres

3.2.3 Rückstellungen

Aufgrund der Betriebsprüfung durch das Finanzamt muss die Medi@Point GmbH & Co. KG mit einer Gewerbesteuernachzahlung rechnen. Herr Müller weist Frau Lapp an, diese Tatsache bei der Erstellung des Jahresabschlusses zu berücksichtigen. Frau Lapp weiß nicht, wie sie die mögliche Nachzahlung erfassen soll, zumal ihr auch ein entsprechender Beleg fehlt.

Arbeitsaufträge
- Erläutern Sie die Auswirkungen auf den Jahresabschluss, wenn Frau Lapp die Nachzahlung nicht berücksichtigt.
- Bilden Sie den erforderlichen Buchungssatz.

Ungewisse Verbindlichkeiten für Aufwendungen des Geschäftsjahres

Für zahlreiche Aufwendungen, die dem abgelaufenen Rechnungsjahr zugerechnet werden müssen, stehen zum Jahresabschluss **Höhe** bzw. **Fälligkeit** der zu leistenden Ausgabe noch nicht fest.

Beispiele gemäß § 249 Abs. 1 HGB
- Ungewisse Verbindlichkeiten, wie mögliche Garantieverpflichtungen, zu erwartende Steuernachveranlagungen, zu erwartende Prozesskosten
- Unterlassene Aufwendungen für Instandsetzung, die in den ersten drei Monaten des folgenden Geschäftsjahres nachgeholt werden, wie Dach- oder Kfz-Reparaturen
- Gewährleistungen, die ohne rechtliche Verpflichtung erbracht wurden (Kulanzleistungen)
- Pensionsverpflichtungen (Vorsorgeaufwendungen für leitende Angestellte)

Zum Zwecke einer **periodengerechten** und **vorsichtigen Erfolgsermittlung müssen** für solche Aufwendungen Beträge geschätzt und als **Verbindlichkeiten in Form von Rückstellungen** auf der Passivseite der Bilanz ausgewiesen werden.

Nach § 249 Abs. 2 HGB i. d. F. d. BilMoG dürfen Rückstellungen für genau umschriebene andere **Aufwendungen** (Aufwandsrückstellungen), die dem Geschäftsjahr oder einem früheren Jahr zuzuordnen sind, nicht mehr gebildet werden. Dieses **Passivierungsverbot** wird damit begründet, dass
- **keine echte Außenverpflichtung** vorliege,
- **lediglich eine Korrektur der Ertragslage erfolge**
- und auch **keine periodengerechte Zuordnung** erfolge.

Aufwendungen für die Entsorgung von Lösungsmitteln, Aufwendungen für Großreparaturen am Gebäude, Aufwendungen für Generalüberholungen von Verwaltungsgebäuden

Rückstellungen sind Verbindlichkeiten für Aufwendungen, deren Höhe bzw. Fälligkeit am Bilanzstichtag noch nicht feststehen.

Bildung von Rückstellungen

Die Höhe einer Rückstellung muss geschätzt werden. Wegen der Unsicherheit bei der Bemessung besteht

- die **Gefahr der Unterbewertung** (zu niedriger Ansatz der Rückstellung),
- die **Möglichkeit der Überbewertung** (Bildung stiller Reserven durch zu hohen Ansatz der Rückstellung).

Die Rückstellungen sind in der Höhe des nach vernünftiger kaufmännischer Beurteilung **notwendigen Erfüllungsbetrages** anzusehen.

Der Verweis auf den Erfüllungsbetrag impliziert, dass künftige Preis- und Kostensteigerungen bei der Bewertung von Rückstellungen zu berücksichtigen sind.

Bei der Bildung der Rückstellung wird der geschätzte Betrag als Aufwand erfasst und dem entsprechenden Rückstellungskonto im Haben gutgeschrieben. Nach § 266 HGB sind für den Ausweis der Rückstellungen drei Konten vorgesehen:

3700 Pensionsrückstellungen
3800 Steuerrückstellungen
3900 Sonstige Rückstellungen

Auswirkung von Rückstellungen

Rückstellungen werden für Aufwendungen gebildet. Dadurch wird der Gewinn der Rechnungsperiode um diesen Betrag gemindert. Entsprechend vermindern sich die **Steuern**, die vom Gewinn berechnet werden (z. B. Körperschaftsteuer bei GmbH und AG), und die **Ausschüttungen** an die Gesellschafter.

Frau Lapp hat aufgrund ihrer Schätzungen folgenden Beleg über die erwartete Gewerbesteuernachzahlung erstellt:

Medi@Point GmbH & Co. KG
BUCHHANDLUNG

Buchungsbeleg-Nr. *37653*

		SOLL		HABEN	
Datum	Buchungstext	Konto	EUR	Konto	EUR
31.12.20..	Die Gewerbesteuerabschlusszahlung für das Geschäftsjahr 20.. wird auf 8 000,00 EUR geschätzt.	7000	8 000,00	3800	8 000,00

Ausgestellt: *22.10.20..* *I. Lapp* | Genehmigt: *31.12.20..* *M. Müller* | Gebucht: *15.01.20..* *S. 736/3*

S	3800 Steuerrückstellungen		H
8010	8 000,00	7000	8 000,00

S	8010 Schlussbilanzkonto		H
3800	8 000,00	8020	8 000,00

S	8010 SBK		H
		3800	8 000,00

S	8020 GuV		H
7000	8 000,00		

Auflösung von Rückstellungen

Eine Rückstellung ist aufzulösen, wenn **der Grund für ihre Bildung weggefallen ist und** damit der angenommene Aufwand und die geschätzte Schuld nicht entstehen (§ 249 Abs. 3 HGB).

Die Auflösung der Rückstellung im Folgejahr macht in den folgenden Fällen **erfolgswirksame Korrekturbuchungen** notwendig.

Zahlungsverpflichtung > Rückstellung	Zahlungsverpflichtung < Rückstellung
Buchung des bisher nicht erfassten Aufwandes als periodenfremder Aufwand	Buchung eines Ertrages aus der Auflösung von Rückstellungen als periodenfremder Ertrag

Am 10. Februar des folgenden Geschäftsjahres geht ein Steuerbescheid über 7 500,00 EUR vom Steueramt der Stadt Duisburg ein.

Der Betrag wird sofort an die Stadtkasse durch Bank überwiesen.

Buchung:

3800 Steuerrückstellungen	8 000,00	an 2800 Bank	7 500,00
		an 5490 Periodenfremde Erträge	500,00

Ist die **Zahlung höher** (z. B. 9 000,00 EUR) **als die gebildete Rückstellung** (8 000,00 EUR), ergibt sich folgende Buchung:

3800 Steuerrückstellungen	8 000,00		
6990 Periodenfremde Aufwendungen	1 000,00	2800 Bank	9 000,00

Rückstellungen
Rückstellungen sind Verbindlichkeiten, die im Gegensatz zu den anderen ausgewiesenen Verbindlichkeiten der Höhe und/oder Fälligkeit nach am Bilanzstichtag noch nicht feststehen; sie werden daher geschätzt.

1 Zum 31. Dezember wird festgestellt, dass dringende Reparaturarbeiten am Lagergebäude nicht durchgeführt worden sind. Nach den vorliegenden Kostenvoranschlägen werden die Aufwendungen wahrscheinlich etwa 42 000,00 EUR betragen. Die Instandsetzungsarbeiten sollen im Monat Februar des folgenden Geschäftsjahres durchgeführt werden. Nach Erledigung der Reparaturarbeiten im Februar wird die Rechnung über 43 100,00 EUR zuzüglich 19 % Umsatzsteuer sofort per Banküberweisung beglichen.
   a) Wie lautet die Buchung am 31. Dezember?
   b) Wie lautet die Buchung bei Zahlung der Rechnung im Februar des folgenden Geschäftsjahres?

2 Wegen einer strittigen Vertragsabwicklung mit einem Lieferer befindet sich die Medi@Point GmbH & Co. KG zum Ende des Geschäftsjahres in einem Rechtsstreit mit diesem Lieferer. Da der Ausgang des Prozesses ungewiss ist, können möglicherweise Rechtskosten in Höhe von 16 000,00 EUR entstehen. Im Juni des folgenden Geschäftsjahres liegt die Abrechnung für den Prozess vor:

Gerichtskosten		4 600,00 EUR
Rechtsanwaltskosten	12 000,00 EUR	
+ 19 % Umsatzsteuer	2 280,00 EUR	14 280,00 EUR

Die Zahlung der Rechnung erfolgt per Banküberweisung.
   a) Wie lautet die Buchung am 31. Dezember?
   b) Wie lautet die Buchung bei Bezahlung der Rechnungen im Juli des folgenden Jahres?

3 Die Gewerbesteuerabschlusszahlung für das laufende Jahr wird zum 31. Dezember auf 52 000,00 EUR geschätzt. Laut Gewerbesteuerbescheid vom 18. März des folgenden Geschäftsjahres beträgt die restliche Gewerbesteuer 54 000,00 EUR. Die Zahlung der restlichen Gewerbesteuer für das vergangene Geschäftsjahr erfolgt per Banküberweisung.

a) Wie lautet die Buchung zum 31. Dezember des Geschäftsjahres?

b) Wie lautet die Buchung bei Bezahlung per Banküberweisung am 18. März des folgenden Jahres?

4 Geben Sie die Buchungssätze zum Geschäftsjahresende an für eine

(1) Sonstige Forderung
(2) Sonstige Verbindlichkeit
(3) Aktive Rechnungsabgrenzung
(4) Passive Rechnungsabgrenzung

Benutzen Sie zur Formulierung des Buchungssatzes folgende Konten:

113 Sonstige Forderungen
194 Sonstige Verbindlichkeiten
242 Betriebsfremde Erträge
091 Aktive Rechnungsabgrenzung
093 Passive Rechnungsabgrenzung
411 Miete, Pacht, Leasing

5 Bilden Sie die Buchungssätze für die folgenden Geschäftsfälle:
6 **Geschäftsfälle:**

	5 EUR	6 EUR
1. a) Aufgrund einer Buch- und Betriebsprüfung durch das Finanzamt ist für das abzuschließende Geschäftsjahr mit einer Gewerbesteuernachzahlung zu rechnen von ...	6 000,00	10 000,00
b) Wie ist am 24. März zu buchen, wenn der Nachveranlagungsbescheid über ... lautet und durch Banküberweisung bezahlt wird?	7 500,00	9 000,00
2. a) Für die noch zu erwartende Jahresabschlusszahlung an die Berufsgenossenschaft wegen der Unfallversicherung wird am 31. Dezember eine Rückstellung gebildet über ..	5 000,00	3 500,00
b) Aufgrund der Jahresabschlussrechnung der Berufsgenossenschaft vom 29. Januar werden für das vergangene Geschäftsjahr als Beitrag zur Berufsgenossenschaft durch die Bank überwiesen ...	4 500,00	4 500,00
3. a) Für einen schwebenden Rechtsstreit, der sich zu unseren Ungunsten entwickelt hat, wird am 31. Dezember eine Rückstellung in Höhe von ... gebildet.	15 000,00	12 000,00
b) Wie ist zu buchen, wenn wir am 27. April des folgenden Geschäftsjahres an die Gerichtskasse und an den Prozessgegner durch Banküberweisung zahlen ...	13 000,00	13 000,00
4. a) Aufgrund einer Warenlieferung, für die wir eine einjährige Garantieverpflichtung eingegangen sind, wird eine Rückstellung gebildet von ...	3 000,00	5 000,00
b) zu **Aufgabe 5**: Der Käufer hat innerhalb der Garantiefrist an uns keine Ansprüche gestellt. Wie ist am Ende des folgenden Geschäftsjahres zu buchen?		
zu **Aufgabe 6**: Der Käufer hat uns aufgrund der Garantieverpflichtung in Anspruch genommen und für durchgeführte Nachbesserungsarbeiten Rechnung erteilt: netto ...		3 200,00
+ 19 % Umsatzsteuer ...		608,00
		3 808,00

Den Rechnungsbetrag haben wir mit Verrechnungsscheck beglichen.

7 Wie verändern die folgenden noch zu buchenden Geschäftsfälle ein vorläufiges positives Unternehmensergebnis?
Geben Sie die Buchungssätze an und stellen Sie fest, ob das Unternehmensergebnis a) erhöht, b) vermindert oder c) nicht beeinflusst wird.

1. **31.12.**: Es wird festgestellt, dass am 1. November des Geschäftsjahres Zinsen für die Zeit vom 30. Oktober des Geschäftsjahres bis zum 30. April des folgenden Geschäftsjahres von uns im Voraus bezahlt wurden.
2. **30.12.**: Die Januarmiete für eine vermietete Lagerhalle wird durch Banküberweisung bezahlt.
3. **31.12.**: Es wird festgestellt, dass am 1. Dezember des Geschäftsjahres der Mieter die Miete für eine gemietete Garage für drei Monate im Voraus an uns überwies.
4. **31.12.**: Es wird festgestellt, dass am 1. November des Geschäftsjahres die Kfz-Steuer für einen Lkw von uns im Voraus für die Zeit vom 1. November des Geschäftsjahres bis zum 30. Oktober des folgenden Geschäftsjahres überwiesen wurde.
5. **20.12.**: Eine fällige Lieferrechnung wird mit Bankscheck bezahlt.
6. **31.12.**: Die Reparaturaufwendungen für die Instandsetzung einer Lagertransportanlage sollen laut Kostenvoranschlag 4 000,00 EUR betragen. Die Instandsetzung soll im Februar des folgenden Geschäftsjahres durchgeführt werden.
7. **31.12.**: Es wird festgestellt, dass die betrieblichen Stromkosten laut Zählerstand für den Monat Dezember des Geschäftsjahres insgesamt 14 000,00 EUR betragen werden. Die Rechnung ist noch nicht eingetroffen.
8. **31.12.**: Es wird festgestellt, dass die Zinsen für eine Darlehensforderung an uns nachträglich am 1. November des Geschäftsjahres und am 1. Mai des folgenden Geschäftsjahres zahlbar sind.
9. **10.12.**: Die Umsatzsteuerzahllast für den Monat November des Geschäftsjahres wird an das Finanzamt mit Banküberweisung bezahlt.
10. **31.12.**: Die Gewerbesteuerabschlusszahlung für das Geschäftsjahr wird auf 25 000,00 EUR geschätzt.

3.3 Einfacher Jahresabschluss der Einzelunternehmen, Personen- und kleinen Kapitalgesellschaften

Herr Kuhnert, Geschäftsführer der Offset GmbH, hat Vorgespräche zur Aufnahme eines Kredits über 300 000,00 EUR mit dem Sachbearbeiter der Kreditabteilung der Deutschen Bank geführt. „Sie werden verstehen“, meint dieser, „dass wir, wenn es denn so weit ist, Sie um Vorlage Ihres Jahresabschlusses bitten werden.“

Herr Kuhnert fragt nach, welche Unterlagen der Kreditsachbearbeiter beim Kreditantrag wünscht.

Jahresabschluss als Informationsträger für Geschäftsführung, Gläubiger, Anteilseigner, Fiskus u. a.

Interessenten und ihr Informationsbedarf: Will ein Unternehmen einen Kredit aufnehmen (Darlehen, Einkäufe auf Ziel), wollen die Kreditgeber Sicherheiten und/oder einen Einblick in die Vermögens- und Finanzlage des Unternehmens. Neben den Kreditgebern gibt es zahlreiche andere Interessenten an der Vermögens-, Ertrags- und Finanzlage von Unternehmen.

Der Jahresabschluss soll nach der im Gesetz formulierten Aufgabe Informationsspeicher über die tatsächliche Vermögens-, Ertrags- und Finanzlage sein. Um aus dieser allgemein formulierten Aufgabenstellung konkrete Regeln für die Gestaltung des Jahresabschlusses abzuleiten, ist es notwendig, den Informationsbedarf des heterogenen Adressatenkreises des Jahresabschlusses zu umschreiben:

Interessenten am Jahresabschluss und ihr Informationsbedarf

Geschäftsführung	Anteilseigner (Eigentümer)	Gläubiger	Fiskus	Aufsichtsbehörden	Sonstige Personengruppen
Informationen über • Umsatz und Gewinn • Daten für künftige Entscheidungen • Daten zur Dokumentation gegenüber Dritten	Informationen über • Ertragslage der Kapitalanlage • Einnahmen aus der Kapitalanlage (Gewinnausschüttung) • Vermögensentwicklung • Kapitalentwicklung	Informationen über • aktuelle und künftige Liquidität • Sicherheit der Kapitaleinlage • künftige Ertragslage • mögliche Sicherheiten • Vermögen und Schulden	Informationen über • Steuerbemessungsgrundlage für Einkommen-, Körperschaft-, Gewerbeertragsteuer • Einhaltung steuerlicher Vorschriften	Informationen über • Wahrung der Interessen von – Sparern, – Einlegern, – Versicherern • Umweltschutz • Beachtung gesetzlicher Vorschriften	Informationen über • wirtschaftliche Lage • Marktanteil • Strukturkennzahlen • Absatzpolitik • Beschäftigungslage

● Bestandteile des Jahresabschlusses

Nach § 242 HGB müssen **alle Kaufleute** zum Ende des Geschäftsjahres zur Darstellung ihrer Vermögens-, Kapital- und Ertragslage einen Jahresabschluss erstellen.

Bei **Einzelunternehmen** und **Personengesellschaften** (OHG, KG) besteht der Jahresabschluss aus der **Bilanz** zum Ausweis der **Vermögenslage** und der **Gewinn- und Verlustrechnung** zur Darstellung der **Ertragslage**.

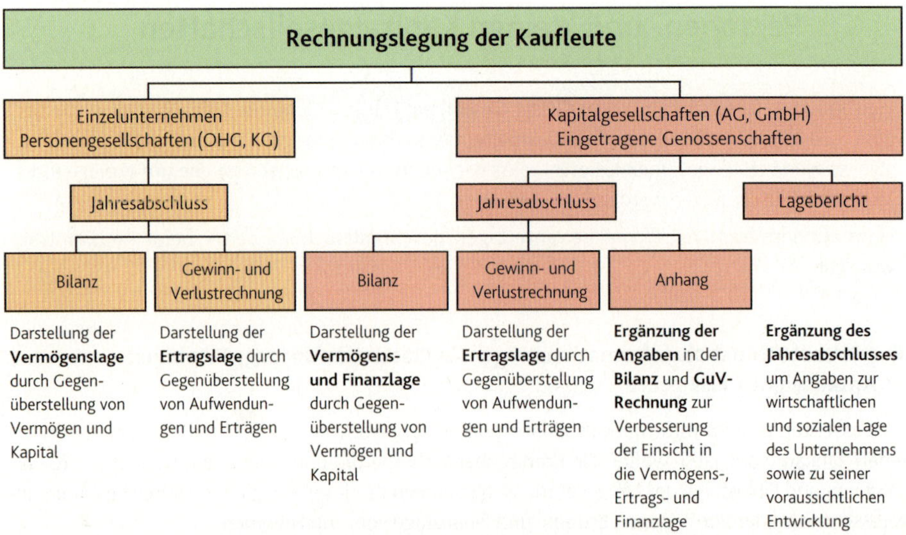

Nach § 264 Abs. 1 HGB müssen **Kapitalgesellschaften** (AG, GmbH) einen Jahresabschluss erstellen, der aus der **Bilanz**, der **Gewinn- und Verlustrechnung** und dem **Anhang** besteht. Sie haben neben der Vermögens- und Ertragslage ihre Finanzlage darzustellen. Außerdem müssen sie den Jahresabschluss durch einen **Lagebericht** ergänzen.

Gliederungsvorschriften für den Jahresabschluss

Einzelunternehmen und Personengesellschaften: Das HGB enthält für Einzelunternehmen und Personengesellschaften nur grobe Hinweise zur Gliederung der Bilanz und der Gewinn- und Verlustrechnung. So müssen gemäß § 247 HGB in der Bilanz das Anlage- und das Umlaufvermögen, das Eigenkapital, die Schulden sowie die Rechnungsabgrenzungsposten gesondert ausgewiesen und hinreichend gegliedert werden. Da jedoch für solche Unternehmen auch der Grundsatz der Klarheit und Übersichtlichkeit gilt, sollten sich auch Einzelunternehmen und Personengesellschaften an den **Gliederungsvorschriften der Kapitalgesellschaften** orientieren.

Kapitalgesellschaften: Im Unterschied zu Einzelunternehmen und Personengesellschaften haben **große Kapitalgesellschaften** die Positionen in der Bilanz und in der Gewinn- und Verlustrechnung nach den **Vorschriften des Handelsgesetzbuches** (§§ 266, 275 HGB) zu bezeichnen und anzuordnen. Diesbezüglich sieht der Gesetzgeber für **kleine Kapitalgesellschaften** wesentliche Erleichterungen vor.

Größenabgrenzung der Kapitalgesellschaften

Merkmale der Größenabgrenzung bei Kapitalgesellschaften sind die Bilanzsumme, die Umsatzerlöse und die Zahl der im Jahresdurchschnitt beschäftigten Arbeitnehmer (§ 267 HGB i. d. F. d. BilMoG).

Kapitalgesellschaft	Bilanzsumme Mio. TEUR	Umsatzerlöse Mio. TEUR	Zahl der Arbeitnehmer	Erläuterung
kleine	bis 4 840	bis 9 680	bis 50	Zwei der drei Merkmale dürfen an den Abschlussstichtagen von zwei aufeinander
mittelgroße	bis 19 250	bis 38 500	bis 250	folgenden Geschäftsjahren nicht überschritten werden.
große	über 19 250	über 38 500	über 250	Zwei der drei Merkmale werden an den obigen Abschlussstichtag überschritten.

Mit einer Bilanzsumme von 2 500 000,00 EUR, einem Umsatz von 6 853 700,00 EUR und vier Arbeitnehmern zählt die Offset GmbH zu den kleinen Kapitalgesellschaften.

Abschluss des GuV-Kontos und Erstellung der Gewinn- und Verlustrechnung in Kapitalgesellschaften

Abschluss des GuV-Kontos bei Kapitalgesellschaften: Kapitalgesellschaften ermitteln wie Einzelunternehmen und Personengesellschaften ihren Erfolg auf dem Konto **„8020 Gewinn und Verlust"** durch Gegenüberstellung der Aufwendungen und Erträge. Der Gewinn der Kapitalgesellschaften wird als **Jahresüberschuss**, der Verlust als **Jahresfehlbetrag** bezeichnet. Beim

Abschluss des GuV-Kontos der Kapitalgesellschaften ergeben sich wegen der besonderen Haftungsverhältnisse Unterschiede zum Einzelunternehmen.

So muss das Haftungskapital der Kapitalgesellschaft, in der **Aktiengesellschaft** (AG) das **Grundkapital**, in der **Gesellschaft mit beschränkter Haftung** (GmbH) das **Stammkapital**, getrennt ausgewiesen werden. Dies geschieht auf dem Konto **„3000 Gezeichnetes Kapital"**.

Daher ist es nicht statthaft, das Gewinn- und Verlustkonto über das Konto „3000 Gezeichnetes Kapital" abzuschließen.

Der Saldo des Kontos „8020 Gewinn und Verlust" ist daher über das passive Bestandskonto **„3400 Jahresüberschuss/-fehlbetrag"** abzuschließen. Dieses Konto wird dann zum Jahresabschluss über das Konto „8010 Schlussbilanzkonto" abgeschlossen. Das **Jahresergebnis** erscheint somit **in der Bilanz** der Kapitalgesellschaften. Nach dem Gliederungsschema gemäß § 266 HGB ist der Jahresüberschuss bzw. Jahresfehlbetrag dann als Unterposition des Gliederungspunktes **„A. Eigenkapital"** getrennt vom gezeichneten Kapital, dem Haftungskapital, auszuweisen.

Ableitung der GuV-Rechnung der Offset GmbH aus dem GuV-Konto der Finanzbuchhaltung

S — 8020 Gewinn- und Verlustkonto — H

6000	Aufwendungen für Rohstoffe	2978000,00	5000	Umsatzerlöse	6853700,00
6020	Aufwendungen für Hilfsstoffe	345000,00	5200	BVÄ	45300,00
6050	Energie	81000,00	5400	Mieterträge	48000,00
6160	Fremdinstandsetzung	190000,00	5710	Zinserträge	53000,00
6200	Löhne	1880000,00			
6300	Gehälter	340000,00			
6500	Abschreibungen auf Sachanlagen	219000,00			
6700	Mieten, Pachten, Leasing	33000,00			
6800	Büromaterial	68000,00			
6820	Postgebühren, Telefon	45000,00			
6900	Versicherungsbeiträge	32000,00			
7000	Gewerbesteuer	65000,00			
7510	Zinsaufwendungen	54000,00			
7700	Körperschaftsteuer	170000,00			
3400	Jahresüberschuss	500000,00			
		7000000,00			7000000,00

S — 3400 Jahresüberschuss — H

8010	SBK	500000,00	8020	GuV	500000,00

S — 8010 Schlussbilanz — H

			3000	gezeichnetes Kapital	600000,00
			3400	Jahresüberschuss	500000,00

Erstellung der GuV-Rechnung für kleine Kapitalgesellschaften

Das folgende verkürzte Gliederungsschema gemäß § 275 Abs. 2 HGB verdeutlicht

- die untereinander angeordneten **unterschiedlichen Erfolgsquellen** und
- die Zuordnung der Kontenarten des **Kontenrahmens** zu den Positionen der Gewinn- und Verlustrechnung (vgl. auch S. 111 ff.).

Positionen der Gewinn- und Verlustrechnung	Kontenarten des Kontenrahmens
1. Umsatzerlöse	5000, 5100
2. Erhöhung oder Verminderung des Bestandes an fertigen und unfertigen Erzeugnissen	5200
3. Sonstige betriebliche Erträge	5400, 5410
Betriebliche Gesamterträge	
4. Materialaufwand	
a) Aufwendungen für Roh-, Hilfs- und Betriebsstoffe, Energie	6000, 6020, 6030, 6040, 6050
b) Aufwendungen für bezogene Leistungen	6100 bis 6170
Rohergebnis	
5. Personalaufwand	6200, 6300
6. Abschreibungen auf Sachanlagen	6520
7. Sonstige betriebliche Aufwendungen	6600 bis 6170
Betriebliches Ergebnis	
8. Zinserträge	5710
9. Zinsaufwendungen	7510
Finanzergebnis	
Ergebnis der gewöhnlichen Geschäftstätigkeit (Betriebliches Ergebnis + Finanzergebnis)	
10. Steuern vom Einkommen und vom Ertrag	7710, 7720
11. Sonstige Steuern	7000, 7010, 7020, 7030
Jahresüberschuss/Jahresfehlbetrag	

Kleine und mittelgroße Kapitalgesellschaften dürfen die Posten 1 bis 4 zu einem Posten, der als „Rohergebnis" zu bezeichnen ist, zusammenfassen (§ 276 HGB).

Ableitung der GuV-Rechnung der Offset GmbH, einer kleinen Kapitalgesellschaft (in EUR), aus dem GuV-Konto der Finanzbuchhaltung (siehe S. 252).

Vergleiche hierzu Kapitel 1.5.2

1. Umsatzerlöse	6 853 700,00
2. Erhöhung oder Verminderung des Bestandes an fertigen und unfertigen Erzeugnissen	45 300,00
3. Sonstige betriebliche Erträge	48 000,00
Betriebliche Gesamterträge	6 947 000,00
4. Materialaufwand	
a) Aufwendungen für Roh-, Hilfs- und Betriebsstoffe, Energie	3 404 000,00
b) Aufwendungen für bezogene Leistungen	190 000,00
Rohergebnis	3 353 000,00
5. Personalaufwand	2 220 000,00
6. Abschreibungen auf Sachanlagen	219 000,00
7. Sonstige betriebliche Aufwendungen	178 000,00
Betriebliches Ergebnis	736 000,00

8.	Zinserträge	53 000,00
9.	Zinsaufwendungen	54 000,00
	Finanzergebnis	– 1 000,00
	Ergebnis der gewöhnlichen Geschäftstätigkeit	735 000,00
10.	Steuern vom Einkommen und vom Ertrag	170 000,00
11.	Sonstige Steuern	65 000,00
	Jahresüberschuss/Jahresfehlbetrag	500 000,00

Erstellung der Bilanz gemäß HGB

Kapitalgesellschaften haben die Bilanz in Kontenform aufzustellen. Das Bilanzschema nach § 266 Abs. 2 HGB ist verpflichtend für große und mittelgroße Kapitalgesellschaften. Bezeichnungen des Bilanzgliederungsschemas, die für die bilanzierende Kapitalgesellschaft unzutreffend sind, können abgeändert werden. Bilanzpositionen des Schemas, die nicht benötigt werden, sollten nicht aufgeführt werden. Die frei werdende Ziffer des Schemas wird dann der nächsten Bilanzposition zugewiesen.

Kleine Kapitalgesellschaften (vgl. S. 251) brauchen nach § 266 Abs. 1 Satz 3 HGB nur eine verkürzte Bilanz zu erstellen, in die lediglich die mit Großbuchstaben und römischen Ziffern bezeichneten Posten gesondert und in der vorgeschriebenen Reihenfolge aufgeführt werden müssen.

Das folgende vereinfachte Bilanzgliederungsschema orientiert sich an dem Bilanzgliederungsschema für kleine Kapitalgesellschaften. Den bisher bekannten Bilanzpositionen wurden die Kontennummern laut Kontenrahmen zugeordnet:

Aktiva	Vereinfachte Bilanzgliederung		Passiva
A. Anlagevermögen		**A. Eigenkapital**	
I. Sachanlagen	0500 – 0890	I. Gezeichnetes Kapital	3000
II. Finanzanlagen	1300 – 0890	II. Jahresüberschuss/-fehlbetrag	3400
B. Umlaufvermögen		**B. Verbindlichkeiten**	
I. Vorräte	2000 – 2300	I. langfristig	4100, 4250
II. Forderungen a. LL	2400 – 2690	II. kurzfristig	4200, 4300, 4890
III. Flüssige Mittel	2800 – 2880		

Die Finanzbuchhaltung der Offset GmbH erstellt zum Ende des Geschäftsjahres folgendes Schlussbilanzkonto:

Soll		8010 Schlussbilanzkonto			Haben
0510	Bebaute Grundstücke	450 000,00	3000	Gezeichnetes Kapital	600 000,00
0700	Maschinen	580 000,00	3400	Jahresüberschuss	500 000,00
0840	Fuhrpark	175 000,00	4200	Kurzfristige Verb. geg. Kreditinst.	180 000,00
0860	Geschäftsausstattung	95 000,00	4250	Langfristige Verb. geg. Kreditinst.	900 000,00
2000	Rohstoffe	282 000,00	4400	Verbindlichkeiten a. LL	250 000,00
2020	Hilfsstoffe	88 000,00	4800	Umsatzsteuer	70 000,00
2030	Betriebsstoffe	48 700,00			
2100	Unfertige Erzeugnisse	95 300,00			
2200	Fertige Erzeugnisse	206 000,00			
2400	Forderungen a. LL	250 000,00			
2800	Bankguthaben	226 000,00			
2880	Kasse	4 000,00			
		2 500 000,00			2 500 000,00

Aktiva — Bilanz der Offset GmbH 31. Dezember 20.. — Passiva

Aktiva		Passiva	
A. Anlagevermögen		**A. Eigenkapital**	
I. Sachanlagen	1300000,00	I. Gezeichnetes Kapital	600000,00
B. Umlaufvermögen		II. Jahresüberschuss/-fehlbetrag	500000,00
I. Vorräte	720000,00	**B. Verbindlichkeiten**	
II. Forderungen a. LL	250000,00	I. langfristig	900000,00
III. Flüssige Mittel	230000,00	II. kurzfristig	500000,00
	2500000,00		2500000,00

Unterzeichnung des Jahresabschlusses und Aufbewahrung

Die Mitglieder des Vorstands bei der AG bzw. der Geschäftsführer bei der GmbH haben den **Jahresabschluss unter Angabe des Datums zu unterzeichnen**.

Bei **Einzelunternehmen und Personengesellschaften** müssen der Einzelunternehmer bzw. die persönlich haftenden Gesellschafter (OHG-Gesellschafter, Komplementäre der KG) persönlich unterzeichnen.

Der Jahresabschluss und der Lagebericht sind **zehn Jahre** aufzubewahren.

Prüfung und Offenlegung des Jahresabschlusses

Die **Vermögens- und Ertragslage** von Kapitalgesellschaften ist von großem Interesse, insbesondere für

- die **Kapitalgeber** – Aktionäre, GmbH-Gesellschafter – sowie
- die **Gläubiger**, denen als Haftungskapital das Gesellschaftsvermögen zur Verfügung steht.

Zur Information und zum Schutz dieser Personenkreise verpflichtet der Gesetzgeber die Kapitalgesellschaften zur **Veröffentlichung** (Publizierung) des Jahresabschlusses und des Lageberichtes im **Bundesanzeiger** sowie zur **Einreichung** beim zuständigen **Handelsregister**. Vorher müssen Jahresabschluss und Lagebericht durch unabhängige Abschlussprüfer geprüft werden. Dabei räumt der Gesetzgeber mittelgroßen und kleinen Kapitalgesellschaften (vgl. § 267 HGB) erhebliche Erleichterungen ein.

Jahresabschluss der Einzelunternehmen und Personengesellschaften und der kleinen Kapitalgesellschaften

Gewinn- und Verlustrechnung

- in **Staffelform**
- nach dem **Gliederungsschema** gemäß § 275 HGB
- Zusammenfassung der Aufwands- und Ertragsarten nach **Erfolgsquellen**
  - Betriebliches Ergebnis
  - Finanzergebnis
  - Ergebnis der gewöhnlichen Geschäftstätigkeit
  - Steuern
  - Jahresüberschuss/-fehlbetrag
- **kleine Kapitalgesellschaften** dürfen die Posten Umsatzerlöse, sonstige betriebliche Erträge und Materialaufwand zum **Rohergebnis** zusammenfassen
- Ausweis des Gewinnes in der Bilanz als **Jahresüberschuss**, des Verlustes als **Jahresfehlbetrag**, getrennt vom **gezeichneten Kapital**, dem Haftungskapital

Bilanz	• in **T-Kontenform** • nach dem **Gliederungsschema** gemäß § 266 Abs. 2 und 3 HGB • **kleine Kapitalgesellschaften** brauchen nur eine verkürzte Bilanz aufzustellen, in die nur die mit Großbuchstaben und römischen Ziffern bezeichneten Posten aufgenommen werden

- *Vorstand (AG) oder Geschäftsführer (GmbH) haben den Jahresabschluss (Bilanz, GuV-Rechnung, Anhang) unter Angabe des Datums der Fertigstellung zu unterzeichnen.*
- *Jahresabschluss und Lagebericht sind offenzulegen und 10 Jahre aufzubewahren.*

1 Erstellen Sie für eine kleine Kapitalgesellschaft die Gewinn- und Verlustrechnung in Staffelform gemäß den Vorschriften des § 275 HGB aufgrund der Salden der Erfolgskonten (vgl. S. 253):

Konto	Kontenbezeichnung	Soll EUR	Haben EUR
5000	Umsatzerlöse für Erzeugnisse		6 497 800,00
5400	Mieterträge		24 000,00
5710	Zinserträge		38 150,00
6000	Aufwendungen für Roh-, Hilfs- und Betriebsstoffe	2 398 100,00	
6050	Aufwendungen für Energie	46 550,00	
6160	Fremdinstandsetzung	141 400,00	
6200	Löhne	1 550 800,00	
6300	Gehälter	1 267 500,00	
6700	Mieten	65 200,00	
6770	Rechts- und Beratungskosten	8 200,00	
6800	Büromaterial	6 900,00	
6820	Postgebühren/Telefon	4 500,00	
6870	Werbung	35 600,00	
6900	Versicherungsbeiträge	24 850,00	
7000	Gewerbesteuer	28 850,00	
7030	Kraftfahrzeugsteuer	36 000,00	
7510	Zinsaufwendungen	27 400,00	
7710	Körperschaftsteuer	168 600,00	
		5 810 450,00	6 559 950,00

2 Erstellen Sie für eine kleine Kapitalgesellschaft (GmbH) die Gewinn- und Verlustrechnung in Staffelform gemäß dem Gliederungsschema S. 253.

Konto	Kontenbezeichnung	Soll EUR	Haben EUR
5000	Umsatzerlöse für Erzeugnisse		3 450 000,00
5400	Mieterträge		60 000,00
5710	Zinserträge		16 100,00
6000	Aufwendungen für Roh-, Hilfs- und Betriebsstoffe	1 008 000,00	
6050	Aufwendungen für Energie	47 200,00	
6200	Löhne	872 000,00	
6300	Gehälter	580 000,00	

Konto	Kontenbezeichnung	Soll EUR	Haben EUR
6710	Leasing	248 000,00	
6770	Rechts- und Beratungskosten	54 000,00	
6800	Büromaterial	64 000,00	
6900	Versicherungsbeiträge	38 000,00	
7000	Gewerbesteuer	92 000,00	
7510	Zinsaufwendungen	19 800,00	
7710	Körperschaftsteuer	188 000,00	
		3 211 000,00	3 526 100,00

3 Erstellen Sie aufgrund der folgenden Kontensalden die Bilanz einer kleinen Kapitalgesellschaft gemäß den Gliederungsvorschriften des § 266 HGB (vgl. auch S. 254 oben):

Konto	Kontenbezeichnung	Soll EUR	Haben EUR
0510	Bebaute Grundstücke	432 000,00	
0530	Betriebsgebäude	1 565 000,00	
0830	Lager- und Transporteinrichtungen	181 000,00	
0840	Fuhrpark	253 000,00	
0860	Geschäftsausstattung	239 000,00	
2000	Rohstoffe	143 500,00	
2400	Forderungen a. LL	87 500,00	
2800	Bankguthaben	229 550,00	
2880	Kasse	3 250,00	
3000	Gezeichnetes Kapital		1 880 000,00
3400	Jahresüberschuss		165 000,00
4100	Anleihen/Hypothekendarlehen		800 000,00
4200	Verbindlichkeiten gegenüber Kreditinstituten		107 000,00
4400	Verbindlichkeiten a. LL		150 200,00
4800	Umsatzsteuer		31 600,00
		3 133 800,00	3 133 800,00

4 Erstellen Sie für eine kleine Kapitalgesellschaft (AG) die Gewinn- und Verlustrechnung in Staffelform gemäß dem Gliederungsschema auf S. 253:

Konto	Kontenbezeichnung	Soll EUR	Haben EUR
5000	Umsatzerlöse für Erzeugnisse		4 620 000,00
5200	Bestandsveränderungen an unfertigen und fertigen Erzeugnissen	69 300,00	
5400	Mieterträge		150 000,00
5710	Zinserträge		70 000,00
6000	Aufwendungen für Rohstoffe	982 000,00	
6020	Aufwendungen für Hilfsstoffe	478 000,00	
6040	Verpackungsmaterial	125 000,00	
6050	Aufwendungen für Energie	148 700,00	
6140	Frachten und Fremdlager	45 600,00	
6160	Fremdinstandsetzung	98 000,00	
6200	Löhne	997 000,00	
6300	Gehälter	706 200,00	

Konto	Kontenbezeichnung	Soll EUR	Haben EUR
6520	Abschreibungen auf Sachanlagen	720 000,00	
6800	Büromaterial	78 000,00	
6820	Postentgelte/Telekommunikation	23 200,00	
6870	Werbung	145 000,00	
6900	Versicherungsbeiträge	38 000,00	
7000	Gewerbesteuer	135 000,00	
7030	Kraftfahrzeugsteuer	25 000,00	
7510	Zinsaufwendungen	101 000,00	
7710	Körperschaftsteuer	95 000,00	
		5 010 000,00	4 840 000,00

5 Erstellen Sie für eine kleine Kapitalgesellschaft (GmbH) die Gewinn- und Verlustrechnung in Staffelform gemäß dem Gliederungsschema auf S. 253:

Konto	Kontenbezeichnung	Soll EUR	Haben EUR
5000	Umsatzerlöse für Erzeugnisse		3 200 000,00
5200	Bestandsveränderungen an unfertigen und fertigen Erzeugnissen	48 000,00	
5400	Mieterträge		115 000,00
5710	Zinserträge		12 000,00
6000	Aufwendungen für Rohstoffe	461 000,00	
6020	Aufwendungen für Hilfsstoffe	135 000,00	
6050	Aufwendungen für Energie	27 000,00	
6140	Frachten und Fremdlager	33 000,00	
6200	Löhne	590 200,00	
6300	Gehälter	160 000,00	
6400	Arbeitgeberanteil zur Sozialversicherung	116 800,00	
6520	Abschreibungen auf Sachanlagen	275 000,00	
6710	Leasing	128 000,00	
6770	Rechts- und Beratungskosten	33 500,00	
6800	Büromaterial	52 000,00	
6900	Versicherungsbeiträge	18 000,00	
7000	Gewerbesteuer	79 000,00	
7020	Grundsteuer	8 500,00	
7510	Zinsaufwendungen	64 000,00	
7710	Körperschaftsteuer	98 000,00	
		2 327 000,00	3 327 000,00

6 Erstellen Sie für eine kleine Kapitalgesellschaft (GmbH-Industrieunternehmen) die Bilanz unter Berücksichtigung des Gliederungsschemas auf S. 254:

Nr.	Kontenbezeichnung	Soll EUR	Haben EUR
0500	Unbebaute Grundstücke	155 000,00	
0510	Bebaute Grundstücke	465 000,00	
0700	Technische Anlagen und Maschinen	868 000,00	
0830	Lager- und Transporteinrichtungen	124 000,00	
0840	Fuhrpark	62 000,00	

Nr.	Kontenbezeichnung	Soll EUR	Haben EUR
0860	Geschäftsausstattung	93 000,00	
1600	Darlehensforderungen	108 500,00	
2000	Rohstoffe	217 000,00	
2020	Hilfsstoffe	74 400,00	
2030	Betriebsstoffe	18 600,00	
2100	Unfertige Erzeugnisse	55 800,00	
2200	Fertige Erzeugnisse	161 200,00	
2400	Forderungen a. LL	372 000,00	
2800	Guthaben bei Kreditinstituten	313 100,00	
2880	Kasse	12 400,00	
3000	Gezeichnetes Kapital		1 400 000,00
3200	Gewinnrücklagen		170 000,00
3400	Jahresüberschuss		448 000,00
4250	Langfristige Verbindlichkeiten gegenüber Kreditinstituten		750 000,00
4400	Verbindlichkeiten a. LL		170 000,00
4800	Umsatzsteuer		95 000,00
4840	Verbindlichkeiten gegenüber Sozialversicherungsträgern		67 000,00
		3 100 000,00	3 100 000,00

7 Erstellen Sie für eine kleine Kapitalgesellschaft (GmbH-Industrieunternehmen) die Bilanz unter Berücksichtigung des Gliederungsschemas auf S. 254:

Nr.	Kontenbezeichnung	Soll EUR	Haben EUR
0500	Unbebaute Grundstücke	120 000,00	
0510	Bebaute Grundstücke	360 000,00	
0700	Technische Anlagen und Maschinen	288 000,00	
0840	Fuhrpark	336 000,00	
0860	Geschäftsausstattung	192 000,00	
2000-2030	Werkstoffe	484 800,00	
2400	Forderungen a. LL	288 000,00	
2800	Guthaben bei Kreditinstituten	321 600,00	
2880	Kasse	9 600,00	
3000	Gezeichnetes Kapital		900 000,00
3400	Jahresüberschuss		425 000,00
4200	Kurzfristige Verbindlichkeiten gegenüber Kreditinstituten		78 000,00
4250	Langfristige Verbindlichkeiten gegenüber Kreditinstituten		730 000,00
4400	Verbindlichkeiten a. LL		147 700,00
4800	Umsatzsteuer		72 000,00
4840	Verbindlichkeiten gegenüber Sozialversicherungsträgern		47 300,00
		2 400 000,00	2 400 000,00

3.4 Auswertung des Jahresabschlusses

3.4.1 Bilanzauswertung und -kritik

Die Offset GmbH hat einen Kredit über 300 000,00 EUR zur Finanzierung einer weiteren Lagerhalle bei der Deutsche Bank AG, Köln, beantragt. Auf Verlangen des Kreditsachbearbeiters haben Frau Kretschmann und Herr Kuhnert dem Antrag die nachstehenden Bilanzen der beiden letzten Geschäftsjahre beigefügt. Der Kreditsachbearbeiter befasst sich intensiv mit den Posten

- des Anlagevermögens und
- der Schulden.

Bilanzen der Offset GmbH im Berichts- und im Vorjahr

	Berichtsjahr	Vorjahr		Berichtsjahr	Vorjahr
I. Anlagevermögen			**I. Eigenkapital**		
1. Grundstücke m. Gebäuden	450 000,00	300 000,00	1. gezeichnetes Kapital	600 000,00	600 000,00
2. Maschinen	580 000,00	410 000,00	2. Jahresüberschuss	500 000,00	400 000,00
3. Fuhrpark	95 000,00	90 000,00	**II. Schulden**		
4. Betriebs- und Geschäftsausstattung	175 000,00	200 000,00	1. Langfristige Verbindl. gegen Kreditinstitute	900 000,00	600 000,00
II. Umlaufvermögen			2. Kurzfristige Verbindl. gegen Kreditinstitute	180 000,00	200 000,00
1. Rohstoffe	282 000,00	367 000,00	3. Verbindl. aus LL	250 000,00	300 000,00
2. Hilfsstoffe	88 000,00	116 000,00	4. Umsatzsteuer	70 000,00	100 000,00
3. Betriebsstoffe	48 700,00	66 000,00			
4. Unfertige Erzeugnisse	95 300,00	84 000,00			
5. Fertige Erzeugnisse	206 000,00	172 000,00			
6. Forderungen a LL.	250 000,00	225 000,00			
7. Bankguthaben	226 000,00	165 000,00			
8. Kasse	4 000,00	5 000,00			
	2 500 000,00	2 200 000,00		2 500 000,00	2 200 000,00

Nach Auswertung dieser Bilanzen entscheidet er, ob er den beantragten Kredit bewilligen wird.

Notwendigkeit der Auswertung

Mit der Erstellung der Bilanz und der Gewinn- und Verlustrechnung ist die Aufgabe des kaufmännischen Rechnungswesens nicht erfüllt. Vielmehr will der Unternehmer über eine kritische Auswertung der Zahlen der Buchführung seine **Marktstellung** durch Vergleich mit Marktführern oder mit Durchschnittszahlen der Branche erkennen und **Daten zur Unternehmenssteuerung** gewinnen.

Die Ergebnisse sind jedoch nicht nur **für die Geschäftsleitung** von außerordentlicher Bedeutung, sondern auch **für Außenstehende**. So versuchen die Gläubiger, z. B. Lieferer und Geldgeber, aus den veröffentlichten bzw. vorgelegten Bilanzen Einblick in die Unternehmen zu gewinnen, und zwar

- bei Kreditwürdigkeitsprüfungen,
- vor einer Beteiligung oder Kapitalanlage.

In diesem Zusammenhang wird beispielsweise erörtert, ob der Betrieb über genügend **Haftungskapital** verfügt, ob die **flüssigen Mittel** reichen, kurzfristige Schulden zu tilgen, ob die Ertragslage eine Beteiligung sinnvoll erscheinen lässt, ob der richtige **steuerliche Gewinn** dokumentiert wurde.

Die Auswertungsunterlagen dürfen daher keine Zahlen enthalten, die über die wirkliche Vermögens- und Erfolgslage des Unternehmens hinwegtäuschen.

Bilanzaufbereitung

Strukturierung der Bilanz: Für Zwecke der Auswertung muss die Bilanz **aufbereitet** und **strukturiert** werden. Dabei werden gleichartige Positionen zusammengefasst, um die Aussagekraft der Bilanz zu erhöhen.

Das folgende Strukturschema liegt den meisten Bilanzauswertungen zugrunde:

Bilanzstruktur			
Kapitalbindung	**Vermögensstruktur**	**Kapitalstruktur**	**Kapitalüberlassung**
langfristig	**I. Anlagevermögen**	**I. Eigenkapital** • gezeichnetes Kapital • Jahresabschluss	**langfristig über 5 Jahre**
mittel- bis kurzfristig	**II. Umlaufvermögen** 1. Vorräte – Werkstoffe – Erzeugnisse	**II. Schulden/Fremdkapital** **1. Langfristige Verbindlichkeiten**	
	2. Forderungen (kurzfristig) – Forderungen a. LL – Sonstige kurzfristige Forderungen (Vorsteuerüberhang)	**2. Mittel- und kurzfristige Verbindlichkeiten** – kurzfristige Bankverbindlichkeiten Verbindlichkeiten a. LL – sonstige Verbindlichkeiten (USt-Zahllast, Verbindlichkeiten aus Steuern und gegenüber Sozialversicherungsträgern)	**mittel- (1 bis 5 Jahre) und kurzfristig (unter einem Jahr)**
keine Bindung	3. Liquide Mittel – Guthaben bei Kreditinstituten		

Statistische Aufbereitung des Jahresabschlusses: Die **absoluten Zahlen** sind in **Verhältniszahlen** (Prozentsätze) zur Bilanzsumme (= 100 %) umzurechnen, um die **Vergleichbarkeit** der Werte im Jahresabschluss des Berichtsjahres mit dem Vorjahr und mit anderen Unternehmen zu verbessern.

Aufbereitete Bilanzen der Offset GmbH (siehe Bilanzen des Berichts- und Vorjahres, S. 260)

Vergleiche hierzu Kapitel 1.2.1.3

	Berichtsjahr		Vorjahr		Veränderungen	
	TEUR	%	TEUR	%	TEUR	%
Vermögensstruktur						
I. Anlagevermögen (AV)						
1. Grundstücke, Gebäude	450 000,00	18,0	300 000,00	13,6	+ 150 000,00	+ 50,0
2. Maschinen	580 000,00	23,2	410 000,00	18,6	+ 170 000,00	+ 41,5
3. Fuhrpark	95 000,00	3,8	90 000,00	4,1	+ 5 000,00	+ 5,6
4. Geschäftsausstattung	175 000,00	7,0	200 000,00	9,1	– 25 000,00	– 12,5
Summe Anlagevermögen	1 300 000,00	52	1 000 000,00	45,5	+ 300 000,00	+ 30,0
II. Umlaufvermögen		0,0		0,0		
1. Vorräte	720 000,00	28,8	805 000,00	36,6	– 85 000,00	– 10,6
2. Kurzfristige Forderungen	250 000,00	10,0	225 000,00	10,2	+ 25 000,0	+ 11,1
3. Liquide Mittel	230 000,00	9,2	170 000,00	7,7	+ 60 000,00	+ 35,3
Summe Umlaufvermögen	1 200 000,00	48	1 200 000,00	54,5	0,00	0,0
Summe Vermögen	2 500 000,00	100	2 200 000,00	100,0	+ 300 000,00	+ 13,6

	Berichtsjahr		Vorjahr		Veränderungen	
	TEUR	%	TEUR	%	TEUR	%
Kapitalstruktur						
I. Eigenkapital	1100000,00	44,0	1000000,00	45,5	+ 100000,00	+ 10,0
II. Langfristige Schulden	900000,00	36,0	600000,00	27,3	+ 300000,00	+ 50,0
Summe langfristiges Kapital	2000000,00	80	1600000,00	72,7	+ 400000,00	+ 25,0
III. Kurzfristige Schulden	500000,00	20,0	600000,00	27,3	– 100000,0	– 16,7
Summe Schulden	1400000,00	56	1200000,00	54,5	+ 200000,00	+ 16,7
Summe Kapital	2500000,00	100	2200000,00	100	+ 300000,00	+ 13,6

Auswertung

Vermögensaufbau: Der Vermögensaufbau geht bereits weitgehend aus den aufbereiteten Bilanzen hervor. Die hier angegebenen **Prozentsätze** stellen **Intensitätskennziffern** oder Quoten dar, die den jeweiligen Anteil des Postens am Gesamtvermögen ausdrücken.

	Berichtsjahr	Vorjahr
Anlagevermögensintensität $= \frac{\text{AV} \cdot 100}{\text{Gesamtvermögen}}$	$\frac{1300000 \cdot 100}{2500000} = 52\,\%$	$\frac{1000000 \cdot 100}{2200000} = 45{,}5\,\%$
Umlaufvermögensintensität $= \frac{\text{UV} \cdot 100}{\text{Gesamtvermögen}}$	$\frac{1200000 \cdot 100}{2500000} = 48\,\%$	$\frac{1200000 \cdot 100}{2200000} = 54{,}5\,\%$

Allgemeine Aussagen zur Vermögensstruktur: Die **Vermögensstruktur** ist in erster Linie abhängig von der Art und Zielsetzung des Betriebes. So haben Großhandelsunternehmen häufig ein großes Umlaufvermögen (Waren, Forderungen), während Unternehmen der Grundstoffindustrie sehr anlageintensiv sind.

Das **Anlagevermögen** bildet die Grundlage der Betriebsbereitschaft. Es verursacht gleichbleibend hohe fixe Kosten z. B. für Abschreibungen, Instandhaltung, Zinsen, Versicherungsprämien. Dies kann sich in Krisenzeiten besonders negativ auswirken. Daher ist mit dem Anlagevermögen ein großes Risiko verbunden.

Auf der anderen Seite kommen Teile des Anlagevermögens als Sicherheiten für aufgenommene Kredite infrage. Kreditgeber untersuchen daher, wie weit diese Vermögensteile bereits belastet sind (z. B. mit Hypotheken oder Grundschulden).

Das **Umlaufvermögen** ist der eigentliche Gewinnträger. Durch den Verkauf der Erzeugnisse fließen Geldwerte in das Unternehmen (Aufwand und Gewinn) zurück, die zum Zwecke der Wiederbeschaffung, Rationalisierung und Erweiterung eingesetzt werden können.

Aussagen zu den einzelnen Kennziffern:

- **Anlagevermögensintensität:** Der Anteil des AV am Gesamtvermögen hat um 6,5 Prozentpunkte zugenommen, ist aber um 30,0 Prozentpunkte gestiegen (vgl. das Beispiel auf S. 261). Das bedeutet, dass in den Anlagebereich investiert wurde, erkennbar in der Zunahme von Grundstücken und Maschinen.

  Aus dieser Entwicklung können folgende betriebswirtschaftliche Aussagen abgeleitet werden:
  – verstärkte langfristige Kapitalbindung,

- Zunahme fixer Kosten (Abschreibungen, Reparaturen, Zinsen),
- Verbesserung des technischen Standes der Betriebsmittel,
- Kapazitätserweiterung (Nettoinvestition), die gleichzeitig wegen der verstärkten langfristigen Kapitalbindung erhöhtes Risiko bedeuten kann.

Ursachen dieser Entwicklung können z. B. in einer verbesserten Marktstellung (Umsatzsteigerung) oder in der Aufnahme neuer Produkte in das Produktionsprogramm begründet sein. Eine umgekehrte Entwicklung kann zurückzuführen sein auf
- pessimistische Zukunftserwartungen wegen rückläufiger Aufträge,
- unterlassene Ersatzinvestitionen wegen fehlender liquider Mittel, verschlechterter Kreditwürdigkeit u. a.,
- Anpassung der Betriebsmittel und des Produktionsprogramms an die Nachfrage.

- **Umlaufvermögensintensität:** Die Umlaufvermögensintensität hat um 6,5 Prozentpunkte zugenommen, im Vergleich zum Vorjahr ist das Umlaufvermögen gleichgeblieben. Wie die aufbereiteten Bilanzen zeigen, wurde diese Entwicklung insbesondere durch die Abnahme der Vorräte und die Zunahme der Forderungen und der liquiden Mittel verursacht.

  Die Abnahme der Vorräte kann in der Verkürzung von Beschaffungszeiten betriebswirtschaftlich begründet sein.

  Die Entwicklung der Vorräte kann auch in der saison- und preisbedingten Vorratspolitik begründet sein. Weitere Einflussfaktoren der Vorräte sind Lieferbereitschaft, Auftragslage und Lagerkosten.

Kapitalaufbau: Die Passivseite bietet wichtige Informationen über die **Finanzierung** eines Unternehmens. Sie gibt Auskunft über die Herkunft des Kapitals durch den getrennten Ausweis von Eigen- und Fremdkapital (Schulden).

Entsprechend dieser Gliederung der Kapitalien können auch für die Passivseite der Bilanz Intensitätskennziffern berechnet werden.

	Berichtsjahr	Vorjahr
Eigenkapitalintensität (Eigenkapitalquote) $= \frac{\text{EV} \cdot 100}{\text{Gesamtkapital}}$	$\frac{1\,100\,000 \cdot 100}{2\,500\,000} = 44\,\%$	$\frac{1\,000\,000 \cdot 100}{2\,200\,000} = 45{,}5\,\%$
Fremdkapitalintensität (Anspannungskoeffizient) $= \frac{\text{FV} \cdot 100}{\text{Gesamtkapital}}$	$\frac{1\,400\,000 \cdot 100}{2\,500\,000} = 56\,\%$	$\frac{1\,200\,000 \cdot 100}{2\,200\,000} = 54{,}5\,\%$

♦ Eigenkapitalintensität (Eigenkapitalquote)

Die Eigenkapitalintensität oder -quote besagt,
- in welchem Umfang sich der Unternehmer selbst bzw. die Gesellschafter an der Finanzierung des Unternehmens und dem damit verbundenen Risiko beteiligen,
- wie hoch der Anteil des Haftungs- oder Garantiekapitals ist.

Je höher der Eigenkapitalanteil ist, desto größer ist die finanzielle Stabilität wegen der unbegrenzten Überlassungsfristen. Entsprechend wird die Abhängigkeit des Unternehmens von Gläubigern mit zunehmendem Eigenkapital verringert. Andererseits ist jedoch zu beachten, dass mit der Aufnahme neuer Gesellschafter zum Zwecke der Eigenfinanzierung die Rechte und damit die Aktionsfähigkeit der bisherigen Geschäftsführer eingeschränkt werden können. Darüber hinaus sagt die Eigenkapitalquote etwas über die Kreditwürdigkeit des Unternehmens aus, weil sie den Anteil des Haftungskapitals angibt. Im Beispiel hat sich die Eigenkapitalquote um 1,5 Prozentpunkte verschlechtert.

♦ Fremdkapitalintensität (Anspannungskoeffizient)

Die Fremdkapitalintensität oder der Anspannungskoeffizient gibt Auskunft über die Kapitalanspannung, die durch das Fremdkapital hervorgerufen wird. Besondere Nachteile des Fremdkapitals sind die regelmäßigen Liquiditätsbelastungen durch Zins- und Rückzahlungen ohne Bezug zur Ertragslage.

Je höher diese Quote ist, desto stärker wird die Verfügbarkeit über Vermögensteile eingeschränkt, weil Vermögensteile an die Gläubiger als Sicherheiten verpfändet oder übereignet werden mussten. Mit der Abnahme der anzubietenden Sicherheiten verschlechtert sich folglich die Kreditwürdigkeit.

Der **Anteil kurzfristiger Schulden am Gesamtkapital** sagt etwas über die Anspannung der Liquidität durch laufende Kapitalrückzahlungen und über das Finanzierungsrisiko wegen der kurzfristigen Überlassungsfristen aus. Wegen der verschlechterten Eigenfinanzierung bei gleichzeitiger Fremdkapitalzunahme wurde die Anspannung der Liquidität vergrößert (5,4 Prozentpunkte).

Kapitalanlage: Bei Investitionen hat der Unternehmer darauf zu achten, dass das zur Finanzierung benötigte Kapital für die Dauer der Bindung im Vermögen bereitstehen muss.

Kapitalüberlassungsfristen sollen mit Kapitalbindungsfristen übereinstimmen (goldene Finanzierungsregel).

♦ Anlagendeckung

Die Einhaltung dieser Regel lässt sich annähernd durch folgende Deckungskennziffern überprüfen:

	Berichtsjahr	Vorjahr
Anlagendeckung I $= \frac{EK \cdot 100}{AV}$	$\frac{1\,100\,000 \cdot 100}{1\,300\,000} = 84{,}6\,\%$	$\frac{1\,000\,000 \cdot 100}{1\,000\,000} = 100\,\%$
Anlagendeckung II $= \frac{(EK + \text{langfr. } FK) \cdot 100}{AV}$	$\frac{(1\,100\,000 + 900\,000) \cdot 100}{1\,300\,000} = 153{,}8\,\%$	$\frac{(1\,000\,000 + 600\,000) \cdot 100}{1\,000\,000} = 160\,\%$

Anlagendeckung I: Die Kennziffer „Anlagendeckung I" zeigt, ob das Anlagevermögen, das dem Unternehmen auf lange Sicht dienen soll, auch mit Mitteln finanziert wurde, die dem Unternehmen dauernd zur Verfügung stehen.

Das Anlagevermögen bildet die Grundlage der Betriebsbereitschaft. Da der Verzehr des Anlagevermögens und damit der Rückfluss dieser Wertminderungen über die Erlöse sich über mehrere Jahre erstreckt, ist eine langfristige Finanzierung existenznotwendig für das Unternehmen. Dies gilt noch verstärkt für Krisenzeiten, in denen die Belastungen durch Fremdkapital (Tilgung und Zinsen) wegen verringerter Gewinne erhebliche Schwierigkeiten bereiten.

In der Offset GmbH liegt im Berichtsjahr eine Deckung von 84,6 % vor, die sich gegenüber dem Vorjahr um 15,4 Prozentpunkte verschlechtert hat.

Anlagendeckung II: Es ist natürlich nicht notwendig und nicht immer zweckmäßig, Anlagevermögen ausschließlich mit Eigenkapital zu finanzieren. Auch **langfristiges Fremdkapital** kann zu seiner Finanzierung wegen der langfristigen Tilgung (kleine Raten) herangezogen werden. Dies ist deshalb sinnvoll, weil zur Erhaltung der Betriebsbereitschaft neben dem Anlagevermögen Teile des Umlaufvermögens (eiserne Bestände) langfristig finanziert werden müssen. Im Beispiel liegt trotz Verschlechterung um 6,2 Prozentpunkte sogar eine Überdeckung vor.

Liquidität: Da das im Anlagevermögen investierte Kapital grundsätzlich langfristig gebunden bleibt, müssen **fällige Schulden** aus dem Umlaufvermögen getilgt werden. Unpünktliche Erfüllung der Zahlungsverpflichtungen kann zum Verlust der Kreditwürdigkeit führen. Anhaltende **Zahlungsunfähigkeit** führt sogar zur Insolvenz. Daher sollte ein Unternehmen immer in der Lage sein, seinen Verpflichtungen nachzukommen. Das ist langfristig nur möglich, wenn liquide Mittel einer bestimmten Fristigkeit mit entsprechenden Verbindlichkeitsfälligkeiten übereinstimmen.

Wie die mangelhafte Liquidität bringt auch eine **Überliquidität** wirtschaftliche Nachteile mit sich, sofern es an geeigneten Angeboten am Kapitalmarkt mangelt: z. B. Zinsverlust und damit eine Minderung der Rentabilität.

Zur Beurteilung der Liquidität sind den Verbindlichkeiten (Zahlungsverpflichtungen) die liquiden Mittel gegenüberzustellen. Nach den Kriterien „Flüssigkeit und Fälligkeit" werden liquide Mittel und Verbindlichkeiten erster und zweiter Ordnung unterschieden (siehe unten) und in einzelnen Liquiditätskennziffern berücksichtigt.

		Berichtsjahr	Vorjahr
Liquidität 1. Grades (= Barliquidität)	$= \frac{\text{liquide Mittel} \cdot 100}{\text{kurzfristige Verbindlichkeiten}}$	$\frac{230\,000 \cdot 100}{500\,000} = 44\,\%$	$\frac{170\,000 \cdot 100}{600\,000} = 28{,}3\,\%$
Liquidität 2. Grades (= einzugsbed. Liquidität)	$= \frac{(\text{li. Mittel} + \text{kurzfr. Ford.}) \cdot 100}{\text{kurzfristige Verbindlichkeiten}}$	$\frac{480\,000 \cdot 100}{500\,000} = 96\,\%$	$\frac{395\,000 \cdot 100}{600\,000} = 65{,}8\,\%$
Liquidität 3. Grades (= absatzbed. Liquidität)	$= \frac{\text{Umlaufvermögen} \cdot 100}{\text{kurzfristige Verbindlichkeiten}}$	$\frac{1\,200\,000 \cdot 100}{500\,000} = 240\,\%$	$\frac{1\,200\,000 \cdot 100}{600\,000} = 200\,\%$

Liquidität ist die Fähigkeit des Unternehmens, seinen Verbindlichkeiten fristgemäß nachzukommen. Ist das Unternehmen dazu in der Lage, befindet es sich im finanziellen Gleichgewicht. Es wird als „liquide" bezeichnet.
Ist die Zahlungsfähigkeit größer als der Zahlungsmittelbedarf, liegt Überliquidität vor.

Die so gewonnenen Liquiditätskennziffern sollten, selbst wenn sie größer als 100 % sind, mit Vorsicht beurteilt werden. Sie gelten nur für den Bilanzstichtag und geben somit einen Stand an, der sich schnell verändern kann. Aussagen für die nächste Zukunft können nur bei Kenntnis der Fälligkeitsdaten der Verbindlichkeiten einerseits, der Einkaufsplanungen, der Liquidierbarkeit der Posten des Umlaufvermögens, der Umsatzentwicklung, der Marktlage und der Zahlungsgepflogenheiten der Kunden andererseits gemacht werden.

Eine im Zeitvergleich rückläufige Tendenz der Liquidität kann auf Fehlentscheidungen oder die Verwendung liquider Reserven zur Finanzierung von Anlagen und Vorräten, beispielsweise zum Zwecke der Betriebserweiterung und Umsatzsteigerung, zurückzuführen sein. Parallel zur Liquidität ist also die Entwicklung anderer Bilanzposten zu betrachten.

Im Beispiel oben haben sich alle Liquiditätskennzahlen verbessert. Eine Barliquidität von 46 % besagt, dass von 100,00 EUR kurzfristigen Schulden bei sofortiger Fälligkeit nur 46,00 EUR getilgt werden können.

Da jedoch einerseits nicht alle kurzfristigen Verbindlichkeiten gleichzeitig fällig werden, andererseits Teile der Forderungen bis zur Fälligkeit einzelner Verbindlichkeiten ausgeglichen werden, werden die Forderungen in die Berechnung der Liquidität zweiten Grades einbezogen. Mit 96 % deutet diese eine fast ausreichende Liquidität an. Positiv ist anzumerken, dass die Liquidität gegenüber dem Vorjahr stark gestiegen ist. Dies gilt auch für die Liquidität dritten Grades.

Wichtiger Grundsatz der Investitions- und Liquiditätssteuerung ist die Übereinstimmung von Kapitalüberlassungs- und Kapitalbindungsfristen.
Bilanzpolitisch wird daher eine Übereinstimmung folgender Aktiva und Passiva angestrebt:

Aktiva		**Passiva**
Anlagevermögen	↔	Eigenkapital + langfristiges Fremdkapital
Forderungen	↔	Verbindlichkeiten

Auswertung der Bilanz und grafische Darstellung mithilfe eines Tabellenkalkulationsprogramms:

	A	B	C	D	E	F	G
1	**Statistische Aufbereitung der Bilanz**						
2							
3		**Berichtsjahr**	**Vorjahr**			**Berichtsjahr**	**Vorjahr**
4	AV	1300000,00	1000000,00		EK	1100000,00	1000000,00
5	UV	1200000,00	1200000,00		FK	1400000,00	1200000,00
6	davon liquide Mittel	230000,00	170000,00		davon kurzfr. Verb.	500000,00	600000,00
7	Gesamtvermögen	2500000,00	2200000,00		Gesamtkapital	2500000,00	2200000,00

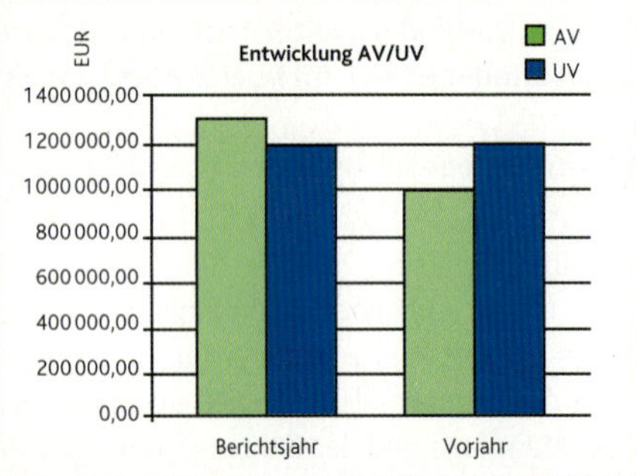

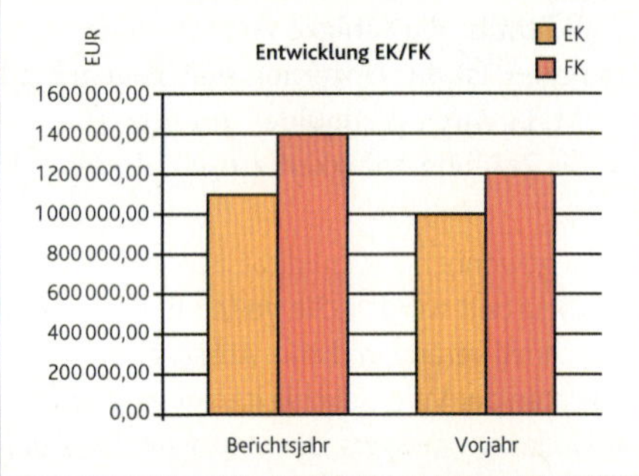

	A	B	C	D	E	F	G
20				Berichtsjahr (%)	Vorjahr (%)	**Formeln**	
21	**Anlagevermögensintensität:**			52,0	45,5	=B4*100/B7 bzw. =C4*100/C7	
22	**Umlaufvermögensintensität:**			48,0	54,5	=B5*100/B7 bzw. =C5*100/C7	
23	**Eigenkapitalquote:**			44,0	45,5	=F4*100/F7 bzw. =G4*100/G7	
24	**Fremdkapitalquote:**			56,0	54,5	=F5*100/F7 bzw. =G5*100/G7	
25	**Anlagendeckung I:**			84,6	100,0	=F4*100/B4 bzw. =G4*100/C4	
26	**Liquidität 1. Grades:**			46,0	28,3	=B6*100/F6 bzw. =C6*100/G6	
27							
28	Eingaben in B4, B5, B6, C4, C5, C6, F4, F5, F6, G4, G5, G6						
29	Ausgaben in D21: E26 durch Formeln, die sich aus den Berechnungen der einzelnen Kennziffern						
30	ergeben. Siehe hierzu die Ausführungen im Sachinhalt						

Bilanzauswertung und -kritik

- ***Notwendigkeit:***
  - *Kontrolle und Beurteilung der Geschäftsentwicklung*
  - *Beurteilung der Kreditwürdigkeit*
- ***Bilanzkennziffern:***
  - ***Vermögensaufbau***
    Anlagevermögensintensität
    Umlaufvermögensintensität
  - ***Kapitalaufbau***
    Eigenkapitalintensität (Eigenkapitalquote)
    Fremdkapitalintensität (Anspannungskoeffizient)
  - ***Kapitalanlage***
    Anlagendeckung I
    Anlagendeckung II
  - ***Liquidität***
    Liquidität ersten Grades (Barliquidität)
    Liquidität zweiten Grades (einzugsbedingte Liquidität)
    Liquidität dritten Grades (absatzbedingte Liquidität)

1 Sie werden beauftragt, die unten stehenden Bilanzen eines Industriebetriebes auszuwerten.

Aktiva	Jahr 1	Jahr 2	Passiva	Jahr 1	Jahr 2
I. Anlagevermögen			**I. Eigenkapital**	270 000,00	350 000,00
1. Grundstücke	20 000,00	20 000,00	**II. Fremdkapital**		
2. Gebäude	25 000,00	24 000,00	1. Hypothekschulden über 5 Jahre	40 000,00	40 000,00
3. Maschinen	15 000,00	55 000,00			
4. Fuhrpark	60 000,00	120 000,00	2. Darlehensschulden über 1 Jahr	120 000,00	120 000,00
5. Geschäftsausstattung	30 000,00	26 000,00	3. Verbindlichkeiten a. LL gegen Kreditinstitute	136 200,00	142 800,00
II. Umlaufvermögen					
1. Vorräte	209 700,00	280 300,00			
2. Forderungen a. LL	140 600,00	96 100,00	4. Schuldwechsel	33 800,00	47 200,00
3. Bankguthaben	90 400,00	72 400,00			
4. Kasse	9 300,00	6 200,00			
	600 000,00	700 000,00		600 000,00	700 000,00

Ermitteln Sie dabei für beide Jahre die Kennzahlen:

a) zum Vermögensaufbau
   - Anlagevermögensintensität
   - Umlaufvermögensintensität

b) zur Finanzierung
   - Eigenkapitalintensität
   - Fremdkapitalintensität

c) zur Anlagendeckung
   - Anlagendeckung I
   - Anlagendeckung II

d) zur Liquidität
   - Liquidität ersten Grades
   - Liquidität zweiten Grades

Beurteilen Sie die Entwicklung des Unternehmens anhand der Kennzahlen in einem Bericht zur Bilanz.

2 a) In Industriebetrieben bilden Rohstoffe oft den größten Posten innerhalb des Umlaufvermögens. Wie erklären Sie sich diesen Sachverhalt?
b) Was sagt Ihnen die Bilanz über die Art des Betriebes?

3 a) Warum kann die Finanzierung in unserem Beispiel auf S. 263 f. als gut bezeichnet werden?
b) Wie kann das Verhältnis Eigenkapital : Fremdkapital noch verbessert werden?
c) Wodurch kann eine Verschlechterung eintreten?

d) Wie beurteilen Sie das Verhältnis von Eigenkapital : Fremdkapital = 3:4?
e) Die Kennziffer über den Vermögensaufbau änderte sich gegenüber dem Vorjahr von 35 % auf 48 % bei etwa gleichbleibendem Umlaufvermögen. Begründen Sie diese Entwicklung.

4 Gegeben ist die Bilanz eines Industriebetriebes in TEUR:

Aktiva	Bilanz zum 31. Dezember 20..		Passiva
I. Anlagevermögen		**I. Eigenkapital**	2200
Bebaute Grundstücke	400	**II. Schulden über 5 Jahre**	
Gebäude	600	Hypothekenschulden	500
Maschinen	450	Darlehensschulden	100
Fuhrpark	350	**III. Andere Verbindlichkeiten**	
Betriebs- und Geschäftsausst.	200	Verbindlichkeiten a. LL	920
II. Umlaufvermögen		Sonstige Verbindlichkeiten	280
Roh-, Hilfs- und Betriebsstoffe	600		
Unfertige und fertige Erzeugnisse	330		
Forderungen a. LL	945		
Bank	118		
Kasse	7		
	4000		4000

a) Bereiten Sie die Bilanz durch Umrechnung der absoluten Zahlen in Verhältniszahlen auf.
b) Ermitteln Sie die Anlagen- und Umlaufvermögensintensität, die Eigen- und Fremdkapitalintensität, die Anlagendeckung I und II und die Liquidität ersten und zweiten Grades.

5 a) Kauf einer Maschine im Wert von 1 600 000,00 EUR. Ihre Anschaffung wurde mit einem kurzfristigen Kredit finanziert. Beurteilen Sie diese Entscheidung.
b) Der Deckungsgrad des Anlagevermögens durch langfristiges Kapital entwickelte sich auf 110 % gegenüber 75 %. Das Unternehmen war aus einem Einzelunternehmen in eine KG umgewandelt worden. Prüfen Sie, ob die Veränderung der Kennziffer durch diesen Vorgang beeinflusst worden sein kann.

6 a) Warum ist die aus der Bilanz errechnete Zahlungsbereitschaft mit Vorsicht zu behandeln?
b) Welche Angaben müssten Sie haben, um ein genaueres Bild über die Liquidität zu erhalten?
c) Durch welche Maßnahmen kann die Liquidität verbessert werden?
d) Nennen Sie je drei Geschäftsfälle, durch die die Liquidität kurzfristig
– verbessert, – verschlechtert
werden kann.

7 Folgende vereinfachte Bilanzen in Mio. EUR eines Industriebetriebes sind auszuwerten:

	Berichtsjahr	Vorjahr
Sachanlagen	600	700
Finanzanlagen	120	70
Anlagevermögen	720	770
Vorräte	220	315
Forderungen	140	210
Liquide Mittel	120	105
Umlaufvermögen	480	630
Vermögen	1200	1400

	Berichtsjahr	Vorjahr
Eigenkapital	600	600
Langfristiges Fremdkapital	375	520
Langfristiges Kapital	975	1120
Kurzfristiges Fremdkapital	225	280
Kapital	1200	1400

a) Nennen Sie Bilanzposten, die in den einzelnen Vermögens- und Kapitalgruppen enthalten sind.
b) Ermitteln Sie die Intensitätskennziffern der einzelnen Vermögens- und Kapitalgruppen.
c) Ermitteln Sie die prozentualen Veränderungen der Einzelgruppen und geben Sie Ursachen und Folgen an.
d) Ermitteln Sie die Anlagendeckung I und II und die Liquidität ersten und zweiten Grades.

8 Aktiva — Bilanz der Hega GmbH zum 31. Dezember 20.. in TEUR — Passiva

Aktiva		Passiva	
Grundstücke und Gebäude	70 000	Eigenkapital	120 000
Maschinen	40 000	Hypothekenschulden	85 000
Betriebs- und Geschäftsausst.	30 000	Verbindlichkeiten a. LL	45 000
Roh-, Hilfs und Betriebsstoffe	25 000		
Forderungen a. LL	50 000		
Bank	35 000		
	250 000		250 000

a) Wie viel Prozent beträgt der Anteil des Anlagevermögens am Gesamtvermögen?
b) Wie viel Prozent beträgt der Eigenkapitalanteil am Gesamtkapital?
c) Wie viel Prozent beträgt die Anlagendeckung durch das Eigenkapital (auf zwei Stellen nach dem Komma genau)?

9 Ermitteln Sie aus unten stehenden Daten (in TEUR) der Peter Voss OHG zum Ende des Geschäftsjahres

a) das Anlagevermögen, c) das Eigenkapital, e) den Aufwand, g) den Gewinn.
b) das Umlaufvermögen d) die Schulden, f) den Ertrag,

Daten der Peter Voss OHG

Gebäude, Grundstücke	800	Bankguthaben	200
Roh-, Hilfs- und Betriebsstoffe	300	Personalaufwand	8 000
Forderungen a. LL	570	Sonstige Erträge	1 000
Verbindlichkeiten gegenüber Banken	650	Rückstellungen	270
Umsatzerlöse für Erzeugnisse	25 000	Aufwendungen f. Rohstoffe	14 400
Geschäftsausstattung	180	Fuhrpark	450
Abschreibungen	600	Sonstige Aufwendungen	2 400
Verbindlichkeiten a. LL	430	Eigenkapital	1150

3.4.2 Auswertung der Gewinn- und Verlustrechnung

Der Kreditsachbearbeiter der Deutsche Bank AG (vgl. S. 260) hat Frau Kretschmann gebeten, zusätzlich zu den Bilanzen die Gewinn- und Verlustrechnungen der beiden letzten Jahre zur Einsicht nachzureichen, um hieraus weitere Informationen für die Kreditgewährung zu entnehmen.

GuV-Rechnungen der Offset GmbH im Berichts- und im Vorjahr

	Berichtsjahr	Vorjahr		Berichtsjahr	Vorjahr
6000 Aufwendungen f. Rohst.	2 978 000,00	2 608 000,00	5000 Umsatzerlöse f. Erzeugn.	6 853 700,00	6 111 800,00
6020 Aufwendungen f. Hilfsst.	345 000,00	312 000,00	5200 Bestandsveränderungen	45 300,00	60 200,00
6050 Energie	81 000,00	75 000,00	5400 Mieterträge	48 000,00	36 000,00
6160 Fremdinstandsetzung	190 000,00	128 000,00	5710 Zinserträge	53 000,00	42 000,00
6200 Löhne	1 880 000,00	1 815 000,00			
6300 Gehälter	340 000,00	310 000,00			
6520 Abschr. a. Sachanlagen	219 000,00	210 000,00			
6700 Mieten/Pachten/Leasing	33 000,00	32 000,00			
6800 Büromaterial	68 000,00	70 000,00			
6820 Postgebühren/Telefon	45 000,00	40 000,00			
6900 Versicherungsbeiträge	32 000,00	28 000,00			
7000 Betriebliche Steuern	65 000,00	52 000,00			
7510 Zinsaufwendungen	54 000,00	40 000,00			
7700 Körperschaftsteuer	170 000,00	130 000,00			
3400 Jahresüberschuss	500 000,00	400 000,00			
	7 000 000,00	6 250 000,00		7 000 000,00	6 250 000,00

● Aufbereitung der Gewinn- und Verlustrechnung

Die Einbeziehung der Erfolgsrechnung in die Auswertung ermöglicht genauere Aussagen über die **Aufwands-** und **Ertragsstruktur** und damit über die **Ertragskraft** und ihre Einflussfaktoren. Im Vergleich mit früheren GuV-Rechnungen und in Verbindung mit den Bilanzdaten können zusätzliche Kennziffern zur Entwicklung des Unternehmens gewonnen werden. Wie bei der Bilanzanalyse muss der Ermittlung von Kennzahlen eine entsprechende Aufbereitung vorausgehen.

In unten stehenden aufbereiteten GuV-Rechnungen werden die Anteile **(Intensitätskennziffern)** der Erfolgsquellen am Gesamtertrag (= 100 %) dargestellt (vgl. aufbereitete Gewinn- und Verlustrechnungen der Offset GmbH auf S. 271).

Aus den aufbereiteten GuV-Rechnungen sind die Anteile der Erfolgsquellen, der Aufwendungen und des Jahresüberschusses am Gesamtertrag und deren Entwicklung gegenüber dem Vorjahr zu erkennen.

Diese Kennzahlen zeigen, dass sich die Struktur der Aufwendungen und Erträge nur unwesentlich verändert hat.

Lediglich die Aufwendungen für Roh- und Hilfsstoffe und Fremdinstandsetzung sind absolut beträchtlich angestiegen, relativ sogar etwas stärker als die Umsatzerlöse. Insgesamt haben die Aufwendungen allerdings weniger stark zugenommen (11,1 %) als die Erträge (12,0 %).

● Beurteilung der Aufwendungen und Erträge

Unternehmer und Außenstehende beobachten besonders die betrieblichen Aufwendungen und Erträge und deren Entwicklung, weil von diesen langfristig die Existenz und Beurteilung eines Unternehmens abhängig sind. In diesem Zusammenhang werden die wichtigsten Erträge als Anteile der gesamten Erträge und die wichtigsten Aufwendungen als Anteile der gesamten Aufwendungen ausgedrückt.

Aufbereitete GuV-Rechnungen der Offset GmbH im Berichts- und im Vorjahr

Aufwendungen	Berichtsjahr EUR	Berichtsjahr %	Vorjahr EUR	Vorjahr %	Veränderungen EUR	Veränderungen %	Erträge	Berichtsjahr EUR	Berichtsjahr %	Vorjahr EUR	Vorjahr %	Veränderungen EUR	Veränderungen %
6000 Aufwendungen für Rohstoffe	2978000	42,5	2608000	41,7	+370000	+14,2	5000 Umsatzerlöse für Erzeugnisse	6853700	97,9	6111800	97,8	+741900	+12,1
6020 Aufwendungen für Hilfsstoffe	345000	4,9	312000	5,0	+33000	+10,6	5200 Bestandsveränderungen	45300	0,6	60200	1,0	−14900	−24,8
6050 Energie	81000	1,2	75000	1,2	+6000	+8,0	5400 Mieterträge	48000	0,7	36000	0,6	+12000	+33,3
6160 Fremdinstandsetzung	190000	2,7	128000	2,0	+62000	+48,4	5710 Zinserträge	53000	0,8	42000	0,7	+11000	+26,2
6200 Löhne	1880000	26,9	1815000	29,0	+65000	+3,6							
6300 Gehälter	340000	4,9	310000	5,0	+30000	+9,7							
6520 Abschreibungen auf Sachanlagen	219000	3,1	210000	3,4	+9000	+4,3							
6700 Mieten/Pachten/Leasing	33000	0,5	32000	0,5	+1000	+3,1							
6800 Büromaterial	68000	1,0	70000	1,1	−2000	−2,9							
6820 Postgebühren/Telefon	45000	0,6	40000	0,6	+5000	+12,5							
6900 Versicherungsbeiträge	32000	0,5	28000	0,4	+4000	+14,3							
7000 Betriebliche Steuern	65000	0,9	52000	0,8	+13000	+25,0							
7510 Zinsaufwendungen	54000	0,8	40000	0,6	+14000	+35,0							
7700 Körperschaftsteuer	170000	2,4	130000	2,1	+40000	+30,8							
Gesamtaufwand	6500000	92,9	5850000	93,6	+650000	+11,1	**Gesamterträge**	7000000	100	6250000	100	+750000	+12,0
3400 Jahresüberschuss	500000	7,1	400000	6,4	+100000	+25,0							
	7000000	100	6250000	100				7000000	100	6250000	100		

	Berichtsjahr	Vorjahr
Umsatzintensität $= \frac{\text{Umsatzerlöse} \cdot 100}{\text{Erträge}}$	$\frac{6\,853\,700 \cdot 100}{7\,000\,000} = 97{,}9\,\%$	$\frac{6\,111\,800 \cdot 100}{6\,250\,000} = 97{,}8\,\%$

	Berichtsjahr	Vorjahr
Materialaufwands-intensität $= \frac{\text{Materialeinsatz} \cdot 100}{\text{Aufwendungen}}$	$\frac{3\,323\,000 \cdot 100}{6\,500\,000} = 51{,}1\,\%$	$\frac{2\,920\,000 \cdot 100}{5\,850\,000} = 49{,}9\,\%$
Personalaufwands-intensität $= \frac{\text{Personalaufwand} \cdot 100}{\text{Aufwendungen}}$	$\frac{2\,220\,000 \cdot 100}{6\,500\,000} = 34{,}2\,\%$	$\frac{2\,125\,000 \cdot 100}{5\,850\,000} = 36{,}3\,\%$
Abschreibungs-intensität $= \frac{\text{Abschreibungen} \cdot 100}{\text{Aufwendungen}}$	$\frac{219\,000 \cdot 100}{6\,500\,000} = 3{,}4\,\%$	$\frac{210\,000 \cdot 100}{5\,850\,000} = 3{,}6\,\%$

Die **Aufwandsintensitäten** drücken den Anteil des Verzehrs der wesentlichen Produktionsfaktoren aus, die zur Erzielung der Umsatzerlöse notwendig waren. Je nach Bedeutung der Produktionsfaktoren werden Betriebe eingeteilt in

- materialintensive Betriebe bei überwiegender Materialeinsatzintensität,
- lohnintensive Betriebe bei überwiegender Personalaufwandsintensität und
- anlageintensive Betriebe bei überwiegender Abschreibungsintensität.

Auswertung und grafische Darstellungen zur GuV-Rechnung

Die Aufbereitung, Auswertung und Veranschaulichung der Gewinn- und Verlustrechnung kann ebenfalls mithilfe eines Tabellenkalkulationsprogramms durchgeführt werden:

	A	B	C	D	E	F	G
1	**Statistische Aufbereitung der Gewinn- und Verlustrechnung**						
2							
3		**Berichtsjahr**	**Vorjahr**			**Berichtsjahr**	**Vorjahr**
4	Erträge	7 000 000,00	6 250 000,00		Aufw. für Material	3 323 000,00	2 920 000,00
5	Aufwendungen	6 500 000,00	5 850 000,00		Personalaufwand	2 220 000,00	2 125 000,00
6	Gewinn	500 000,00	400 000,00		Abschreibungen	219 000,00	210 000,00
7	Umsatzerlöse	6 853 700,00	6 111 800,00		Sonstige Aufw.	738 000,00	595 000,00
8					Gesamtaufwand	6 500 000,00	5 850 000,00

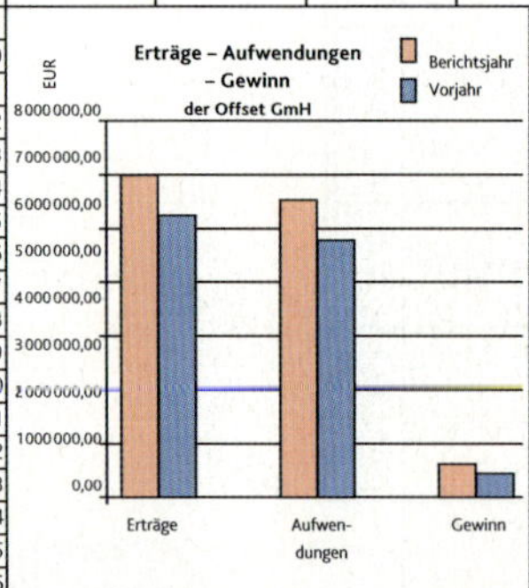

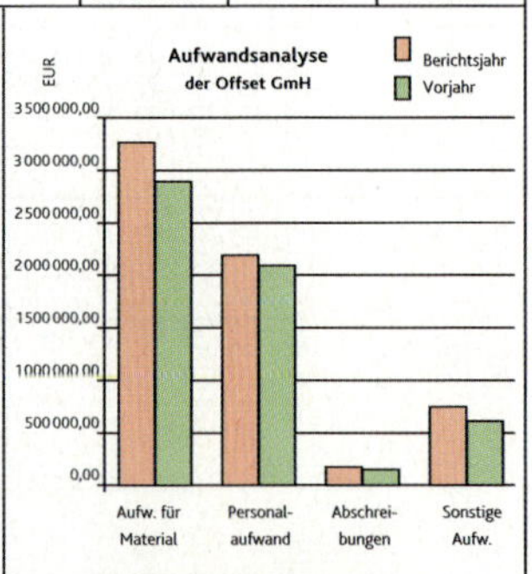

	A	B	C	D	E	F	G
27							
28			Berichtsjahr	Vorjahr	**Formeln**		
29	**Umsatzintensität:**		97,9	97,8	=B7*100/B4 bzw. =C7*100/C4		
30	**Materialaufwandsintensität:**		51,1	49,9	=F4*100/F8 bzw. =G4*100/G8		
31	**Personalaufwandsintensität:**		34,2	36,3	=F5*100/F8 bzw. =G5*100/G8		
32	**Abschreibungsintensität:**		3,4	3,6	=F6*100/F8 bzw. =G6*100/G8		
33	**Umsatzrentabilität:**		7,3	6,5	=B6*100/B7 bzw. =C6*100/C7		
34							
35	Eingaben in B4:C7, F4:G7						
36	Ausgaben in C29:D33 nach Formeln, die sich aus den Berechnungen der einzelnen Kennziffern ergeben.						
37	Siehe hierzu die Ausführungen im Sachinhalt						

Das Beispiel zeigt eindeutig, dass die Umsatzerlöse die herausragenden Erträge und die Material- und Personalaufwendungen die bedeutendsten Aufwendungen sind.

Rentabilität

Unter Rentabilität wird das prozentuale Verhältnis des Gewinns (positiv) oder Verlustes (negativ) zum eingesetzten Kapital oder zum erzielten Umsatz verstanden. Entsprechend ist die **Kapitalrentabilität** von der **Umsatzrentabilität** zu unterscheiden.

Rentabilität des Eigenkapitals: Sie wird durch das prozentuale Verhältnis des Gewinns zum Eigenkapital am Jahresanfang ausgedrückt.

	Berichtsjahr	**Vorjahr**
Eigenkapitalrentabilität $= \frac{\text{Gewinn} \cdot 100}{\text{Eigenkapital (AB)}}$	$\frac{500\,000 \cdot 100}{600\,000} = 83{,}3\,\%$	$\frac{400\,000 \cdot 100}{600\,000} = 66{,}7\,\%$

Bei der Beurteilung der Eigenkapitalrentabilität in Einzelunternehmen und Personengesellschaften ist zu berücksichtigen, dass der Gewinn folgende Bestandteile enthält:
- Unternehmerlohn,
- Risikoprämie für das allgemeine Unternehmerwagnis,
- Verzinsung des Eigenkapitals.

Sie sollte daher wesentlich über dem marktüblichen Zinssatz für Geldeinlagen liegen.

Umsatzrentabilität: Die Umsatzrentabilität gibt den prozentualen Anteil des Gewinns am Umsatzerlös an.

	Berichtsjahr	**Vorjahr**
Umsatzrentabilität $= \frac{\text{Gewinn} \cdot 100}{\text{Umsatz}}$	$\frac{500\,000 \cdot 100}{6\,853\,700} = 7{,}3\,\%$	$\frac{400\,000 \cdot 100}{6\,111\,800} = 6{,}5\,\%$

Die Umsatzrentabilität drückt den Gewinnanteil je 100,00 EUR Umsatzerlös aus, der für Ausschüttungen oder Investitionen im Unternehmen verwendet werden kann. Das Ergebnis im Beispiel liegt im Berichtsjahr um 0,8 Prozentpunkte über dem des Vorjahres und weit über dem Durchschnitt der deutschen Industriebetriebe (etwa 3 %).

Auswertung der GuV-Rechnung
- *Mithilfe der Gewinn- und Verlustrechnung werden die Einflussfaktoren des Erfolgs verdeutlicht.*
- *Die Aufwands- und Ertragsarten können als Anteil des Gesamtertrags oder der Gesamtaufwendungen ausgedrückt werden; es sind Intensitätskennziffern.*
  Die wichtigsten Intensitätskennziffern sind
  - *Materialaufwandsintensität,*
  - *Personalaufwandsintensität,*
  - *Abschreibungsintensität,*
  - *Umsatzintensität.*

  Wichtige Kennzahlen zur Messung der Ertragskraft bilden
  - *Eigenkapitalrentabilität und*
  - *Umsatzrentabilität*

1 a) Erstellen Sie für die Betriebe I und II (Druckereien) aufgrund der Angaben der Finanzbuchhaltung die Gewinn- und Verlustrechnung in Kontenform.
b) Berechnen Sie für die Betriebe I und II folgende Vergleichszahlen:
- den Anteil der Aufwendungen für Rohstoffe, der Personalaufwendungen und der Abschreibungen an den Gesamtaufwendungen,
- den Anteil der Aufwendungen für Rohstoffe, Personalaufwendungen, Abschreibungen und des Gewinns am Umsatz.

Aufwendungen und Erträge	Betrieb I EUR	Betrieb II EUR
5000 Umsatzerlöse für Erzeugnisse	12 825 000,00	11 192 500,00
5700 Sonstige Zinsen und ähnliche Erträge	111 000,00	20 000,00
6000 Aufwand für Rohstoffe	4 439 600,00	3 464 500,00
6050 Aufwand für Energie	146 800,00	135 500,00
6100 Aufwendungen für bezogene Leistungen	352 800,00	300 000,00
6200 Löhne	2 822 400,00	1 845 000,00
6300 Gehälter	1 176 000,00	723 125,00
6400 Soziale Abgaben	1 411 200,00	844 375,00
6520 Abschreibungen auf Sachanlagen	588 000,00	975 000,00
6800 Aufwendungen für Kommunikation	470 400,00	927 000,00
6900 Aufwendungen für Beiträge und Sonstiges	235 200,00	279 500,00
7000 Betriebliche Steuern	90 600,00	80 000,00
7500 Zinsen und ähnliche Aufwendungen	12 000,00	115 000,00
7700 Steuern vom Einkommen und Ertrag	15 000,00	5 000,00

2 Ein Verlag hatte in den beiden letzten Jahren folgende Aufwendungen und Erträge in Mio. EUR:

Aufwands- bzw. Ertragsarten	Berichtsjahr	Vorjahr
Umsatzerlöse für Erzeugnisse	1500	1200
Aufwendungen für Roh-, Hilfs- und Betriebsstoffe	500	400
Personalaufwendungen	120	100
Abschreibungen	400	320
Steuern	25	20
Aufwendungen für Rechte und Dienste	15	10
Aufwendungen für Kommunikation	140	150

a) Ermitteln Sie die Intensitätskennziffern der einzelnen Aufwandsarten.
b) Erläutern Sie die Aufwandsstruktur der beiden Jahre und ihre Veränderung.
c) Nennen Sie Gründe für die Aufwandsstrukturveränderung, bezogen auf die einzelnen Aufwandsarten.

3 Zur Beurteilung der Rentabilitätsentwicklung legt ein Industriebetrieb folgende Werte der letzten vier Jahre vor:

	Jahr 1	Jahr 2	Jahr 3	Jahr 4
Eigenkapital in TEUR	8 000	8 200	8 800	9 000
Jahresüberschuss in TEUR	800	1 000	1 100	720
Umsatz in TEUR	20 000	32 800	40 000	45 000

Errechnen Sie für die vier Jahre
a) die Eigenkapitalrentabilität,
b) die Umsatzrentabilität.

4 Eine Druckerei hatte im Vor- und im Berichtsjahr folgende Aufwendungen und Erträge in Mio. EUR:

	Berichtsjahr	Vorjahr
Materialaufwand	515	410
Personalaufwand	120	228
Abschreibungen	380	280
Sonstige betriebliche Aufwendungen	140	150
Steuern	45	60
Umsatzerlöse	1500	1200

a) Ermitteln Sie die Intensitätskennziffern der einzelnen Aufwandsarten an den Umsatzerlösen.
b) Erläutern Sie die Aufwandsstruktur der beiden Jahre und ihre Veränderungen.
c) Nennen Sie Gründe für die Aufwandsstrukturänderung, bezogen auf die einzelnen Aufwandsarten.

5 a) Errechnen Sie aus folgenden Angaben (in Mio. EUR) für die letzten beiden Geschäftsjahre eines Industriebetriebes
- die Eigenkapitalrentabilität,
- die Umsatzrentabilität.

	Jahr 1	Jahr 2
Gewinn	18	12
Eigenkapital	180	180
Umsatz	500	600

b) Geben Sie Gründe für die wesentlichen Veränderungen an.

6 Das GuV-Konto der Buchhandlung Karl Klein e. K. (Daten in TEUR) ist abzuschließen und auszuwerten. Geben Sie Gründe für die wesentlichen Veränderungen an.

S 8020 Gewinn- und Verlustkonto der Buchhandlung Karl Klein e. K. H

S			H
6050 Energie	600	5000 Umsatzerlöse f. Erzeugnisse	27 450
6000 Aufwendungen f. Rohstoffe	12 200		
6140 Ausgangsfrachten	170		
6264 Personalaufwand	7 250		
6520 Abschreibungen a. Sachanl.	500		
6700/6710 Mieten/Leasing	2 000		
6800/6820 Büromaterial, Postgeb.	250		
6870 Werbung	1 250		
6900 Versicherungsbeiträge	300		
7000 Betriebliche Steuern	1 100		
	?		
	?		?

S 3000 Eigenkapital H

S			H
	?	8000 EBK	15 000

Ermitteln Sie

a) den Reingewinn in TEUR,
b) das Eigenkapital zum Jahresende in TEUR,
c) die Eigenkapital- oder Unternehmerrentabilität, bezogen auf das Eigenkapital am Jahresanfang,
d) die Umsatzrentabilität.

Sachwortverzeichnis

Bildquellenverzeichnis

dpa Infografik GmbH, Hamburg: Seite 192

MEV Verlag GmbH, Augsburg: Seiten 10, 25, 123, 219

Stollfuß Medien GmbH & Co. KG, Bonn: Seiten 200, 202